Iatros Verlag

Pro captu lectoris habent sua fata libelli

D1721432

Werner Schwarz

Schlechtwetterzonen

Corona, Binnenschiff,
das Schleusenmeister und der Drumherum

Autobiographische Erzählungen

Band III

Iatros Verlag

Impressum

Bibliografische Information der Deutschen Bibliothek
Die Deutsche Bibliothek verzeichnet diese Publikation in der Deutschen Nationalbibliografie; detaillierte bibliografische Angaben sind im Internet über http://www.ddb.de abrufbar.

© **2020 IATROS-Verlag & Services e.K**
Das Werk einschließlich aller seiner Teile ist urheberrechtlich geschützt.

Herstellung und Verlag:
Iatros-Verlag & Services e.K.
Kronacher Straße 39, 96242 Sonnefeld

Lektorat:
Thomas Seidel & PD Dr. phil. Björn Seidel-Dreffke, Berlin
Bilder:
Werner Schwarz

Druck & Bindung:
SDL, Berlin
ISBN 978-3-86963-672-6

Werner Schwarz

Schlechtwetterzonen

Corona, Binnenschiff,
das Schleusenmeister und der Drumherum

Autobiographische Erzählungen

Band III

Iatros Verlag

Impressum

Bibliografische Information der Deutschen Bibliothek

Die Deutsche Bibliothek verzeichnet diese Publikation in der Deutschen Nationalbibliografie; detaillierte bibliografische Angaben sind im Internet über http://www.ddb.de abrufbar.

© **2020 IATROS-Verlag & Services e.K**
Das Werk einschließlich aller seiner Teile ist urheberrechtlich geschützt.

Herstellung und Verlag:
Iatros-Verlag & Services e.K.
Kronacher Straße 39, 96242 Sonnefeld

Lektorat:
Thomas Seidel & PD Dr. phil. Björn Seidel-Dreffke, Berlin
Bilder:
Werner Schwarz

Druck & Bindung:
SDL, Berlin
ISBN 978-3-86963-672-6

Inhalt

Vorwort

Nun habe ich es tatsächlich geschafft seit Beginn meiner Schreiberei jedes Jahr einen neuen Band zu schreiben. Die außergewöhnliche Situation, die alle „gewöhnlichen" Menschen in den unterschiedlichsten Szenarien erreicht, berührt, schockiert, belastet und mit absolut nichts Positivem den Alltag erschwert, hat mich einfach dazu aufgefordert, mein eigenes erschreckendes Erlebnis gerade in Bezug auf diese Corona-Pandemie in der Binnenschifffahrt aufzuzeichnen.

Dass die Binnenschifffahrt an sich zu den systemrelevanten Berufszweigen gehört, gilt ohne Wenn und Aber als Tatsache, da sie die Grundversorgung an wichtigen Gütern auch in der Lockdown-Zeit ungehindert sicherstellt. Wo Lkw und Bahn teilweise nur mit Mühe ihre Transporte abwickeln konnten, funktionierte die Binnenschifffahrt vollkommen unbeeindruckt von all dem Grauen, das herrschte und weiterhin herrschen wird. Daher ist auch dies ungerecht, dass man so viele andere Leistungsträger rein wirtschaftlicher Natur so sehr in den Himmel lobt und auch finanziell „Was kostet die Welt" ordentlich unter die Arme greift.

Die Binnenschifffahrt bleibt auch diesbezüglich auf der Strecke, wieder einmal total ignoriert und nicht einmal mit nur einem einzigen Wort in der „großen, freien, demokratischen, ehrlichen, objektiven, fairen, aussagekräftigen, informativen und weltweit informierenden Berichterstattungen" erwähnt. Recht herzlichen Dank im Namen aller Schifffahrttreibenden, denke ich, sagen zu dürfen.

Natürlich hat ein jeder seine eigene Corona-Kiste zu tragen. Wie viele Menschen dazu bereit sein werden, ihre Erlebnisse niederzuschreiben, wird sich zeigen, wobei dies vielleicht irgendwann einmal für die Menschheitsgeschichte sehr wichtig sein könnte, wenn auch im Moment kaum einer mehr etwas davon hören möchte. Es war unabdingbar, ein innerliches Muss, recht zügig daran zu arbeiten. Der Spaß an der Freude, den ich erst vor gar nicht allzu langer Zeit für mich entdecken konnte, geriet bei diesem Band III mit dieser Corona-„Erweiterung" auf einmal ein wenig in den Hintergrund. Diese, meine nicht ganz alltägliche Corona-Binnenschifffahrtsgeschichte ist definitiv zu prekär und zu brisant, um sie zu verschweigen.

Die interessante Geschichte von „Das Schleusenmeister und der Drumherum" musste ein wenig zusammenrücken, denn da war noch was, was so schnell wie möglich Platz benötigte. Aus diesem Grunde wurde der Untertitel von SCHLECHTWETTERZONEN in „Corona, Binnenschiff, das Schleusenmeister und der Drumherum" geändert. Übrigens, die einstig kleine Reihe „Schlechtwetterzonen", sollte eigentlich mit Band I und II schon ihr Ende finden. Aber ich habe immer wieder über neue Titel nachgedacht – ganz klar erkannt – es gibt sie immer und überall diese Schlechtwetterzonen, was auch die augenblickliche Situation beweist.

Corona hat die Menschheitsgeschichte fest im Griff und so manch eine Vorstellung, wie es mal werden könnte auf diesem Planeten, total verändert und erschwert es, sich dies vorzustellen.

Mein verdienter Titel „Schlechtwetterzonenschreiber" bleibt also, es soll mein „Tack", mein Stempel, mein Geleit werden, um weiteres aus der Binnenschifffahrt zu erzählen. Nur die ergänzenden Untertitel werden den Inhalt der Bücher verraten, so auch beim Band III und Band IV, welcher bereits in Arbeit und eine kleine Überraschung werden wird.

Nun lest bitte, meine lieben Leser und Leserinnen, die paar Seiten meiner Corona-Binnenschifffahrtsgeschichte, bevor Ihr Euch durch meine Schleusenerlebnisse, Darlegungen und Informationen unterhalten lasst. Ich bin mir sicher, Ihr werdet außer Empörung oder Entsetzen letztendlich auch eine dringend notwendige Information darüber erhalten, was sonst noch so läuft, in der für viele Menschen nicht vorhandenen Binnenschifffahrt.

In der Vergänglichkeit der Zeit des armen, dies wahrnehmenden Menschen fließt alles seiner Wege, wie eben mein ganz persönliches Lieblingselement, das Wasser, welches sich ebenfalls unaufhörlich im Kreislauf mit der Natur seinen Weg sucht, ohne uns zu fragen, was es denn dürfe und ohne zu meckern über all das, was der Mensch nicht nur versucht zu beeinflussen.

So unfassbar Vieles gibt es, was es verdient hat, in den Annalen der Menschheit erhalten zu bleiben, auch Geschichten aus der Binnenschifffahrt, von denen es meines Erachtens viel zu wenige gibt, obwohl so unendlich viele Schiffsleute so viele Dinge in all ihren Jahren erlebt haben.

Es geht also weiter mit den Schlechtwetterzonen, es wird allumgreifend menschlicher, bleibt autobiografisch und es wird weiterhin immer ein bisschen maritim bleiben.

Corona? Jetzt mal ehrlich, vertrauenswürdig? ...

Nach diversen Vorkommnissen mit meinem letzten Arbeitgeber, einer eingesessenen, na ja, „ehrenvollen namhaften" Reederei, als auch mit dem Eigentümer des Schiffes, welches unter der Flagge dieser Reederei fährt, auf dem ich bis zuletzt, bis März 2020, über sechs Jahre als Schiffsführer gefahren bin, war das Maß an geleisteter Verwerflichkeit bis oben hin endgültig voll. Es folgte eine schwerwiegende Maßnahme von Seiten dieser beiden Entscheidungsträger, die mir seit über 40 Jahren ein eigentlich immer positiver Begriff waren und mich dann doch mit ihren Maßnahmen und Verhaltensweisen in vielen Dingen sehr negativ beeinflusst haben.

Der letztendliche und endgültige Auslöser war tatsächlich Corona und ich, als einer der Schiffsführer, der sich nicht damit einverstanden erklärte, wie fahrlässig, schon in der Anfangssituation in diversen Reedereien mit dieser heranwachsenden Pandemie umgegangen wurde, löste wahres Entsetzen bei meinen Vorgesetzten aus, als ich dies auch ganz offen so aussprach. Dieses zu diesem Zeitpunkt immer realer werdende

Schreckgespenst „Covid-19" oder „Corona" überall auf der Welt brachte mit fast stündlich neuen Berichten neue erschreckende Hiobsbotschaften. Jeder bekannte und unbekannte Nachrichtensender weltweit wusste mehr und besser als der andere zu berichten und es schien nichts anderes mehr zu geben, worüber man berichten wollte.

Meine damalige Wahrnehmung ...

Diese Weltmacht China, die Götter der Forschung und Entwicklung, schien auszusterben. Eine kleine Unterprovinz Wuhan von nur um die 10 Millionen Menschen in China sei schuld, so hieß es. Deren fragwürdige Essenskultur, denn dort esse man alles, was sich nicht schnell genug verkriechen, emporklettern oder wegfliegen kann, hat diesen Virus vom Tier auf den Menschen übertragen. Nur auf diesem Weg sei es in den Menschen gelangt, der eben nicht resistent dagegen war, wie das Immunsystem auch zu anderen Zeiten immer mal wieder, auch vom Aussterben bedrohter Tiere, die man roh, gedünstet, gebraten oder gekocht fraß, angegriffen wurde.

In diesem Zusammenhang zeigte man im Fernsehen recht informativ Märkte bei den Chinesen, auf denen wirklich alles Denkbare auf den Marktständen feilgeboten wurde, was man in unseren Kreisen entweder als total niedlich oder ekelhaft bezeichnen würde und sich nur mit Würgen und Kotzreize vorstellen konnte, dies zu verzehren. Auch wie Chinesen, so zeigte man, bewaffnet mit Stäbchen mit einer Wollust abgetrennte und gekochte Köpfe von putzigen Flughunden in sich reinstopften.

Und so kam dann irgendwie dieses Virus, so sagte man, durch reisende Chinesen oder womöglich Europäer, die dieses Ekelerregende, was dort auf solchen Märkten für paar Cent gereicht wird, womöglich gegessen haben, nach Europa, so berichtete man.

Die Lage spitzte sich weltweit zu. Jeder Mensch, der irgendwo zu sehen war, trug auf einmal eine Maske oder einen anderen Schutz gegen verseuchten Atem auf dem Gesicht und jeder versuchte, dem anderen nicht näher zu kommen, als es unbedingt sein musste. Medien zeigten Menschen, die auf den Straßen umfielen und dort einfach liegen gelassen wurden. Sie lagen auf den Straßen, in Supermärkten und Einkaufszentren auf den Boden und andere gingen an ihnen vorbei, als ob dies besser so sein müsste. Medizinisches Personal und Rettungskräfte waren eingehüllt in leuchtende Schutzausrüstungen, um die Verseuchten zu bergen und zu behandeln.

Und auch in Deutschland, so die Medien, erkrankte einer nach dem anderen. Menschen lagen in den Gängen und Fluren der Intensivstationen und nur wer sehr großes Glück, Privatpatient oder gute Kontakte, hatte, bekam ein Leben rettendes Beatmungsgerät, welche auszugehen drohten. Ärzte mussten entscheiden, wer leben durfte und wer sterben sollte, weil es für ihn einfach zu spät sei und andere eine bessere Überlebenschance hätten.

Viele Tausende wurden angesteckt, es wurden Zahlen veröffentlicht, dass Menschen unter grausamen Umständen an dieser neuen Seuche verstarben, die mit Lastwagen abgekarrt und dann überall auf der Welt in Massengräbern verscharrt wurden. Und sie starben allein, die Verseuchten, ohne dass ihre Angehörigen bei ihrem Ableben bei ihnen sein konnten. Hamsterkäufe gab es in den kleinsten Dörfern, Menschen prügelten sich wegen Klopapier. Schutzmasken und Desinfizierungsmittel gingen zur Neige und die letzten, die es noch gab, wurden von irgendwelchen Gaunern zu Goldpreisen verkauft. Worte wie „Szenarien" „Hotspot" „Lockdown" und „Worst Case" wurden in den alltäglichen Sprachgebrauch, international gleich, integriert. Viele prominente Menschen demonstrierten in den Medien, wie man sich richtig die Hände wäscht und dass man sich besser in die Ellenbeuge hustet, wenn es denn sein müsste.

Stars und Sternchen bekamen Sondersendungen, wenn sie sich infizierten, womöglich mit der Hoffnung der Medien, dass sie auch daran versterben werden, denn Schlagzeilen in Sachen Pandemie war das Einzige, was jetzt an Wichtigkeit zu geben schien.

Politische Querulanten, Fridays for Future und dessen Leitfigur interessierte auf einmal niemanden mehr, die Umwelt als auch das Klima wären jetzt erstmal gut, wie es ist, und die untereinander geleisteten Schlammschlachten zwischen den politischen Lagern beschränkten sich weltweit auf öffentliche Äußerungen zu Corona.

Quarantänestationen an den schon lange nicht mehr vorhandenen Grenzen wurden eingerichtet und diese wieder von Polizisten und Grenzschützern besetzt, letztendlich dann tatsächlich geschlossen. Das große starke Europa war auf einmal wieder in all die kleinen und schwachen Länder aufgeteilt. Andere, die sich gerade im Ausland befanden, durften nicht mehr zurück in ihre Heimat und saßen in ihren Urlaubsländern fest. Kreuzfahrtschiffe durften ihre Häfen nicht mehr anlaufen oder wurden unter Quarantäne gestellt. Es wurde ein Reiseverbot angeordnet. Der Staat organisierte Rettungsflüge in diverse Länder, um die dort festsitzenden über 100.000 Menschen zurückzuholen.

Einreisen wie einst vor lang vergangener Zeit nur mit gültigen Papieren und einer Erklärung woher, wohin und warum waren wieder Standard geworden.

Der Fluch der zwar immer fragwürdigen Berichterstattung nahm ungehindert seinen Lauf und es schlich sich eine so wahrscheinlich nicht gewollte, aber in ihrem Ausmaß vorher nicht vorstellbare Panik in die Bevölkerung ein.

Rette sich wer kann ...

Ich hatte mit meinen drei Kollegen eine fast dreiwöchige Schicht an Bord beendet und natürlich haben wir diese Umstände sehr aufmerksam in den stündlichen Nachrichten und den immer wieder folgenden Sondersendungen verfolgt. Wir nahmen das mit, was uns erfolgreich von allen Seiten suggeriert wurde und so recht viel Positives war daran nicht.

Die Reederei hingegen erwähnte diese Situation weiterhin mit keinem einzigen Wort und all das, was auf uns Einfluss nahm, schien es für sie gar nicht zu geben.

Dennoch fühlten wir uns relativ sicher bei uns an Bord, da die oben beschriebenen Tatsachen, die Wirklichkeit weit ab von unserem Schiff und damit viel zu weit von uns entfernt schien.

Dieses Schiff war mit durchweg alten 58-, 61- und 63-jährigen und einem neuen, erst 28-jährigen Besatzungsmitglied besetzt und die uns erreichenden Nachrichten, die ältere Generation wäre besonders gefährdet, beunruhigte zu alldem auch noch zunehmend. Tatsächlich sprachen wir somit gemeinsam darüber, einfach an Bord zu bleiben, eine weitere Schicht anzuhängen, um in den weiteren drei Wochen erstmal zu beobachten, wie das alles weitergeht und wohin das alles noch führen wird.

Klar war, wir waren drei Wochen ununterbrochen an Bord, alle waren gesund, die Gefrierschränke soweit gut bestückt und wir konnten, egal was kommt, weitere drei Wochen unbeschadet überstehen. Anfang März 2020, im Unterwasser der Schleuse Hofen, unterbrachen wir sehr bewusst doch noch einmal unsere Weiterfahrt nach Stuttgart, sicher ist sicher. Vor allem Zigaretten, Kaffee und Frischware für den alltäglichen Genuss, der nur für drei Wochen geplant im Lager war, gingen zur Neige.

Der Medikamentencheck, von dem, was eben herangealterte Menschen so einnehmen müssen, belegte, dass wir auch damit auf alle Fälle noch drei Wochen klarkommen würden.

So quälten wir uns, mehrmalig mit Maschine voraus und wieder zurück, unseren zweimeterfünfzig tief abgeladenen Dampfer im Unterwasser der Schleuse Hofen durch Schlamm und Dreck, um an der dort verrottenden Festmacheeinrichtung festzumachen. Ein Manöver, welches in 15 Minuten erledigt ist, dauerte fast eine Stunde und dennoch lag das Schiff danach im Schlamm festgesaugt noch gut einen Meter vom sicheren Land entfernt.

Wir kämpften uns mit Treten, Drücken und Beiseiteschieben durch das meterhohe gewachsene Unkraut, welches auch den Weg hinauf auf den offiziellen Gehweg unvorstellbar überwuchert hatte. Rettungskräfte in jeglicher Form müssten sich hier ordentlich ins Zeug legen, um Leben zu retten oder Feuer zu löschen, wenn es denn sein müsste, wenn sie sich nicht vorher selber den Hals brechen.

Den Zaun, der dieses Schleusengelände und diesen Anlegeplatz umschloss, damit kein Fremder das funkferngesteuerte Schleusengelände betreten kann, und dessen einzige Tür am

Ende dieser Anlage, sicher 300 Meter von der Schleuse entfernt, hatte, Gott sei Dank, irgendein Mensch, der auf sein Recht auf Freiheit und vielleicht auf sein Menschenrecht auf Rettung pochte, aufgebrochen, denn kein Mensch wusste, wo sich ein dazugehöriger Schlüssel befindet.

Das Schleusenpersonal, das über Funk danach gefragt wurde, meinte, wahrscheinlich hätte der Bautrupp der Behörde, der sich in Stuttgart befindet, einen Schlüssel zu dieser Tür, diese Stelle wäre allerdings nicht immer besetzt und wenn ja, dann nur von 8–16 Uhr. Es müsste auch erst jemand anreisen, um diese Türe zu öffnen, und ob dazu Kapazitäten frei wären, müsse erst geklärt werden.

Leben und Sterben davor und danach sollte man also gut einplanen, wenn ich das so richtig verstanden habe.

Wir siegten zu viert im Kampf gegen das Gestrüpp, keine Prinzessin aus einem überwucherten Schloss zu befreien. Schnell gingen wir nach diesem Kampf noch einmal, womöglich das letzte Mal in den nächsten drei Wochen, an Land in den an der Schleuse gelegenen Supermarkt, um alles, was fehlte, für die nächsten Wochen aufzustocken.

Wir schlossen uns dieser wahnsinnigen Welle von Hamsterkäufern, von denen wir bisher nur in den Medien gehört hatten, an und begaben uns mit Schal und Putzlumpen um Mund und Nase gebunden und normalen Arbeitshandschuhen, die wir zwar als unsicher empfanden, aber als „besser als gar nichts" einstuften, noch ein letztes Mal in die bedrohliche, uns bekannte Gefahr, die von allen Menschen in fast gleichem Maße so wahrgenommen wurde.

Geradezu unheimlich erinnerte diese eine Stunde an ein wahrhaftiges Erleben in einem sehr gut inszenierten Horrorfilm. Ein groß angelegter und gut beworbener Ausverkauf, eine „Alles muss raus"-Aktion war nichts gegen das, was uns erwartete. Viele Regale waren schon komplett leer gekauft. Es gab keine vakuumverpackten Sachen mehr, Brot fand ich nur in Form von schwarzem Vollkorn, welches wohl sogar jetzt keiner haben wollte. Fertiggerichte und Konserven waren aus, Wurstwaren bis auf das Unbeliebteste abverkauft. Frisch- und H-Milch waren komplett alle und nur zwei Dosen Konservenmilch konnte ich ergattern. Mineralwasser war komplett weg und vieles mehr war nicht mehr zu bekommen. Menschen mit zwei Einkaufswägen, vollgepackt mit Dingen, die sie sonst nie kaufen würden, drängelten sich an den 6 Kassen, die mit Schlangen von 30 oder mehr Personen weit in den Supermarkt hinein reichten.

Augen rollten ängstlich blickend über fantasievoll gestaltete Mund- und Nasenschutzmasken. Unaufhörlich tastete jede Person die ab, die einem entgegenkam, ob er nicht einer von diesen Verseuchten sein könnte. Keiner von den hunderten Menschen, die sich in diesem Mob befanden, wagte es zu husten oder zu niesen und wenn er es doch tat, trafen ihn bedrohliche Blicke und es lichtete sich sein Umfeld schlagartig. Angestellte waren wie noch nie gefordert, viele wirkten gereizt, Höflichkeit und Nettigkeit blieben auf der Strecke. Supermärkte machten die Umsätze ihres Lebens, womöglich kamen mehr Lkws, um das viele Geld abzutransportieren, als Lkws kamen, die neue Waren brachten.

Letztendlich konnten wir nach dem unangenehmsten Einkauf unseres Lebens doch so einiges ergattern. Die Tatsache, dass wir mit vier Personen einkauften, ließ den einen das kaufen, was der andere nicht bekommen hat. Auf alle Fälle waren wir alle schockiert, aber ab sofort doch recht gut sortiert. Verhungern werden wir definitiv erstmal nicht. Toilettenpapier und Küchentücher, was wir nur ein wenig Hamstern wollten, bekamen wir nicht mehr, doch hatten wir noch einige Rollen davon im Lager. belustigt überlegte ich im Notfall anzuordnen: „Toilettenpapier wird ab sofort beim Einsatz mindestens dreimal gefaltet zum Arschabwischen eingesetzt." Und wenn das nicht hilft, „sind zukünftig vorm Kackantritt die benötigten Blätter bei mir abzuholen, die dann abgezählt ausgegeben werden", „Küchenrollen werden in drei Teile zersägt".

Es interessiert sie nicht ...

In Stuttgart wurde dann wie fast immer gelöscht und wir fuhren mit dem leeren Schiff nach Karlsruhe, was wir zwei Tage später erreichen sollten. Wir waren sehr weit weg von all dem Wahnsinn an Land und wenn es keine Medien gäbe und wir nicht andauernd danach gesucht hätten, was da so passiert auf der Welt, hätte es, zumindest aus unserer Perspektive, all das, was geschah, überhaupt nicht gegeben.

Alles schien normal wie immer bei uns an Bord.

Noch fünfeinhalb Tage bis zum Schichtende, die nächste Reise sollte von Karlsruhe Ölhafen nach Basel gehen und es machte rechnerisch den Eindruck, wenn sich die Beladung wie so oft in Karlsruhe verzögern sollte, dass wir normalerweise in Basel Schichtwechsel machen würden, was aber nicht geschehen sollte, weil wir alle geschlossen gewillt waren, an Bord zu bleiben.

Nun passierte es doch Anfang März, dass die Regierung in den Medien verbreiten ließ, dass diverse Grenzen zu den direkten Nachbarländern geschlossen werden sollen und einer meiner Kollegen – 61 Jahre, aus Tschechien – kam aufgeregt zu mir und bat darum, nach Hause fahren zu dürfen. „Er sterbe lieber im Kreise seiner Familie", so fast wörtlich.

Ich teilte ihm mit, ich hätte dafür absolutes Verständnis und wäre damit einverstanden, nur könnte ich dies nicht entscheiden und er müsste mit der Reederei darüber sprechen. Grundsätzlich wären wir besatzungstechnisch noch immer gut genug besetzt, um weiterhin fahren zu dürfen. Nur eben in der Anzahl der Einsatzstunden des Schiffes von 18 auf 14 Stunden Fahrzeit reduziert.

Firma Gnadenlos ...

Die Reederei zeigte sich gnadenlos, er müsse, egal was kommt, an Bord bleiben, worauf mein Kollege, der schon 15 Jahre auf diesem Schiff tätig ist, kurzerhand mitteilte: „Dann ist sein von Bord gehen automatisch als eine Kündigung von seiner Seite zu betrachten."

Unseren Segen der gesamten Crew und unser vollstes Verständnis hatte er und ich erinnerte die Dispo noch einmal daran: „Wir können trotz allem auch ohne ihn unseren Löschtermin in Basel problemlos einhalten."

Mein tschechischer Kollege sollte an Bord bleiben, befahlen sie.

Letztendlich nach sehr langem hin und her ließen sie ihn doch gehen mit der klaren aber erbärmlichen Aussage, die vier Tage bis zum Schichtende würden ihm aber vom Gehalt abgezogen werden.

Am Samstagmorgen, den 14.03., war der Kollege von Bord und als ich ihn am nächsten Tag anrief, um zu fragen, ob denn alles geklappt hat, teilte er mir mit, dass ihm bei Ankunft an der Grenze Deutschland / Tschechei die Einreise tatsächlich verweigert wurde und er erst in der Nacht über einen Feldweg im Grünen über einen Zaun hinweg illegal in sein Land einreisen konnte.

Es war ganz klar zu verspüren, wie sehr die Reederei mit dieser Situation überfordert war, und sie verrieten mit ihrem Verhalten ebenfalls klar erkennbar ihre Schwäche und ihr Versagen. Sie wurden unkontrolliert laut, verbal erbärmlich und unprofessionell.

„Corona, Corona, leckt mich doch alle am Arsch mit dem scheiß Corona, alle schreien Corona", so die Worte eines sonst so souveränen Geschäftsmannes gegenüber einem Mitarbeiter, nämlich meiner Person.

Wer weiß, wie er sich all den anderen Mitarbeitern gegenüber verhalten hat, kann ja nicht nur meine Person sein, die ihm Corona so sehr ans Herz legte.

Der letzte Rest des immer fragwürdigen professionellen Verhaltens „Safety and health come first" (Sicherheit und Ge-

sundheit geht vor) und all die bemutternde, geheuchelte verantwortungsbewusste Wahrhaftigkeit waren wie weggeblasen.
Der Ernstfall hat sie überrollt und nur die Angst, irgendetwas
in dieser Situation zu verlieren, ließ neue Fratzen und neue
Verhaltensmaßnahmen wachsen, zum Nachteil der Schiffsbesatzungen. Mein tschechischer Kollege war also von Bord und
noch in der Nacht schickte die Reederei einen neuen Mitarbeiter. Leider ging das ein wenig an mir vorüber, da die Kontakt-
pflege zu den Besatzungen sowieso schon „CORONA CORONA"
bis auf das nötigste reduziert war. Mein Kollege, der 28-jäh-
rige zweite Schiffsführer, hat diese Information, nein diese
Konfrontation, in Empfang genommen. Schon sehr lange wird
nicht mehr informiert, sondern nur noch konfrontiert in vielen
Reedereien, auch wenn manch eine Konfrontation sehr berechnend in einen informativen Wortlaut verniedlicht umgestaltet
wird.

Mit 28 Jahren war er nun mal noch sehr jung, sehr gut in
dem was er leistete, aber eben noch sehr unerfahren und vorsichtig im Umgang mit der Chefetage. Nur die Jahre formen
das Perfekte, heißt es. Und er war erst ganz kurz, noch in der
Probezeit, bei dieser Reederei und als „Frischling" hält man in
Sachen Forderungen und Beschwerden besser den Schnabel.

So hatte er leider nicht so ganz den Mumm zu sagen: „Nein,
ich möchte keine neue Person an Bord, wer weiß, was der mitbringt, wir sind alle gesund und die nächsten drei Wochen soll
das auch so bleiben."

Wenn ich das alles früher gewusst hätte, hätte ich das auf
Teufel komm raus verhindert, mir wäre unter diesen Umständen keine neue Person an Bord gekommen.

Noch in der Nacht kam dieser neue Mann von mir unbe-
merkt an Bord und wurde in der Lotsenkammer untergebracht.
Am nächsten Morgen, das Schiff befand sich dann doch schneller als gedacht in Beladung, kam mir dieser neue Mitarbeiter
entgegen, um mich zu begrüßen.

Hände hebend wies ich ihn ab: „STOPP!!! Wer bist Du denn??
Abstand einhalten!!!"

Im sicheren Abstand bemerkte ich, dass er total blass und verschnupft war, hustete und einen sehr kranken Eindruck erweckte.

„Du bist doch krank", sagte ich erschrocken und beunruhigt, „was willst Du hier an Bord, wenn Du krank bist, ausgerechnet jetzt?"

Und da klärte mich der Knabe auf, denn er kam gerade vom Schulschiff aus Duisburg und war im dritten Lehrjahr. Die Schulschiffleitung hätte nach dem Mittagessen die ca. 80 anwesenden Auszubildenden darauf hingewiesen, dass die Schule aus Sicherheitsgründen ab sofort geschlossen wird.

„Fahrt bitte alle nach Hause", hieß es, „wir wünschen einen guten Heimweg, passt auf Euch auf und bleibt alle gesund."

Die Auszubildenden, die in den letzten Wochen auf diesem engen Raum, Schulschiff, ihre Zeit verbrachten, wurden also, von verantwortungsbewussten Menschen und Entscheidungsträgern aus Sicherheitsgründen nach Hause geschickt und das Schulschiff geschlossen. Mein neuer Kollege rief daraufhin mit seiner bereits bestehenden Erkrankung, die man hoffentlich nur als Erkältung vermuten wollte, die Reederei an, um diese außergewöhnliche Tatsache ordnungsgemäß weiterzuleiten.

Unbeeinflusst von dem heiseren, hustenden und schniefenden Schiffsjungen am Telefon sprach die Dispo: „Na, das ist doch super, dann kannst Du ja auf den „XX XXXXX" fahren, da ist ein Mann ausgefallen."

Was soll ein Azubi, so erklärte sich der junge Mann mit langem Gesicht und doch enttäuscht darüber, wie sein Ausbildungsbetrieb mit dieser offen genannten Pandemie umgeht, noch anderes zu seinem Vorgesetzten sagen, außer kleinlaut entsetzt: „O.k. Chef!"

Der Schiffsjunge war mit seinem Verantwortungsbewusstsein definitiv dieser ganzen Reedereiführung komplett überlegen. „Shame on you, Major Shipowners!" (Schande über Dich, Großreeder!)

So stieg dieser bereits unbekannt erkrankte junge Mann, nachdem er dieses vermeintlich verkeimte Schulschiff verlassen hatte, in die verkeimte Straßenbahn zum Hauptbahnhof, dann durch den verkeimten Hauptbahnhof in Duisburg in den vermeintlich verkeimten Zug, fuhr damit zum verkeimten Hauptbahnhof Karlsruhe, ging in einen vermeintlich verkeimten Supermarkt, um Lebensmittel für die nächsten Tage zu kaufen, stieg dann in ein womöglich verkeimtes Taxi, um sich damit in den Ölhafen fahren zu lassen und betrat unser sicherlich bis dato keimfreies Tankschiff „XX XXXXX". Ganz nüchtern betrachtet lief er während dieser gesamten Anreise überall Gefahr, sich irgendwo mit dem Keim anzustecken, der gerade viel Respekt, Angst und Schrecken verbreitete und noch verbreiten sollte. Oder aber, es bestand das große Risiko, dass er mit seiner „verkeimten" Rundreise andere Menschen mit dem ansteckt, was er gerade womöglich in sich trug.

Wie auch immer, klar war, die Reederei hat uns, wenn es dumm läuft, „die Pest an Bord" geschickt und unser sicheres Domizil gehörte nun zu den „Hotspots", von denen man sich in der Regel fernhalten sollte. Unser Vorhaben, unter diesen Umständen an Bord zu bleiben, verlor schlagartige an Willen, Logik und Notwendigkeit.

Ich war schockiert und die Frage, ob er denn sein Unwohlsein nicht gemeldet oder die Dispo nicht bemerkt hat, dass er krank ist, meinte er nur, „Doch schon, mir geht's nicht so gut", sagte er am Telefon, aber sie hätten es auch so bemerken müssen, so wie er bellte und mit verstopfter Nase seine Meldung vortrug.

„Zumal", erklärte ich, „es ist absolut unverantwortlich, die Sorgfaltspflicht der Schulleitung dermaßen zu untergraben, indem sie nichts Besseres zu tun hätten, ihr mangelndes Personal auf ihren Schiffen mit erkrankten Schiffsjungen zu kompensieren. Ein sogar im Normalfall schockierendes Verhalten der Reederei.

Wir alle an Bord waren schockiert, besorgt und enttäuscht über diese Vorgehensweise. So wurde der Schiffsjunge zum Schutz seiner Kollegen verdonnert, immer Handschuhe zu tragen, einen Abstand von mindestens zwei Metern zu halten, sich regelmäßig die Hände zu waschen und das Steuerhaus durfte von ihm nicht betreten werden, sein überdachtes Domizil war einzig und allein die Lotsenkammer.

Zu dieser Anfangszeit von Corona gab es keinerlei Desinfektionsmittel an Bord, keine Schutzhandschuhe, außer das eine Paar im Verbandskasten, welches man mal links und mal rechts herum tragen konnte, irgendwelche Schutzmasken wurden durch normale Staubmasken ersetzt, die man noch irgendwo rumliegen hatte und normalerweise bei Arbeiten mit großer Staubentwicklung zu tragen hatte.

Obwohl die Anforderungen den Reedereien bereits besser bekannt waren als den Mitarbeitern an Bord, ignorierten sie diese wichtigsten Anliegen.

Die sach- und fachkundige Sicherheitsfachkraft, die in dieser Reederei einer festen Anstellung nachgeht, hätte sich längst mit dem Auto, den Kofferraum voll mit Masken, Handschuhen und Desinfektionsmittel auf den Weg machen müssen, um die Schiffe ihrer Flotte entsprechend auszurüsten oder Stellen nennen müssen, wo die Besatzungen diese Dinge, von ihnen dort bestellt, abholen können.

Doch nichts geschah. Womöglich hatten sie Angst, sich an Bord zu infizieren. Auch allgemeine Verhaltensregeln in sonst immer fleißig verteilten Rundschreiben, um ihre Quoten und Dokumentationen ihrer immer geleisteten Bemühungen aufrechtzuerhalten, blieben sehr lange aus. Sie hätten betreuend und beruhigend auf die Besatzungen einwirken müssen, wenigstens wie immer heucheln können, dass sie sehr bemüht sind, ihre Mitarbeiter schützen zu wollen. Doch absolut nichts von all dem geschah.

So blieben uns zwei Flaschen reiner Spiritus, die zur Fensterreinigung dienen sollten. Diese wurden in eine Sprühflasche umgefüllt, alles wurde desinfiziert und das Steuerhaus war nur der Schiffsführung vorbehalten.

Lotsen für Oberrhein und nach Basel und zurück mussten eine umfangreiche stinkende Sprühaktion in Kauf nehmen.

Als Schutzhandschuhe dienten normale Arbeitshandschuhe und Schutzmasken wurden von Verladeanlagen an Land gereicht, da den Besatzungen sonst der Zutritt auf ihre Anlagen verboten gewesen wäre. Die Betreiber der Anlagen konnten beim besten Willen nicht nachvollziehen, dass sich bei uns an Bord keine Schutzmasken befanden.

Es war einfach nur eine Katastrophe und das Verlangen an die Reeder in Sachen Schutzausrüstungen endlich aktiv zu werden, scheiterte eine sehr lange Zeit und die Bestzungen wurden mit Stillschweigen gestraft.

Der Gipfel der Verwerflichkeit ...

Einen Tag vor Abreise in unsere nun doch anzutretende Freischicht erhielt ich von der Personalabteilung einen Anruf, ob wir, die gesamte Besatzung, uns vorstellen könnten, vielleicht doch eine weitere Schicht an Bord zu verbringen, da wir doch alle sicher waren die letzten drei Wochen an Bord.

Das schlug dem Fass den Boden aus: „Du schickst uns hier 4 Tage vor Schichtende einen total erkrankten Schiffsjungen an Bord und fragst uns jetzt, ob wir bereit wären, drei Wochen länger zu bleiben? Wir bekommen seit Wochen keinerlei Schutzausrüstungen, müssen alles mit Fensterputzmittel desinfizieren, Ihr kümmert Euch um nichts und Du stellst auch noch Forderungen?" Und natürlich „NEIN", wurde ich klärend laut, „natürlich werden wir unsere Schicht jetzt nicht mehr um drei Wochen verlängern, wir nehmen die Pest jetzt alle mit nach Hause, die Pest, die Du uns vier Tage vor Schichtende an Bord geschickt hast."

Somit war das geklärt und meine Beliebtheit von Menschen, die ich zum Teil schon über 40 Jahre glaubte zu kennen, von vielleicht plus 85% auf minus 85% gesunken. Eine umfangreiche Stellungnahme an die Reederei mit ganz klaren Worten der Kritik in schriftlicher Form folgte umgehend via E-Mail. Ein Bericht, der in jedem einzelnen Wort vollkommen ignoriert wurde. Nicht einmal eine Empfangsbestätigung wurde mir zugestellt.

Sonst lügen die immer abservierend mit den Worten, schon etliche Male gehört: „O.k. ... nicht schlecht, wir arbeiten daran und danke für die Anregung."

Doch dieses Mal folgte nicht einmal das.

Nichts wie weg auf der Suche nach Verständnis ...

Wir fuhren nach den in der Schweiz sehr konsequent einge-haltenen Abstands- und Sicherheitsregeln mal wieder mit ge-schenktem Mundschutz vom Warenempfänger, nach dem Lö-schen in Basel, mit dem leeren Schiff noch diese 9 Schleusen nach Kehl und machten dort in entsprechenden, durch die Medien bekannten Sicherheitsregeln einen Schichtwechsel, da von Verhaltensmaßnahmen Reedereiintern noch immer nichts bekannt war. Keine Empfehlung, keine Rundschreiben, keine Anordnungen, keine Wünsche „Passt alle auf Euch auf und bleibt gesund", kein Krisenmanagement, das man wenigstens fadenscheinig zur Beruhigung hätte gründen sollen.

Beim Mietwagen, mit dem mein mich ablösender Schiffs-führer ankam, wurden alle Türen aufgerissen und der Innen-raum erst einmal über eine halbe Stunde mit Spiritus eingene-belt und ausgewischt, zweifelte ich doch sehr daran, dass der Autovermieter dieser Aufgabe nachgegangen ist.

Meine Schwester empfahl am Telefon, irgendwo auf dem Land einkaufen zu gehen, die Läden in Berlin sind fast alle leergekauft. Während der Heimfahrt nach Berlin mit einer Ein-kaufsunterbrechung in Suhl neben der Autobahn, welche nicht wirklich erfolgreich war, wurde mir so einiges klar, wollte die eine oder andere Situation natürlich ergründen und besser ver-stehen.

Unser Reeder, vertreten durch die Disposition, war noch nie für ehrliche und klärende Worte, was vielleicht in manchen Angelegenheiten von den Schiffsbesatzungen ein wenig mehr Verständnis für das eine oder andere ausgelöst hätte. Sie wähl-ten immer den gekonnten Weg der Augenwischereien, falschen Tatsachen und zurechtgebogenen Erklärungen, um ihre Vortei-le zu ergaunern. Das, denke ich, ist in dieser Branche gang und gäbe. Der Morgen beginnt, um die Mitarbeiter bei Lau-ne zu halten, mit der Lüge „Guten Morgen!", die zweite folgt mit „Wie geht's?" Aber ich konnte auch soweit ganz gut damit umgehen, wo mich doch diese „bedrohliche Nettigkeit" mein Leben lang begleitet hat. Man lernt ja mit den Jahren dieser tollen Verbundenheit. Andere sind unglaublich froh, wenn sie endlich in den Genuss geraten, vom Chef oder der Disposition geduzt zu werden. Oder wenn „er" mal sehr durchdacht und bewusst sagt: „Danke, wir sind so froh, dass wir Dich für uns gewinnen konnten."

„Guter Mann, bin stolz auf Dich."

„Super, toll gemacht."

„Ich hoffe, Du bleibst uns noch recht lange erhalten."

„Was würden wir nur ohne Dich machen."

„Ich wusste doch, dass ich auf Dich zählen kann."

„Danke, ich mach's wieder gut."

„Wir stehen hinter Dir."

„Wahnsinn, wie das immer so reibungslos klappt, da bei Euch an Bord."

Jeder eigentlich dringend benötigter Befehl wird erstmal zu einer weinerlichen Bitte, zur Frage formuliert vorgetragen und sicher wurde dies in irgendwelchen Schulungen in Sachen Mitarbeiterführung recht umfangreich einstudiert. Ein immer gewilltes kollegiales Entgegenkommen, Gemeinsamkeit und familiäre Notwendigkeit werden sehr erfolgreich suggeriert. Drohende Konflikte von außen, dem Mitarbeiter zur Lösung anzubieten, Verantwortung geschickt delegieren, den Reniten-ten fordern ist eine uralte psychologische Vorgehensweise, die durchaus Erfolg verspricht. Die psychologische Taktik, Mitar-beiter in eine womöglich entstehende Problemsituation einzu-binden, funktioniert hervorragend.

„Sprichst Du mal mit denen und rufst mich dann an?"

„Was hältst Du davon?"

„Meinst Du, das kriegen wir hin?"

„Könnten wir dies und jenes noch erreichen?"

„Kann ich mit Dir rechnen?"

„Meinst Du, wir könnten schon um 10 statt um 14 Uhr da sein?"

„Was schlägst Du vor?"

Gäääähhhhnnnnn – wie langweilig. Wenn sie nur endlich begreifen würden, dass Binnenschiffer oder Schiffsbesatzun-gen nicht alle so blöd sind, wie sie es gerne hätten.

Diese verdammten Idioten Schiffer sind einfach viel zu gut für diese verruchte Welt und sie sind uns in vielen Dingen nur durch ihre Arglist überlegen.

„Das gute Herz braucht einfach zu viel Blut, welches dann im Hirn zu fehlen scheint, und bei denen ist es einfach nur umgekehrt."

Erwachet, ihr Menschen erwachet!!!

Aber egal, ist ja nach dieser Niederschrift, für mich soweit erledigt.

Fakt ist, die Besatzungen der Schiffe bestehen womöglich zu ca. 85% aus Besatzungsmitgliedern aus dem Ausland. Die kann man von vornherein besser manipulieren mit den erzieherischen Maßnahmen und Verhaltensweisen und mit den Gehältern ist man auch sehr viel flexibler. Der Respekt des ausländischen Arbeitnehmers gegenüber einem deutschen Arbeitgeber, gerade in dieser Branche, ist im Allgemeinen höher, immerhin war er so nett und hat ihm, dem Ausländer, einen Arbeitsplatz gegeben. Denen kann man auch das Vorhergenannte, diese Liebesduseleien, noch viel besser vermitteln.

Aber, es war natürlich in all den vielen Teppichbodenetagen Panik angesagt. Was ist, wenn jetzt gar keiner mehr nach Deutschland einreisen darf? Wie sollen sie ihre Schiffe besetzen?

Der deutsche Binnenschiffer wurde auch dadurch beinahe ausgerottet, dass die Reeder den kostengünstigeren Ersatz aus dem Ausland sehr viel lieber beschäftigen. Das ist nun mal Fakt. Dadurch mangelt es seit Jahren gewaltig an Schiffspersonal aus dem eigenen Land. Es wuchsen wohl auf so manch einer Glatze die Schweißperlen unter diversen Perücken, um es mal scherzhaft zu formulieren, wenn es nicht so deprimierend wäre. Und klar war somit auch, je mehr Personal sie jetzt noch, bevor gar nichts mehr geht, auf ihren Schiffen fesseln können, desto weniger Probleme macht das Personal, das nicht mehr kommen kann. Damit war auch klar, warum man mir den jungen Mann noch geschickt hat. Wenn einer erstmal an Bord ist, ist er, wenn's drauf ankommt, auch nicht wieder so schnell weg.

Perfekt wäre es, wenn irgendeine Behörde anordnen würde, Schiffsbesatzungen dürfen nirgendwo mehr von Bord. Sicher hat man auch ein wenig darauf gehofft. Und wenn an Bord alle krank werden sollten, dann tangiert sie das in ihren Homeoffices nicht einmal in Gedanken. Da würde, ganz klar erkannt, der eine oder andere recht lustig „über Leichen gehen". Letztendlich passierte in Sachen Personal nichts absonderlich Störendes, nur die Planung und die Schieberei, auf welchen Schiffen die Mitarbeiter eingesetzt werden, änderte sich ein wenig.

Anderweitig wurden Fahrgastschiffe an die Kette gelegt und durften keine Flusskreuzfahrten mehr durchführen. Das auf diesen Schiffen befindliche Personal stand der Transportschifffahrt, die ja weiterhin ungehindert fuhr, ersatzweise zur Verfügung. Die Mitarbeiter aus dem Ausland durften eine lange Zeit tatsächlich nicht mehr in ihre Länder einreisen und wenn doch, nur mit strengen Auflagen. Zum Beispiel eine Quarantänezeit von zwei Wochen, die in manchen Ländern nicht zu Hause durchgeführt werden durfte, sondern in angrenzenden Quarantänezonen an Flughäfen und Bahnhöfen. Das verkürzte schockierenderweise die Freischicht der ausländischen Mitarbeiter, die sie eigentlich hätten bei ihren Lieben zu Hause verbringen wollen, um zwei Wochen. Wer geht schon freiwillig zwei Wochen in Quarantäne, um dann nur eine Woche bei seiner Familie zu sein, um dann wieder drei Wochen auf sein Schiff abzureisen?

So war der „freundlich" ausgesprochene Vorschlag, „mein lieber ausländischer Angestellter, bleib doch einfach auf unserem Schiff, da bist Du sicher und Du müsstest nicht, wenn Du in Deutschland an Land gehst, um Deine Freischicht zu machen, in ein Hotel, die auch fast alle geschlossen sind. An Bord hast Du ein Dach überm Kopf und sparst Dir auch noch unvorhergesehene Kosten und wirst auch noch bezahlt, das ist doch großartig", eine geradezu willkommene Ideallösung für die Reeder, denen diese Ausnahmesituation keinen Cent mehr kostete, da das Schiff wie immer besetzt bleibt. Die panisch befürchtete Personalnot war daher ruckzuck unter Kontrolle.

Sonderzahlungen als Dank für diesen außergewöhnlichen Einsatz, für Wochen nicht nach Hause zu dürfen, sind mir soweit nicht bekannt. Gehälter sind auf eine 21 tägige Arbeitszeit an Bord abgestimmt, das heißt, Grundlohn dividiert durch 21 Tage = Tagessatz, multipliziert mit den Tagen, die man mehr an Bord ist, plus die Überstunden, die anfallen. Es gibt in der Tat Mitarbeiter, die waren mehrere Monate nicht zu Hause und verbrachten ihre Freischichten weiterhin an Bord im Dienste der Reedereien.

Wo blieb die gesetzlich angeordnete Regelung, dass eine Einsatzzeit an Bord bei dieser Anzahl von Arbeitsstunden durch regelmäßige Freizeit an Land zum Schutz der Mitarbeiter abgegolten und eigehalten werden muss? Das darf man sich dabei ruhig mal fragen. Dies interessierte ebenfalls keine Behörde, keine Überwachung und keinen Reeder.

Auch lustig, die Nachbarländer forderten bei der Einreise von ihren Landsmännern das Einhalten einer Quarantänezeit, die Bundesrepublik rief jenen zu, die einreisen durften, „Herzlich Willkommen in der BRD!"

Ich konnte dieses Rundumpaket an inakzeptablem Verhalten nicht mit meinem Gewissen vereinbaren. Mit dem fluktuierenden Personal, redlich getauscht oder umbesetzt, konnte ich mir nicht vorstellen, alle drei Wochen Mitarbeiter auf dem Schiff anzutreffen, von denen ich nicht weiß, woher sie kamen und wie sie sich in ihren Freischichten verhalten haben. Denn von aller Gefahr unantastbare gibt es auch in der Schifffahrt ausreichend. Eine Quarantäne an Bord für 4–6 Einzelpersonen ist auf einem Schiff absolut unmöglich. Und das alle 3 Wochen auf ein Neues schon mal gar nicht.

Das Desinteresse der Reederei, die absolute Ignoranz schon zu Beginn der Pandemie Regeln zu finden, Maßnahmen entsprechend einzuleiten und umzusetzen, untermauerte zunehmend meine Einstellung, unter diesen Umständen keine Verantwortung für ein Gefahrgutschiff und dessen Besatzung übernehmen zu können. Eine dringend benötige Ruhezeit, die grundsätzlich alle 6 Stunden durchgeführt werden sollte, darf nicht durch Bedenken, Angst und Panik gestört werden. Das zählt natürlich auch für die gewissenhaften und verantwortungsvollen Einsatzzeiten beim Umgang mit einem mit 2.000 Tonnen beladenen Gefahrgutschiff. Alle Schiffsführer oder Kapitäne, die mir bekannt sind, nehmen die in allen schifffahrtsrelevanten Polizeiverordnungen verfassten Gesetze, gerade was ihre Sorgfaltspflichten betrifft, sehr ernst, Gesetze, die diesen Bürohengsten und -stuten gar nicht oder gar nicht mehr geläufig waren und vollkommen außer Acht gelassen werden. „Hat der Schiffsführer alle Vorsichtsmaßnahmen zu treffen", heißt es darin. Dass der Reeder ihn dabei unterstützen muss, allerdings nicht.

§ 1.04 – Allgemeine Sorgfaltspflicht
Über diese Verordnung hinaus hat der Schiffsführer alle Vorsichtsmaßnahmen zu treffen, welche die allgemeine Sorgfaltspflicht und die Übung der Schifffahrt gebieten, um insbesondere
a. die Gefährdung von Menschenleben,
b. die Beschädigung anderer Fahrzeuge oder Schwimmkörper, der Ufer, der Regelungsbauwerke sowie von Anlagen jeder Art in der Wasserstraße oder an ihren Ufern,
c. die Behinderung der Schifffahrt
zu vermeiden und
d. jede vermeidbare Beeinträchtigung der Umwelt zu verhindern.

Aus diesen Texten ist durchweg alles anwendbar, wenn man mit einer verseuchten, nicht hundertprozentig einsetzbaren Besatzung durch die Gegend fährt, die womöglich an Corona erkrankt ist.

Ich bin mit kleineren Vorerkrankungen und meinem Alter ein Mitglied der Risikogruppe, die es grundsätzlich, auch seitens der Reedereien, zu schützen gilt. Und das geschieht nicht einmal im Ansatz und das betrifft nicht nur meine Person.

Corona und dann ...

Zu Beginn meiner Freischicht begab ich mich mit meinem großen Einkauf, der aus dem bestand, was es eben noch zu kaufen
gab, in eine mir selbst auferlegte Quarantäne in meine Wohnung. Jens Spahn empfahl diese Maßnahme, wenn man sich
im Ausland aufgehalten hatte. Nur den Mietwagen gab ich am
nächsten Tag noch ab, erinnerte deren Mitarbeiter daran, den
Wagen umfangreich zu desinfizieren und lief den ganzen Weg
von der Mietwagenzentrale zu mir nach Hause, um keine öffentlichen Verkehrsmittel nutzen zu müssen, die nur noch mit
wenigen Fahrgästen besetzt fahren durften.

Meine junge freundliche türkische Nachbarin klingelte und
sagte im sicheren Abstand, „Du gehörst doch bestimmt auch
zur Risikogruppe, wir, Ihr Mann uns Sie´, helfen mir gerne
wenn es etwas zu besorgend gebe. Das nur weil wir immer nett
zueinander waren, sieh an, sieh an.

So richtig wohl fühlte ich mich dabei nicht in meinen vier
Wänden und so ließ ich mich von meinem Hausarzt erstmal
für diese Quarantänezeit in meiner wohlverdienten Freizeit ar-
beitsunfähig schreiben, was auch telefonisch machbar war, da
für eine bestimmte Zeit entsprechende Regeln erlassen wurden.

Erst jetzt in dieser Zeit wurde mir so richtig bewusst, wie
sehr mich diese schockierend verantwortungslose Vorgehensweise der Reederei und des Schiffeigners belastete.

Gesteigert wurde dies durch das Fehlen jeglicher Kontakte,
auch zu den anderen Mitarbeitern, die sich zu Hause in Freischicht befanden und doch eigentlich wieder an Bord sollten
nach drei Wochen. Keine weiteren Planungen, wie weiterhin
mit dieser Situation umgegangen wird, keine einzige Information, keine E-Mail, kein Rundschreiben, kein Anruf, wie der
Stand der Dinge in der Reederei oder auf den Schiffen ist, erreichte mich. Man glaubte sehr klar erkennbar, diese „Panik-
mache" einfach nur auszusitzen, und der Mitarbeiter kommt
nach Ablauf seiner Freischicht freudig pfeifend wieder an Bord
und verdient deren Geld.

Eine für mich absolut unmöglich umsetzbare Tatsache.

Den einzigen Anruf, den ich dann erhielt, war der des Personalchefs, der mir letztendlich mitteilte: „Es würde dann schon besser sein, wenn die Reederei mir kündigt."

Das machte mich zum einen, weil dieser Personalchef sich dieser Macht unterwarf, nachdenklich und schockierte mich auch entsprechend, weil ich ihm diese dann folgende Art und Vorgehensweise, „den Mitarbeiter, egal wie, loszuwerden", niemals zugetraut hätte. Deprimiert hat mich all dies nur, weil ich erkannte, dass es tatsächlich so ist, wie ich es glaubte, dass es niemals werden könnte. Ich dachte tatsächlich, meine letzten paar Jahre bis zum Renteneintritt werde ich auf diesem Schiff abreißen.

Ich, der unbescholten, ohne Havarie fahrende, ehrliche, immer anständige und treu gediente, dem soll nun gekündigt werden, weil er nach seinem wehrhaften Verhalten nicht mehr ins System der Unterwerflichen passt.

So einfach war die Trennung dann rein rechtlich doch nicht.

Es wurde eine Schlammschlacht eröffnet. Mit unfassbaren Mitteln wurde versucht, mir für den weiteren Berufsweg Probleme zu bereiten, obwohl man mir zusicherte, eine akzeptable und stressfreie Lösung für die Trennung zu finden. Und da ich ihnen nach so vielen Jahren Firmenerfahrung ein umfangreiches Wissen in Sachen „unangenehme Leuten loszuwerden, die ihnen nicht in den Kram passen", nachsagen kann und davon ausgehe, dass ein grundsätzliches Wissen in diesen Angelegenheiten vorhanden ist und auch, wie man dies dann am besten umsetzt, muss man das Fazit ziehen, dass dies tatsächlich so beabsichtigt gewesen ist.

Am runden Tisch, klimpernd in der Kaffeetasse rührend, mampfend Gebäck im Rachen, besprochen, beschlossen, unterschrieben und eingeleitet. Da kommt dann wieder, ach wie schön und einfach, der ausländische Arbeitnehmer in der immerwährenden Opferrolle recht, denn die lassen sich mit diesen mies verfassten Auflösungsdokumenten ganz einfach aus der Firma kicken, sind nicht so wehrhaft im fremden Land, nicht mutig genug, sich mit einer deutschen Firma anzulegen. Sie nehmen auch einfach nur fraglich eingeleitete Kündigungen hin, gehen und suchen sich was anderes.

In dieser Hinsicht war den Verantwortlichen ihr schlechter Ruf schon Jahre zu vor vorausgeeilt, zu viele, richtig gute, sehr erfahrene Schiffsführer waren mir bekannt, die nur nach Schlammschlachten ihrer Wege gehen konnten. Dass mich dies eines Tages auch treffen würde, damit hätte ich Zeit meines Lebens nicht gerechnet.

Aber, ein Werner Schwarz, „The Man of Mayhem", einer, der sich nicht die Butter vom Brot holen lässt, ist in der Lage, für sein Recht auch zu einem Schwert zu greifen und wenn es das Schwert von Justitia ist, die schon seit Jahrzehnten nicht mehr weiß, warum sie es neben der ausgleichenden Waage der Gerechtigkeit in der Hand hält. Sie mussten es daher hinnehmen, dass ich mich für die Unterstützung durch einen Anwalt entschieden habe. Sie waren darüber sehr enttäuscht und reagierten mit widerwärtigen Gegendarstellungen, abstoßenden Bedingungen und rechtlich fragwürdigen Vorgehensweisen, was einzig darauf abzielte, letztendlich doch das rechtmäßig richtige Arbeitsverhältnis aus rein formalen Gründen aufzulösen.

Was bleibt? Eine schöne Zeit auf einem tollen Schiff, tolle Kollegen und eine Enttäuschung, die es verdient hat, in den Annalen der Menschheitsgeschichte einen Platz zu finden.

Emotional war das oberflächlich schnell erledigt. Wer sich mir gegenüber so verhält, mir sogar ohne Respekt und Verantwortung bereit ist, den Tod nahezubringen, der hat mich auch nicht verdient. Soviel Selbstbewusstsein hatte ich definitiv.

Das einzige, was nicht nur an der Oberfläche kratzt, sondern noch gewaltig in mir nachwirkt, ist die Tatsache, dass ich geglaubt hatte, diese Menschen in diesem Büro, dieser ehrbaren Reederei nach all den vielen Jahren besser zu kennen.

Man wird wohl stillschweigend bis zu meinem Ableben nichts mehr voneinander hören wollen.

Aber, ich glaube an die ausgleichende Gerechtigkeit. Sie werden irgendwann in ihrem Leben für all das Böse, was sie taten, bezahlen müssen. Möge Gott ihrer armen Seele gnädig sein.

Heute, September 2020 und Corona ...

Corona und die Binnenschifffahrt waren nie mit einem Wort in irgendwelchen Medien Thema, die Binnenschifffahrt existiert weiterhin nicht!!!

Außer die Fahrgastschifffahrt, eher die kleineren ortsansässigen Unternehmen, von denen aber auch keiner redet, weil sie nicht fahren dürfen.

Die Flusskreuzfahrtschiffe, die in den letzten Jahren zu mehreren Hunderten wie Pilze aus dem Boden gestampft wurden und richtig gut verdient haben, dabei die fette Kohle einstrichen, die haben eine Beschäftigungspause. Ob sie schon an den Notgroschen müssen, bleibt aber fraglich, denn erstmal wird dem Staat natürlich nahe gelegt, dass sie dringendst Hilfe benötigen.

Kleine Hilferufe von Binnenschiffern, auch Partikulieren zu sehen, höchstens in kurzen Einblendungen im TV oder in anderen nur mäßig daran interessierten Medien, blieben bei der breiten Öffentlichkeit unbeachtet und ungehört.

Es gibt noch keinerlei Statistiken und Fallzahlen im Zusammenhang mit Corona in Bezug auf die Binnenschifffahrt. Weder, wie viele Menschen, sprich Schiffsbesatzungen an Bord oder in der Folge eines vernachlässigten Umgangs mit dieser Pandemie an Bord erkrankt, gar verstorben sind, noch ob es irgendwo Vorfälle gab, die man anderweitig, wenn es nicht die Binnenschifffahrt wäre, entsprechend geahndet hätte.

Vielleicht fragt mal jemand in nicht absehbarer Zukunft danach. Dafür wird es sicherlich eine sehr schön gedrehte, ausgeklügelte und gemauschelte Lösung geben, eine Lösung, die keinem schadet und viele Persönlichkeiten für ihre unglublichen und selbstlosen Leistungen besonders empor heben wird. Womöglich werden es Funktionäre, Reederei-Vorsitzende und Verbandsvorstände sein, die dies dann berauscht im „Standing Ovations" von sich geben.

Eines ist dennoch sicher, vor allem Reeder haben für den Griff in die irgendwo gut versteckte, durch Paragraphen geschützte bereitgestellte Staatskasse ein „Staatskassenreingreif-Komitee" gegründet. Ein Krisenmanagement, für diesen

Fall sehr wichtig, das in der Lage ist, diese Paragraphen geschickt zu umgehen, Anträge und Anfragen sehr gewieft so zu verfassen, dass ihnen, womöglich nur ihnen, eine Finanzspritze zusteht, so darf vermutet werden. Der kleine Partikulier mal wieder, der Einzelunternehmer, hat dazu weder Zeit noch die Möglichkeit, sich damit auseinanderzusetzen.

Rechtlich wurden im laufenden Schiffsbetrieb sehr viele Lockerungen vorrübergehend, Gültigkeit offen, in Kraft gesetzt. Auch die vorrübergehende Anordnung, dass die Wasserschutzpolizei auf unbestimmte Zeit keinerlei Kontrollen auf den Binnenschiffen durchführen wird, waren gern gehörte Neuigkeiten.

Sodom und Gomorra wurden geöffnet und ich will gar nicht wissen, wie viele Reeder das sehr umfangreich zu ihrem Vorteil genutzt haben.

„Schiffmann, fahr Du mal ruhig unterbemannt, das wird sowieso nicht kontrolliert zurzeit."

In Sachen Mindestbesatzung und Fahrzeitüberschreitungen war also der Weg frei für Schandtaten jeglicher Art.

Aber, die Binnenschifffahrt lief fast unbeeindruckt von dem, was war oder ist. Sie lief reibungslos ohne irgendwelche Einbußen.

Es gab Einschränkungen beim Grenzübertritt, aber nur für Personalangelegenheiten. Kein Personalwechsel im Ausland war die Maßnahme, was kein großes Problem darstellte und mit einer sehr einfachen Planung bewältigt werden konnte.

Beängstigend ruhig wurde es nur an Land beim ersten „Lockdown", diesen massiven Einschränkungen fürs öffentliche Leben fern der Wasserstraßen.

Beim Blick aus meinem Fenster meiner Wohnung in der obersten, in der 7. Etage war es schon sehr beängstigend, diese leeren Straßen, die sonst so lebhaft und laut befahren und belebt waren, zu erblicken. Die Autos, die sonst an dieser vielbefahrenen 2-spurigen Straße in jede Fahrtrichtung täglich zu Hunderten vorbei donnerten, waren auf einmal, mit 1, 2, 3, 4, 5 sehr leicht zählbar. Die Busse fast leer, die Fahrer durch Absperrungen gesichert, das Einsteigen war nur hinten erlaubt, Fahrscheine wurden im Bus keine verkauft und da es in Berlin keine Fahrscheinautomaten an den Haltestellen gibt, waren die Busfahrten eine lange Zeit kostenlos. Die Warteschlangen vor den Geschäften waren sehr lang, die Abstände zu den vor und hinter einem oftmals größer als zwei Meter. Menschen wurden in die Läden gezählt, keine überfüllten Kassen und keine vollen Supermärkte. Anfänglich war man sehr bemüht, durch Mitarbeiter Einkaufswägen und Körbe zu desinfizieren.

Das war dann auch schnell erledigt, das Volk wurde zum Selbstschutz erzogen, die Supermärkte und Konzerne schissen einen großen Haufen auf die zuvor geschaffene Imagepflege in Sachen „Sicherheit für ihre Kunden". Letztendlich verschwanden auch die Mittel, um sich den Einkaufswagen eigenständig zu desinfizieren.

Schindluder wurde getrieben, was einen veranlasste, vom Glauben abzufallen.

In einer öffentlichen Toilette wurde im Desinfektionsbehälter statt Desinfektionsmittel Wasser vorgefunden. Der verantwortungsbewusste Mensch hat sich nach dem Toilettengang mit Wasser desinfiziert.

Die Fenster der Geschäfte waren bespickt mit Coronamaßregeln, Kassenbereiche zum Schutz der Kassiererinnen mit Plexiglasscheiben ummauert.

Kneipen, Diskotheken, Restaurants, Massagesalons, Friseure, Bordelle, alles andere, was an Dienstleistungen angeboten wird, mussten geschlossen werden.

Es gab Geschäftsleute, Wirte und Kneipenbetreiber, die ungeniert zu Spenden aufriefen, „Rettet uns", und etwas später, „Bitte mehr, dass reicht noch nicht", oder sie schrieben in den sozialen Medien, „Leider haben Eure Spenden nicht gereicht, uns zu retten", und genossen die ungebuchten Mehreinnahmen. Zu viele dumme Menschen rannten und halfen ihrem „geliebten" Wirt zu überleben.

Verrucht und ohne jeglichen Charakter haben die schwarzen Schafe unter ihnen über Jahre den Staat mit fragwürdigen Einnahme- und Auslagenabrechnungen beschissen, fein durchdacht und durchgeführt, Personal häufig „schwarz" bezahlt, billige Spirituosen und Getränke ohne Belege in das Geschäft eingeschleust und teuer verkauft, aber mehr Ausgaben als Einnahmen in die Bücher geschrieben. Ihnen fehlte nun ein lesbarer Nachweis, dass es ihnen an Geld mangelt, um das, was vorher auch nichts einbrachte, am Leben zu halten. Es darf sehr gehofft werden, dass sich nun die Spreu vom Weizen trennt und ja, der Leerstand diverser Geschäfte wuchs sichtbar. Für manch einen Geschäftsmann eine gute Gelegenheit, „situationsbedingt" endlich das loszuwerden, was ihm nie etwas einbrachte und ständig nur forderte.

Für andere die Gelegenheit, sehr berechnend ein paar tausend Euro extra zu machen, aus den bereitgestellten Staatskassen und Soforthilfeprogrammen, von der fleißigen Politik sehr schnell eingerichtet, gab es nicht den Hauch eines Finanzproblems mehr.

Geld gab es zu vielen Milliarden auf einmal im Überfluss.

Da die öffentlichen Verkehrsmittel immer mehr gefürchtet wurden, stiegen viele auf das Fahrrad um. Schön an der frischen, pestfreien Luft seinen täglichen Weg zu beschreiten, war die Idee. Die Fahrradhändler sind also auch Profiteure dieser Corona-Pandemie. Vor allem die regionale Politik veranlasste dies dazu, vorher zwei- und dreispurige viel befahrene Straßen für den Autoverkehr einzuschränken und die entsprechenden Spuren zugunsten der Fahrradwege zu reduzieren. Durch Absperrungen wurden sogenannte Pop-Up-Radwege geschaffen, um die sich dann bald, zum Beispiel in Berlin ein Rechtsstreit entspann. Die Schöpfer dieser Radwege hatten natürlich ursprünglich den Gedanken, dies für immer so zu belassen.

Das rächte sich nach einer gewissen Zeit dann auch wieder, als die ganzen Lockerungen in Kraft traten, der öffentliche Verkehrsträger wieder angenommen wurde, Autos wieder vermehrt fuhren und furchtbare Staus durch die weniger gewordenen Straßen, aber auch weniger gewordenen Fahrräder verursacht wurden.

Die Menschen durften zweitweise nur noch mit Mitgliedern ihres Haushalts oder der Familie auf die Straße. Die Zusammengehörigkeit wurde bei Kontrollen durch Polizei oder Ordnungsamt geprüft. Das längere Sitzen auf Bänken in den Parks war verboten, ein sofortiges Weitergehen angeordnet, Zusammenrottungen von Menschen sofort, wenn entdeckt, unterbunden.

Die einen Parteien rückten hüpfend in den Vordergrund, die anderen kriechend in den Hintergrund.

Richtig unter Kontrolle hatte man auch dieses Soforthilfeprogramm nicht, das schnell, sehr schnell geschaffen wurde, auch wenn es für naiv denkende Menschen nicht so aussah, es wird der Menschheit nachhinken und gewaltige Nachwehen mit sich bringen, irgendwann.

Irgendwann wird jemand sagen: „Wir haben doch damals, daher müssen wir heute."

Und es gibt sehr viele Dinge, die man mit diesen paar Worten vorantreiben kann. Steuern erhöhen, Gesetze erlassen, Gute und schlechte Neuerungen verabschieden. Man kann das damals unerlässliche hervorragend mit dem Neuen, zwingend Notwendigen durchdacht und geschickt begründen.

Politisch suchte man nach Schuldigen, „China überrennt Europa", hat bewusst einen Kampfstoff auf den Weg gebracht, Amerika, Russland und alle anderer Länder waren ebenfalls schuld an dem, wie es ist. Die Politik rotierte, sie hatten ordentlich zu tun da oben, vor allem etwas zu tun, was ihnen längerfristig nach dieser Krise, wann immer das sein mag, nicht am Pelz haften bleiben soll.

Die Kanzlerin zog sich mal, unter Corona-Verdacht, paar Wochen in ihr Domizil zurück. Es konnte bei dieser für die Welt so wichtigen Person keine tatsächliche Infizierung festgestellt werden, so wie beim Herrn Meier und Frau Müller im Nachbarhaus.

Aber ein bisschen Pause kann ja nicht schaden, vor allem wichtige Entscheidungen kann man so etwas in die Länge ziehen. Sondersitzungen wurden stündlich ausgestrahlt, das öffentliche Leben weiter und weiter eingeschränkt, Fallzahlen ständig nach oben korrigiert. Es gab Infizierte, Erkrankte und Tote in eigens geschaffenen Statistiken.

Die Reproduktionszahl, ein fantastisches, sonst eher wenig in Anwendung gefundenes Wort, kurz „R-Wert" genannte, welches anzeigt, wie viele Menschen ein Infizierter anstecken kann, wurde salonfähig und der Wert jeden Tag von Menschen mit Spannung erwartet verkündet. Vorsichthalber wurde den Menschen suggeriert, dass nach einer Abschwächung der Infektionen auch mit einem Anstieg, einer zweiten Infektionswelle gerechnet werden muss. Sicher ist sicher. Wenn es doch so werden sollte, kann man somit verlauten lassen: „Wir haben es Euch doch gesagt." Kommt sie nicht, kann man sagen: „Sie blieb ja Gott sei Dank aus, die zweite Welle."

Das Maul vorsichtshalber schon mal warm durchspülen, bevor man es sich verbrennt.

Der Maskenmarkt boomte, sogar Fälscher fanden sich, welche angebliche FFP-Schutzmasken auf den Markt brachten, Desinfektionsmittel, womöglich auch gefälschte, mit medizinischen Aromastoffen versehen, fanden sich in Supermärkten wie Süßwaren, die Hamsterkäufe schwächten ab.

Der große Verlust, zumindest für die Supermärkte, blieb, weil alle vorher so Vieles kauften, letztendlich aus. Der Einzelhandel, aber auch große Kaufhausketten, wie etwa Galerie-Kaufhof, wurden von der Pleite bedroht und möchten zahlreiche Filialen schließen. So heißt es. Wer glaubt, ein womöglich langersehnter Wunsch, etwas loswerden zu wollen, kann mit Corona in Erfüllung gebracht werden, könnte, wie schon erwähnt, womöglich recht haben.

All das geschah, ohne dass man im öffentlichen Bewusstsein einmal einen Bezug zur Binnenschifffahrt hergestellt hätte. Sicher kann man sich fragen, was all das mit dem Transport auf den Binnenwasserstraßen zu tun hat. Doch es hat mehr damit zu tun, als es für den Laien scheinen mag. Das wird der eine oder andere dick im Geschäft Stehende natürlich nicht so unterstreichen, sie, die Denker und Lenker, werden sehr bemüht daran arbeiten, dem Staat anderes zu vermitteln. Der Partikulier war mal wieder der getretene Köter. Der nicht ganz so wehrhafte einzelne Partikulier, dem allein einfach die Macht fehlt, sich zu wehren, oder die Möglichkeit bzw. der Zugang zu Stellen fehlte, um Forderungen zu stellen, die jedem Bürger und Geschäftsmann im angemessenen Maß zu Teil werden sollte.

Frachtpreise schossen weiterhin in den Keller, Begründung: Corona. Man ließ also auch hier diesen Grund anführend wirken, obwohl weiterhin Transporte notwendig waren. Recht fleißig schlossen sich alle Befrachter an, nach fadenscheinigen Gründen zu suchen, um Frachten noch weiter drücken zu können.

Weil zum Beispiel ihr Dackel zu Hause Blähungen hat.

So geht es weiterhin auf den Wasserstraßen ungehindert auf und ab mit den Schiffen, die vorher auch schon fuhren, als wenn es all das links und rechts an den Ufern nicht geben würde. An den Tanklagern, in den Häfen und Städten, auch in den Nachbarländern, wuchsen so langsam Anforderungen, denen sich die Reeder unterwerfen mussten. Lager und Verlader waren bereit, sich und ihre Mitarbeiter vor der virusbringenden Gefahr, den Binnenschiffern, zu schützen und wer da nicht richtig funktioniert, muss dem Hafen oder der Anlage fernbleiben und wird nicht beladen.

Welch eine Glückseligkeit für die Schiffsbesatzungen.

Schnell ließ man selbst kreierte Schutzmasken anfertigen. Mit der Reedereiflagge mitten im Gesicht, um Flagge zu zeigen, wie sehr man doch an diesen Sicherheitsrollen interessiert ist. Vielleicht auch, um ein lang ersehntes Ziel, seinen Besatzungen ein Stigmata mitten ins Gesicht zu klatschen, in die Tat umzusetzen, wer weiß?

Abermals ein Glück, womöglich eine Rettung für die Besatzungsmitglieder.

Klar ist, die Infizierten werden erst zu Hause erkranken, wenn sie denn von Bord dürfen. Aber natürlich dürfen sie. Die Pest kommt zwar an Bord, muss aber so schnell wie möglich wieder von Bord. Das war schon zu James Cooks, Christoph Kolumbus, Magellans und Marco Polos Zeiten so. Sie werden womöglich versterben in all den Ländern, aus denen sie kommen, unbeachtet und nicht registriert, vielleicht mit der kleinen Bezeichnung in ihrer medizinischen Akte – Beruf: Binnenschiffer.

Allein das hat nichts mit der immer weiter funktionierenden Binnenschifffahrt zu tun.

Diese Zeilen waren für die Geschichte der Binnenschifffahrt sehr wichtig niederzuschreiben. Wer zum Teufel schreibt schon irgendwas über Corona im Zusammenhang mit der Binnenschifffahrt?

Ich werde weiterhin meine geliebte Binnenschifffahrt Thema in meinen Büchern bleiben lassen. Es gibt doch noch so vieles, was erzählt werden muss. Und wenn alle Stricke reißen, kann ich mich noch immer von meiner Fantasie hinreißen lassen und von schönen Dingen erzählen, die einem immer so vorschweben. Einmal Currywurst rot/weiß in Köln zum Beispiel, welche nie wieder ein Binnenschiffer dort einnehmen kann. Einmal „Mainz bleibt Mainz, wie es singt und lacht" erleben. Weihnachten nicht „vor Anker liegend" irgendwo am Arsch der Welt verbringen müssen. Mein Leben nicht in Gefahr sehen, weil nirgendwo entlang des deutschen Rheins ein Arzt an Bord kommen kann. Was die Reeder natürlich nicht im Ansatz interessiert.

Schifffahrt? Na ja, ich weiß nicht, ich habe die Schnauze gestrichen voll und kann das erstmal auch nicht mehr. Es passiert zu wenig, nein es passiert nichts Positives mehr. Ich bin erstmal damit beschäftigt, das in den Griff zu kriegen. Auch diese Liegeplatzproblematik und die allumgreifende Ignoranz dieses Landes, unseres Vaterlandes, sind für mich einfach unerträglich geworden.

Folgendes, um vielleicht doch aufzurütteln.

Wenn sich alle Reeder und Kommissionen ausgiebig damit befasst und sich die Mühe gemacht hätten unsere Liegeplätze, Schiffsanlegeplätze für ihre Schiffe zu fordern, wären wir Besatzungsmitglieder nicht dort, wo wir jetzt sind. Sie hätten mit politischem Background, aber auch als Millionäre und Steuerzahler in diesem Land geschlossen die Macht gehabt, etwas daran zu verändern – all diese großen Verbände und Kommissionen:

- der BDB (Bundesverband der Deutschen Binnenschifffahrt e. V.),
- der BÖB (Bundesverband öffentlicher Binnenhäfen),
- der VBW (Verband für europäische Binnenschiffahrt und Wasserstraße e. V.),
- der BDS (Bundesverband der Selbständigen Abteilung Binnenschiffahrt e. V.),
- der EVB (Europäischer Verband der Binnenhäfen),

- die ESO (Europäische Schifferorganisation),
- die UECC (Union europäischer Industrie- und Handelskammern),
- die EFT (Europäische Transportarbeiter-Föderation),
- die EUROMOT (European Association of Internal Combustion Engine Manufacturers),
- die EBU (Europäische Binnenschiffahrts Union),
- die ZKR (Zentralkommissionen für die Rheinschifffahrt).

Das wenige, was sie taten, taten sie nur, um sagen zu können, sie haben etwas getan, aber leider nichts erreicht. Sehr berechnend, sehr ausgeklügelt und nur nicht zu viel von dem, was die anderen nicht hören wollen, wurde vielleicht leise flüsternd geäußert. Verkauft wurde das den Schiffsbesatzungen selbstverständlich als umfangreiche Ausarbeitung und Bemühung der ganz besonderen Art.

Aber bitte, Augen auf!!! Reeder und Verbände wollen keine stillliegenden Schiffe, sie wollen fahrende Schiffe und benötigen keine Liegeplätze, darin sind sich alle geschlossen einig.

Liegeplätze sind Störfaktoren. Mit stillliegenden Schiffen kann man keinen Profit machen, stillliegende Schiffe unterbrechen den Transport und verlängern die Zeit von A nach B zu kommen. Längere Transporte kürzen den Gewinn.

Der EVdB, (Europäischer Verein der Binnenschiffer), der 2018 gegründet wurde, um der Situation vor allem für die Menschen an Bord entgegenzuwirken, der wird von all diesen Verbänden nur belächelt und nicht für vollwertig bezeichnet. Dieser Verein wird auch nur von Menschen, die Schiffsbesatzungsmitglieder sind, geleitet. Schiffsbesatzungen, der vermeintliche Feind der Reeder, wenn sie doch nur endlich darauf verzichten könnten. Es ist ihnen, all den vielen Mächtigen, längst gelungen, den EVdB, träger werden zu lassen, und es wird ihnen gelingen, ihn irgendwann mundtot zu machen.

Ob dabei der Partikulier geopfert werden muss, ist kaum von Interesse, den hat man an der kurzen Leine sehr gut im Griff, hat sowieso keine Macht und er wird sich über kurz oder lang unterwerfen müssen.

Herzlich Willkommen und vielen herzlichen Dank also an jede Stadt, die Liegeplätze verschwinden lässt, mit freundlicher Unterstützung unserer Reedereien und den gut bezahlten Schifffahrtsverbänden.

Sie haben alle durchweg versagt und wollten es diesbezüglich nie anders. Ist auch logisch – wer sitzt denn im Vorstand diverser Verbände? Natürlich die Reedereiinhaber, Denker, Lenker und natürlich die Profiteure.

Mein lieber Kollege, ob jung, ob alt, ob Mann, ob Frau, Du wurdest verraten und verkauft, Du bist nichts Wert außer Lüge, Intrige und totaler Ausnutzung.

Fazit:
„Immer nur in Deckung gehen, weil Dir irgendjemand mit miesen Vorgehensweisen mit Anlauf auf die Fresse haut, erschwert irgendwann das Aufrichten."

Nun aber zu meinen anderen, tatsächlich erlebten Geschichten der unterhaltsamen, bildenden und autobiographischen Art ...

Das Schleusenmeister

Zu einer genaueren, vielleicht klärenden Definition dieser sagenumwobenen, mystischen Gestalt fühle ich mich nach über 40 Jahren Binnenschifffahrt doch ein wenig verpflichtet, möchte ich mal so sagen. So vieles ist es, was es darüber zu berichten gab, gäbe und gibt und unbedingt einen Platz in den Annalen der etwas lustigen, doch auch satirischen Literaturgeschichte finden muss.

Im Großen und Ganzen ist anscheinend nicht viel darüber bekannt, weder aus der Vergangenheit noch der Gegenwart, ganz zu schweigen von der Zukunft. Zu dem, was darüber bekannt ist, hat die normal interessierte Menschheit keinen Zugang und Informationen zu dem umfangreichen Thema Schleusen- und Schleusenmeistergeschichten werden einfach nicht zugänglich gemacht. Mündliche Überlieferungen bleiben auch nur dem entsprechenden Umfeld der Schiffsleute und natürlich der Schleusenmeister aus deren Sichtweisen vorbehalten.

Womöglich war auch dieses Thema für die Welt oder das weitere Schicksal der Menschheit nie interessant genug. Meine kleinen, zum größten Teil selbst erlebten Geschichten, die natürlich nur einen Bruchteil von den vielen Geschehnissen wiedergeben können, die mit diesem unscheinbaren, nicht allzu beliebten, aber irgendwie notwendigen Wesen in Verbindung stehen, sollen dazu beitragen, diese Lücke wenigstens ein ganz klein wenig zu schließen.

Ich würde mich schon sehr, allein der Thematisierung wegen, über die eine oder andere Gegendarstellung freuen, insofern jemand dazu Lust und Interesse daran haben sollte. Ob ich an meiner Darstellung etwas ändern oder verbessern würde, bezweifle ich dennoch sehr, denn ich erzähle von meinen Erlebnissen, Erfahrungen und Begegnungen auch der manchmal außergewöhnlichen Art.

Erlebt bleibt nun mal erlebt und in welcher Form man sein Erlebtes wiedergibt, obliegt allein dem, der sich die Mühe macht, all das zu verschriftlichen.

Zig Berichte und Geschichten ranken sich schon seit Jahrhunderten um dieses Wesen und dessen Umfeld, den Schleusenturm und das angrenzende Schleusengelände. Wenn die Binnenschiffer und deren Ahnen und Urahnen nur ein wenig schwärmend, vielleicht auch spannend, auf alle Fälle aber auch zuweilen erschrocken oder gar schockierend davon erzählten und erzählen, wirkt dies zuweilen wie eine Fabel, gleicht etwas der Sage um den „Yeti", den „Bigfood" oder den Schneemenschen, der als zweibeiniges, behaartes Fabelwesen, von nur wenigen Menschen tatsächlich gesehen, sogar im Himalaya sein Unwesen treibt.

Obwohl sie seit Ewigkeiten immer irgendwo anzutreffen gewesen sein müssten an all den vielen Tausenden Kilometern Wasserstraßen, sind sie eigentlich irgendwie nicht existent, auf alle Fälle nicht immer physisch oder optisch, und wenn ja, dann sind sie es eher inkognito bis hin zu sehr selten, womöglich nur zufällig leibhaftig zu betrachten.

Man kann diese Wesen also auch nicht so einfach identifizieren wie einen mehlbestaubten Bäcker oder rußig schwarzen Kaminfeger. Zu sehr passen sie optisch in das Alltägliche wie anderes, was einem sonst so begegnet und ebenfalls nicht unbedingt eine Beachtung finden muss.

Ich müsste mich, wo es doch immer irgendwie allgegenwärtig ist, direkt konzentrieren, um mich daran zu erinnern, wann ich das letzte Mal eines irgendwo habe vorbeihuschen sehen. An wenigen Wärterhäusern oder Schleusentürmen, wie vor allem an ein paar der Neckarschleusen, wo manche dieser Häuser genau mittig an der Schleusenausfahrt zwischen der linken und der rechten Schleusenkammer erbaut wurden, da blicken sie manchmal durch ihre Fenster nach außen.

Schleusenwärterhaus der Schleuse Bessigheim am Neckar.

Man sieht sie fast Auge in Auge, wenn man an ihnen vorbei fährt. Und da dieser Wachraum, diese „Schaltzentrale" genauso hoch ist wie das Steuerhaus eines Schiffes, passiert es manchmal, dass man eines sieht. Für kurze Zeit nur, bis man eben daran vorbeigefahren ist. Die kurze Zeit, in der man sich besser auf sein Schiff, welches gerade in die Schleuse hinein- oder hinausgefahren werden muss, konzentrieren sollte, gibt keine große Gelegenheit, umschweifend der Betrachtung wegen danach zu suchen.

Manche schauen dann sowieso ganz schnell wieder weg, wenn ein menschlicher bzw. des Schiffers Blick sie trifft. Fast niedlich und schüchtern wie kleine Kinder, die man beim Nasenbohren erwischt hat, machen sie sogar ab und zu verlegene Bewegungen, die einem Winken gleichen. Andere machen neigende Bewegungen, die ängstlich in den Boden blickend, scheu, Rücken und kalte Schulter zeigen. Dieser Blick fällt dann etwas verlegen in andere Richtungen, eher abwinkend, desinteressiert, womöglich desorientiert, aber schon als abweisend und gelangweilt auf.

Das Handy, Internet und Computerzeitalter trägt natürlich auch noch zum manchmal auftretenden Dessinteresse und Desorientierung bei. Diese Gerätschaften haben meist Interessanteres oder gar Geileres zu bieten als so ein blödes, schnödes Binnenschiff und dessen Besatzung, die man Tag für Tag, immer und immer wieder in seiner unmittelbaren Nähe hat, welche zu all dem auch noch die Vertiefungen in all das tatsächlich wichtige Virtuelle stören könnten.

Sie haben wahrscheinlich öfter und mehr Kontakt zu den normalen Menschen in ihrem Umfeld oder ihrem Rudel. weniger zu Binnenschiffern mit ihren Schiffen, wo diese doch so oft zum Greifen nahe sind. 8 Arbeitsstunden am Tag und das über viele Jahre hinweg tragen noch zu diesem Überdruss bei. Sehr wenige von all den vielen sind dann auch sehr unbefangen und man spürt, dass ihr Winken ehrlich gemeint ist. Ihre Mimik, vor allem die der wenigen Weibchen, die in diesen Häusern sitzen, verändert sich bis hin zur Freundlichkeit sogar manchmal hin bis zu einem lieblichen Lächeln, vor allem aber zu einer sehr ungewohnten Auskunftsfreude und Ansprache. Manchmal verwirrt dies regelrecht, wenn man an eine von einer Frau Schleusenmeister bedienten Schleuse kommt.

Die liebliche Stimme, die aus dem Lautsprecher des Funkgerätes erschallt, verlangt geradezu danach, gesehen zu werden. Sie reißen manchmal Ihr Fenster auf und winken fröhlich herüber, eine Situation, mit der so manch ein Schiffer seit Jahren überfordert ist. Winkt ja sonst keiner mehr.

Manch männliche Stimmen klingen total erschöpft, als ob man sie gerade von der Hantelbank oder einem Ergometer heruntergerufen hätte und man fragt sich dann schon, was hat ihn denn jetzt bei seiner täglichen Knopfdrücktätigkeit so sehr erschöpft, aus welchem tiefen Keller kam er denn jetzt an das Funkgerät gerannt oder gar noch sehr viel Lustiges, Schweinisches, womöglich hat er sich gerade mit der sexy Reinigungsfrau „unterhalten". Naja, wie eben so manch einer etwas in eine Situation belustigenderweise hineininterpretiert.

Nur knarzend, knarrend, rauschend und krachend hört man im Allgemeinen ihre Rufe vermehrt aus elektronischen Gerätschaften, als dass sie es in die freie Natur hineinsprechen, so dass man in ihr Angesicht blicken könnte.

Es gibt sie wirklich überall. In allen Herren Ländern, wo es Schleusen gibt, gibt es auch die Herren und Frauen Schleusenmeister. Es gibt sie auch nicht nur als Männchen und Weibchen mit großen und kleinen Busen für beide zutreffend, sondern auch in allen Farben, klein, groß, dünn und dick, mit langen Haaren, kurzen Haaren, rauchend und nichtrauchend, womöglich riechend und duftend, gepflegt oder ungepflegt, mit und ohne Schnurr- oder Vollbart, mit Dauerwelle und Vollglatze. Sicher auch mit Brille und ohne Brille, Hörgerät und andere Hilfsgeräten tragend usw. usf.

Manche dieser vielen Verschiedenen schauen tatsächlich interessiert hinaus auf ihr Revier, das Schleusengelände. Andere kleben, wie selbst schon beobachtet, starr fixiert vor ihrem Computer, machen womöglich Telespiele oder lechzen auf Beate Uhses Empfehlungen, den Bildschirm vom Blick des Schiffers abgewandt. Weiß der Teufel, was sie manchmal ablenkt.

Einer erklärte mir neulich, als ich die Schleuse mindestens fünf Mal gerufen hatte und gelegentlich fragte, „ist denn alles in Ordnung bei Euch", „Sie müssen nicht glauben, wir sitzen den ganzen Tag am Funkgerät und warten darauf, dass ein Schiff kommt. Wir müssen auch mal kleine Reparaturen, einen technischen Rundgang oder eine Tür aufmachen." Womit mir seine zuerst unverständliche Abwesenheit recht simpel aber auch irgendwie überflüssig erklärt war.

Sie nehmen die Bewegungen der Schiffe, die bei ihnen zum Greifen nah vorbeifahren, manchmal gar nicht mehr war. Sie kommen erst wieder zu sich, wenn sie durch den Ruf der

Schiffsführungen über das Funkgerät daran erinnert werden, dass das Schiff schleusungsbereit ist. Und selbst das wird manchmal überhört. Es gibt ein paar, die sind dermaßen tief in einer Winterstarre ähnelnden Zustand, die muss man dann mehrmals ansprechen, damit sie wieder zu sich kommen. Es kann sogar vorkommen, dass man mit dem Schiffshorn mal einen kurzen Ton abgeben muss.

Ich hatte auch schon die Situation, da musste ich ebenfalls etliche Male am Funkgerät nach ihm rufen, weil die Ampel an der Schleusenausfahrt nicht Grün wurde. Da raunzte es glatt: „Ich habe Sie beim ersten Ruf schon gehört, es gibt keinen Grund, so zu stressen und so oft nach der Schleuse zu rufen." Auf meine Antwort schwieg er dann aber: „Warum haben Sie denn nicht schon nach meinem ersten Ruf reagiert, wenn sie mich gehört haben?"

An der Schleuse Krotzenburg am Main, musste ich nach vielen Rufen am Funkgerät und mehrmaligem lauten Hupen mit dem Signalhorn, dem Typhon, was auf alle Fälle ein paar Anwohner der angrenzenden Ortschaft weckte, letztendlich einen Mann an Land setzen, der am Turm des Meisters nur mit Sturmklingeln diesen erwachen lies. Nach dreißigminütiger Wartezeit konnte ich dann in die Schleuse fahren. Wäre alles nicht allzu schlimm, auch Das Schleusenmeister soll ja Mensch sein. Sich nicht für diese außergewöhnliche Wartezeit zu entschuldigen, zerstört dieses Bildnis allerdings wieder ein wenig.

Grundsätzlich wird es auch bei diesen Wesen so sein, dass es sich, wie all das andere auch, in der Evolutionsgeschichte vermehrt, sich angesiedelt verändert und anderorts auch angepasst hat. Die einen tun das Wenige mehr und andere tun das Mehr eben weniger.

Ihre Töne, die sie von sich geben, sind dennoch weltweit in allen Klängen verbreitet, was nicht heißt, dass man sie immer gut versteht oder nachvollziehen kann, was sie einem sagen wollen oder auch von sich geben.

Es gibt sie auf der ganzen Welt, die Schleusen ...

Ein in Frankreich aufgewachsenes gibt natürlich französische Laute von sich. Versucht sich auch gerne gemischt in Deutschfranzösisch. Es ist aber sehr dominant, befehlend, bestimmend und versucht oft, respekteinflößend zu sein. Nur wenige gibt es, die wirklich beliebt und einfach freundlich sind, wie es die Schiffsleute ja auch immer sein möchten bei den Tausenden Schleusen, die sie in ihrem Leben zu befahren haben. Der überwiegende Teil der Binnenschiffer mag diese spezielle Spezies gar nicht so recht, außer die, die deren Sprache sprechen. Man weiß auch nie, ob diese dann bevorzugt behandelt werden, da man nichts von dem versteht, was sie untereinander absprechen.

Man findet, oder nein, man hört sie am Oberrhein und dem Grand Canal d'Alsace, die ca. 130 Kilometer lange Großschifffahrtsstraße, die zu einem gewissen Teil als Grenzfluss zwischen Deutschland und Frankreich dient. In dessen Hand sind die Schleusen Gambsheim, Straßburg, Gerstheim, Rhinau, Marckolsheim, Vogelgrun, Fessenheim, Ottmarsheim und Kembs und im Rhein-Rhône-Kanal, der rechts vom Grand Canal d'Alsace abgeht, nur eine Großschifffahrtsschleuse, die Schleuse Niffer.

Auf der oberen französischen Mosel, ab Moselkilometer 242, beginnen nach 12 deutschen Schleusen die französischen Schleusen an der Mosel. Sie heißen Apach, Koenigsmaker, Thionville, Richemont, Talange, Metz, Ars-sur-Moselle, Pagny-sur-Moselle, Blénod, Custines, Frouard Pompey, Aingeray, Fontenoy-sur-Moselle, Toul, Villey-le-Sec und am Moselkilometer 396 die letzte Großschifffahrtsschleuse der Mosel, oder la Mosel, die Schleuse Neuves-Maisons.

Zwei der Moselschleusen, die Schleuse Grevemacher und Stadtpredimus-Palzem ist irgendwie in deutscher und luxemburgischer Hand und sie sprechen dort so ein wenig deutschluxemburger Grenzwechseldialekt.

Schleuse Niffer, Rheine-Rhône-Kanal, Frankreich.

Der Großteil der Schiffsleute ist aber, so denke ich, froh, wenn sie aus all diesen Revieren wieder draußen sind und sich ihren Heimatgewässern nähern.

Hier ein originaler Havarie-Bericht von einer unangenehmen Situation, diktiert und letztendlich eingeleitet durch einen französischen Schleusenmeister:

HAVARIEBERICHT ...

Schiff:	TMS XXXXXXX,
	110 Meter × 11,45 Meter
Europanummer:	0XXXXXXX
Ladung:	2.000 Tonnen XXXXX
Versender / Ladehafen:	XXXXXXX Antwerpen
Empfänger / Bestimmungshafen:	XXXXXXX Birsfelden
Wetter:	Extremer Nebel, Sicht
	max. 100 Meter
Verantwortlicher Schiffsführer:	Werner Schwarz

Anfahrung, bergfahrend an der rechten Schleusenmauer in der Einfahrt der kleinen 12 Meter Schleusenkammer Rhinau, Stromkilometer 256, am Samstag, den XX.12.XXXX ca. 18:15 h.

Am Samstag, den XX.12.XXXX betrat ich gegen 17:50 h das Steuerhaus, um Herrn XXXXX XXXXX laut Schichtplan, um 18:00 h am Ruder abzulösen.

Das Schiff befand sich langsam treibend im Unterwasser der Schleuse Rhinau in Warteposition.

Das vor dem TMS XXXXXXX geschleuste Fahrzeug, TMS XXXXXXX, hatte auf Grund der schlechten Sichtverhältnisse bevorzugt die große Schleuse zur Weiterfahrt erhalten.

Herr XXXXX hatte bereits Funkkontakt mit dem Schleusenpersonal der Schleuse Rhinau gehalten, indem er wegen den schlechten Sichtverhältnissen ebenfalls um die Bereitstellung der großen 22,80 Meter breiten Schleusenkammer bat.

Das Schleusenpersonal teilte mit, dass die kleine (die 12 Meter breite) Schleusenkammer an Backbord bereit sei und auf Grün stehen würde. Aus Sicherheitsgründen, also in Bezug auf die schlechten Sichtverhältnisse, bat Herr XXXXX erneut um die Bereitstellung der großen Schleusenkammer.

Der Schleusenmeister betonte über Kanal 22, laut brüllend:

ZITAT: „Das haben Sie nicht zu entscheiden, ich sage Ihnen, fahren Sie in die kleine Schleusenkammer!"

Noch einmal machte Herr XXXXX auf die schlechten Sichtverhältnisse aufmerksam, dass ein sicheres Einfahren nur schwerlich möglich ist und dass er bereit sei, auf die große Schleusenkammer zu warten.

Unberührt von dieser Tatsache hielt der Schleusenmeister an seiner Einstellung fest.

ZITAT: „Sie bekommen die kleine Schleuse, fahren Sie ein, das geht schon, Sie bekommen nicht die große Schleusenkammer!"

Ich wechselte mit Herrn XXXXX, indem ich das Ruder übernahm und fuhr genötigt und verständnislos unter Protest langsam an die kleine 12-Meter-Schleusenkammer heran.

Der Schiffsführer XXXXX begab sich sicherheitshalber mit dem Steuermann, Herrn XXXXX, auf das Vorschiff und nahm die Position auf der Backbordseite ein.

Steuermann XXXXX befand sich an der Steuerbordseite und teilte mir über Funk, Kanal 17, mit, er könne mir noch keine Warschauangaben machen, da er selber noch nichts sehen kann.

Außer die schleierhaften Lichter links und rechts neben der Schleusenkammer, die des Nebels wegen eher blendeten, konnte ich vom Achterschiff keine Einfahrt wahrnehmen.

Die Kameras Backbord, Steuerbord und am Vorschiff konnten auch nicht mehr wiedergeben als das eigene Auge.

Monitor Backbord   *Monitor Steuerbord*

Eine Einfahrt ausschließlich mit Radargerät erweist sich in der Bergfahrt dieser Schleusen ebenfalls als schwierig, da wegen dem Untertor (Falltor) die Vorauslinie gebrochen wird und die gestreckte Lage des Schiffes zur Schleusenkammer nicht mehr eindeutig zu erkennen ist.

Anmerkung:
Bei links und rechts befindlichen Schleusentoren (Türen) ist im Radar eine offene Schleuse bis zum hinteren Tor erkennbar. Die Vorauslinie bricht erst am Ende der Schleuse am hinteren Tor.

Die Lage des Schiffes zur Schleuseneinfahrt und den Schleusenmauern ist sehr viel besser wahrzunehmen.

Ich konnte durch die schlechte Sicht die Flucht des Schiffes gegenüber den Schleusenmauern nicht erkennen.

Das Schiff befand sich in leichter Schräglage nach Backbord in der Einfahrt, was ich zu diesem Zeitpunkt nicht wahrnehmen konnte.

Auch der Steuermann, der diese Fehllage des Schiffes bei normaler Sicht mit dem Blick zum Achterschiff hätte erkennen können, berichtete: „Er sehe nicht einmal das Steuerhaus richtig."

Während der Bug durch die Wahrschau- bzw. Abstandsangaben zur Schleuseneinfahrt des Steuermannes mit 0,6 km/h die Schleuseneinfahrt fand, blieb das vordere Mittelschiff, bedingt durch die nicht erkennbare Fehllage, an der Steuerbordseite im vorderen Drittel hinter dem Mittelpoller an der Mauer hängen, was sich durch eine leichte Vibration im Schiff bemerkbar machte.

Schadensbeschreibung:
Vertiefung an der Bergplatte vor der vorderen Pollerbank Steuerbordseite auf ca. 80 cm Länge.

Die Bergplatte, ca. 150 cm hinter der Pollerbank, ist über Deck im oberen Drittel um ca. 2 cm Höhe und ca. 80 cm Länge eingedrückt. Das Deck weist eine Vertiefung, beginnend an der Schweißnaht Bergplatte/Deck, von ca. 2 cm Tiefe, einer Länge von ca. 80 cm und ca. 30 cm Breite auf. Im Anschluss daran ist das Deck ca. 0,30 qm leicht aufgeworfen.

Fakt!
Wenn das Schleusenpersonal der Schleuse Rhinau uns die große Schleusenkammer bereitgestellt hätte, wäre es nicht zu diesem Schaden gekommen. Wir lagen sehr gut in der Zeit, unseren Bestimmungshafen zu erreichen, und es gab nicht den geringsten Grund, die anfallende Wartezeit nicht in Kauf nehmen zu wollen.

Bereits an der nächsten Schleuse Marckolsheim wurde unsere Bitte, die große Schleusenkammer für uns bereitzustellen, anstandslos befürwortet.

Auch das sich noch vor uns befindliche Schiff TMS XXXXXXX nutzte weiterhin bevorzugt die großen Schleusenkammern.

Am wenigsten nimmt man die Schweizer Schleusenmeisterrasse im Hochrhein wahr. Und obwohl man sie an ihren eigen klingenden Rufen sehr gut erkennt, sind sie in der Tat sehr selten.

Ich habe Zeit meines Lebens noch nie eines gesehen, obwohl wir auch sehr viel am Hochrhein waren. Nicht einmal während der mehrwöchigen Kiesfahrt aus Frankreich kommend nach Rheinfelden zur Rhenus durch die beiden einzigen Schweizer Schleusen, die Schleuse Birsfelden und Augst.

Das war Anfang der 1980er und das besonders Einzigartige war, dass diese Schleuse Augst noch schräge Schleusenkammerwände hatte, das machte ein Schleusen darin besonders interessant.

Ansichtskarte Schleuse Augst in den 1960er Jahren.

Noch bis in die 1970er Jahre hinein gab es diese Form der Schleusen auch an anderen Wasserstraßen, vor allem im Main. Die Schleuse Augst war tatsächlich eine der letzten ihrer Art, zumal wir mit unseren 85 Metern Schiffslänge das maximale Maß für diese 88 Meter Gesamtschleusenlänge waren. 1992 hat man erst die neue Schleuse gebaut, obwohl da oben heute gar nicht mehr so viel Schifffahrt ist. Es ist die letzte oder eher die erste Großschifffahrtsschleuse im Rhein.

Kurz nach Augst, an der alten Brücke von Rheinfelden bei ca. Rheinkilometer 150, endet, nein, beginnt eigentlich die Großschifffahrtsstraße Rhein. Die wenigen leibhaftig lebenden Schleusenmeister kann man hier womöglich an einer Hand abzählen. Aber, und vielleicht liegt es tatsächlich daran, dass sie so selten sind, ähneln sie in vielen Dingen doch der französischen Art. Sie können auch in ihren Charakterzügen sehr dominant sein. Ok, man kann auch „nett" dominant sein, klappt ganz gut soweit.

Womöglich liegt all das auch daran, dass diese Länder so eng aneinander liegen, sich über all die Generationen hinweg eventuell auch genetisch vermischt haben.

Das belgische Schleusenmeister ist ebenfalls etwas eigenartig. Na ja, vielleicht auch nur regional eigenartig. Und um aufzuzählen, wo genau diese vorzufinden sind, würde für meine Rechercheaufgaben womöglich zu viel Zeit in Anspruch nehmen. Das heißt aber dennoch, je weiter man ins belgische Landesinnere hineinfährt, desto schlechter versteht man ihre Laute und Artikulierungen.

Schleuse Kreekrak, Belgien, Schelde-Rhein-Kanal.

Wenn man von den Niederlanden, zum Beispiel von der Rhein-Schelde-Verbindung durch die Schleuse Kreekrak, eine belgischen Schleuse, an das Land heran oder hinein fährt, wird aus der eher niederländischen Verständigung, Flandern, in den Süden Belgiens hinein schleichend französisch-wallonisch und weiter in den Osten Belgiens schon wieder auch deutschsprachig.

Neben Deutschland mit den vielen Dialekten durch das ganze Land hindurch, ist eine Reise durch Belgien also sehr spannend und die Worte der Schleusenmeister mit annähernd ähnlichen Bedeutungen, wie überall auf der Welt, wo es Schleusen gibt, sehr interessant.

Schleuse Schleuse, Donau (Bild, Gerhard Hutschenreuther, Regensburg)

Manche Komiker fragen sich hin und wieder belustigt, ob diese Laute vielleicht nur Balzverhalten darstellen und nichts mit einem Schleusenablauf zu tun haben. Doch immerhin, im Randgebiet, an der Grenze zu Holland und Frankreich, haben sie sich aber der Mitteilung wegen sehr gut angepasst.

Fakt ist, alle Schifffahrtskoll aus unseren Nachbarländern denken, fühlen und empfinden garantiert ähnlich, wenn sie durch unsere schwäbischen, hessischen, bayerischen und anderen Schleusen fahren. Wir leiden also alle gemeinsam anders, doch scheinen viele von ihnen sehr empfänglich zu sein für all das komisch Klingende.

Das kann ich als Deutscher, der sich ständig an all diese nur noch unsichtbaren Grenzen heranschleicht, nicht von mir behaupten. Meine Sprachbarriere beginnt sich meistens ganz abrupt zu ändern. Optisch erkennt man diese belgische Spezies Schleusenmeister natürlich genauso wenig wie die belgischen Grenzen, die da irgendwo verlaufen sollen, und wenn sie an einem vorbeischleichen würden, sind sie optisch genauso wie all die vielen anderen Schleusenmeisterinnen und Schleusenmeister nicht zu erkennen, wie womöglich auf der ganzen Welt. Obwohl ich noch kein afrikanisches oder ägyptisches Schleusenmeister vom fast 200 Kilometer langen Suezkanal zum Beispiel gehört oder gesehen habe, aber Halt, das ist ja ein schleusenloser Meerwasserkanal. Aber der 86 Kilometer lange Panamakanal hat zwei riesige Schleusengruppen, dort beschimpft man sich womöglich in allen Sprachen dieser Erde.

Alle Schleusenmeister der Welt ähneln sich also sehr, alle, egal was auch immer sie mit ihren Schleusen schleusen.

Doch bleiben wir mal in der Binnenschifffahrt.

Schleuse Ybbs-Persenbeug an der Donau, Österreich.

Das österreichische Schleusenmeister hat es gerne, wenn man es hofiert, wie man so sagt. Also besser keine gravierenden Fehler machen. Um eine „Schleusung ersuchen", symbolisch, noch weit von ihm entfernt, selbst mit dem Hörer des Funkgerätes in der Hand, weit zum „Küss die Hand" in die Beuge gehen, die Etikette der K&K, der Kaiserlich und Königlichen Dynastie beachtend. Man sollte auch die Sissi-Geschichte kennen, Kaiserschmarrn lieben, einen guten Schmäh vertragen und man sollte auch auf keinen Fall versuchen, diesen in der eigenen Sprache nachzuahmen und vor allem keine Widerworte geben.

Die Holländischen oder Niederländischen sind mir speziell eigentlich die liebsten und ich fühle mich in deren Revier schon recht gut aufgehoben. Ich glaube, sachliche Objektivität in keinem anderen Land so positiv empfinden zu dürfen. Da fühlt sich alles am ehesten fair, perfekt professionell funktionierend und gut geplant an. Selten, dass man sich da unverstanden fühlt. Natürlich gibt es auch hier das eine oder andere Exemplar, das, egal wie gut du deren Laute in der Lage bist nachzuahmen, dich einfach nicht verstehen will. Das gibt es aber überall. Manchmal auch, weil es tatsächlich so ist, dass man nicht verstanden werden will.

Es ist von einem, wenn man es genau nimmt, doch ganz schön frech, sich einzubilden, überall in seiner eigenen Sprache verstanden werden zu müssen, wir sind doch keine primitiven Hunde oder Vögel, die überall vermutet gleich bellen und gleich zwitschern. Menschen sind wir, allerdings Menschen, die denken und lenken, auch um es anderen irgendwie besonders schwer zu machen. Das schaffen nur wir, diejenigen, die dieser Erde in kürzester Zeit am meisten zugesetzt haben.

Ob sich diese ganzen unterschiedlichen Schleusenmeisterrassen allerdings alle untereinander verstehen, wäre trotzdem interessant in Erfahrung zu bringen. Immerhin tun sie alle das gleiche.

Es macht jedoch schon etwas Sinn, die Laute dieser Wesen und die Art, wie diese wiedergegeben werden, zu erlernen, es vereinfacht in der Praxis einiges, egal mit welcher Rasse man es zu tun hat.

Persönlich wünschenswert wäre an dem einen oder anderen ihrer vielen holländischen Reviere, den Schleusen, eine Patatoder zu Deutsch Pommesbude, ein Imbiss, wo man sich mal ordentlich mit dem besten, was eine holländische Patatbude so zu bieten hat, den Wanst vollschlagen kann. Volkerak im Hollands Diep, der größten Binnenschifffahrtsschleusengruppe der Welt, wäre geradezu prädestiniert für solch ein Objekt.

Volkerak Sluizen, Hollands Diep, Schelde-Rhein-Verbindung nach Ant-
werpen, Gent, Terneuzen, Vlissingen.
  Sie ist die größte Schleusengruppe für Binnenschifffahrt auf der
ganzen Welt. Zwei Schleusenkammern 329,00 × 24,10, eine Schleusen-
kammer 331,00 × 24,10 und eine Schleuse 135,00 × 16,00 Meter. Weit
über 230 Millionen Tonnen, werden hier in einem Jahr geschleust.

Oder an der Schleusengruppe Iffezheim, das klägliche Pendant
zu Volkerak in Deutschland am Oberrhein, diese doch größte
Schleusengruppe für die Binnenschifffahrt in Deutschland.

Schleuse Iffezheim zu Tal fahrend

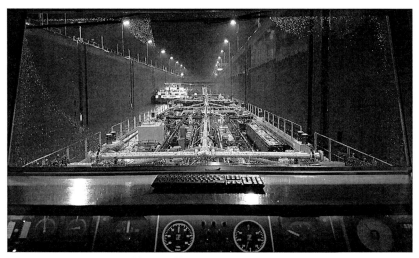

Schleuse Iffezheim nachts zu Berg

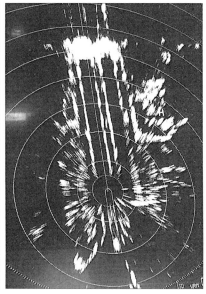

Schleuse Iffezheim 1986   *Schleuse Iffezheim nachts zu Berg*

Ich weiß nicht, warum da noch keiner dieses Geschäft für sich entdecken konnte. Binnenschiffer würden so eine Patatbude schon annehmen, denke ich. Und vielleicht würde man da auch mal ein leibhaftiges Schleusenmeister sehen, irgendwas müssen die doch auch essen. Der Zusammenführung zweier Individuen, die ständig miteinander zu tun, sich aber noch nie gesehen haben, würde dies bestimmt nicht schaden.

... und das Schleusenmeister auch ...

Je weiter man in die Nebenwasserstraßen wie den Neckar in Richtung Schwaben, den Main oder Main-Donau-Kanal erst in Richtung Franken und dann nach Bayern oder den Mittellandkanal Richtung Berlin oder rüber nach Hamburg fährt, desto abwechslungsreicher und dialektlastiger wird es dann auch. Das hat aber auch seinen besonderen Charme irgendwie. Für Binnenschiffer muss es nicht gleich Afrikanisch oder Portugiesisch sein, um eine Reise getan zu haben.

Manchmal sind sie, egal in welchem Land oder welcher Region, so nett, hilfsbereit, geduldig und zuvorkommend mit den vielen ausländischen Schiffsbesatzungen, dass man ihnen gern stundenlang den Pelz graulen oder sie in Grund und Boden kuscheln möchte.

Und manchmal plädiert man ein wenig auf einen Gnadenschuss, weil es, aus welchen Grund auch immer, aus dem Nichts heraus so unkontrolliert bösartig wird. Wobei ich hier schon sagen muss, in dieser Unzufriedenheitsliste stehen alle anderen Länder weit hinter Deutschland. Holland und Belgien stehen da ganz hinten, wo sie doch in allen Dingen, was Schifffahrt betrifft, an erster Stelle stehen, wissen sie auch hier sehr gut, wo sie sein wollen, gerade in Sachen Binnen- oder Schifffahrt im Allgemeinen.

Es verschlägt einem bei manchen Ereignissen die Sprache und man findet oft keine Erklärung für manch lächerliches, dummes, unkontrolliertes und nicht nachvollziehbares Verhalten, tröstet sich selbst mit „primitive Wesen" sind manchmal so.

Ein wenig tollwütig wirken sie dann manchmal tatsächlich, wenn sie ihrer Bosheit freien Lauf lassen. Und dort, wo diese anzutreffen sind, kann einem eine solch negative Erfahrung das Leben ganz schön schwer machen. Schlimm vor allem, weil man so vieles immer nur akustisch über das Funkgerät wahrnimmt. Es, das Bösartige, reagiert anzunehmenderweise nur instinktiv. Nur verbal, also nur akustisch, ohne viel zu denken, aus den Tiefen seiner dunklen Grotte. Stellt sich also nicht dem Kampf, Mann gegen Schleusenmeister oder Schleusenmeisterin gegen Frau.

Man kennt oftmals weder den Auslöser, noch erkennt man schlussfolgernd die stechend feuerroten Augen und rasierklingenscharfen Krallen, die sich in ihre Schreibtischplatten bohren oder schaumsabbernd die vergilbt fletschenden Zähne, wenn sie aggressiv werden. O. k., o. k., eine recht verrückte Vorstellung, aber ja, es gibt sie diese Vorstellung.

Durch Reaktion und Aktion interpretiert dieses Wesen, was es letztendlich fühlt und denkt, Gott sei Dank in sicherer Entfernung.

Da es meist keine körperlichen Auseinandersetzungen gibt, man das Problem nicht abschließend klären kann, bleibt, wenn man recht labil ist, womöglich ein posttraumatisches Problem, mit dem man sich jahrelang rumschlagen muss, was meist einfach nur darauf zurückzuführen ist, dass man den Grund der Auseinandersetzung einfach nicht nachvollziehen und so auch nie eine Lösung des Problems gefunden werden kann. Das beschäftigt manch zarte Binnenschiffer- und Binnenschifferinnenseele schon besonders, dieses „Warum ist es nur so, ich hab ihm doch nichts getan".

Sehr oft einzig und allein ausgelöst von diesem Wesen, welches einen verbal so niedergemacht hat, was man nur als Töne aus einem teilnahmslosen rumhängenden Lautsprecher aus dem Nichts wahrnimmt, keinen körperlichen Bezug hat, wie bei einem Chefanschiss, einem Ehepartnergesabbel oder dem Disponentengeplänkel, kann es einem sehr das Gefühl geben, vollkommen ausgeliefert zu sein. Ein kleinkindliches Trotzverhalten, wenn sie in ihrem ganz speziellen Rechtsempfinden irgendeinen Debakel ausgelöst haben, wäre vielleicht eine Erklärung, da sie sehr oft, wenn es ihnen an Argumenten mangelt, die in ihrem Sinne angeführte, eher einseitig bestimmende

Konservation einfach abbrechen, so dass man manchmal annehmen könnte, dass mancher Schleusenmeister ein vierjähriges Kiddi sein könnte. Wie alt denn solche Exemplare werden, ist ja nicht lückenlos überliefert.

Wie gesagt, nur manche, wenige also sind so, bei weitem, Gott sei Dank, nicht alle. Lässt aber leider pauschal eine Art Allgemeinabneigung wachsen.

An den knüppelharten Schiffern prallt sowas ab, die nehmen das gar nicht für voll, es erreicht sie nicht, sie schütteln das einfach von sich, spucken mal ordentlich übers Gangbord, symbolisch ihnen vor die Füße, und weiter geht's. Bei anderen dauert es manchmal einfach, all das zu verarbeiten, öffnet bei labilen Schiffsbesatzungen sogar einen lang anhaltenden Krankheitsprozess, der bis zur endgültigen Genesung einige Zeit in Anspruch nehmen kann. Vergessen werden solche grausigen, unvorstellbaren Geschichten, egal, ob vom harten oder nicht so harten Besatzungsmitglied, also nicht so schnell. Prägend bleibt es und die Schiffsleute warnen sich natürlich gegenseitig.

„Pass auf, wenn Du dahin kommst, das Schleusenmeister von der Schleuse … (es gibt allein in Europa hunderte Schleusen) ist brandgefährlich, wollte schon da hoch in dessen Höhle und es erschlagen, aber es hat sich so verbarrikadiert, dass ich nicht rankam. Du kannst Dir kein Bild machen, was es sich geleistet hat."

Es bildet sich bei manchen Schiffsführern in einem Zwiegespräch ein kleiner Anhang, „Wohin fährst Du? Ach du lieber Gott, sehr schön da aber die Schleusenmeister, eine Katastrophe. Viel Glück auf alle Fälle."

Und schon erzählt man sich von Schiff zu Schiff diese Vorfälle, muss die Kollegen doch warnen, macht euch auf was gefasst, wenn ihr dahin kommt, und passt auf euch auf, Leute!

Man macht sich also auf den Weg und mit Reisebeginn fährt man genau in die Richtung, vor der man gewarnt wurde. Sagt womöglich den Kollegen, wenn man sich dieser Örtlichkeit nähert, die nächste Schleuse ist die mit dem Idioten Schleusenmeister, vor dem uns der „Fritz" vom „MS Plumperhüpf" gewarnt hat.

Das Ereignis geht auf alle Fälle auf die Reise, das unglaublich Geschehene. Auch über den Äther, die Funkwellen, strömt es, eingestuft in Schwachsinn, Blödsinn, Boshaftig- und Sinnlosigkeit, in alle Himmelsrichtungen unter Umständen wie ein Lauffeuer, von einer Besatzung zur nächsten, von einem Schiffsführer zum nächsten, weit ins Landesinnere hinein zur Familie und den Stammtischfreunden, sogar von einer Generation zur nächsten.

Der schlechte Ruf von diesem einen schlechten Schleusenmeister eilt ihm, diesem unbeliebten Verachtungswürdigen, mit sehr großen Schritten voraus und klebt ihm unvergessen an den Fersen. Ungerechterweise kennt man leider auch deren Namen nicht und so festigt sich all das schlechte Geschehene am Objekt Schleuse und bleibt nicht an dem verursachenden Schleusenmeister hängen. Manchmal hat man ernsthaft damit zu tun, das Erlebte so zu erzählen, damit diese Geschehnisse überhaupt glauben finden, so schlimm ist manchmal das Erlebte.

Fast immer bringt man natürlich diese furchtbaren, schockierenden, niederträchtigen, lächerlichen und unsachlichen, unprofessionellen Geschichten mit nur dieser einen Schleuse in Verbindung, da sich ja das Schleusenmeister, welches der Auslöser gewesen ist, nicht zeigt oder gar persönlich vorstellt. Erstmal ist somit das Image dieser Schleuse, dem Ort des Geschehens, unter Umständen unwiderruflich im Arsch und es dauert Ewigkeiten, bis dies ebenso durch Mundpropaganda der Schiffsleute wieder einigermaßen hergestellt ist, insofern vielleicht irgendwann ein sich dort ansiedelndes neues Schleusenmeister ein grundlegend anderes Verhalten an den Tag legt.

Das Image der Gesamtinnung der Schleusenmeister wird durch solche negativen Ereignisse, die es doch zu Hauf gab und gibt, nur noch schlechter, als es sowieso schon war und ist.

Schade für all die Gutmütigen, Fairen und durchaus Korrekten, die nicht in einem solchen Umfang existieren, dennoch aber an allen Wasserstraßen genauso bekannt sind wie all die Miesen und Unerträglichen.

Die einfach nur ganz Normalen, die Unauffälligen, die den Tag einfach abwickeln wollen, ohne sich in die Dummheit und

Boshaftigkeit anderer einreihen zu wollen, die sind allerdings dann wieder so dermaßen erfrischend normal, dass man sie auch wieder nicht genug wahrnimmt, was aber wiederrum für alle den Tag einfach nur schöner macht.

Es gibt auch ausreichend Schiffsleute, die nehmen all das Böse einfach hin, beugen sich dessen Macht und werfen sich in ihren doch sicheren Steuerhäusern zappelnd und quiekend wie kleine Welpen auf den Rücken und sind einfach nur froh, wenn sie dessen Areal wieder verlassen können. Fürs Leben geprägt und gebrandmarkt und weiterhin schwach und zurückgezogen reisen diese schleichend und unauffällig auf den Wasserstraßen hin und her und das auslösende Schleusenmeister wälzt sich in seinem „Erfolgs"gesabber, den er protzend und prahlend mit seinen Artgenossen in deren Revier teilt.

Das Unangenehme an der Gesamtsituation ist auch, dass das Schleusenmeister, also der Verursacher für so Vieles, irgendwann einfach ganz normal eingeht, ungestraft und ohne Reue, womöglich erst im hohen Alter, womöglich elend und einsam, nie erfahren hat, was es doch zu Lebzeiten für ein mieses, von allen Seiten unbeliebtes Schleusenmeister gewesen ist.

Das nehmen die meisten dann alles mit in ihr Grab und wir Schiffsleute bemerken dessen Verschwinden gar nicht. Leider tut es ihnen das gute Schleusenmeister gleich, das Gute, welches vielleicht einen besonderen Kranz des Dankes für eine „stets freudige und nette Zusammenarbeit" aus dem großen Kreis der Binnenschifffahrt verdient hätte.

Doch mal ehrlich, was gäbe es so Wichtiges aus dem Leben eines Schleusenmeisters zu berichten? Was an solch einem Berufsleben ist wirklich aufregend, was prägt solch ein Leben und was davon kann man seinen Enkeln erzählen? Dass man in 45 Jahren Arbeit 25894 Schiffe geschleust hat?

Ich bemerke gerade mal wieder, wie spannend und abwechslungsreich mein schnödes Binnenschifferleben doch tatsächlich im Gegensatz dazu ist, man erlebt so viel, dass man tausende Seiten Papier damit beschreiben kann, auch einiges über das Schleusenmeister aus allen Herrenländern. Und es, dieses Schleusenmeister, ist einfach irgendwann weg. Wenn nicht auf dem normalen biologischen Weg, dann ist es wegrationalisiert, durch Elektronik, Elektrik, Hydraulik und andere Technik ersetzt. Was also eventuell nach ihm kommt, ist wahrscheinlich sehr viel Vertrauen erweckender, natürlich nicht so emotional wie ein leibhaftiges, aber man kann darauf hoffen, dass es sich funktionierend sachlich gibt. Vielleicht kann man eines Tages auch mal von den wenigen Guten und Lieben, die man erleben durfte, etwas umfangreichere Geschichten aus deren Leben in ihrer Funktion als Schleusenmeister schreiben, wer weiß.

Fakt ist, alle Schleusenmeister, egal aus welchem Land sie stammen, treiben täglich alle annähernd das Gleiche. Sie schalten Ampeln, bewegen Schleusentore, disponieren Schiffe und regeln den Schleusenbetrieb und ein paar wenige von ihnen ärgern, verarschen und schikanieren Schiffsleute. Sie tun es eben nur in verschiedenen Tönen, Sprachen oder Dialekten.

Viele der hier aufgeführten Vergleiche passen ganz gut, auch das Schleusenwärterhaus, welches man schon, sogar sachlich, als deren Höhle bezeichnet, die heutzutage gar nicht mehr eingesehen werden kann wie noch vor einigen Jahren.

Man muss, wenn man Formelles zu erledigen hat, an einer verriegelten Tür oder burgenähnlich an einem Tor durch Betätigen einer Klingel Zeichen geben, damit, wenn überhaupt, Einlass gewährt wird. Durch eine Wechselsprechanlage „Ja, wer da?" grunzt es und versucht, Fremdes erstmal abzuwimmeln, öffnet eventuell, aber eher ungern, doch meist zögerlich das Tor. Als hätten sie stets etwas zu befürchten, von dem, der da vor seinem Höhleneingang steht. Das eine oder andere Exemplar weiß also ganz gut, dass so manch ein an den Tag gelegtes Verhalten einen Wutschiffer geschaffen haben könnte.

Ich erinnere mich an die Zeit, in der die Tore zu dessen „Höhlen" im Sommer der Hitze wegen noch weit offen standen und es menschlich meckerte, wenn man die Türe der Kälte wegen im Winter beim Betreten nicht schnell genug geschlossen hat.

Ein bisschen was von damals und wie es heute sein müsste ...

Von dieser Schleusenmeisterspezies gab es damals auch sehr viel mehr als heute. Mir wurde von alten Schiffsführern überliefert, dass Schleusenwärter wiederum zu ihrer Zeit, ganze 50 Jahre vor mir, also in den 1920ern, ein sehr ansehnlicher und respektvoller Beruf war. Und das nicht nur im Vergleich zu den Schiffsleuten.

So manche Dörfer und Städte hatten der Aufwertung wegen die Ehre, nur eine einzige Schleuse, also nur einen oder vielleicht zwei Schleusenwärter zu haben. Das machte so manchen Stadtvater und Bürger schon recht stolz. Möglicherweise waren immer ein älteres, erfahrenes und ein jüngeres, anzulernendes Exemplar auf einer Schleuse.

Das Ältere hatte zu seinem Wohlbefinden für alles seine Leute, die Schleusenknechte und andere Gehilfen. Es stand da nur mit ausgestrecktem Bauch, die Hände in den Hosentaschen, sauber und adrett gestriegelt in seiner speziellen eigens kreierten Zunftkleidung, weißes Hemd, schwarze Hose, womöglich mit Schiffermütze an der ein kleiner Anker, ein Steuerrad oder ein emailliertes kleines Emblem der Kaiserlichen Marine oder von einem Zeppelin, einen Luftschiff hervorstrahlte. Es trug vielleicht kniehohe, schwarz glänzende Stiefel, rauchte eine qualmende abgewinkelte Porzellankopfpfeife im vom gezwirbelten Kaiser-Wilhelm-Bart umrankten Mundwinkel. So lief er auf und ab oder lümmelte gelangweilt auf seiner Schleuse, delegierte nur die ganz schweren Arbeiten wie die von Hand getätigte Aufgabe, die Schleusentore mit großen Kurbeln aufzudrehen und zu schließen. Die schweren Schotten in den Toren hoch- und runterdrehen, damit das Wasser in oder aus der Schleuse laufen kann, ließ des manchen Schleusenknecht Schweiß in Strömen dahinrinnen.

Das ständige, stählern klingende klackklack, klackklack, klackklack der Zahnradarretierungen erhallte wahrscheinlich über den ganzen Tag hinweg im Schleusenbereich und den angrenzenden Häusern.

Sich an den zu schleusenden Schleppkahn zu stellen und Pfeife rauchend den Boss raushängen lassen, womöglich an seiner Seite den fetten Kurzhaardackel sitzend, wild gestikulierend seinen anstrengenden Tag zu beschreiben, das war dann also seine amtlich ehrwürdige und kraftzehrende Arbeit.

Schleuse Schweinfurt / Main, Ansichtskarte von ca. 1905

Während meiner Schiffsjungenzeit Ende der 1970er bei all den vielen Reisen, die ich auf dem Main mitmachte, konnte man dort im Schleusenmeisterhaus für ein paar Pfennige mal schnell einen telefonischen Gruß an Frau oder Mutti senden, eine Zeitung oder hausgemachte Wurst, Kartoffeln, Selterswasser und Limonade, frische, von ortsansässigen Hühnern gelegte Eier, Schinken aus dem bäuerlichen Umfeld des Schleusenmeisters erwerben.

Manche boten Reibhölzer aus den angrenzenden Wäldern, sogar die Möglichkeit, Trinkwasser zu laden, bestand an manchen Schleusen. Man zog schnell mal den Deckwaschschlauch an Land bis hin zum Wasserhahn, wenigstes so lange, wie der Schleusenvorgang dauerte. Tausend Liter konnten dabei durchaus geschafft werden.

Wenn es die Zeit erlaubte, unterhielt man sich noch ein paar nette Takte, durfte ihm die Post an die Firma oder den

Daheimgebliebenen vertrauensvoll in die Hand drücken, um ihn zu bitten, diese irgendwo in einen Briefkasten zu werfen. Heute heißt es, wenn man darum bittet, ob es denn bitte die Post mitnehmen könnte, „Das gehört nicht zu meinem Aufgabenbereich."

Manche Schleusen hatten sogar ganz offizielle, gelbe Postbriefkästen direkt an ihren Wärterhäusern hängen.

Die Familie, die in der Nähe wohnte, konnte mal schnell anreisen, um ihren Buben, den Schiffsjungen oder Schmelzer, auf wohlerhalt zu mustern, konnten frische Lebensmittel oder Wäsche bringen, einfach mal guten Tag sagen und vor allem zu Fuß oder mit dem Auto bis an die Schleusenmauer, direkt bis an das Schiff heranfahren.

Vor allem durfte man mal einen Blick werfen auf diese für die damalige Zeit genutzte Technik und all das Gerödel, das benötigt wurde, um die Schleusentore in der Ferne, außerhalb der Grundstücksmitte der zu betreuenden bis zu 300 Meter langen Schleuse bedienen zu können.

So viel war in dieser Höhle dann gar nicht zu sehen. Ein Pult vor dem Fenster, welches einem elektrischen Schaltschrank ähnelte mit ein paar Knöpfen und Schaltern darauf, beschriftet mit „Obertor öffnen" und „Obertor schließen", „Untertor öffnen" und „Untertor schließen", dasselbe Gedöns, um die Schotten in den Toren zu bewegen, um den Wasserstand in der Schleuse, dieses Auf- oder Abschleusen zu regeln. Zu meiner Zeit wurde nichts mehr mit „Ellenbogenmotor", also Manneskraft, bewegt. Alles funktionierte schon wie die Schleusentore mit starken Elektromotoren, die dann immer so brummten, als sie schwer schaffend eingeschalten wurden, um die großen, fetten Zahnstangen und deren Zahnräder zu bewegen. Vieles funktionierte auch immer mehr und heute fast nur noch Hydraulisch.

Wahrscheinlich waren da noch ein paar Schalter für die umfangreiche Ampelanlage. Am Ober- und Untertor befanden sich die Ampeln, womit es nur die Einfahrt regelte. Wenn zwei Lichter nebeneinander die „Rot"-Funktion zeigten, mussten die Schiffe warten.

Die „Grün"-Funktion zeigt an, dass die Schiffe fahren dürfen.
Zwei rote Lichter übereinander z.b. zeigen an, die Schleuse ist außer
Betrieb.

Die „Grün"-Funktion zeigt an, dass die Schiffe fahren dürfen. Zwei rote Lichter übereinander z.b. zeigen an, die Schleuse ist außer Betrieb.

Beide dieser Ampeln konnten auch nur jeweils ein „Rot" anzeigen. Das bedeutet, dass sich kein Schiff in der Schleusung befindet, die Schleusenkammer leer ist und gerade für die kommende Schifffahrt vorbereitet wird.

Für die Ausfahrt gab es extra vor den beiden Toren jeweils nur eine Ampel, die erst von Rot auf Grün geschaltet wurde, wenn die Tore geöffnet und die Ausfahrt erlaubt war.

Die Sperrlichter gab es dann auch noch, also eine Ampel, die zwei rote Lichter übereinander anzeigte, wenn die Schleuse aus irgendeinem Grund außer Betrieb war.

Heute sind die Ampeln an Schleusen oftmals defekt, Leuchtkörper werden gar nicht mehr gewechselt oder das Schleusenmeister betrachtet dies nicht mehr als seine Aufgabe.

So schnell wie niedergeschrieben und erlesen sollte dies eigentlich auch vom Durchschnittsmenschen erklärt und verstanden sein. Wenn man ihm jetzt die Position dieser Schalter zeigen würde, könnte ein jeder eigentlich schon dieses Schleusenmeisteramt übernehmen.

Keine recht schwierige Aufgabe könnte man meinen. Man lässt sich aber auch gern eines Besseren belehren.

Das Lichtsignalgedöns ist übrigens unverändert nach all den Jahren selbst heute noch so. Mit einem kleinen Unterschied. Früher konnte das Schleusenmeister auch die Helligkeit dieser Ampeln manuell schalten. Also bei Tag und Nebel ein helles Rot oder Grün und bei Nacht konnte er dieses abdunkeln, damit das beim Schleuseneinfahren den Käpt'n nicht so sehr blendet.

Dass ist heute kein Thema mehr und diesen da oben immer im selben Licht sitzenden Schleusenampelschaltdirektoren ist es scheißegal, ob sich der Käpt'n geblendet fühlt oder nicht.

Monitore und Kameras gab es ja in den 1970igern auch noch nicht. Auf deren Plätzen standen damals noch ein Obstkorb, kleine Tischflaggen von diversen Reedereien oder eher Blümchen, ein Kofferradio und das Funkgerät natürlich. Die Schleusenbereitschaft der Schiffe wurde vom Schleusenknecht, also jenem, der noch kein Schleusenmeister war, von draußen mit Handzeichen an das Schleusenwärterhaus weitergegeben und wenn der richtig nett war, lieh er einem auch mal schnell sein Fahrrad, damit man frische Brötchen holen konnte beim Dorfbäcker. Man kannte sich ein wenig und die, die schon länger diese Strecke hinauf oder hinunter fuhren, sogar den einen oder anderen beim Vornamen.

Um diese Handzeichen des Schleusenknechts oder alles andere, was sich auf dem Gelände so tut und bewegt, besser sehen zu können, waren damals die Schleusenwärterhäuschen trotzdem nicht so hoch wie heute, maximal zweistöckig vielleicht. Aber sie waren mit Fenstern ausgestattet, die man öffnen und vor allem rein- und rausschauen konnte, mit ganz normalem Glas versehen und nicht dunkelschwarz getönt oder verspiegelt.

Auf dessen Fensterbrett lümmelte gelangweilt wirkend im Sommer ein mit Schießer Feinripp-Unterhemd bekleideter Schleusenmeister mit den Ellenbogen auf einem Daunenfederkissen, womöglich von den Schleusengänsen aus dem Vorjahr, um die Befahrung seiner Schleuse zu beobachten. Mit Blickkontakt zu den Schiffsleuten brach er sich keinen dabei ab, mal seinen Arm zu heben, um freudig und ehrlich zu winken, auch mal freundlich laut zu rufen „Gute Reise, bis zum nächsten Mal."

Die damalige Art war auf alle Fälle vom Fach, kannte sich also aus und wusste, was die anderen, mit denen man „zusammenarbeiten" sollte, alles leisten müssen. Manche sind einst selbst auf Schiffen gefahren, waren Eltern von Kindern, welche noch fuhren oder Kinder von Eltern, die einst selbst gefahren sind. Sie hatten, egal in welchem Zusammenhang, ausreichend Ahnung von dem, was sie nun in einer anderen Form „fort"bewegten. Oder sie hatten wenigstens ein klein wenig Interesse am Beruf des Binnenschiffers, mit dem sie daher auch, damit alles reibungslos lief, gut und respektvoll umgingen.

„Wärtergehöft" der Schleuse Krotzenburg, ca. 1925

Viele Jahrzehnte war das Schleusenmeister sogar direkt auf dem Schleusengelände wohnhaft, es gab auf dem Schleusengelände tatsächlich Wohnhäuser mit kleinen Gärten, auf dem das gesamte Schleusenpersonal wie eine große Familie zusammen gelebt hat.

Manche hatten Ziegen, Schafe, Gänse, Enten und Hühner oder sogar Pferde und Ponys. Sowas gibt es heute alles nicht mehr ... sogar die genaue Definition dieses Schleusenwesens ist unglaublich schwierig geworden.

Schleusenwärterhaus der Schleuse 12 am Ludwig-Donau-Main-Kanal, gebaut von 1836–1846.

Deren Titel, Bezeichnungen und Kosenamen ...

Es ist nicht so recht nachvollziehbar, wer diese Bezeichnung „Schleusenmeister" erfunden hat. Warum eigentlich SchleusenMEISTER? Ist es denn wirklich dieser Bezeichnung „Meister" würdig, wo doch für das Erlangen eines erhabenen Meistertitels, zum Beispiel in richtig fordernden Berufen, so einiges abverlangt wird.

Oder ist es am Ende doch nur ein Schleusenwärter wie in der Berufsbezeichnung auf dieser, sagen wir mal, fragwürdigen Internetseite www.die-unverzichtbaren.de vorgestellt. Sie werden in den nächsten Jahren merken, wie verzichtbar sie geworden sind, die Schleusenwärter ...

Schleusenwärter/-in

Das vollbringt Ihr:

Schleusen ist Euer Metier: Ihr seid für die reibungslose Abwicklung der Binnenschifffahrt entlang der deutschen Wasserstraßen verantwortlich und leistet damit einen wichtigen

Beitrag zur Verkehrsinfrastruktur. Ihr bedient und überwacht die Schleuse, klassifiziert das Frachtgut und gebt die Angaben und Daten digital weiter. Zudem kontrolliert Ihr regelmäßig die Schleusen- und Wehranlagen und führt Reparaturarbeiten selber durch.

Was Ihr mitbringen müsst:

Gute Karten habt Ihr mit einem mittleren Bildungsabschluss und einer abgeschlossenen Ausbildung in einem geeigneten Beruf, beispielsweise als Funker.

Das erwartet Euch:

Schleusenwärter ist kein Lehrberuf. Um als Schleusenwärter zu arbeiten, ist eine Aus- oder Weiterbildung im Wasserbau erforderlich.

Dort werdet Ihr ausgebildet:

Euer Einsatzgebiet sind die Wasser- und Schifffahrtsbehörden.

Das verdient Ihr:

Da es sich in der Regel um eine Zusatzausbildung handelt, ist der Verdienst während der Ausbildung nicht einheitlich geregelt.

In der Berufsgruppe: Verkehr und Infrastruktur

Quelle: www.die-unverzichtbaren.de

Spannend und etwas lustig zeigt es sich in www.öffentlicherdienst.de Wer wird hier eigentlich beruflich bezeichnet?

Schleusenwärter/-in

Fachrichtungen: Nicht benannt

Tätigkeit: Schleusenwärter/-innen stellen den Betrieb von Schleusen sowie Wartung, Reparatur und Instandhaltung der Schleusenanlagen sicher. Schleusenwärter/-innen arbeiten bei staatlichen oder kommunalen Schleusenbetrieben.

Ausbildungsart: Aus- oder Weiterbildung im Bereich Wasserbau

Abschluss: Wasserbauer/Wasserbauerin

Ausbildungszeit: <u>36 Monate</u>
Ausbildungsort: Ausbildungsbetrieb und Berufsschule
Ausbildungsinhalte: Vermessungsarbeiten sowie gewässerkundliche Messungen, Arten von Wasserbauwerken, Unterhaltsarbeiten an Deichen und Dämmen, Maßnahmen der Flussregelung und der Ufersicherung, ökologische Gesichtspunkte und Vorschriften, technische Regelwerke, Rechtsvorschriften und Betriebsanweisungen, Informationssysteme und Anwendersoftware, Maßnahmen zur Trockenlegung von Bauwerken, Wartungs- und Instandhaltungsmaßnahmen, Insel- und Küstenschutz, Hochwasserschutzes, Unterhaltung von Talsperren und Speichern, Regelungs- und Steuerungseinrichtungen.
Verdienst: Beispielhafte tarifliche Bruttogrundvergütung im Tarifbereich öffentlicher Dienst (monatlich): € 2.479 bis € 2.733
Angeboten von: Nicht benannt
Schulische Voraussetzung: Rechtlich ist keine bestimmte Vorbildung vorgeschrieben. Es werden überwiegend Ausbildungsanfänger/-innen mit mittlerem Bildungsabschluss eingestellt.
Sonstige Voraussetzung: Nicht benannt
Quelle: www.öffentlicherdienst.de

Ganz einfach ist auf alle Fälle in Erfahrung gebracht, dass es die Berufsbezeichnung „Schleusenmeister" offiziell gar nicht gibt. Ganz offiziell nennt es sich, wie im www.bav.bund.de beschrieben, schlicht und einfach und vor allem Ladies first:

Das Schichtleiterin / Schichtleiter (m/w/d)

(Was dieses in der Klammer stehende „d" bedeutet, muss erst in Erfahrung gebracht werden. „m" steht für männlich, obwohl das Schichtleiterin als erstes genannt wird, „w" für weiblich, was so manch ein Schichtleiter wohl nicht sein wird. Und dieses „d" macht es schwierig. Mein Kollege meinte bei der Ausarbeitung dieser Geschichte, frech und sarkastisch wie er so ist, es würde einfach nur „d" wie „dumm" heißen, was ich auf gar

keinen Fall unterstützen werde und massiv gegen diese Äuße-
rung protestiere.)

Als Vertretung im Schleusenbetriebsdienst und für die Leitzentrale für selbstbediente Schleusen und fernbediente Brücken an der Müritz-Elde-Wasserstraße und Störwasserstraße.

Der Dienstort ist ....

Bewerbungsfrist: 26. ....

Arbeitsbeginn: 01. ....

Arbeitszeit: Teilzeit

Laufbahn: mittlerer Dienst

Bewerbergruppe: Tarifbeschäftigte

Arbeitsort

Bezeichnung: Wasserstraßen- und Schifffahrtsamt Lauenburg

Ort: ....

PLZ: 1.........

Bundesland: ....

Ihre Aufgaben

Vertretung in der Leitzentrale ....

- Fernüberwachung und -bedienung von Schleusen und Brücken an der Müritz-Elde-Wasserstraße und Störwasserstraße
- Annahme und Bearbeitung von Notfällen an den selbstbe-
dienten Schleusen
- Bedienung von Wehren

Ihr Profil

Zwingende Anforderungskriterien:

Abgeschlossene Berufsausbildung in einem Ausbildungsberuf
möglichst mit Bezug zur Schifffahrt, zum Wasserbau oder zur
Maschinen-/Elektrotechnik.

Wichtige Anforderungskriterien:

- Technisch-nautisches Verständnis für das System Schiff-
Wasserstraße
- IT-Kenntnisse im Bereich MS Office
- IT-Kenntnisse WindowControlCenter (WinCC)
- Kommunikations-, Kooperations- und Teamfähigkeit

- Belastbarkeit
- Bereitschaft zu Wochenend- u. Feiertagsarbeit
- Tauglichkeit für Bildschirmarbeit

Unser Angebot

Die Eingruppierung erfolgt bei Erfüllung der tariflichen Voraussetzungen in Entgeltgruppe 6 TVöD.
Quelle: www.bav.bund.de

Recherchen ergaben, im Vergleich zum nicht existenten „Schleusenmeister" ist der „Schleusenwärter" oder „Schleusenknecht" dann doch schon einige Jahrhundert ein Begriff.

(Quelle: de.wikipedia.org/wiki/Schleusenw%C3%A4rter)

In früheren Jahrzehnten war es üblich, dass die Wärter ständig vor Ort waren, einige wohnten sogar mit ihren Familien in den neben den Schleusenkammern errichteten Bauten, dem Schleusengehöft und dem Schleusenknechtehaus. Die Schleusenwärtergebäude mussten mindestens so hoch sein, dass aus dem Fenster der obere Wasserbereich überblickt werden konnte, also meist etwa zwei- bis dreigeschossig. Die Schleusen waren anfangs auch noch nicht elektrisch angetrieben, so dass der Wärter die Schleusentore mittels Muskelkraft und mechanischer Vorrichtungen bedienen musste.

Schleusenwärter teilen den einzelnen Schiffen die entsprechende Schleusenkammer zu und legen die Reihenfolge für die Schleuseneinfahrt fest. Sportbootfahrern teilen sie gegebenenfalls den Liegeplatz zu und achten auf die Einhaltung aller Sicherheitsvorschriften (Tragen von Rettungswesten, Vertäuung an den Schwimmern). Daneben haben sie die Dienst- und Fachaufsicht über weitere hier beschäftigte Personen. Bei Störungen, Unfällen oder Notfällen entscheiden die Schleusenwärter über daraus folgende Maßnahmen wie Abbruch des Schleusenvorgangs oder Bestellung von Rettungsdiensten und/oder Wasserwacht. Sie müssen auch dafür sorgen, dass keine Unbefugten das Schleusengelände betreten.

In neuerer Zeit, seitdem moderne Technik mehr und mehr zum Einsatz kommt, können Schleusen sogar von einer Zentrale ferngesteuert werden. Schleusenwärter ist kein Lehrberuf, sondern für diese Tätigkeit ist eine wasserbauliche Grundausbildung erforderlich. Manche Unternehmen verlangen zusätzlich ein Befähigungszeugnis nach dem STCW-Übereinkommen und ein allgemeines Betriebszeugnis für Funker. Die Arbeit erfolgt im Angestelltenverhältnis.

Schleusenwärter sind weltweit im Einsatz, also überall dort, wo Schiffe mittels Schleusen Niveauunterschiede von Gewässern überwinden. Häufigste Einsatzorte sind Kanäle.

Diesem Text ist auf alle Fälle interessant zu entnehmen, woher die Bezeichnung „Schleusenknecht" eigentlich kommt. Es erklärt sich aber, dass durch dessen anstrengende Knechtschaft in den letzten Jahrhunderten die manuell zu bewegenden Schleusentore bedient wurden.

Eine berufliche Anforderung oder Voraussetzung in Sachen Menschenführung oder eine Art Wesenstest beinhaltet keine dieser vielen Stellenbeschreibungen, die man so finden kann.

Ein Schleusenvorgang, der mit dem Heranfahren an eine Schleuse beginnt, das Eindringen in das womöglich markierte Revier des Schleusenmeisters und alles, was damit zu tun hat, ist selbstverständlich gesetzlich zum Handlungsrecht des selbigen geregelt. Und das Schleusenmeister, folgend auch Schleusenaufsicht genannt, ist der Vollstrecker dieser Gesetze. Also kein Polizist, was den einen oder anderen vielleicht recht gut gefallen würde. Die meisten sind eher eine Art, na ja Wärter oder Pseudoscheriff, wären gern ein König oder eine Macht und nicht unbedingt eine Demokratie, ein kumpelhafter Kollege, eine freundliche Frau oder Mann von nebenan, die einfach nur einen schönen stressfreien Arbeitstag absolvieren möchten.

Jede einzelne dieser Charaktere kann einem bei all den vielen Schleusen, die so ein Binnenschiffer im Leben fahren muss, den Weg kreuzen. Und wenn es in den Oberrhein, den französischen *Grand Canal d'Alsace*, oder in andere Wasserstraßen unserer Nachbarländer wie *Schweiz, Belgien und die Niederlande,* die *Mosel,* die *Donau,* den *Main, Main-Donau-Kanal,* den *Neckar* und den vielen Kanälen, *Rhein-Herne-Kanal, Wesel-Dattel-Kanal, Mittellandkanal* und einige andere in Richtung *Braun-*

schweig, *Hannover*, *Berlin*, *Hamburg* usw. geht, hat man im Schnitt jede Stunde eine Begegnung der außergewöhnlichen Art, die einem womöglich ein Leben lang in Erinnerung bleibt.

§ 6.29 BinSchStrO (Binnenschifffahrtsstraßen-Ordnung, Stand 01.04.2019)

Reihenfolge der Schleusungen

1. Es wird, soweit nachstehend nichts anderes bestimmt ist, in der Reihenfolge des Eintreffens vor der Schleuse, bei mehreren Schleusen vor der gewählten oder durch Richtungsweiser nach § 6.28a zugewiesenen Schleuse geschleust. Die Wahl der Schleuse darf ohne besondere Erlaubnis der Schleusenaufsicht nicht geändert werden.

2. Ist im Schleusenbereich ein Startplatz eingerichtet, wird er gegen die übrigen Liegeplätze durch das Tafelzeichen B.5 (Anlage 7), das mit einem weißen Zusatzschild mit der Aufschrift „Startplatz" versehen ist, abgegrenzt. Der Startplatz ist als Liegeplatz für ein im Schleusenrang zur nächsten Schleusung anstehendes Fahrzeug bestimmt und darf nur von diesem belegt werden. Abweichend von Nummer 3 Satz 1 und 2 kann ein auf Schleusung wartendes Fahrzeug bis zur Fahrt an den Startplatz an seinem Liegeplatz verbleiben. Liegen mehrere Fahrzeuge nebeneinander, haben die außen liegenden Fahrzeuge den innen liegenden die rechtzeitige Fahrt an den Startplatz zu ermöglichen. Jedes neu in den Schleusenbereich eintreffende Fahrzeug muss bei der Schleusenaufsicht zur Feststellung des Schleusenranges angemeldet werden. Warten im Schleusenbereich oberhalb oder unterhalb einer Schleuse, die nicht zur Bedienung durch das Schiffspersonal besonders eingerichtet ist, bereits mehr als fünf Fahrzeuge (Schiffsansammlung), richtet sich der Schleusenrang abweichend von Nummer 1 nach der Reihenfolge der Anmeldungen. Bei Schiffsansammlungen darf der Startplatz nur nach vorheriger Aufforderung durch die Schleusenaufsicht belegt werden.

3. Ein zur Schleusung anstehendes Fahrzeug muss vorbehaltlich der Regelung nach Nummer 2 so weit aufschließen, dass es unverzüglich nach dem Zeichen zur Einfahrt in die

Schleuse einfahren kann. Versäumt ein Fahrzeug das Aufrücken, verliert es für die anstehende Schleusung seinen Rang. Ein Fahrzeug, das auf das Zeichen zur Einfahrt nicht schleusungsbereit ist, wird so lange zurückgestellt, bis es seine Vorbereitungen beendet hat.

4. Ein Fahrzeug der Wasserstraßen- und Schifffahrtsverwaltung des Bundes, ein Fahrzeug, das zur Ausübung von Hoheitsaufgaben unterwegs ist oder ein schwer beschädigtes Fahrzeug haben vor allen übrigen Fahrzeugen das Recht auf Schleusung außer der Reihe (Schleusenvorrang); das Gleiche gilt für ein Rettungs- oder Feuerlöschfahrzeug auf der Fahrt zur Unfallstelle.

5. Auf Verlangen werden mit Vorrang in nachstehender Reihenfolge vor anderen als den in Nummer 4 genannten Fahrzeugen geschleust:
   a) ein Tagesausflugschiff, das nach einem festen Fahrplan nach § 9.01 fährt, und das kein Fahrgastboot ist;
   b) ein Fahrzeug mit Erlaubnis der zuständigen Behörde.
   Diese Fahrzeuge müssen den roten Wimpel nach § 3.17 zeigen. Nach jeder Bergschleusung oder jeder Talschleusung eines Fahrzeugs, das sein Vorrecht geltend gemacht hat, sind jeweils einmal die zurückgestellten Fahrzeuge ohne Vorrecht in derselben Richtung zu schleusen. In keinem Fall berechtigt das Vorrecht auf Schleusung das Fahrzeug, zu einer vorher festgesetzten Uhrzeit geschleust zu werden.

6. Die Schleusenaufsicht kann aus Sicherheitsgründen für die Schleusung eines Fahrzeugs mit gefährlichen Gütern abweichende Anordnungen erteilen.

7. Klein- oder Sportfahrzeuge werden, sofern sie nicht eine Bootsschleuse, Bootsgasse oder Bootsumsetzanlage benutzen können, nur in Gruppen oder zusammen mit anderen Fahrzeugen geschleust. Ausnahmsweise kann ein Klein- oder Sportfahrzeug auch einzeln geschleust werden, sofern die Dauer der Wartezeit unzumutbar ist. Ein Klein- oder Sportfahrzeug, das mit Sprechfunk ausgerüstet ist, kann nach rechtzeitiger Anmeldung an der Schleuse auch ohne Wartezeiten einzeln geschleust werden, sofern es mit dem übrigen Verkehrsaufkommen, der Verkehrslage und Maß-

nahmen zur Stauhaltung der Wasserstraße vereinbar ist. Bei gemeinsamer Schleusung eines Klein- oder Sportfahrzeugs mit anderen Fahrzeugen darf ein Klein- oder Sportfahrzeug erst nach den anderen Fahrzeugen und nach Aufforderung durch die Schleusenaufsicht in die Schleuse einfahren. Ist die Einfahrt in die Schleuse für ein Klein- oder Sportfahrzeug durch besondere Signallichter nach § 6.28a Nummer 2 Satz 3 in Verbindung mit Satz 4 geregelt, darf ein Klein- oder Sportfahrzeug erst nach Freigabe der Einfahrt durch die besonderen Signallichter in die Schleuse einfahren.

8. Von den durch Verordnung festgesetzten Schleusenbetriebs- zeiten kann aus Gründen des Verkehrsbedarfs oder wegen betrieblicher Erfordernisse vorübergehend abgewichen wer- den.

Kosenamen für das Schleusenmeister entsprangen also so manch einem Erlebnis oder Ereignis, wovon jeder aktive Bin- nenschiffer garantiert vieles aus eigenen Erfahrungen berich- ten kann. Wenn man 45 Jahre lang seine Kraft diesem Beruf gewidmet hat, dann hat man womöglich mehr Schleusen ge- fahren, als so manch ein Schleusenmeister in der gleichen Zeit, seine eigene Schleuse auf Grün geschaltet hat. Somit könnte ein jeder sehr viel darüber berichten und im Zusammenhang mit einem Schleusenvorgang, dessen Vorbereitung, Ablauf oder andere hinderlich lächerliche Vorgehensweisen, Befehle und Ansichtsweisen des Schleusenmeisters diesem einen, sagen wir mal, situationsbedingten „Kosenamen" zu Teil werden lassen.

Von der Überlieferung ausgehend fängt dies mit der Be- zeichnung „Der Schleusenknecht" an, eher respektvoll aus- gesprochen, scheint er doch ein wenig nicht alles richtig ge- macht zu haben, dieser Schleusenknecht, sonst wäre er auch ein „Meister" oder wenigstens ein „Wärter" geworden.

Man weiß auch gar nicht, ob Schleusenknecht eine Vorstufe zum Schleusenmeister ist oder war. Auf alle Fälle ist „Knecht" seit Jahrhunderten in vielen Branchen eine recht respektable Anstellung gewesen. Womöglich wollte der eine oder andere das auch gar nicht, Schleusenwärter oder -meister sein. Als Schleusengrundstücksfachkraft, kann man so sagen, kannte er jedes Zahnrad, jeden Hydraulikschlauch und jede Schmierstelle der benötigten Technik, kannte im Umfeld jeden Stein, jeden faulen Apfel an seinen Bäumen und jeden Grashalm auf dem doch relativ großen Schleusengelände, welches er mit dem Dienstrad in alle Richtungen befuhr und wahrscheinlich nach seiner freien Gestaltung, Parkanlagen gleich, in Schuss hielt. Wahrscheinlich war so manch ein Meister ohne seinen allwissenden Knecht ganz schön aufgeschmissen.

Den Binnenschiffern fielen solche einzigartigen Schleusenanlagen natürlich immer ins Auge und man hatte ein wenig so seine Favoriten, die man ganz besonders gerne befuhr, allein der Schönheit wegen.

Auf alle Fälle war er bodenständig und kompatibel mit all denen auf einem Schiff Arbeitenden, egal ob Schmelzer (Schiffsjunge), Matrose oder Schiffsführer.

Das „Schleusenmeister", der laut Überlieferung vorher nicht Schleusenknecht gewesen sein kann, bezeichnet dann eher umgangssprachlich seinen Beruf. Und auch jene nennen ihn so, wenn sie unter Respekt und womöglich auch Achtung und Anerkennung von ihm erzählen, vor allem, wenn es einfach nur einen guten, sauberen, stressfreien und anständig menschlichen Schleusenvorgang absolviert hat. Was ja nicht wirklich so die Regel ist heutzutage.

Böse wird es dann, ...

... wenn der „lausige" Schiffer überhaupt nicht zufrieden war mit irgendeinem Geschehnis, sprich Handeln, einer fehlerhaften Disposition des Schleusenranges, also die Reihenfolge der auf Schleusung wartenden Schiffe bemängelt, die nach und nach korrekt abgefertigt werden sollten aber nicht korrekt abgefertigt wurden.

Sehr kleines Sammelsurium geschehener Schleusenereignisse ...

Wenn es den Eindruck macht, einer Situation, einem erhöhten Schiffsaufkommen nicht gewachsen zu sein, sich von dreisten Schiffsführern Positionen eines Schiffes unterjubeln lässt, die jeder Logik widersprechen, manch ein gewiefter aber auch lumpiger Schiffsführer versucht, meist mit Erfolg, das Schleusenmeister, wenn er gefragt wird, „wo seid ihr denn genau", davon zu überzeugen, dass er ein paar Kilometer näher an dessen Schleuse dran ist, als es tatsächlich der Fall ist.

Ein unqualifizierter Schleusenmeister, der nicht einmal seine unmittelbare Gegend kennt, solche gibt es leider immer mehr, wird natürlich dem Lügenschiffsführer, der gar nicht so nah an der Schleuse dran war, wie er angegeben hat, die Schleuse „klar" sprich „grün" halten, während andere aus der entgegenkommenden Fahrtrichtung länger als nötig warten müssen.

Während dem Schleusenpersonal dieses tatsächlich scheißegal ist, da sie unfehlbar und absolut perfekt sind, stört solch eine Inkompetenz die andere Partei, die Schiffsleute, schon gewaltig.

Das Schleusenmeister von heute hat nur noch ein Schichtempfinden, also ein 6-Uhr-Anfangen- und 14-Uhr-Feierabend-Denken. Der Zwischenraum, macht es den Eindruck, muss irgendwie Füllung finden, unangenehm, wenn dies allzu viele Arbeitsabläufe beinhaltet.

Es ist ein Fass ohne Boden, ein böses Ereignis jagt das Nächste.

Wenn man nach 14 Stunden Fahrzeit das Schleusenmeister darüber informiert, dass man seine erlaubte Fahrzeit erreicht hat und diese beenden muss und er trotzdem darüber meckert, dass einer seiner Liegeplätze vor seiner Schleuse dafür geopfert werden soll, gerade so, als würde man seinen ganz privaten Stellplatz in seiner eigenen Garage bei ihm zu Hause in seinem Garten dafür nutzen wollen. Es ist einfach nicht nachvollziehbar, warum das so ist. Und Liegeplätze, von denen es auch in Schleusenbereichen eindeutig zu wenige gibt, zwingen einen oftmals auch im Schleusenbereich verfrüht den Tag zu beenden, da, um den nächstmöglichen Liegeplatz zu erreichen, die Fahrzeit überschritten werden muss.

Oder, wenn der „Hund", also das Schleusenmeister, tatsächlich Vetternwirtschaft betreibt und seine speziellen „Freundes"Schiffe oder gar Motorboote und Yachten aus den bei ihm angesiedelten Yachthäfen, die bei ihm schleusen wollen, besser und vorteilhafter behandelt als andere. Vielleicht sogar, weil sie hin und wieder einen Sack Kunstdünger oder Viehfutter aus ihren Laderäumen auf die Schleusenmauern stellen oder andere beim Stammtisch dessen Rechnung übernehmen.

Oder, wenn die Ampel nicht rechtzeig auf Grün steht und man ewig darauf warten muss, um in die Schleuse hinein- oder aus der Schleuse herausfahren zu können, weil er womöglich einfach keine Lust hat oder an seine Machtposition der „Hebel und Schalter" erinnern möchte. Manchmal warten sie förmlich darauf, dass man sie mit dem Funkgerät auf ihrem Funkkanal anspricht, um diese „Umschaltphase" von Rot auf Grün einzuleiten, was sie aber oftmals nicht sofort tun, sondern nochmals paar Minuten verstreichen lassen, um daran zu erinnern, wer diese Ampelschaltung letztendlich in der Hand hat. Sie freuen sich anscheinend darüber, darum gebeten worden zu sein.

Oder, wenn er, weil ja gleich seine Schicht endet, den Schleusenvorgang zu schnell laufen lässt, was Schiff und Besatzung ganz schön beschäftigen kann und auch nicht ungefährlich ist, womöglich Seile bersten lässt.

Oder, wenn es 15 Minuten vor Feierabend in seinem Ermessen liegt, noch ein Schiff zu schleusen, damit es anderorts oder an der nächsten Schleuse einen besseren Liegeplatz erreichen kann als an seiner Schleuse, wo es weder Fernsehprogramm noch Internet oder gar Menschen gibt, und er wegen womöglich einer Minute, die es vielleicht länger dauern könnte, ohne zu zögern sagt: „Bei mir geht nichts mehr, morgen früh 6 Uhr."

Oder, wenn er das Schleusenhaus verlässt, um mit seinen vorteilhaft behandelten Schifferkumpel während des Schleusenvorgangs Kaffeekränzchen macht und andere aus diesem Grund tatsächlich warten lässt.

Oder, wenn du ihn über Funk fragst, ob er denn bitte deine Post mitnehmen könnte, wenn er später mit dem Auto nach Hause fährt, und er dir sagt: „Tut mir Leid, aber das fällt nicht in meinen Aufgabenbereich."

Oder, wenn er im Amt auf seiner Wachstation eingeschlafen ist und selbst das Auslösen des Typhons bzw. des Schiffshorns keine Reaktion hervorruft, erst ein Mann von deiner Besatzung an Land klettern muss, um an seinem Turm Sturm zu klingeln, damit dieser wieder wach wird, und er sich nicht einmal für seine durchaus menschlich erklärbare Fehlhaltung entschuldigt.

Schleusenturm der Schleuse Oberhausen, Rhein-Herne-Kanal.

Oder, wenn er einem Schiff den Liegeplatz an seiner Schleuse verwehrt, womöglich, weil er dem einen, ihm befreundeten Binnenschiffer, der in den nächsten Stunden dort ankommen soll, versprochen hat, den Platz frei zu halten.

Oder, wenn er sich auf einem Schleusenfunkkanal frech und herablassend äußert mit dem klaren Wissen, dass die Argumentation oder Verteidigung des Schiffführers niemand hören kann, weil dies von Amtswegen, undemokratisch technisch so eingerichtet wurde, dass andere nur das Schleusenmeister am Funkgerät hören können. Gesetzt den Fall, er, das Schleusenmeister, würde zu einem Schiffsbesatzungsmitglied über das Funkgerät sagen, „ Du bist ein Schwein", würden alle, die auf diesen Funkkanal geschaltet haben, dies hören. Das Schiffsbesatzungsmitglied kann sich verbal nicht verteidigen, also diese Behauptung allen anderen gegenüber, die auf diesen Kanal geschaltet haben, nicht richtigstellen, dass er kein Schwein sei, da es außer das Schleusenmeister kein anderer hören könnte. Und dessen Meinung gegenüber allen Zuhörern hatte er ja bereits kundgetan. Man kann dem Schleusenmeister natürlich auf diesem Kanal zukommen lassen, dass man ihm, wenn man es erwischt, mal ordentlich den Pelz bürstet, dass er bis zum Ende seiner Tage daran zehren kann. Und ja, solche Vorfälle gab es früher sehr viel öfter als heute. Es hatte durchaus mehr Respekt als heute. Auch aus diesem Grund gleichen manche Schleusenhäuser annähernd irgendwelchen Festungen. So manch einem dieser respektlosen Gestalten den Pelz zu bürsten, ist also gar nicht so einfach, so sehr man sich das auch wünschen mag.

Oder, wenn das Schleusenmeister, um ein Gespräch zu beenden, das nicht zu seiner Zufriedenheit läuft, weil es dem Fachwissen des Binnenschiffers nicht gewachsen ist, die kleinkindliche Möglichkeit nutzt, seinen Hörer einfach aufzulegen, wenn ihm selbst keine Argumente mehr einfallen, während das Schiffspersonal nur durch Abschalten ihres Funkgerätes oder wechseln des Funkkanals den Kontakt zur nautischen Inkompetenz beenden kann.

Oder, wenn es zu alldem auch noch ein mieser Charakter ist, es womöglich unter Persönlichkeitsstörungen leidet, es an Empathie mangelt, die eigenen Fähigkeiten überschätzt werden und trotzdem Verlangen nach Anerkennung im Vordergrund steht, das Einfühlungsvermögen nicht so recht in der richtigen Spur ist, man all das als narzisstisch bezeichnen kann, dann ist es schnell auch kein Meister mehr, dem man entsprechend respektvoll gegenübertritt.

Oder, wenn man mit seinem Schiff am Abend um 21:15 Uhr an eine Schleuse heranfährt mit der Absicht, erst am nächsten

Tag seine Fahrt fortzusetzen und sich dennoch bei der Schleuse meldet, da diese ab 22 Uhr wegen Feierabend nicht mehr erreichbar ist.

An den ersten Schleusen der Nebenwasserstraßen werden dem Schleusenpersonal über das Funkgerät diverse Daten übermittelt. Dazu gehören: die Tragfähigkeit des Schiffes, der Ort, wo man geladen hat, was man und wieviel davon geladen hat und in welchem Hafen der Empfänger sein wird. Das hat mit Statistik und den Kanalabgabegebühren zu tun, die eventuell erhoben werden können. Aber auch, um schon mal auf sich aufmerksam gemacht zu haben und damit die Daten für den nächsten Tag schon bekannt gegeben sind. Man spricht ihn an, um den Ablauf des nächsten Tages besser planen zu können, welches Schiff zum Beispiel am nächsten Morgen als erstes geschleust werden könnte. Sind es Schiffe, die zu Berg, also gegen den Strom, oder zu Tal, mit dem Strom geschleust werden müssen? Durch dieses Wissen kann man die Wartezeiten, die eventuell auftreten, besser in den kommenden Tag einplanen. Man muss auch nicht schon um 05:45 Uhr den Motor starten, wenn erst um 7 Uhr der eigene Schleusenvorgang anberaumt ist. Gibt es also Schiffe, die schon vor einem selber geschleust werden, weil sie zum Beispiel eher da waren oder aus anderen Gründen? Es ist also schon wichtig, all das zu wissen.

Und „last but not least", darf der Warteplatz oder der Startplatz schon für die Nachtruhe benutzt werden?

Der Startplatz ist der Liegeplatz ca. 50 Meter vor der Schleuseneinfahrt. Es gibt gerade am Neckar meist vor den Schleusen erst einen Warteplatz und direkt danach einen Startplatz. Beide sind auf alle Fälle so lang wie eine Schiffslänge, also etwas über 110 Meter. Diese Plätze sind mit Schildern aus der Binnenschifffahrtsstraßen-Ordnung versehen: „B.5 Gebot unter bestimmten Bedingungen anzuhalten." Diese sind quadratisch, mindestens 1050 x1050 mm groß, weiß, außen mit einem ca. 200 mm breiten roten Streifen umrandet und in der Mitte des Schildes sieht man einen schwarzen, quer liegenden Balken, der 200 mm breit und 500 mm lang ist. Warteplatz und Startplatz sind extra Schilder, auch 1050 mm lang und nur 500 mm hoch, auf denen die Bezeichnung „Warteplatz" oder

„Startplatz" mit schwarzer Schrift geschrieben steht und unter denen Halteschilder angebracht sind. Am Startplatz dürfen nur Schiffe anlegen, die für den nächsten Schleusenvorgang bestimmt sind.

Diese Plätze dürfen nicht zum Pause machen oder für ähnliches genutzt werden. Und wenn doch, nur mit Erlaubnis von das Schleusenmeister, den man natürlich höflichst, unter Umständen auf Knien rutschend, darum bitten müsste.

Der Guttenbacher Startplatzmissbrauch ...

Mittwoch, der 21. August 2019. Wir befanden uns auf dem Neckar in der Bergfahrt, fuhren also stromaufwärts. Gestern hatten wir in Mainz-Gustavsburg 1.500 Tonnen Heizöl geladen und waren damit unterwegs nach Stuttgart. Wenn alles „gut läuft", ein reibungsloser Schleusenbetrieb mitspielt, wäre hier schon eine Ankunft am Folgetag möglich. Es gibt Tage, an denen läuft oder funktioniert der Schleusenbetrieb so erschreckend gut, dass man fast glaubt, es gäbe keine Schiffe mehr. Obwohl dies nicht immer am Schiffsaufkommen liegt, sondern oftmals auch am Verhalten der Schleusenmeister, die nicht immer in der Lage sind, viele Schiffe hintereinander reibungslos abzufertigen.

Doch heute war ein guter Tag, um den Neckar zu befahren.

Es geht also stromaufwärts und ich labe mich immer an diesem Vergleich, dass wir diese 1.500 Tonnen im Schnitt nur mit 800 PS Motorkraft bewegen. Für den Rhein von Mainz bis Mannheim, der eine nicht so sehr starke Strömung führt, reicht der Einsatz dieser Motorleistung. Aber auch für den Neckar, der durch seine Stauregelung fast gar keine Strömung aufweist, flutscht das geradezu mit 800 PS Antriebskraft. Obwohl wir noch 560 PS in petto hätten, benötigen wir diese nicht. Wir fahren also sprit- und energiesparend mit nicht einmal 2/3 Kraft.

Bei Hochwasser brüllt auch dieses Gewässer geradezu danach, bewältigt zu werden, denn dann werden alle Kräfte benötigt, die im Maschinenraum glauben, sich ausruhen zu können, um gegen diese dann herrschende Strömung anzustinken. Dafür fliegt man dann geradezu mit dem Strom zu Tal, was wiederrum auch eine besondere Aufmerksamkeit erforderlich macht.

Ein wenig gibt es also einen angenehmen Ausgleich. Doch beliebt ist kein Gewässer, das durch die Lande fließt, wenn es Hochwasser führt, was Gott sei Dank eher selten vorkommt.

Die Schiffsleute kennen diese regelmäßig einkehrenden Hochwasserzeiten nach vielen Jahren Schifferei doch schon ganz gut, wissen also, wann man damit rechnen kann. Dieses Hochwasser nach der Schneeschmelze, wird Frühjahrshochwasser genannt. Oder das Augusthochwasser, Zeiten, wie sie viele Generationen so aus eigener Anschauung erlebt haben, die dazu auch keine Statistiken wälzen mussten.

Beim Neckar behauptet man, wenn in Stuttgart einer zu viel reinpinkelt, dann ist am Folgetag in Heidelberg Hochwasser. Durch seine Bauweise, diese einzigartige „Kanalisierung" oder Stauregelung, diesen Wechsel, zwischen frei fließendem Neckar und Kanal, den man fast gar nicht mehr wahrnimmt, weil alles so schön bewachsen und begrünt ist, meint man automatisch, all das kann nur reine Natur sein. Gerade im Oberlauf, wo es etwas schmaler als im Unterlauf ist, Weiden, Pappeln und anderes Gewucher und Gerankel weit über die Ufer des Neckars schweben, macht es immer wieder mal den Eindruck, man befahre in einer spannenden Expedition als allererstes Schiff diesen Fluss. Womöglich ist dieses biotopische Dschungelempfinden schuld daran, dass ihn manche auch „Jordan" nennen, dieses unbeschiffbare biblische Gewässer, in dem, so erzählt man sich, Johannes, der dann anschließend „der Täufer" hieß, erstmals von Jesus getauft wurde.

Marc Twain, der Autor von „Die Abenteuer des Huckleberry Finn", der im Jahre 1878 tatsächlich den Neckar zu Fuß und mit einem Floß bereiste, hätte sich womöglich auch vom wilden und zerzausten Neckar zu diesem Welterfolg inspirieren lassen, wenn er sein Buch nicht schon Jahre früher geschrieben hätte, wer weiß.

Auch wenn wir Binnenschiffer unter der Vernachlässigung vieler Wasserstraßen auch auf dem Neckar leiden müssen, da vieles nicht modifiziert und der modernen Schifffahrt angepasst wurde, die Fahrrinnentiefe nur im allernötigsten Fall entschlammt wird, lieber Bojen gesetzt werden, die wir langsam umfahren müssen, bevor man die Fahrrinne wieder der Schifffahrt anpasst. Diese gerade im oberen Neckar dutzende Male erlebten Schlammschlachten vor den Schleusen oder den Hafeneinfahrten in Stuttgart und Plochingen lassen auch sehr die Technik eines Schiffes leiden, was anscheinend keiner bedenken mag.

Schleusen funktionieren eher schlecht als recht und es sind viel zu wenige Liegeplätze vorhanden. Da manche auch durch Untiefen nicht angefahren werden können, erschwert auch dies eine Neckarreise.

Daher tröstet mich die Tatsache und die fantastische Idee, dass für Renaturalisierungsmaßnahmen sehr viel Geld in die Hand genommen wird, nur ein wenig, egal wie schön das alles nach Fertigstellung aussieht. Man vergisst auch hier, dass wir irgendwie, um ein paar Ecken gedacht, ein nicht unwichtiger Teil dieser Renaturalisierung sind, denn wir schonen das, was renaturalisiert wird, ganz extrem mit unserer umweltfreundlichen Art, Waren zu transportieren.

Renaturalisierung auf der Stauhaltung Aldingen-Hofen.

Zurück zum unbequemen Hochwasser. Steigt er sehr schnell an, der Wasserstand, lassen die Kraftwerke, Stauregelwerke an den Wehren der Schleusen all das viele Wasser ebenso schnell wieder ablaufen. Etwas beängstigend wirkt es manchmal, dieses ungewöhnlich nicht Alltägliche. Die Wasseroberfläche ist ebenso trübe braun wie das, was sich darunter befindet. Es pfeift an einem vorbei, verliert all die Kraft, etwas wie Mond und Sterne widerzuspiegeln. Und wenn man dann in der Bergfahrt an eine Schleuse heranfährt und diese gigantischen braunen Wassermassen sieht, die wie bei den Niagarafällen mit lautem Getöse und Wasserstauberei über die Wehre rauschen, wird man schnell daran erinnert, dass wir Menschen dieser Macht nur bis zu einem gewissen Grad gewachsen sind.

Wehranlage Schleuse Heidelberg bei leichtem Hochwasser

Der Neckar misst immerhin gute 380 Kilometer Flusslänge und hat also, wenn es im Schwarzwald oder der schwäbischen Alb viel regnet, schnell den Kragen voll, da lachen andere Flüsse wie Rhein, Mosel und Main noch über diese kläglichen Wassermassen, die aus den Bergen kommen. Aber gut, außergewöhnlich ist, Außergewöhnliches wahrzunehmen und Außergewöhnliches erleben zu dürfen.

Aber man bemerke und nicht unbedingt vom Hochwasser beeinflusst, 50 Tanklastwagen könnten diese 1.500 Tonnen nach Stuttgart transportieren, allerdings würden diese die in jedem Lkw befindlichen ca. 400 PS dafür zum Einsatz bringen, also 20.000 PS dafür einsetzen. Abgesehen davon, dass sich für jede Zugmaschine mit Anhänger oder Sattelauflieger mindestens 10 oder sogar eher 12 Reifen drehen müssen, die alle gebremst werden können, demnach sichtbaren Feinstaub auch in dieser Form verursachen.

Schiffe machen jeden Bremsvorgang mit ihren Motoren, indem sich die Schiffsschraube rückwärts dreht. Da Wasser kein fester Untergrund ist, sprich „keine Balken hat", muss solch ein Vorgang durchdacht und gekonnt durchgeführt werden. Jedes Schiff reagiert anders, wenn sich die Schiffsschraube rückwärts dreht, manchmal sogar anders, als man es erwartet oder glaubt, von seinem Schiff zu kennen.

Man kann auf keine Bremse treten. Kein einziger Reifen dreht sich auf irgendwelchen Straßen, um darauf Gummi zu hinterlassen und der Abrieb von Reifen und Bremsen, vor allem gut auf dem Schnee im Winter liegend sichtbar, entfällt vollends.

Außerdem würde die Beladung von 50 Lkw schon mal ca. 100 Stunden dauern.

Die Fahrzeit nur eines Lkws von Mainz-Gustavsburg nach Stuttgart dürfte auch mindestens 1,5 Stunden betragen. Dies multipliziert mit 50 wären 75 Stunden. Und dann noch das Löschen, das beziffern wir mal pro Lkw mit ebenfalls 2 Stunden, somit nochmals 100 Stunden. Alles in Allem dauert dieser Vorgang, 1.500 Tonnen mit Tanklastwagen von Mainz-Gustavsburg nach Stuttgart zu transportieren, wenn alles absolut reibungslos funktioniert, runde 275 Stunden.

Danach stehen dann erstmal in Stuttgart 50 ungeladene Tanklastwagen, die dringend einen neuen Transport benötigen. Oftmals fahren diese ungeladen zurück zu ihrer Heimatadresse oder einige Kilometer in eine andere Stadt, um erst dort wieder zu beladen. Es müsste sich mal jemand ernsthaft damit befassen … logistisch meine ich.

Aber es gibt ja die Binnenschifffahrt, leider zu wenig erkannt, sehr effektiv und umweltfreundlich. Wir hingegen, und

Hafen Mainz-Gustavsburg

das weiß ich sehr gut, beladen unser Schiff mit 1.500 Tonnen, in 6–8 Stunden, sind also schon in der darauf folgenden Fahrzeit nach Stuttgart unterwegs, sind, gemütlich gerechnet inklusive Übernachtungen, in 72 Stunden angekommen, haben längst wieder gelöscht und sind stromabwärtsfahrend auf dem Weg zum nächsten Ladehafen unterwegs, der dann meist schon fest steht, bevor der letzte Lkw überhaupt in Mainz-Gustavsburg geladen ist.

Lange Rede großer Unsinn, wir sind eindeutig die umweltfreundlichen Transporteure.

Natürlich gibt es mehr Straßen als Wasserstraßen und sehr vieles, was mit einem Schiff nicht erreicht werden kann. Dies ändert allerdings nichts daran, dass die Schifffahrt auf ihren Straßen noch sehr viel Potential zu bieten hat. Diese Kombination Schiff, Lkw und Bahn müsste sehr viel ernster genommen und ausgearbeitet werden. Konkurrenzdenken ist da eher hinderlich.

Doch wie gesagt, heute war ein guter „Schleusenlauftag", bis jetzt keine großen Aufenthalte oder Wartezeiten an irgendeiner Schleuse, die wir seit 6 Uhr befahren haben.

Der Neckar verfügt übrigens auf der Strecke seiner Schiffbarkeit, Neckarkilometer 203 in Plochingen, an allen Schleusengruppen über jeweils 2 Schleusen, die nebeneinander liegend, beide 110 Meter lang und 12 Meter breit sind. Die Fallhöhen liegen bei diesen 27 Schleusen zwischen um die 13 Meter an der Schleuse Feudenheim, je nach Wasserstand vom Rhein, da dies die letzte Schleuse vor der Einmündung in den Rhein ist und etwas über 2,50 Meter an der Schleuse Heidelberg, mit der geringsten Fallhöhe. Wir sind also mit unseren 105 Metern Schiffslänge und 11 Metern Schiffsbreite schon recht ausfüllend bei solch einem Schleusenvorgang, haben das Maximalmaß an Länge, dürften aber noch 45 cm breiter sein.

Leider funktioniert aber all das zwischen 80 und 50 Jahren Alte, auch auf diesem Gewässer, nicht mehr so recht gut und fast immer ist eine der beiden Schleusen einer Gruppe wegen Reparaturmaßnahmen außer Betrieb. So langsam beginnt man, dies erkennend, damit, die eine oder andere Schleuse zu erneuern. Wie zum Beispiel an der Schleusengruppe Feudenheim.

Im Unterwasser der Schleusengruppe Feudenheim

Hier sind es drei Schleusen nebeneinander, zwei mit 110 × 12 Meter aus dem Ende der 1920er Jahre und eine mit 190 × 12 Meter, die jüngste aller Neckarschleusen, aus dem Jahr 1973. Die in Bergfahrt gesehen ganz linke Schleuse, eine der 110-Meter-Kammern, wird seit April 2016 erneuert. Diese soll dann 140 × 12 Meter werden und in 4 Jahren, also nächstes Jahr, schon fertig sein. Ob das gelingen wird? ...

Der Staat und die entsprechenden Behörden sind fleißig dabei, den gesamten Neckar auf eine Schiffsgröße von 135 × 11,45 Meter vorzubereiten und auszubauen. Es sollen entsprechende Liegeplätze und Wendemöglichkeiten geschaffen werden, denn der Neckar ist an nur sehr wenigen Stellen breiter als 135 Meter und viele Kurven können mit solchen Schiffsgrößen nicht passiert werden, außer man richtet ein Begegnungsverbot ein und gestaltet die Umfahrung dieser Kurven dann besonders langsam.

Unterhalb der Schleuse Lauffen

Das wird eine sehr, sehr lang anhaltende Baustelle und wenn sie irgendwann in „ferner liefen" fertig ist, gibt es sicher Binnenschiffe, die 150 × 11,45 Meter groß sind – wie schön.

Andere zweite Schleusenkammern am Oberlauf des Neckars von Stuttgart bis Plochingen wurden einfach komplett außer Dienst gestellt oder sogar schon zugeschüttet, auch der Rentabilität wegen.

Am heutigen Tage aber geht es auf alle Fälle nach 3 Wochen fleißigem und fast ununterbrochenem Transportieren von Gütern nach Hause. Es erwarten mich erstmal 3 Wochen in Freischicht. Wir bzw. diese Schicht werden es also nicht sein, die diese Reise nach Stuttgart beenden wird. „Reise" – so nennt man einen Transport innerhalb eines Zeitraums von der Abfahrt vom letzten Löschhafen, über die Anfahrt zum nächsten Ladehafen, die Wiederbeladung, die Fahrtstrecke zum Löschhafen und das Löschen. Ist das Schiff gelöscht, endet die eine und beginnt die nächste Reise.

Hafen Stuttgart

Ein gut beschäftigtes Schiff dürfte je nach Schiffsbesatzung, ob es für 14, 18 oder gar 24 Stunden erlaubte Fahrzeit besetzt ist, schon so einige Reisen machen im Jahr.

Wir sind für 18 Stunden erlaubte Fahrzeit besetzt, haben also 2 Steuermänner und zwei Kapitäne oder Schiffsführer an Bord.

Um 24 Stunden fahren zu dürfen, würden wir noch einen Schiffsjungen benötigen oder einer unserer Steuermänner müsste ebenfalls ein Patent in der Tasche haben, ein „Steuermann mit Patent" sein, wie es genau bezeichnet ist.

Wir allein haben in den letzten Jahren im Schnitt 75 Reisen geschafft, 75 mal ca. im Schnitt 1.750 Tonnen transportiert, das wären dann etwas über 131.000 Tonnen, die wir bewegen konnten. Das hätten natürlich auch fast 4.400 Lkw geschafft, indem sich 41.000 Reifen drehen und 41.000 Bremsen betätigt werden müssen. 1.760.000 PS wären mit diesen 4.400 Lkws unterwegs.

Wir bewältigen diese 131.000 Tonnen mit gelegentlichen 101.205 PS – wenig PS, wenig CO_2 und andere Umweltbelastungen, denke ich.

Wie auch immer, ein kleines, informatives Zubrot zu dieser Neckarschleusengeschichte.

Unsere Schicht an Bord ist und bleibt heute beendet und irgendwo an einer Schleuse, die es uns gestattet, diesen Schichtwechsel durzuführen, soll dieser auch stattfinden. Natürlich wählt oder versucht man immer eine Position zu wählen, die autobahnausfahrtnah gelegen ist, damit die kommende Crew recht einfach den Weg dorthin findet.

Auch die Erreichbarkeit des Schiffes ist wichtig, dass man so nah wie möglich an das Schiff heranfahren kann. Immerhin gehen 4 Mann von Bord und 4 andere werden ankommen und vor allem die ankommende Schicht ist recht gut bestückt mit Gepäck und Lebensmitteln für 3 Wochen. Da kommt dann schon einiges zusammen, was an oder von Bord getragen werden muss.

Geplant ist es immer, zwischen 12 und 14 Uhr zu wechseln. Und in der Regel klappt das auch ganz gut, angesichts dessen, dass die Leute aus allen Himmelsrichtungen kommen, sogar aus Rumänien, Ungarn, der Tschechei, dem Spessart, aber auch aus Berlin, Bayern und Niedersachsen hierher anreisen oder dorthin zurückreisen müssen.

Sie ist also sehr bunt gemischt die einstig deutsche Binnenschifffahrt und es würde nichts mehr funktionieren, wenn es nicht so wäre.

Dennoch, ich würde schon sagen, dass für die Umstände, die zu all dem Betrieb beitragen, doch immer alles recht gut klappt und funktioniert. So richtig lange haben wir nie warten müssen, bis die einen von und die anderen an Bord waren und eine Reise fortgesetzt werden konnte.

Man muss immer etwas rechnen, was macht Sinn und was Unsinn. Entweder die ankommende Schicht wartet, wenn sie früher da ist, auf das Schiff oder das Schiff wartet, wenn es eher da sein sollte, auf die ankommende Schicht.

Sinn macht es natürlich, das Schiff so lange wie möglich fahren zu lassen, bevor ein „Wechselplatz" gewählt wird. Dann muss natürlich noch die Örtlichkeit passen, alle sollten ungefährdet an oder von Bord kommen. Last but not least braucht es natürlich eine Genehmigung, in diesem Fall durch den Schleusenmeister.

So manch einer von ihnen, man soll es nicht glauben, genießt diese plötzlich auftretende Macht, solch eine Entscheidung oder Genehmigung aussprechen zu dürfen.

Verhält sich dann zögerlich, hinterfragt Unsinnigkeiten: „Wie lange soll das denn dauern?"

Oder: „Hmmmmm, na ja, geht's vielleicht auch an der nächsten Schleuse?"

Diese schützen also ihr Revier sehr massiv.

Manch einer lässt sich auch sehr gerne bitten und erblüht im Dank, wenn er diese Genehmigung ausgesprochen hat.

Andere sagen, das sind dann allerdings die ehemaligen Nautiker, Ex-Schiffsbesatzungen, die zur Wasserstraßen- und Schifffahrtsverwaltung in ihr Arbeitsleben gewechselt haben, eben Leute vom Fach sind und sehr viel mehr Verständnis für uns Schiffsleute haben: „Na klar, macht einfach, aber gebt kurz Bescheid, wenn Ihr weiterfahrt, damit ich Euch bei der nächsten Schleuse melden kann, dass Ihr wieder unterwegs seid."

Das werden aber leider auch immer weniger.

Irgendwann ist es egal, was da kommt, dann muss eine Entscheidung gefällt werden.

Wir wählten die Entscheidung, an der Schleuse Guttenbach, der Schleuse 7 am Neckarkilometer 71, neckaraufwärts unser Glück zu versuchen.

Dieser Vorgang beginnt mit einem Ruf, auf dem für diese Schleuse bereitgestellten Funkkanal 22: „Schleuse Guttenbach für die Bergfahrt bitte."

Mit dieser allgemeinen normalen Frage, ob denn die Schleuse für die Bergfahrt bereit stünde und wenn nicht, wann das der Fall sein könnte, verlässt diese Bittstellung nett und freundlich über die Funkwelle unser Schiff.

Wenn das geklärt ist, folgt, „Wir würden gerne im Oberwasser", nach der Schleusung also, „Schichtwechsel machen", und fragen, „ob das bitte möglich wäre?"

Schleuse Guttenbach

Dann kommt dieses, schon freundliche, „Hmmmm hmmmm",
und dann dieses, „geht das auch an der nächsten Schleuse, der
Schleuse Neckarzimmern?"

Ich erklärte, dass unser abzulösendes Personal nur ca. 45
Minuten entfernt wäre und es nach Neckarzimmern mit den
Schleusenvorgängen zu lange dauern würde.

Dann erfolgte erneut dieses, „Hmmmmm", und durchaus
freundlich und verständnisvoll, „Na ja, gut, dann fahrt ganz
nach vorne an die Spundwand, um dort zu wechseln."

Zur Erklärung, die Schleuse Guttenbach verfügt im Oberwasser, also wenn man zu Berg in Richtung Stuttgart geschleust
hat, über eine, ich denke weit mehr als einen Kilometer lange Spundwand, die eigentlich kein Mensch benötigt. Sie wird
in diesem Maße nie genutzt, so viele Schiffe gibt es hier fast
nicht wie dort anlegen könnten. Absolut einzigartig auf diesem Fluss.

Eine Spundwand ist eine ins Wasser eintauchende Mauer
aus Baustahl, welche sich Spunddielen nennen, an der man
ein oder mehrere, hier sicher 10 Schiffe hintereinander gerade,
direkt mit dem Ufer verbunden, sicher festmachen, sprich anlegen kann.

Spunddielen, dieser Baustahl wird auch zur Sicherung von
Baugruben oder Geländesprüngen genutzt, wird vor geböschte

Ufer gerammt, um deren Absinken zu sichern, wird auch genutzt, um das Durchdringen von Wasser zu verhindern. Schleusenwände werden ebenfalls damit gebaut. Ein Spundwandelement ist mindestens 1 Meter und breiter, fast beliebig lang und sie werden einfach nur in den Boden oder wenn benötigt, in den Flussgrund gerammt. Links und rechts haben sie ineinanderschiebbare Verbindungen, die sich sinngemäß, Schloss nennen. Man hat so die Möglichkeit, mit einer Diele neben der anderen, eine unendlich lange Mauer zu errichten. Das oben Herausragende kann man dann mit einem Schneidbrenner gerade abschneiden und nach Bedarf noch eine Art Deckel darauf setzten und auf diesen Deckel dann ein paar Poller befestigen, damit Schiffe daran festmachen können.

Eine schnelle und einfache Baulösung, wenn man etwas in einem Gewässer errichten möchte. Übrigens auch eine recht alte Erfindung, denn auch die Römer verwendeten schon Spunddielen, um Ufer zu befestigen. Allerdings waren diese damals noch aus Holz.

Sehr umfangreich einsetzbar also, diese Spunddielen für Baustellen jeglicher Art und perfekt geeignet für Arbeiten in Gewässern, z. B. für den Bau von Brückenpfeilern, die zur Schaffung eines stabilen und tiefen Fundamentes ein Trockenlegen benötigen.

Dabei werden erst mit schweren Rammen oder Hämmern, angehängt an Krane oder Bagger, Spunddielen quadratisch angeordnet, viele Meter in den Grund geschlagen, dann das Wasser herausgepumpt und der Brückenpfeiler errichtet. Sowas macht mächtig viel Krach und der Boden vibriert einem unter den Sicherheitsschuhsohlen, sofern man welche tragen sollte. Manchmal werden diese Spunddielen auch gleich als Umrandung für diese Pfeiler genutzt. Fakt ist, dass wahrscheinlich Zweidrittel so einer Spunddiele der Stabilität wegen im Grund und Boden verschwindet. Es bleibt also nicht recht viel davon sichtbar. Zu guter Letzt können Spunddielen auch einfach wieder gezogen und anderweitig eingesetzt werden, wenn man sie nicht mehr benötigt.

Ein Mauerwerk oder eine gegossenen Betonwand wird nur ein einziges Mal errichtet.

Den Grund, warum man das hier an der Schleuse Guttenbach so gebaut hat, konnte ich bisher allerdings noch nicht herausfinden.

Unser Problem mit dieser tollen Spundwand bestand allerdings im Folgenden: Der Zugang zu dieser Spundwand ist sehr beschwerlich und kann mit dem Auto, oder wie in unserem Falle mehreren Autos, gar nicht angefahren werden.

Mal eine Nacht hier verbringen ist kein großes Problem, man liegt hier recht gut und sicher, sollte aber gut schließbare Fenster haben der Geräusche auf der Straße wegen, die sich am Ende der daran anliegenden schrägen Böschung befindet. Die Bundesstraße B37 und deren Verkehr sind es, die diese Geräusche verursachen.

Doch ein sicheres Anhalten oder Abstellen eines Pkws ist garantiert nicht möglich, wenn da 8 Personen Autos be- und entladen. Es ist viel zu gefährlich. Die rasen da wie die Bekloppten, sicher nicht immer nur mit 80 oder 100 km/h.

Daher ersuchte ich darum, dass Schiff direkt oberhalb der Schleusenausfahrt, dem Startplatz, so wird dieser genannt, hinlegen zu dürfen. Denn da kann man mit dem Pkw bis auf 40 Meter auf dem sicheren, mit eigener Zufahrt versehenen Schleusengrundstück an das Schiff heranfahren, abstellen und absolut gefahrlos einen Schichtwechsel durchführen.

Wenn man bedenkt, dass jedes Besatzungsmitglied mit mindestens einem Koffer abreist, wären das schon mal 4 Koffer, meist hat man noch kleineres Handgepäck, eine oder zwei leere Wasserkisten und einen Laptop. Ich selber noch einen kleinen Koffer mit meiner Kameraausrüstung und meiner Ukulele. Die ankommende Schicht bringt sicher ähnlich viel mit an Bord. Und wenn jeder nur 5 Kilo Kartoffeln, ein Säckchen Zwiebeln und zwei Kisten Getränke mitbringt, dann summiert sich alles nun mal entsprechend. Wir benötigen einen sicheren und zugänglichen Platz, um unsere Schicht zu wechseln, Ende der Debatte.

Natürlich ist auch hier alles gesetzlich geregelt, wie das alles so zu gestalten ist im Schleusenbereich, mit dem Anlegen am Startplatz usw.

Hier ein kleiner Auszug aus der Binnenschifffahrts- Straßen Ordnung, von Oktober 2018:

§ 6.29 Reihenfolge der Schleusungen

Es wird, soweit nachstehend nichts anderes bestimmt ist, in der Reihenfolge des Eintreffens vor der Schleuse, bei mehreren Schleusen vor der gewählten oder durch Richtungsweiser nach § 6.28a zugewiesenen Schleuse geschleust. Die Wahl der Schleuse darf ohne besondere Erlaubnis der Schleusenaufsicht nicht geändert werden.

Ist im Schleusenbereich ein Startplatz eingerichtet, wird er gegen die übrigen Liegeplätze durch das Tafelzeichen B.5

(Anlage 7), das mit einem weißen Zusatzschild mit der Aufschrift „Startplatz" versehen ist, abgegrenzt. Der Startplatz ist als Liegeplatz für ein im Schleusenrang zur nächsten Schleusung anstehendes Fahrzeug bestimmt und darf nur von diesem belegt werden.

Der Schleusenmeister erhörte mein Flehen und er gestattete uns freundlicherweise, ausnahmsweise, nachdem ich die Dauer der Liegezeit auf eine Stunde bezifferte, direkt nach der Schleusenausfahrt am Startplatz anzulegen.

Mit „vielen Dank" und „einen schönen Tag" verließen wir gemütlich die Schleuse, da wir direkt nach der Ausfahrt an Backbordseite am Startplatz wieder anlegen mussten. Grundsätzlich kann und darf der Schleusenmeister entscheiden, welcher Liegeplatz auch als Startplatz genutzt werden darf.

Ein Befahren und Verlassen der Schleuse ist nach wie vor möglich, muss ja so sein, worin würde sonst der Sinn eines Startplatzes bestehen. Es wirkt in der Aus- aber auch Schleuseneinfahrt alles ein wenig schmäler und eventuell muss man etwas langsamer aus der Schleuse fahren, ein wenig länger konzentriert bleiben, bis man das am Startplatz liegende Schiff vollends passiert hat. Aber ja, man muss dazu als erfahrener Schiffsführer einfach in der Lage sein, egal, ob dort ein kleines oder ein großes Schiff liegt. Alles muss man „reibungslos" passieren können. Schiffe können grundsätzlich immer am Startplatz liegen, dafür ist er ja erfunden worden.

Dass ein Schiff allerdings im Oberwasser einer Schleuse, in zu Berg fahrender Richtung den Startplatz einnimmt, ist natürlich mehr als ungewöhnlich, da dieser ja wie beschrieben dem nächsten zur Schleusung benannten Schiff zusteht. In diesem unseren Fall natürlich einem zu Tal fahrenden Schiff, was absolut kein Problem darstellt, denn da ist ja noch immer diese über einen Kilometer lange Spundwand, an der kein einziges Schiff gelegen hat.

Wir hatten die Schleusung schon hinter uns und lagen nur der Ausnahme des Schleusenmeisters wegen dort an, um Schichtwechsel zu machen, mit freundlicher Genehmigung des Schleusenmeisters, wohl gemerkt.

Das Schiff war noch gar nicht richtig fest, da kam auch schon der erste Kollege mit dem Mietwagen und es machte den Eindruck, dass auch dieser Schichtwechsel reibungslos vonstattengehen wird.

Alle anderen der an Bord befindlichen Schicht erhielten den Auftrag, sich für die Abreise fertig zu machen.

Einer von ihnen befand sich noch im Steuerhaus und eilte zu mir herunter an den Eingang meiner an der Steuerbordseite liegenden Wohnung.

„Werner, da meckert einer", sagte er nur.

„Aha", antwortete ich unbeeinflusst meine Sachen weiter packend.

„Der Talfahrer meckert wie ein blöder mit der Schleuse", erzählte er weiter, „so legt man doch kein Schiff hin", und, „ja spinnt der denn, das ist ein Startplatz."

„Und?", fragte ich und sagte noch einmal, „die Schleuse hat uns doch erlaubt, dass wir hier kurz anlegen, soll er doch meckern."

„Das hat der Schleusenmeister ihm auch gerade gesagt", meinte der Kollege, „der macht nur Schichtwechsel, fährt gleich wieder weg."

„Na dann", sagte ich teilnahmslos, „dann lass ihn meckern", wohlweislich dem Kollegen nochmal erklärend, „wenn andere Schiffe aus der Schleuse hinausfahren können und eigentlich auch müssen, weil zu jeder Tages- und Nachtzeit ein Schiff an diesem Startplatz liegen könnte, dann muss dieser KAPITÄN", und das betonte ich besonders, „das auch schaffen. Und wenn nicht, dann soll er sein Patent wieder abgeben und Paddelboot fahren."

„Wollte nur Bescheid geben", meinte er noch lachend und ging wieder ins Steuerhaus.

„Schalte mir mal die Gegensprechanlage in meine Wohnung ein", rief ich dem Kollegen noch nach, „möchte gern hören, was der noch zu meckern hat."

So konnte ich alles, was im Steuerhaus aus dem Lautsprecher des Funkgerätes kam, in meiner Wohnung durch den Lautsprecher der Gegensprechanlage mithören.

Dieser „Ich hasse alle Menschen, die am Startplatz liegen Kapitän" wurde von mir sehr schnell als ein typischer Neckarhuddl entlarvt, auch am unbeliebten Klang des Dialekts, so ein Mischmasch aus Schwäbisch und privater Dorfsprache und der Charaktereigenschaft über alles und jeden meckern zu müssen. Die Neckarhuddl, wie diese spezielle Schifffahrtsspezies tatsächlich genannt wird, sind Neckaransiedler, die unter Umständen schon seit Generationen auf dem Neckar Schifffahrt betreiben oder darauf fahren, sind herrisch, egoistisch, selbstgerecht und vieles mehr, symbolisieren nicht viel Gutes auf alle Fälle. Das ist der damaligen Zeit womöglich geschuldet, denn nur die Alten sind so schwierig.

Früher in den 1950er bis in den Anfang 1980er Jahre war auch auf diesem Graben noch sehr viel mehr los, sehr viel mehr Schiffe unterwegs und in jedem Dorf lebten Menschen, die auf Schiffen arbeiteten als Schiffsjungen, Matrosen und natürlich auch Schiffsführer. Die Neckarreedereien, die heute noch, wenn überhaupt, nur noch mit einer Hand voll Schiffe rumkrebsen, waren einst richtig große Flotten, doch die meisten von ihnen gibt es schon gar nicht mehr.

In fast allen Städten und Dörfern wie Hassmersheim, Neckargemünd, Eberbach oder Neckarsteinach und einigen anderen war mindestens einer, der wenigstens einen kannte, der auf einem Schiff fuhr. Fast jedes Dorf schmückt noch heute, auch seit Generationen, sein Ufer mit einem Schiffermast, ein Symbol der Kameradschaft und Verbundenheit der Städte gegenüber der Binnenschifffahrt.

Heutzutage ist es an den meisten Städten ein Fake, eine Vorspiegelung falscher Tatsachen und geradezu Hohn und Spott, den sie da symbolisieren, diese Dörfer und Städte, wenn man bedenkt, dass viele, nein die meisten Städte, gar keine Schiffe mehr an ihren Ufern haben wollen.

Einstige Liegeplätze verschwinden weiterhin überall und werden nicht wieder erneuert.

Der Schiffer darf diese Schiffermasten nur während der Vorbeifahrt betrachten. Ein näheres Herantreten bleibt ihm auf Ewigkeiten verwehrt und dem Schiffstourismus vorbehalten, denn die dürfen ja überall anlegen und Devisen in die Städte und Dörfer tragen.

Kameradschaft hatte, ganz klarer Fall, zu Zeiten der Gründung dieser Vereine auch noch eine sehr viel höhere Bedeutung als heute, denn die Gründungstage manch eines Vereins liegen im Schnitt weit über hundert oder mehr Jahre zurück.

Schifffahrtsvereine haben meist schon mehrere Generationen durchlebt, sind in manchen Dörfern die ältesten bestehenden Vereine überhaupt und sind, so kann man schon sagen, traditionell an jedem Fluss anzutreffen.

So ein Schiffermast ist eine aus kräftigen Stahlrohren zusammengebratene oder geschweißte Mastkonstruktion, die meist längst einen davor bestandenen Holzmast ersetzt hat. Ganz unten, an den ersten zwei Metern dieses Klappmechanismus, ist der Mast am Mastkoker mit einem durchgehenden starken Bolzen versehen. Es besteht so die Möglichkeit, diesen Mast mit einer Winde oder auch ein paar Tricks, einem Traktor, der dies gekonnt in die Wege leitet, für Wartungen, umzulegen.

Tischflaggenständer vom Schiffer- und Fischerverein Wörth am Main.

Schiffermast Schifferverein Hitzacker, (Bild, Monika Sikorski, Präsidentin)

Im oberen Drittel befindet sich mindestens eine, bei manchen auch zwei querliegende Streben sowie eine rückblickende Stange, um daran so viele Flaggen als nur möglich befestigen zu können. Die Vereinsgründungsflagge wird immer am besten und schönsten platziert, entweder in der Spitze oder als alleinig wehende Flagge an dieser einzelnen, rückblickenden Stange.

Einige haben auch noch über dem Mastkreuz einen Mastkorb, der in der Binnenschifffahrt ungebräuchlich ist, aber einiges für die, die keine Ahnung davon haben, etwas her macht.

Jedes Dorf und jede Stadt ist und war schon sehr bemüht, den schönsten Schiffermast ihr Eigen zu nennen und je höher, 15, 20 oder noch mehr Meter, dieser war, desto aussagekräftiger symbolisiert dieser dann die entsprechende Schiffergemeinde. Natürlich ist dies alles ganz offiziell ein eingetragener Verein mit Mitgliedern, Vor- und Verständen. Und gern sind all diese natürlich auch irgendetwas besonderes in der freien Wirtschaft, in wichtigen dominierenden Anstellungen und Positionen.

Einige platzieren auf dem sicher 30, 40 oder 50 und mehr Tonnen schweren betonierten Fundament ihres Mastes auch andere Gegenstände, die in der Schifffahrt gebräuchlich sind. Schiffsleute bzw. Mitglieder spenden Anker, Schiffsschrauben, Steuerräder, Ankerwinden, Lampen oder sogar Radarmasten. Diese Gegenstände sind meist ihres Alters wegen nicht mehr für den Schiffsbetrieb zugelassen und haben sogar oftmals einen historischen Hintergrund, Dinge aus längst vergangenen Zeiten also. All das viele, was auf diesen Fundamenten steht, ist umrandet von einem aus einer alten Ankerkette gefertigten Geländer oder einem Stahlseil.

Diese meist quadratisch angeordneten Fundamente sind rundum sehr gepflegt, begrünt, mit feinem Rasen oder bunten Blümchen bestückt und farbenfroh bepinselt.

Jedes Utensil ist dabei entsprechend gegen Diebstahl gesichert. Denn leider passiert es immer wieder, dass irgendein Lumpenpack sich umfangreich bedient, Gegenstände und auch Flaggen klaut, die dieser Verein über viele Jahre zusammengetragen hat.

Diese Schiffermasten werden von Schifffahrtsvereinsmitgliedern betreut und gewartet, alle paar Jahre wird der Mast umgelegt und neu lackiert.

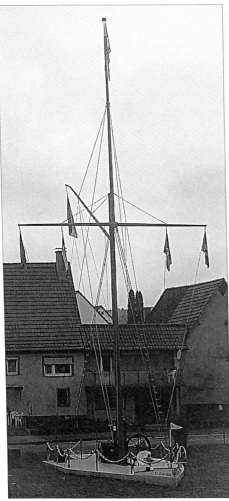

Schiffermast Haßmersheim

Der Flaggenwart behängt ihn nach Bedarf an allen möglichen Leinen voll mit Flaggen, welche die Firmen, Partikuliere, nautischen Sponsoren und Reedereien repräsentieren, die in dieser Stadt oder diesem Dorf zu Hause sind, zum Beispiel wenn sich ein wichtiger Jahrestag nähert oder Gedenken an wichtige Menschen anstehen. An manchen Masten hängen zu solchen Anlässen an die Hundert oder noch mehr Flaggen.

Gern nutzt man dazu den 1. Mai, Ostern und andere wichtige Feiertage und an Weihnachten hängt so manch ein Verein seinen Schiffermast voll Lichterketten, was einen riesigen Weihnachtsbaum symbolisieren soll. Dummerweise sehen die Anbringer dieser Lichterketten ihren Mast oftmals nicht ausreichend aus der Ferne, aus unterschiedlichen Richtungen und so konnten meine Augen tatsächlich schon einen Schiffermasten bei Nacht wahrnehmen, der eher einem Phallussymbol als einem Weihnachtsbaum glich. Schiffervereine sind immer froh über jede Flaggenspende, die sie erhalten können, um ihre Masten noch voller zu hängen, aber auch ihr Arsenal und die Sammlung aufrechterhalten zu können. Einige Vereine haben Flaggen in ihren Archiven, die es schon eine sehr lange Zeit nirgendwo mehr zu erwerben gibt, von Reedereien, die längst das zeitliche gesegnet haben und sehr viel schöner und wertvoller sind als die heutigen aus Massenproduktionen stammenden Flaggen.

Es wird immer schwieriger, das Sammelsurium aufrechtzuerhalten, denn es verschwinden ja auch überall die Menschen, die in diesen Städten und Dörfern leben und noch auf einem Schiff fahren. Diese Masten würden nur noch kläglich beflaggt sein, wenn es darum ginge, nur Flaggen der ortsansässigen Schiffsleute zu hissen. Vereinsmitglieder bestehen eher aus alten, berenteten Schiffsleuten. Der Nachwuchs ist somit auch hier eher kläglich.

Doch je höher und prächtiger diese Schiffermasten beflaggt sind, desto mehr macht man den Eindruck, die „größte Schifferstadt" am Neckar oder anderen Flussansiedlungen zu sein.

In Rheindürckheim, nähe Worms am Rhein, Stromkilometer 451, hat dieser dort ansässige Schifferverein seinen Mast auf den Bug eines außer Dienst gestellten Schleppbootes, den „Neckar XIII", gesetzt und zum Teil in den geböschten Grund direkt neben dem Rhein eingegraben. Er gilt als einer der schönsten Schiffermasten am Rhein.

Schiffermast Rheindürkheim (Ansichtskarte ca. 1955)

Diese Vereine sind meistens nach den jeweiligen Städten und Dörfern benannt, an denen sie angesiedelt sind, nur mit e. V. am Ende.

Manche tragen noch den Beinamen St. Nikolaus, den Schutzpatron der Seeleute, oder Sankt Nepomuk, der zwar kein Seemann oder Schiffer war, aber wenigstens in der Moldau ertrunken ist, nachdem man ihn 1393 von der Karlsbrücke in Prag geworfen hatte. Andere erinnerten sich bei der Namenssuche an Neptun, den römischen und griechischen Wassergott, als Namensgeber ihres Schiffervereines.

Schleusen haben in der Regel auch, eher kleinere Flaggenmasten auf ihrem Gelände. Einst wehten an diesen Masten Flaggen von Ortsansässigen oder wenigstens von diesem Gewässer abstammenden Reedereien, welche manch ein Schleusenmeister ganz gern zeigte. Womöglich mit dem einen oder andere bekannt zu sein, um nicht befreundet schreiben zu müssen, oder es sind tatsächlich ehemalige Schiffsleute, die an ihre Dienstzeit an Bord und bei welcher Reederei sie gefahren sind, erinnern wollen.

Den Schiffsleuten waren die dort wehenden Flaggen eher dafür dienlich, um zu zeigen, woher der Wind weht. Heute ist es egal, was daran flattert, da legt die neue Generation Schleusenmeister dem Anschein nach auch nicht mehr allzu viel Wert drauf.

Nun habe ich mich schon wieder vom Erzählstrom hinreißen lassen ... wollte doch von den Neckarhuddln erzählen ...

Also, dieser Menschenschlag ist unglaublich kompliziert. Sie mögen keine Auswärtigen auf ihrem Fluss, hassen alles, was auf ihrem Neckar nicht heimisch ist und verbreiten Hektik und Boshaftigkeiten. Sie richten ihre Blicke in eine entgegengesetzte Richtung oder schauen stur geradeaus, wenn sie einem Schiff begegnen, um der eventuellen Situation zu entgehen, dass der Entgegenkommende nämlich freundlich winken könnte, sie dies aber auf keinen Fall erwidern wollen. Sie lästern untereinander über Gott und die Welt und zeichnen sich persönlich als Gottvater der Neckarschifffahrt aus. Lustigerweise sind es immer die gleichen, die letztendlich irgendwelche

Undefinierbares Flaggengeflatter an einer Neckarschleuse

Schleusentore tranchieren oder an Brücken ihre Steuerhäuser hängen lassen. Ob es sowas gibt? Natürlich gibt es sowas, vor allem auf dem Neckar. Genau so einer ist es also, der da gerade in alle Richtungen über uns auf dem Funkkanal 10 und der Schleuse auf Kanal 22 wettert. Ein Schiffer von einem „...... ger" Schiff, um keinen Reedereinamen auszusprechen, einem seit Jahrzehnten auf dem Neckar angesiedelten Betrieb, der sich auf den Transport von Baustoffen, vor allem Sand und Kies aus dem Oberrhein spezialisiert hat.

Die Flotte zählt ca. 10 Schiffe, alle bis auf eines nicht ganz so neu und modern, auch dessen Personal nicht. Viele alte, boshafte Männer und zu alldem auch noch echte Neckaraner, die sich untereinander unglaublich gut leiden mögen, da sie nicht nur die gleiche Sprache sprechen.

Diesen Schlag, „beste Kapitäne der Welt", gibt es auch auf anderen Neckarschiffen, ist aber doch schon etwas, was so langsam aber sicher auf biologische Weise weniger wird. Sie sind aber zäh, die vielen Bösen, alle weit über 60 Jahre, anscheinend zu Hause ungeliebt und nicht wissend, was es sonst noch alles außer ihrer Neckarschifffahrt gäbe. So richtigen Nachwuchs, speziell aus dem Neckargebiet, gibt es fast nicht mehr und auf vielen Neckarschiffen fahren auch Kollegen aus anderen Bundes- und sogar Nachbarländern. Die sind rundum alle sehr freundlich und umgänglich, winken auch gerne zurück und geben auch die Position ihres Schiffes preis, wenn einer danach fragt oder seine eigene Position angibt, halten sich also an die eigentlich bestehende Meldepflicht der Sicherheit wegen.

Das verweigern die richtigen Neckarhuddl ebenfalls sehr gerne.

„Du wirst mich dann schon sehen, wenn ich da bin."

Dieses „Wir haben alle ein Schiff unterm Arsch und wollen alle reibungslos damit unser Ziel erreichen" kennt dieser Schlag Neckarhuddl einfach nicht.

Die neue Generation, die nicht Neckaranrainer, auf Neckarschiffen Fahrenden, verstehen es sehr viel besser, dass es keinen Sinn macht, über Situationen zu lästern und zu meckern, in die man selber irgendwann mal geraten könnte, auch die Situation, irgendwann mal einen Startplatz anderweitig nutzen zu müssen, als nur dazu, um in eine Schleuse zu „starten".

Dieser eine am heutigen Tage hat sich aber gerade so richtig in Fahrt gebracht.

Auf Kanal 22 begann er, die Schleuse zu beschimpfen: „Wie könnt Ihr denn sowas erlauben, das ist doch ein Startplatz."

Der Schleusenmeister war ganz klar mit dieser Situation total überfordert, die forsche und freche Vorgehensweise veranlassten ihn dazu, sich zu unterwerfen und er vergaß sehr schnell, dass er, der Schleusenmeister, in seinem Revier das Sagen hat, und nicht dieser boshafte alte Grambusl, der nichts weiter als Streit und Unterhaltung suchte.

„Der Schiffsführer hat gesagt, der Schichtwechsel dauert nicht lange", zitterte der Schleusenmeister durchs Funkgerät. „Der Wechsel wäre in dieser Position am sichersten und einfachsten des ganzen Gepäckes wegen."

„Das kann er auch weiter oben machen, oben an der Straße anhalten, Warnblinkanlage an und Schicht wechseln", konterte dieser Bösewicht, „sowas hab ich ja noch nicht erlebt, eine Sauerei ist das, da gehört doch die Polizei geholt!", meckerte er weiter.

Der Schleusenmeister, sicher keiner, der Ahnung von Schifffahrt, vielleicht eher nur Ahnung davon hat, wie man eine Schleuse bedient, hat sich verdammt schnell den Schneid abkaufen lassen.

Andere Schleusenmeister, die mit etwas mehr Erfahrung in Sachen Binnenschifffahrt, hätten diesem Meckerhannes im Handumdrehen den Schnabel verbogen. Sie hätten gesagt: „Hören Sie mal zu, ich habe es diesem Schiff erlaubt, am Startplatz anzulegen. Wenn Sie nicht in der Lage sind, Ihr Schiff an diesem, am Startplatz liegenden Schiff, vorbei in die Schleuse zu fahren, dann legen Sie sich irgendwo hin und warten Sie ab, bis der Weg für Sie ausreichend frei ist."

Aber nein, dieser eine Schleusenmeister unterwarf sich dieser Hetze, war mit der gesamten Situation absolut überfordert und ergriff sogar noch Partei für das talfahrende Schiff und seinem Cheflenker.

Nun zog dieser furchtbare Mensch über das Funkgerät auch noch andere Schiffe in diese Misere hinein, sprach sie direkt an und erzwang deren Meinung: „Schau mal, wie der da liegt, sowas hab ich ja noch nie gesehen, das ist doch ein Startplatz!"

Der Schleusenmeister, so hörte ich in meiner Wohnung, rief nun mehrmals unseren Schiffsnamen, garantiert, um uns diese vorher erteilte Erlaubnis am Startplatz anlegen zu dürfen, wieder zu entziehen.

„Das Schiff im Oberwasser Guttenberg für die Schleuse bitte kommen!", wiederholte er sich mehrmals.

Ich wusste natürlich, dass mein Kollege, der sich im Steuerhaus befand, nicht ans Funkgerät gehen würde und lauschte eine Etage tiefer, wie das alles weitergeht.

Mehrmals rief also der Duckmauserschleusenmeister diesen Spruch: „... bitte melden!"

Dann rief er diesen ...iegerschiffteufel, um ihn seinen Willen, an der Situation etwas ändern zu wollen, zu vermitteln: „Ich habe ihn jetzt paarmal gerufen, der antwortet nicht, er wird doch nicht etwa das Funkgerät unbeaufsichtigt gelassen haben?"

Wofür es auch für mich gar keinen Grund gab, denn ich war immer noch der Meinung, dass ich diesen Liegeplatz am Startplatz genehmigt eingenommen habe.

So begann ich, meine Sachen an Land zu tragen, denn schließlich sollte der zweite Pkw mit den noch fehlenden Kollegen auch so langsam eintrudeln. Drei meiner Kollegen erlaubte ich, mit dem ersten Pkw die Abreise, denn einer davon hatte einen Flug nach Budapest, den er erreichen musste. Und als wir alle gemeinsam das Gepäck aller Kollegen zum Auto trugen, fuhr dieser unfassbar böse Mensch sein Schiff in die Schleuse, andere Schiffe waren in der Zeit bereits problemlos an uns vorbei ausgefahren.

Und während er also die Schleuse befuhr, verließ er auch noch das Steuerhaus und gestikulierte schreiend zu uns herüber: „Blöder kannst Du Dich auch nicht hinlegen, das ist ein Startplatz, da gehört doch die Polizei geholt."

Optisch konnte ich einen wahrhaften Grambusl wahrnehmen, einen relativ großen Grambusl, wie ich ihn so in der Steuerhaustür mit kariertem Hemd und wahrscheinlich grauer, an ihm herunterhängender Cordhose stehend erkennen konnte. Auf die Entfernung wirkte er sicher weit älter als 65, er trug nebst seinen in alle Richtungen stehenden, ungekämmten Haupthaar, einen grauen Vollbart und das darüber befindliche Restgesicht leuchtete wütend rot in der Mittagssonne.

„Das ist doch Scheiße, wie Du daliegst", schrie er weiter und, „ich rufe die Wasserschutzpolizei", alles in diesem schwäbischen und eigenen Neckardorfdialekt.

Da musste ich einfach, um nur einmal etwas dazu zu sagen, zu ihm hinüberrufen: „Dann mach doch und hör auf, die Welt zu nerven!"

„Halt Dein Maul, Duuuuuu", kam es zurück.

Frech ist er auch noch, dachte ich mir nur, wahrscheinlich auch nur, weil er so weit entfernt war, und trug weiter Material zum Auto und war froh, als dieser Brüllaffendampfer endlich in der Schleuse war, die Tore sich hinter ihm schlossen und er wenigstens, ein wenig symbolisch betrachtet, durch das Abschleusen in der Tiefe versank. Auch sein Gebrüll verstummte so langsam. Anzunehmen ist allerdings, dass ihm dieses „Der liegt da einfach am Startplatz Erlebnis" sein Leben lang beschäftigen wird und ein jedes Schiff, auf dem er den einen oder anderen kennen wird, wird er sein heutiges Erlebnis entsetzt und umfassend erzählen. Hiermit waren wir also wieder ein Stück mehr stigmatisiert, als Schiff mit Heimathafen Mainhausen, der sich nicht an die Startplatzregeln am Neckar hält.

Ruhig wurde es auf einmal, still und auch am Schleusenfunk war nichts mehr zu hören.

Der in die Misere reingezogene Schleusenmeister hat nun auch eine saublöde Erfahrung mehr gemacht, wie das so ist hier am Neckar mit diesen Neckarhuddln, denn rein vom Dialekt her, war dieser kein hier Gebürtiger. Womöglich wird er diese Geschichte ebenfalls irgendjemandem erzählen müssen, um sein Trauma zu verarbeiten. Fakt wird jedoch sein, er lässt nie wieder ein Schiff am Startplatz anlegen, wenn es im Schleusenrang nicht als nächstes zu schleusendes Schiff angemeldet ist.

Und wir, wir brauchen hier gar nicht mehr daran zu denken, noch einmal Schichtwechsel machen zu dürfen.

Wie dem auch sei, wir werden das für die Zukunft einplanen. Wir lagen noch immer gut in der Zeit, in dieser angegebenen ca. einen Stunde, in der dieser Wechsel vollzogen werden sollte.

Doch scheint heute der Wurm drin zu sein …

Kaum waren die drei Kollegen weg, rief die noch fehlende Gegenschicht an: „Hier hat es einen Unfall gegeben, wir hängen fest, es dauert noch, bis wir da sind."

Das war natürlich etwas unangenehm. Denn jetzt fehlte auch noch das Personal, um dieses Schiff an eine andere Position zu bringen und unterbemannt werde ich keine Manöver machen. Den Sieg, dies getan zu haben, wenn der Wahnsinnige nun doch die Wasserschutzpolizei anruft, wollte ich ihm nicht gönnen.

Wir verharrten also an Deck sitzend und hofften auf baldiges Erscheinen der Gegenschicht.

Die Schleuse kam wieder mit einem beladenen Schiff zu Berg geschleust und der Steuermann dieses Schiffes rief, als sie ungehindert an dem Schiff vorbeifuhren, das an diesem Startplatz lag, herüber: „Die Schleuse ruft Euch!"

... Nun gut, nicht gern, dachte ich, aber ja, ich werde mal ans Funkgerät gehen und hören, was er zu sagen hat.

„Schleuse Guttenbach für den Bergfahrer im Oberwasser bitte kommen," rief ich.

„Da seid Ihr ja, warum antwortet Ihr denn nicht", fragte der Unterdrückte.

„Es war keiner im Steuerhaus, warum auch, Sie wussten doch Bescheid soweit."

„Es gab massive Beschwerden, weil Ihr da liegt", meinte er.

„Der Rest sollte gleich eintrudeln", sagte ich, hatte keinen Bock mehr, näher darauf einzugehen. „So, wie die da sind, fahren wir weg, der Kollege wird sich dann abmelden."

Ich reagierte auf nichts weiter mehr und setzte mich wieder an Deck, um in die Richtung zu blicken, aus der diese abzulösende Schicht kommen soll. Zwanzig Minuten später war es dann soweit. Schnell alle Mann Sachen an Bord tragen, Shakehands zu den Kollegen und so legten sie auch schon ab von diesem Startplatz im Oberwasser der Schleuse Guttenbach.

Einigkeit macht Quark ...

Die ganze Schleusenmeisterrotte hält schon ganz gut zusammen, muss man sagen. Womöglich besser, als die ganzen Binnenschiffer. Sie stehen ständig in Verbindung mit den Schleusen vor der ihrigen und der Schleuse nach der ihrigen. Wenn also ein Schiff aus Schleuse A ausfährt, sagt er telefonisch der Schleuse B Bescheid, „Achtung da kommt einer, es kommt dies oder jenes Schiff, Du hast maximal eine Stunde Pause für von „Amts" wegen wichtige Dinge." Schleuse B gibt dann ihr Wissen an Schleuse C weiter, usw. usf. Sie sind also ganz gut vernetzt und wissen ganz genau, was auf sie zu kommt, können sehr gut die Notwendigkeit ihrer Start-, Warte- und Liegeplätze planen, wenn da nicht dieses Machtgeplänkel wäre, welches alle im gleichen Maße lieben, wie man vermuten könnte. Also, einfach so an den Startplatz ranfahren geht nicht. Man muss also an dem Liegeplatz davor, dem Warteplatz, festmachen. Man möchte also nicht starten, sondern muss warten. Wenn man zur Schleusenbetriebszeit an eine Schleuse herankommt, klärt man all das am Schleusenfunkkanal mit dem Schleusenpersonal, was sich nicht immer als einfach erweist.

Man kann dann fragen, wenn man um 21:15 Uhr, 45 Minuten vor Schleusenbetriebszeitende, in den Schleusenbereich kommt, ob man den Startplatz für die Nacht nutzen kann, um am nächsten Morgen um 6 Uhr zum Schichtbeginn „startklar" zu sein.

Da im bildlich angezeigten Kartensystem und den damit gekoppelten AIS, dem „Automatic Identification System", womit man jedes Schiff in der Nähe erkennen kann, kein in der Nähe befindliches Schiff zu sehen ist und das Schleusenmeister von den Schleusen A und C darüber informiert ist, was da oder auch nicht auf ihn zukommt, es demnach ganz klar ist, dass also in den letzten Minuten vor Schichtende kein weiteres Schiff, schon aus mechanisch logischen Gründen mehr ankommen kann, betrachtet ein logisch denkender Schiffsführer dies eigentlich für richtig und eigentlich nicht der Nachfrage wert.

Außerdem benötigt solch ein Anlegemanöver auch Zeit und dieser „Startplatz" wird erst mit abgestelltem Motor ca. 30 Minuten später, also um 21:45 Uhr, tatsächlich besetzt sein.

Dennoch tut er es, der Schiffsführer, weil es sich einfach so gehört und das Schleusenmeister von Amts wegen grundsätzlich in seinem Revier, dem Schleusenbereich, das Sagen hat.

Wenn dann dieses Schleusenmeister, machtbesessen wie so manch eines ist, am Funkgerät sagt, „Nein, Sie dürfen dort noch nicht anlegen, da es noch zu früh wäre, um dort Feierabend zu machen", obwohl man Feierabend machen muss, da die Schleusenbetriebszeit gleich endet, dann hat man mit seiner Crew etwas zu diskutieren beim Abendbrot. Wobei die Worte, „Was für ein Riesenarschloch", garantiert Anwendung finden.

Nach solchen Situationen, und hier wurden nur wenige Beispiele beschrieben, ist der Augenblick erreicht, wo man neue Bezeichnungen für den an der Schleuse tätigen kreiert, die besser nachvollziehbar und der Situation angepasst sind. Und dies geschieht an allen Wasserstraßen, wo es eben „das Schleusenmeister" gibt.

„Das Schleusenmeister" heißt dann schnell neben Arschloch auch Schleusenking, Schleusenarsch, Schleusenknüppel, Schleusendepp, Schleusensau, Schleusendiktator, dieser gottverdammte Schleusenwichser und viele andere Ausdrücke, die im Duden wahrscheinlich nicht enthalten sind, aber die einem in der in einem erzeugten Wut gerade alle einfallen.

Bleibt natürlich fast menschlich zu erahnen, dass das Schleusenmeister dem gemeinen Schiffer gleich tut und diese im engen Kreis dann auch als Arschloch, Binnenpisser, scheiß Schiffer, Drecksschiffer, asoziale Schiffersau, Pack, mieses Gesindel oder gar als Zigeunerpack bezeichnet, wie die Schiffsleute, dieses fahrende und immer mutmaßlich heimatlose Volk über eine sehr lange Zeit auch bezeichnet wurden.

Wobei sogar die verbalen Bezeichnungen heute nicht mehr allzu präsent sind, was ausschließlich daran liegt, dass Menschen den Schiffsleuten ihre Nähe unmöglich gemacht haben.

Sie können nie wieder fragen, wie es ihm geht, dem Schiffer, der da noch vor wenigen Jahren an Deck stand, um seine Arbeit zu machen, und ein interessantes Gespräch daraus wurde, womöglich sogar eine ganz private Schiffsführung stattfand, und ich spinne mal weiter, womöglich eine immerwährende Freundschaft zwischen einem Schiffer und einem Landmensch entstand. Sie können auch nie wieder, niemals wieder, so nah an ein Schiff herantreten wie einst, um mehr darüber zu erfahren. Das ist ein für alle Mal vorbei ...

Je weiter man sich Dinge vom Leib hält, desto uninteressanter werden diese natürlich. Zwingende Notwendigkeit ist auch in der Schifffahrt längst absolute Selbstverständlichkeit geworden, wovon der Mensch, genau aus diesem Grunde, nichts mehr mitbekommt von dieser absoluten und nicht nur zwingenden Notwendigkeit. Der blöde Mensch ist nicht einmal in der Lage zu begreifen, was es bedeuten würde, wenn er mal für nur 48 Stunden auf Strom und Wasser verzichten müsste.

Sehr berechnend und auch des Profites wegen geschah all das viele Verwerfliche gegenüber der Binnenschifffahrt, indem alle einst vorhandenen und absolut notwendigen Liegeplätze an den Städten entfernt wurden.

Aber das nur nebenbei, um meinem ganz persönlichen Anliegen, immer wieder auf diese Missstände aufmerksam machen zu müssen, auch in diesem Band, dem Band III der Schlechtwetterzonenreihe, gerecht zu werden.

Tatsache ist und bleibt, nicht sehr oft tut man dies dem Schleusenmeister kund, was er für einer ist, wofür man ihn hält und welche Bezeichnung für ihn die bessere und passendere wäre, da er eben zwecks Richtigstellung und der dazu benötigten Hilfestellung, aber auch von Amts wegen gleich die Wasserschutzpolizei involviert.

Aber, man tauscht sich untereinander oder auf Funkkanälen, die das Schleusenmeister nicht nutzen kann, sehr umfangreich mit Besatzungen anderer Schiffe aus. Auch dies stärkt das Nervenkleid und es wirkt erstmal beruhigend, dass man sich in all diesen prekären Situationen erstmal ein wenig Luft machen konnte.

Geschichten dazu gibt es Tausende, wie gesagt, und ein jeder Schiffer kennt davon mehr als genug.

Klingt blöd, aber so ist das nun mal ...

Diese Personen nennen sich also tatsächlich und von Amts wegen einfach und oberflächlich, auch nicht allzu sehr aussagekräftig gegenüber ihrem Amt, das sie inne tragen, „Schichtleiter" oder „Schichtleiterin", nichts ist mit „Meister" oder „Meisterin", wobei, um der Emanzipation gerecht zu werden, Schleusenknechtin, Schleusendeppin, Schleusenschweinin und anderes auch blöd klingt.

Ein Schichtleiter in einem Bergwerk zum Beispiel, oder einer Montagestraße in einem Pkw-Werk, da kann man sich was drunter vorstellen. Ein Mann oder eine Frau, denen man die Verantwortung auferlegt hat, eine ganze Schicht zu leiten, eine Schicht mit vielen Menschen, die irgendetwas Produktives leisten. Ich fand das im Nachhinein gar nicht so schlecht mit dem Schleusenwärter oder der wärterin.

Das klingt schon eher spezifisch – „Wärter" oder „-rin". Nicht so weittragend und megaverantwortungsverpflichtend, aber doch ein weniger mächtiger, worauf das eine oder andere doch ganz schön Wert legt.

Heute sitzt es übrigens in einem geschlossenen, meist nicht einsehbaren klimatisierten Raum. Man hat sie einem Adlerhorst oder einem Wachturm gleich sehr hoch gebaut, diese neue Generation Schleusenwärterhäuser, die noch personell besetzt sind.

Schleusenturm Gelsenkirchen, Rhein-Herne-Kanal

Und wenn es Schießscharten geben sollte, hat man diese auf alle Fälle strategisch wichtig sehr gut versteckt.

Die anderen Schleusenwärterhäuser, in denen sich heute weder Fleisch noch Blut befindet, die deshalb auch „Elektronisches Schleusenbetriebsempfangsschaltzentrum" heißen könnten, sind samt Schleusengelände meterhoch massiv umzäunt, nachts heller erleuchtet als die noch personell bediente Schleusen. Durchs Gelände schleichen und das Revier markieren ginge hier nicht mehr. Wahrscheinlich sehen Augen mehr als ein Arsenal an Kameras.

Funkferngesteuerte Schleuse Hofen am Neckar

Viele Gelände sind vollkommen steril gehalten, vieles gepflastert, geteert oder betoniert. Kaninchen und Hasen, die früher in alten Zeiten auf diesen großen Wiesen des Nachts den Schleusenvorgang für die Deckmannschaft ein wenig durch Tierbeobachtung interessanter machten, sind auch auf diesem Betriebsgelände, da man Teer und Beton schlecht nagen kann, ausgerottet.

Etliche hohe Masten stehen an allen Ecken, bestückt mit grellen LED-Scheinwerfern, unzählig vielen Kameras und jeder Menge Funkantennen.

Womöglich erlaubt man auf dem einen oder anderen Gelände ein klein wenig Wiese, die zweimal im Jahr von einer

Baukolonne des Amtes, die dann das Grundstück betreten darf, gemäht wird.

Da ist nichts mehr mit mal eben die Frau mit frischem Kuchen an die Schleuse kommen lassen oder selber mal eben an Land gehen. Es gibt Anlagen, da dürfen nicht einmal die Besatzungen einen Fuß an Land setzen, da stehen tatsächlich Schilder „Betreten verboten". Staatsgefängnisse scheinen ihren Sicherheitsstandard hier abgekupfert zu haben.

Die Fenster der „Wachtürme" (klingt ja auch lustig im Zusammenhang mit einem darin eingeschlafenen Schleusenmeister) sind sehr stark getönt oder verdunkelt, damit da oben keiner reinblickt und schaut, was es so treibt da oben ganz alleine. Rausschauen, um zu sehen, ob da unten alles passt oder um mal höflich zu winken, muss ja grundsätzlich und will auch keines mehr.

Man kann also schon ein wenig erahnen, dass all die vielen Kameras ganz umfassende Aufgaben haben. Sie befinden sich ja schon vor dem Schleusengelände, um die Eingänge zu überwachen. Dann gibt es Kameras im Schleusengelände, vorn, hinten, in der Mitte, links, rechts, vor dem Schleusentor, hinter dem Schleusentor und was weiß ich wo noch alles. Diese werden dann zwangsläufig dort oben auf einem oder mehreren Monitoren nicht nur das zeigen, was das schleusende Schiff betrifft, sondern auch das, was der schnöde Binnenschiffer alles so treibt auf seinem Schiff.

Ob er in der Nase bohrt, sich am Hintern kratzt oder gar, wenn ein recht unbefangener Matrose beim Schleusenvorgang seinen Schniepel über Bord hält, um dringend sein Geschäft zu verrichten, was in meiner Ausbildungszeit, vor 40 Jahren, sehr viel gängiger war, dann darf er auch nur mutmaßen, dass diese Vorgänge dort oben bei der Schichtleitung nicht auf Großleinwand angezeigt werden.

Bisschen unfair, wenn man bedenkt, dass das Schleusenmeister absolut nichts von sich zeigen möchte, auch ohne an dessen Schniepel interessiert zu sein.

By the Way, selbst diesen Vorgang, um es nicht Tradition zu nennen, dieses „Über-Bord-Pinkeln", hat die moderne Zeit und die neue Generation zunichtegemacht. Überall und jeder hat früher zu jeder Tages- und Nachtzeit an jedem Flusskilometer und jedem Hafen und auch bei Verlangen in der Schleuse vollkommen unbefangen über Bord gepinkelt wenn ihm danach war, wobei die Benachteiligung gegenüber dem weiblichen Besatzungs"mit"glied? nicht einmal fokussiert wurde, was vielleicht angedacht werden könnte. Grundsätzlich dürfen sie ja, wenn sie wollen, nur die Vorgehensweise müsste überdacht werden.

Es ist demnach schon so, dass diese moderne Kameraschniepelüberwachungstechnik tatsächlich auch diese „Tradition", in eine Schleuse zu pinkeln, ersatzlos zunichte gemacht hat.

Womöglich misst das eine oder andere Besatzungsmitglied seine Schleusenerfahrungen auch daran, in welche er schon reingepinkelt hat, wer weiß, wer weiß.

Soviel also dazu, damit dies nicht mehr hinterfragt werden muss, dieses „Über-Bord-Pinkeln", und ja, es ist schon passiert, dass Besatzungsmitglieder dabei mit dem Ding in ihrer Hand über Bord gegangen sind, und nochmal ja, auch schon Kapitäne, die ihr Schiff und dessen hervorragenden Geradauslauf sehr gut kannten, während der Fahrt mal eben das Steuerhaus verließen, um sich schnell zu erleichtern. Aus Notdurft verrichten wurde sehr schnell eine unvorhergesehene Not, die keiner wirklich gebrauchen kann. Sie konnten dann bis zum Hals im Wasser, sich selber schwimmend retten, ihrem Schiff hinterher schauen, wie es ein paar, vielleicht hundert Meter, ins Land geschossen ist. Und nochmal ja, es darf vermutet werden, dass dieses „alltäglich Normale" in all den Jahrtausenden Schifffahrt auch Menschenleben gefordert hat.

Dennoch bleibt eher all das andere zu erahnen, wie das alles so läuft im Schleusenmeisterhorst ganz da oben, 10, 20, 30 und mehr Meter über den Schiffen, denn mit all den Modernisierungsmaßnahmen hat sich auch das Schleusenmeister immer weiter vom Blick der Menschen entfernt. Es ist schwer, sich eines bildlich vorzustellen, ob es tatsächlich so aussieht, wie du und ich, unscheinbar und unauffällig. Womöglich müsste man in einem längeren Gespräch darauf hoffen, dass es sagt: „Du, ich bin ein Schleusenmeister, ich hoffe, Du kommst klar damit."

Die neue Generation Binnenschiffer, die Zukunft also, wird wahrscheinlich gar keines mehr zu Gesicht bekommen. Es wuchs somit ein Mysterium um das Schleusenmeister und das tut es auch weiterhin. Eher mit großen Schritten droht sogar ein baldiges Aussterben dieser seltenen Art, sicher nicht seiner Tätigkeit wegen, die es nicht immer gut, aber einfach erledigen konnte. Die moderne Technik fokussiert auch in dieser Branche deren Ausrottung.

Wenn früher pro Schleuse mindestens eines dieser Exemplare anzutreffen war und dieses tatsächlich nur diese eine Schleuse innehatte, unter Umständen über viele Jahre hinweg, dann werden heute mit einem Schleusenmeister, die ja eigentlich Schichtleiter und Schichtleiterin heißen, mehrere Schleusen bedient und abgedeckt.

In anderen Ländern betreiben Schleusenmeister selbst heutzutage noch mehrere Schleusen menschlich mechanisch auch ohne moderne Technik. Da hat ein Schleusenmeister auch 2, 3 oder mehrere Schleusen zu betreuen. Es schwingt sich nach dem Schleusenvorgang auf ein Fahrrad, strampelt neben dem Kanal gemütlich zur nächsten Schleuse und bereitet diese für das Schiff vor, das er an der letzten Schleuse bedient hat. Also nicht wirklich neu der Umstand, dass einer alleine etwas mehr tut.

Seine Tage sind gezählt ....

Etwas bequemer betreut es heute mehrere Schleusen. Funkfernbedienung heißt es also auch in unserer Branche, nein, in deren Schleusenmeisterbranche zunehmend.

Dass ein Schiff mit einer Breite von 11,45 Meter funkferngesteuert in eine Schleuse mit einer Breite von 12,00 Meter fährt, wage ich mir lieber nicht vorzustellen.

Wobei zu vermuten ist, dass diese neue Gattung Schleusenmeister nicht mehr reinrassig ist. Es wird sich also eher nicht, wie früher, um jemanden handeln, der aus dem Nautischen kommt, zum Beispiel ein ehemaliger Schiffsführer, der Ahnung von der Schifffahrt und deren Belangen hat. Es könnte sich wahrscheinlich um jemanden mit einer anderen Vorbelastung handeln, zum Beispiel um einen ehemaligen Bundeswehrzeitsoldaten, einen Ex-Leutnant oder Hauptfeldwebel oder andere Amtsträger aus diversen Behörden und staatlichen, womöglich aufgelösten Stellen, deren „Altlastenpersonal" man bis zu dessen Pensionierung zu beschäftigen sucht.

Mit diesen neuen funkferngesteuerten Schleusenanlagen reduzieren sich also die „Schleusenmeister", die ja eigentlich nur Schichtleiter und innen sind.

Es gibt logischerweise in absehbarer Zeit überall nur noch Schaltzentralen, Leitstellen, Betriebsstellen, Sammelstellen oder Abschnitte, denen mehrere Schleusen zugeteilt sind, sinnvollerweise natürlich aufeinanderfolgende Schleusen.

Diese Zentralen müssen nicht einmal an einer Wasserstraße liegen. Wenn man es ganz genau nimmt, könnte eine kleine Chinesin in Hongkong, die auch gerne „Schleus Hoch" heißt, mit der heutigen Technik einen ganzen Streckenabschnitt mit mehreren Schleusen an irgendeiner Wasserstraße dieser Welt bedienen.

Ein kleines freundliches asiatisches Lächeln über einen kleinen Monitor, der sich durchaus an Bord installieren lassen würde, könnte den tristen Kontakt mit so manch einem heute agierenden muffigen und schlecht gelaunten Schleusenwesen versüßen.

Wenn man sie nicht kennt, diese heutige Schleuseneierei, dann macht es schon etwas müde, all das Viele, was nur schwerlich Logik erkennen lässt. Man mag all das nicht wirklich akzeptieren, wo doch in alten Zeiten auch alles, ja sogar besser funktionierte, billiger und einfach nur menschlicher gewesen ist.

Heute werden um die 5 oder mehr Schleusen von einer Zentrale aus bedient und betreut.

Man stelle sich also ein Gebäude dieser Zentrale vor, einen Hochsicherheitsbereich, wie ein Igel bespickt mit Antennen. Darin ein großer Raum, der fächerförmig in 5 Abschnitte unterteilt ist. 5 Schreibtische oder 5 Arbeitsplätze, wovon jeder einzelne mit diversen Monitoren, Schaltern und Computern und einem Funkgerät ausgestattet ist. Alle ein wenig abgegrenzt, vielleicht mit spanischen Wänden, die einen Abschnitt ganz klar kennzeichnen sollen.

Womöglich hat jeder der 5 Abschnitte einen Namen auf einem Schild oder einem Transparent über dem jeweiligen Arbeitsplatz hängen, am sinnvollsten der entsprechenden Reihenfolge nach, wie die von diesem Arbeitsplatz zu betreuende Schleuse benannt.

Zum Beispiel wie am Oberlauf des Neckars, wo die Schleusen Aldingen, Hofen, Cannstatt, Untertürkheim, Obertürkheim usw. funkferngesteuert bedient werden. So heißen die Arbeitsplätze womöglich ebenso und haben auch alle einen eigenen Funkkanal.

Man ruft also über Funk mit wechselnden Kanälen immer den gleichen Empfänger, nennt ihn aber immer anders, also so, wie die Schleuse heißt, die man als nächstes befahren möchte.

Wahrscheinlich gibt es da oben nur eine Person, die von einem Abschnitt immer in den nächsten springt. Wenn also das Schiff aus der Schleuse Aldingen ausfährt, rückt es einen Stuhl weiter nach Hofen, weil das die nächste Schleuse für dieses Schiff sein wird.

Womöglich steht auf den Rückenlehnen der Stühle auch noch der Name der jeweiligen als nächstes folgenden Schleuse.

Das Schleusenmeister, nennen wir es mal Franz, heißt also auch Aldingen, Hofen, Cannstatt, Untertürkheim und Obertürkheim usw. Gar nicht so verwirrend, wenn man es sachlich betrachtet.

Moment, ich versuche es trotzdem mal anders …

Man stelle sich also diese 5 Schleusen vor, die real alle auf dem Neckar, alle ein paar Kilometer auseinander, auch hintereinander liegen und jede Schleuse dieser 5, hat einen eigenen Funkkanal. Aldingen hat Kanal 18, Hofen Kanal 20, Cannstatt Kanal 22, Untertürkheim Kanal 78 und Obertürheim Kanal 79.

Man möchte die Schleuse Aldingen befahren und ruft mit seinem Funkgerät auf Kanal 18:

SCHIFF: „Schleuse Aldingen für die Bergfahrt bitte kommen."
SCHLEUSE ALDINGEN: „Aldingen hört."

SCHIFF: Erklärt, wo es sich befindet und dass es geschleust werden möchte.

SCHLEUSE ALDINGEN: „Ja kommt mal ran, ich mache die Schleuse für die Bergfahrt bereit."

oder: „Die Schleuse ist klar, Ihr könnt kommen."

oder: „Macht bitte langsam, ich bekomme erst Talfahrt." usw. usf.

Schiff kommt an, Ampel ist Grün, Schiff fährt in die Schleuse ein, das Untertor schließt sich, das Schiff meldet sich schleusungsbereit, die Schleusung nach oben beginnt, das Obertor öffnet sich, die Ampel wird Grün, die Ausfahrt beginnt.

Der Weg von der Schleuse Aldingen nach Schleuse Hofen beträgt nur 4 Kilometer. Man nähert sich dieser Schleuse also relativ schnell, in maximal 30 Minuten. Man meldet sich nun bei der Schleuse Hofen auf Kanal 20 und wahrscheinlich ist wieder der Franz am Hörer, der jetzt „Schleuse Hofen" heißt.

SCHIFF: „Schleuse Hofen für die Bergfahrt bitte kommen."

SCHLEUSE HOFEN: „Hofen hört."

Und hier der erste Witz zu dieser allgemeinen Situation. Der Empfänger, das Schleusenmeister Franz, der in diesen 30 Minuten seinen Abschnitt Aldingen verlassen und rübergerutscht ist zum Abschnitt Hofen und dort Platz genommen hat, also die gleiche Person ist, wie die in Aldingen, wird womöglich, wenn kein Schichtwechsel stattfindet, auch die nächsten drei Schleusen, Cannstatt, Untertürkheim und Obertürkheim, der Franz sein.

Ist doch großartig, wie einfach man manchen Menschen eine Freude machen kann.

Und dennoch hat man annähernd immer den Eindruck, da der Empfänger, der Franz, oft so überrumpelt und überrascht wirkt, dass sich das Schleusenmeister recht freut, dass ihn schon wieder jemand anspricht und um eine Schleusung bittet.

Oftmals verhält es sich verwirrend unwissend und erstaunt zugleich, obwohl es einen erst vor 30 Minuten in Aldingen geschleust hat, hat es dies, so scheint es, bereits wieder vergessen.

Auf alle Fälle ist die Freude oft groß: „Ein Schiff, ein Schiff, juhu juhu."

Manchmal könnte man sich vorstellen, dass all die armen, dement werdenden Ex-Behörden-Mitarbeiter alle gesammelt an solchen Zentralen untergebracht werden.

Nun gut, die Freude ist groß: „Juhu juhu, ein Schiff, ein Schiff."

Freudig teilt der Mann, wir nannten ihn Franz, der uns bereits in Aldingen schleuste, mit, dass er nun die Schleuse Hofen zur Schleusung für uns vorbereiten möchte, obwohl er wissen müsste, als er noch im Abschnitt Aldingen saß, dass in der nächsten halben Stunde ein Schiff aus Aldingen, sprich wir, in Hofen ankommen müssten.

Außer ein riesiger Adler würde uns mit seinen Fängen aus dem Fluss heben, besteht keine Möglichkeit, sich in Luft aufzulösen. Und absaufen kann man im oberen Neckar auch nicht mit den paar Zentimetern Flottwasser unterm Schiff.

So betreut uns Franz, von Abschnittstuhl zu Abschnittstuhl rutschend bis wir die Schleuse Untertürkheim passiert haben, weil unser Zielhafen Stuttgart sein wird, also doch ein paar Stunden.

Es könnten auch zwei oder vielleicht auch drei von diesen Wesen sein, die da oben in diesen Türmen thronen und herablassend Schiffsführer behandeln. Denn manchmal oder relativ oft, wenn man sich in der Schleuse befindet, dieser Schleusungsvorgang abgeschlossen und das Schleusentor bereits geöffnet ist, dann würde man oftmals bis spät in die Nacht darauf warten, dass jemand die Ampel auf Grün schaltet. Also wenn nicht mal jemand rein zufällig in die Schleuse schaut und feststellt, „Hoppla, da liegt ja noch einer."

Man muss sehr oft am Funkgerät eine „Hallo-ist-da-jemand"-Aktion starten, damit dann jemand den Knopf für „Ampel grün" drückt.

Vielleicht sind es doch vier, die da oben sitzen. Vier die morgens knobeln, wer heute von einem Platz auf den anderen rutscht und sich darüber freuen darf, wenn sich jemand am

Funk meldet von einer zur nächsten Schleuse. Während die anderen Karten spielen, wer weiß, wer weiß.

Recht viel Sinn macht das natürlich nicht. Oder die Idee Personal einzusparen bekommt so auch einen „Ist-ja-lächerlich-Charakter".

Irgendjemand hat mal erzählt, es braucht nur noch einen einzigen Knopf zu drücken um den Schleusenvorgang einzuleiten. Alles andere macht die Technik vollautomatisch von der Ampelschaltung, über das Schleusentor schließen, die Schotten öffnen, um die Kammer zu füllen oder leer laufen zu lassen. Und sie hätten angeblich gar keinen Einfluss mehr darauf, in welchem Tempo geschleust werden soll, behaupten einige. Vorstellbar ist dies mit der heutigen Technik auf alle Fälle.

Doch ist das Grund genug, vier oder es weiß ja keiner genau, wieviel Mann Personal dafür zu beschäftigen? Womöglich streiten oder knobeln die auch noch, wer letztendlich als nächstes den Knopf für die nächste Schleusung drücken darf.

Es gibt immerhin schon Schleusen, die lassen sich mit dem Smartphone über eine App behandeln, zwar eher im Sportbootsektor, aber grundsätzlich mit etwas Gebastel und Gestricke ließe sich dies sicher technisch umsetzen.

Wenn da nicht diese Dementmutmaßung wäre, was ja auch etwas Positives mit sich bringt, all die ganzen nicht mehr so ganz im Fahrwasser dahintreibenden Ex-Beamten zu beschäftigen, die all dieses nicht Nachvollziehbare tatsächlich als irgendetwas Sinnvolles empfinden könnten.

Doch, warum so ein Heckmeck um all die teure und doch nicht leistungsstärkere aber anfälligere Technik und warum ist dies wirklich alles so notwendig? Nur damit es heißt „Wer hat, der hat"?

Wenn dieses Amt vielleicht mal ein wenig aufklärend irgendwas von sich preisgeben würde, würde dies auch keinem Menschen schaden. Einen Tag der offenen Tür vielleicht, damit man mal sieht, wie das alles tatsächlich so läuft da oben in so einem Schleusenmeisterhorst. Eine Broschüre oder ein Faltblatt wäre eine Idee. Und diese unaufgefordert an die Binnenschiffer und andere Interessierte ausgehändigt, um einfach nur auch auf ihre Existenz und Notwendigkeit aufmerksam zu machen. Diesen Mythos zum Leben erwachen lassen, dass wäre mal eine Maßnahme.

Die Frage, was war zuerst, Ei oder Huhn, Schiff oder Schleuse beantwortet sich von selber.

Auf alle Fälle hat das Schleusenmeister eine noch viel schlechtere Lobby als die Binnenschiffer, nur mit dem gravierenden Unterschied, dass es vielen Binnenschiffern nicht wirklich scheißegal ist, eine schlechte Lobby zu haben. Was man ja, wie umfangreich beschrieben, von das Schleusenmeister nicht vermuten kann. Binnenschifferherzen schlagen nun mal stärker für das, was sie tun.

Nun wird meine Generation, der gute 1960er Jahrgang, diese paar Jahre mit diesem Wesen rumbringen müssen und weiterhin irgendwelche miesen Erfahrungen machen, auch Erfahrungen, die sich nicht unbedingt wiederholen müssen. Ich habe lange, noch lange nicht alle Schleusenmeister und Schleusenfahrereierfahrungen erzählt.

Ich darf daher feststellen, dass nicht alle diese Begegnungen so beeindruckend waren, dass sie mein Leben recht bereichert hätten, ich aber bis zum Ende meiner Tage im positiven Sinne doch in mir lachend daran zehren könnte. Ganz bestimmt nicht mehr als jeder andere Mensch, der sein erlebnisreiches Arbeitsleben in weiß Gott welcher Form absolviert hat. Doch belustigte mich in all den Jahren das eine oder andere auch sehr prägend, warum auch immer. Alltägliches, irgendwelche Wortwechsel und Floskeln, von denen man nicht ahnte, dass sie einem so deutlich in Erinnerung bleiben würden. Wie das eben so ist, wenn man im Kreise seiner Familie, Freunde oder am Stammtisch Geschichten aus dem, was war oder werden wird, erzählt. Schiffsleute untereinander erzählen sich nun mal, wie jede andere Berufsgruppe auch, Dinge aus ihrem Alltag. Und der Alltag für uns Binnenschiffer beinhaltet eben das Schleusenfahren, viele Schleusen, sehr viele Schleusen, viele Tausende, bis 45 Jahre Arbeitsleben absolviert sind.

Das Mysterium Schleusenmeister, das all das Technische mystisch und unerkannt in Betrieb hält, trägt seine Bezeichnung „Das Schleusenmeister" daher zu Recht.

Worte, die immer nur durch einen Lautsprechen zu Menschen getragen werden, die letztendlich mit dem, was gesagt wird, arbeiten müssen, machen manche Situation oftmals auch unverständlicher, weil sie hin und wieder auch keinen Zusammenhang mit dem, was wichtig ist, finden. Wenn es zum Beispiel über Funk aufzuklären versucht, warum die blöde Schleuse schon wieder nicht funktioniert und dem Schiffer dies grundsätzlich egal ist, warum das so ist. Sie funktioniert nicht, Punkt.

„Schon wieder die Halsschenkellager, das ist zum Kotzen, alle Pfiffkas sind die Halsschenkellager kaputt."

Oder: „Es geht gleich weiter, wir schrauben eben noch die Verbundplatte an, dann geht alles wieder."

Oder: „Ich weiß, Sie sind der hundertste, der das sagt, dass ein rotes Licht von der Signalanlage nicht funktioniert, hab es schon weitergeleitet." Viele Reisen später ist diese Signalanlage noch immer defekt.

Oder: „Stell sofort den Motor ab, sonst stoppe ich den Schleusenvorgang." Dass man verzweifelt versucht, das Schiff zu retten, weil ein Draht geborsten ist, konnte von ihm nicht erkannt werden.

Oder: Man befährt eine Schleuse seit 25 Jahren, fast schon regelmäßig, immer mit dem gleichen Schiff und wird jedes Mal gefragt, wie groß denn das Schiff sei.

Natürlich haben sie es nicht immer leicht, es gibt auch eine ganze Reihe Schiffsleute, die einfach nur Idioten sind, Idioten, die es überall auf der Welt gibt, auch die, die vielleicht mal einen schlechten Tag haben.

Und man kann allübergreifend schon sagen, so manch eines dieser Schleusenmeister ist auch recht umgänglich und freundlich und diese Niederschrift soll selbstverständlich auch denjenigen gewidmet sein.

Alles ist auch für sie nicht immer einfach und ich habe die Erfahrung gemacht, wenn es wirklich einmal brenzlig wird, kann man im Großen und Ganzen schon auf sie zählen.

Es macht genau dann den Eindruck, dass sie genau jetzt, in diesem Augenblick der Not, ihre menschlichen Züge wiederfinden oder die Tatsache, dass sie genau jetzt gebraucht werden, lässt sie aus ihren stupiden Alltag und all ihren tagtäglich gleichen Routinen erwachen.

So machte auch ich einige Erfahrungen, die sich kein Mensch so wirklich herbeiwünscht.

Schleuse Tiel, so geht Schifffahrt ...

Ich saß vor einigen Jahren, es dürfte 1984 gewesen sein, als Steuermann mit dem Schiffsführer, dem Diddi, wie wir ihn nannten, der eigentlich Detlef hieß, im Steuerhaus des Tankschiffes MAINTANK 13 und wir befanden uns mit diesem leeren Tankschiff am Niederrhein oberhalb Druten bei ca. Rheinkilometer 905 in der Talfahrt in Richtung Vlissingen.

Diddi war so 1,75 groß, noch keine 50, sehr drahtig, ein markantes schmales knöchriges Gesicht, natürlich ordentlich angegraut wie alle Schiffsführer oder Tankfahrer in diesem Alter so sind. Es soll, so sagt man, der ekligen, stinkenden und chemischen Brühen geschuldet sein, die sie in all ihren Jahren so transportiert haben.

Manchmal war er unheimlich frech, aber auch sehr kollegial. Er hatte absolut keine Chefallüren, war Teerpappenschlürfer (sehr starker schwarzer Kaffee) und starker Rothändle-Raucher (ohne Filter). Und er war eine wandelnde Luft- oder besser Gaspumpe. Ich habe keinen Menschen vorher gesehen, gehört oder gerochen, der dermaßen Gase von sich geben konnte, aber auch solch einen Heidenspaß daran fand, andere damit zu unterhalten. „Die Leisen, die im Arsch rum kreisen" warnte er sein Umfeld freundlicher Weise, wenn man das Verlassen dieses Gemisches nicht hören aber auf alle Fälle riechen musste.

Wir quatschen so vor uns her, als unser Schiffsjunge, der Achim, ins Steuerhaus kam.

Er hatte eigentlich den Auftrag, ein paar „Schnittchen mit Gürkchen" für den Diddi zu machen und dieser rief auch schon erfreut, „Endlich, ich hab Kohldampf, wo bleibst Du denn", als die Steuerhaustür sich öffnete.

Achim, gerade 17 Jahre alt, eher ein schmächtiges, kleineres, blondes und dünnes Kerlchen, der unbedingt noch ein paar harte Winter erleben sollte, um ein Mann, vor allem Schiffmann zu werden. Ein wenig war er Diddi in klein und jung, so könnte man sich das vorstellen.

Er war etwas blass um die Nase, das erkannte ich sofort und anstatt einen Teller mit den heiß erwünschten Schnittchen und Gürkchen hatte er seine Hand mit einem Geschirrtuch umwickelt, die er mit der anderen Hand am Handgelenk in die Höhe hielt. Dass dieses Rot nicht die Farbe des Geschirrtuches war, bemerkte ich auch schon, als ich hinter dem Diddi vorbei, der auf dem Fahrstuhl hockte und am Fahren war, auf ihn zuging. Etwas aus diesem Geschirrtuch tropfte nämlich recht fleißig dem Boden entgegen.

„Hoppla", sagte ich, „was haste denn gemacht?"

„Hab mich beim Brotschneiden geschnitten", meinte Achim kläglich.

„Was?" rief Diddi und schaute nur ganz kurz zurück, aber gleich wieder auf sein Schiff.

„Setzt Dich mal hin", empfahl ich Achim, der ordentlich an Gesichtsfarbe verloren hatte.

Achim saß nun auf der Bankkiste im Steuerhaus, die sich wie bei vielen Schiffen hinter dem Fahrstand befand, und ich wollte mal unbedingt sehen, wie und wo genau er sich geschnitten hat. Bereitwillig hielt mir Achim dieses mittlerweile Rot durchtränke und tropfende Geschirrtuch entgegen, unter dem die Ursache dieser Sauerei zu erwarten gewesen ist.

Mit meinen Fingerspitzen begann ich, das Übel vorsichtig auszuwickeln und von vorne, bzw. hinter mir, kam die Frage von Diddi, „Was ist denn nu, was ist denn los, schlimm?", klang er fast schon etwas erregt.

„Mooooment", antwortete ich geduldig, während Achim seinen Kopf vor dem, was da wohl gleich zum Vorschein kommen muss, abwendete.

Und Diddi wieder, „Was ist den nu?", und zündete sich etwas nervös wirkend eine Rothändle an.

Noch bevor ich die letzte flutschige Lage vom einstigen Geschirrtuch entfernen konnte, pochte es auch schon hervor, das rote Etwas.

Und Diddi wieder, als ob er auf die Geburt seines Kindes warten würde, „Was ist denn jetzt da hinten?"

Längst hatte er die Vorrausfahrt reduziert und fuhr ein wenig langsam aus dem Fahrwasser heraus.

Achim winselte nun ein weinig, „Scheiße", sagte er, „so eine Scheiße", schenkte aber seiner Verletzung keinen einzigen Blick.

Ich hob nun die letzte, klatschnasse Lage Geschirrtuch von seinem Daumen, den ich unter all dem vielen Geschirrtuch finden konnte und welchen ich endlich, nach vielem Suchen, als Verursacher dieser unerwarteten Situation entlarven konnte.

„Und, wie sieht's aus?", fragte nun wieder Diddi aus dem Hintergrund und insgeheim wartete ich darauf, dass er fragt, „Werden wir ihn verlieren?", da er doch etwas besorgt klang.

Ich konnte schon eine ordentliche Schnittwunde im oberen Drittel von Achims Daumen erkennen, sogar ohne das Blut abzuwischen, und wenn da in der Tiefe der Wunde dieses kleine weiß herausstrahlende Knöchelchen nicht gewesen wäre, hätte er sich womöglich diesen Teil des Daumens ganz abgeschnitten. Es sei denn, der dann auftauchende Daumennagel hätte dies verhindert. Da hat er wohl sein Bestes gegeben, denke ich, beim Hantieren mit dem Brotmesser. Sehr tief war der Schnitt und reichte über die gesamte Breite des Daumens hinweg, daraus quoll ein ordentliches Rinnsal hervor, aus dieser Ursprungsquelle. Dunkelrot und zäh machte es sich auf den Weg zum Handgelenk und tropfte vor mir klatschend auf den Fußboden.

„Sifft ganz schön", sagte ich, „aber für eine ordentlich saftige Blutwurst reicht es bestimmt nicht", spaßte ich ein wenig.

„Haha, sehr lustig", flüsterte Achim mit abgewandtem Blick in die andere Richtung.

Er hatte seinen Kopf längst ganz weit nach rechts gedreht und ich konnte seine zugedrückten Augen erkennen. Ein eher leises Wimmern ertönte im Steuerhaus.

Nun wickelte ich wieder einen Teil dieses blutdurchtränkten, flutschigen und schmierigen Geschirrtuches direkt um Achims Daumen und sagte: „Drück das jetzt mit der anderen Hand ordentlich zusammen und halte den Arm hoch, ich muss runter in die Wohnung und Verbandzeug holen."

„Was", meinte Diddi, „so schlimm?"

„Naja, Du solltest schon mal überlegen, wo wir einen Arzt finden, das muss selbst auf den ersten Blick definitiv genäht werden", meinte ich eher gelassen.

Als alter Wasserwachtler war das hier eine meiner leichtesten Übungen.

„Mist", sagte Diddi, nahm kurzentschlossen auch schon den Hörer des Funkgerätes in die Hand und stellte den Kanal 69 für den Verkehrsposten Tiel ein.

„Post Tiel für den MAINTANK 13 bitte kommen", rief Diddi in den Hörer des Funkgerätes.

„MAINTANK 13, Post Tiel hört", kam auch schon prompt die Antwort.

„Ich habe hier ein Besatzungsmitglied, der sich geschnitten hat und einen Arzt oder ein Krankenhaus benötigt", erklärte Diddi kurz die Lage.

„O. k., MAINTANK 13, kommen Sie in den Kanal", ordnete er sehr sachlich an.

Wir sollen also in den Amsterdam-Rhein-Kanal, der hier in Tiel, welches wir gleich auf der Steuerbordseite erreichen und seinen Weg nach Amsterdam findet, einfahren und an der Schleuse Tiel Hilfe bekommen.

„O. k., Post Tiel, verstanden", antwortete Diddi und, „könnten Sie uns einen Rettungswagen besorgen?"

Der Post meinte lückenlos: „Gehen Sie auf Kanal 18 und sprechen Sie das mit der Schleuse Tiel ab, die werden jetzt von uns informiert. Sie sollen ihnen sagen, wo genau sie sich hinlegen können, um den Verletzten von Bord zu nehmen."

All das in einem sehr angenehmen, ruhigen, sachlichen und objektiven und verständlichen deutsch-niederländischen Akzent, wie man es hier in Holland auch nicht anders kennt.

„Vielen Dank, Post Tiel", meinte Diddi und schaltete das Funkgerät auf Kanal 18 um.

Und fast ohne Unterbrechung meldete sich genauso freundlich und besonnen die Schleuse Tiel: „MAINTANK 13, hier ist die Schleuse Tiel, fahren Sie vor die Backbordschleuse so weit nach vorne wie möglich, der Rettungswagen ist unterwegs."

„Verstanden und vielen Dank", wiederholte Diddi die Anordnung des Schleusenmeisters und brachte wieder ein wenig mehr Fahrt ins Schiff.

Paar Kilometer waren es ja noch, bis wir die Schleuse Tiel erreichen würden.

„Maaaaann, was ein Aufwand", meinte Achim aus dem Hintergrund.

„Aufwand hin, Aufwand her oder willst' das so lassen, Du Quatschkopp?", meckerte Diddi nur ein klein wenig.

„Dann werde ich mal runter gehen und den Verbandskasten holen", meldete ich mich ab und verließ dabei das Steuerhaus.

Unten angekommen, wusch ich mir erstmal die Hände, die so langsam unangenehm anfingen zu kleben mit dem trocken werdenden Blut des Herrn Kollegen. Dann aus dem Wohnzimmerschrank den Verbandskasten geholt und noch bevor ich wieder am Wohnungsausgang war, klingelte auf einmal der Hauptalarm … ein unendlicher laut klingender Ton.

„Oh neeeee", dachte ich, „ was ist denn jetzt schon wieder, ich komm doch schon!"

Schon an der Steuerhaustreppe rief der Achim aus der offenen Steuerhaustür herunter, „Werner, Werner, schnell, der Schiffmann!"

So sprang ich die Treppe hinauf, „Was denn, geh zur Seite, setz Dich wieder hin!", war ich etwas lauter und genervt.

„Der Schiffmann", sagte er wieder, „was ist denn mit dem?"

Ich sah ihn doch in seinem Fahrstuhl sitzen. Allerdings sagte er nichts, lümmelte mehr als er saß. Da merkte ich erst, dass Diddi gar nicht mehr ansprechbar war, sein Kopf hing etwas zur Seite, die Gesichtszüge waren auch nicht mehr im Fahrwasser und seine Arme hingen links und rechts neben dem Fahrstuhl herunter.

Zügig zog ich den arretierten Knopf des Hauptalarms heraus, damit die Klingelei mal aufhört, zog den Gashebel des Maschinentelegrafen etwas zurück, um das Schiff langsamer zu machen und schaute auf den Kurs des Schiffes, welches vom Autopilot gesteuert recht unbeeindruckt seine Geradeausfahrt einhielt und auch noch einige hundert Meter so einhalten konnte.

„Diddi", rief ich, „was ist denn jetzt los, Diddi!", schon etwas lauter und drehte den Fahrstuhl auf meine Seite, in dem Diddi wie ein Sack Kartoffeln lag.

Blass war er, sehr blass und seine alte Visage hing auf beiden Seiten etwas runter, fiel mir auf.

„Was ist los", meinte nun Achim deutlich aufgeregt, während ich Diddi mit meiner rechten flachen Hand recht ordentlich auf die Backe klatschte und sagte, „der ist ohnmächtig", und rief wieder, „Diddi, Diddi", klatschte und schüttelte ihn auch ordentlich.

Und da gingen auch schon wieder zuckend seine Augen auf und seine Gesichtszüge fanden auch wieder ihre eigentliche Position. Auch seine Gesichtsfarbe wurde langsam wieder wie vorher.

„Was ist den los?", meinte er und, „hör gefälligst auf, mich zu Ohrfeigen, bin doch schon wieder da, ich kann doch kein Blut sehen", lallte er etwas.

„Ja bist Du denn bekloppt?", meinte ich schon sehr laut, „was schaust Du denn dahin, wenn Du kein Blut sehen kannst, Du spinnst doch!"

Er war recht schnell wieder da, wie das so ist bei einer kleinen Ohnmacht dieser Art. Zwar noch etwas blass, aber voll funktionsfähig.

„Der Idiot hat mir doch seinen Krüppeldaumen direkt vor die Nase gehalten, schau mal Schiffmann", gestikulierte er den Idiotenschiffsjungen nach und fuchtelte mir vor der Nase rum. „Da kann ich doch nichts dafür", krakelte er. „Da gehen bei mir nun mal die Lichter aus, wenn ich Blut sehe."

Achim meinte, „Das kann ich doch nicht riechen, dachte, Sie wollten das auch mal sehen."

„Ruhe jetzt!", rief ich dazwischen, um einer Eskalation vorzubeugen. „Leckt mich doch am Arsch", rief ich, „sowas gibt's doch gar nicht!", genoss aber ein wenig die Tatsache, Diddi, meinen Schiffmann, ganz offiziell geohrfeigt zu haben.

Nun waren alle Unklarheiten beseitigt und Diddi legte den Gashebel wieder etwas dem Tisch näher, damit wir endlich nach Tiel kommen. Achim blieb da sitzen und schwieg noch die paar Kilometer, so lange ich Wischzeug nach oben ins Steuerhaus brachte, um seine Sauerei zu entfernen, nicht dass Diddi nach einem Blick auf den Boden wieder in die Knie geht.

„Der MAINTANK 13 in der Talfahrt, dreht in den Amsterdam-Rhein-Kanal ein, Ausfahrt, bitte melden", meldete sich Diddi auf Kanal 10, dem Schiff-Schiff-Kanal. Keiner hatte Einwände und schon beim Eindrehen in den Kanal konnte ich mit dem Fernglas an der knapp einen Kilometer entfernten Schleuse Tiel einen Rettungswagen erkennen. Sie warteten also schon auf uns.

Schnell war das Schiff ganz vorne, direkt vor der Schleuse festgemacht und die Rettungskräfte halfen, den armhochhaltenden Achim sicher von Bord zu kommen.

Nicht einmal zwei Stunden später war er auch schon wieder da, der Achim, mit einem ordentlich dick eigehüllten Daumen, den er wegen eventuell auftretenden Schmerzen so gut und oft es nur ging hochhalten sollte.

„Leggo!", rief Diddi, „Er ist wieder da", über die Wechselsprechanlage und riss mich von einer Bankkiste, wo ich gerade eingenickt war.

Ich schmiss alles los und ging ins Steuerhaus, während Diddi in Rückwärtsfahrt den Anleger an der Schleuse Tiel verließ.

Ich konnte gerade noch aus dem Funkgerät vernehmen, „Das ist doch selbstverständlich, eine gute Reise, MAINTANK 13."

„Vielen Dank und gute Wache", erwiderte der Schiffmann.

Diddi hatte sich wohl gerade bei der Schleuse bedankt für die unheimlich schnelle und professionelle Hilfe und auch schon die Reederei informiert, die ihm versprach, Achim baldmöglichst von Bord zu holen oder ersetzen zu lassen, wenn sich denn jemand anderes finden lässt, der hier an Bord geht und den Achim ersetzt. Grundsätzlich kommen wir auch ohne ihn klar, mit diesem 85-Meter-Tanker, auch wenn wir mindestens noch einen Schiffsjungen haben müssten zur Einhaltung der Besatzungsverordnung. Ist schon angenehm, einen Mann mehr an Bord zu haben.

Diddi meinte zu Achim, „Du kannst gerne an Bord bleiben, bis wir aus Vlissingen geladen wieder in Duisburg sind, da kann Dich dann Deine Mutter irgendwo abholen."

Achim hatte mit seinem dicken Daumen keinen Bock auf Zugfahrt bis nach Moers, einem Kaff bei Duisburg, und entschied sich, so lange zu bleiben, bis wir dort bergfahrend wieder eintreffen.

Eine große Hilfe war er mir die fast vier Tage allerdings nicht, saß, weil er in seiner kleinen Kammer keinen Fernseher hatte, oft im Steuerhaus und Diddi ließ ihn viel fahren, was mit diesem modernen und nagelneuen Anschütz-Autopilot einhändig kein Problem war. Ansonsten machte erstmal ich seine und meine Arbeit.

Wie sollte man einhändig auch irgendwas Vernünftiges leisten, wo doch der dicke Daumen nicht einmal in einen Arbeitshandschuh passt.

Maschine, Laden, Schiff vom Salzwasser befreien, Schleusen fahren bestimmten nun also den Ablauf meiner Tage, wo es seit der Fertigstellung der Krammer Schleuse seit 1983, neben der Schleuse Volkerak, nun Krammer, Wemeldinge und Hansweert, eine Schleuse mehr wurde auf dem Weg nach Vlissingen und zurück.

Schleuse Krammer, Osterschelde

Doch lief alles ungehindert, wir, Diddi und ich, machten die Arbeit und Achim konnte in der Zeit lernen, sein Umfeld und seinen Körper nur mit einer, der rechten Hand, zufrieden zu stellen.

Tatsächlich endete Achims Dienstzeit an Bord des MAINTANK 13 mit dem von Bord gehen in Duisburg. Der Stenger, unser Personalchef, hatte ihn, wie auch mich einst, auf ein anderes Schiff geschickt.

Resümee, nicht nur ein prägendes Erlebnis und somit eine unterhaltsame Geschichte, die uns noch lange erhalten bleibt und amüsieren wird, sondern auch eine sehr große Laudatio an unsere, hier nenne ich sie mal Kollegen, das Schleusenpersonal der Schleuse Tiel.

Dennoch oftmals Retter in der Not ...

Wir fuhren an diesem Sommertag im August wieder einmal von Stuttgart kommend den Neckar hinunter.

Es war gar keine so unerträgliche Hitze, die man auf solch einem riesigen Eisenklotz oftmals doch so empfindet, gerade in den Hochsommermonaten, dieser hohle Eisenklotz, der nur im unerreichbaren unteren Bereich, dem Unterwasserschiff, durch das Gewässer, auf dem er sich gerade befindet, gekühlt wird. Manchmal weiß man auch gar nicht, wo man an Deck hinfassen soll oder sich mal kurz hinsetzen kann, ohne sich den Hintern zu verbrennen.

Denn, wenn man länger irgendwo sitzen will und der wohlweißlich nur 37° warme Hintern die 60° heiße Sitzfläche an Deck herunterkühlen soll, gelingt dies meistens nicht und man erhebt sich besser recht zügig wieder. Sich irgendwo mit nackten Knien, der Bequemlichkeit wegen, niederzuknien, darf ebenfalls nicht empfohlen werden, sich etwas wie Arbeitshandschuhe unter die Knie zu legen allerdings schon.

Heute daher ein eher sehr angenehmer Sommertag und man benötigte, um seine Räumlichkeiten von unerträglichen 40° auf angenehme 22° herunterzukühlen, nicht einmal eine

Klimaanlage, was der modernen Technik wegen, durchaus möglich wäre.

Früher, nur 25 und weitere Jahre zurück, als es all dies noch nicht gab, hat man von seiner Wohnung oder Kajüte alle Fenster und Türen aufgerissen und so auf wenigstens etwas, wenn auch nur warmen Fahrtwind, gehofft.

Des Nachts, wenn das heiße Eisen über den Tag hinweg, mit der in sich gespeicherten Hitze keine Milderung schenkte und durch Reflektieren die gespeicherten hohen Temperaturen abstrahlend weiterhin existieren ließ, half ein oft sehnlichst herbeigewünschtes heftiges Gewitter mit viel Regen, der wenn auch nur für eine kurze Abkühlung sorgte.

Ein paar Pützen oder Schwenkeimer, in Österreich auch „Strangloamer" genannt, diese tolle Erfindung eines Eimers mit einem langen ca. 10 mm dicken Tau am Griff verspleißt oder geknotet, mit dem man Wasser aus dem Bach ziehen konnte, um sich dieses über den Wanst zu kippen, half auch nur bis man recht schnell wieder trocken war und die Klamotten muffelten danach etwas. Doch sparte man etwas an Trinkwasser, da man auf eine kurze kühlende Dusche verzichtete.

Wenn es die Situation erlaubte, im Hafen oder auf Warteposition vor einer Schleuse, sprang man auch mal schnell rein in dieses große ruhige oder strömende Nass.

Man schlief in Unterhosen oder gar nackig, ohne Decke und dennoch schwitzend in den manchmal nur wenigen Stunden so fest, dass kein noch so lauter grollender Donner, funkelnder Blitz oder laut prasselnder Regen auf den eisernen Aufbauten einen erwachen ließ, um Fenster und Türen zu schließen. Die Nächte waren der Hitze wegen an so einigen Tagen unglaublich lang, weil man quälenderweise keinen Schlaf fand.

Wenn dieser dann endlich, meist zu sehr später Stunde, eintrat, war dieser Schlaf auch sehr tief und so kam es, dass man am nächsten Morgen erst einmal die nassen Hinterlassenschaften der Nacht fluchend entfernen musste.

Es gab allerdings ein paar alte überlieferte Tricks, um dieser Hitze entgegenzuwirken. So befestigte man mit dünnen Tauen oben am Rande der Roof, dem Dach der Unterkunft auf dem Achterschiff, und unten am Geländer der Verschanzung oder des Schanzkleides ein schmales Tuch, das mit zehn Metern in etwa so lang war wie diese Unterkunft und mit einem Meter Breite so breit war, wie das Gangboard, das überspannt werden sollte. Das so ziemlich schräg angebrachte Tuch nannte man Sonnensegel, es spendete Schatten und hielt das „heiße Strahlen" der Sonne etwas ab.

Aber es war mit Arbeit verbunden, dieses Sonnensegel anzubringen, und man musste ständig darauf achten, dass man im Eifer des Gefechtes, zum Beispiel während des laufenden Schleusenvorgangs, nicht andauernd mit der Birne daran hängen blieb. Das Arbeiten mit Reibhölzern, Tauen und Seilen wurde also ordentlich behindert. Somit war alle Türen und Fenster auf die leichtere Methode, sich Frischluft oder etwas Luftzirkulation, auch wenn diese ebenfalls „warm" war, zu verschaffen.

Eine weitere Variante war es, den Deckwaschschlauch, also den Wasserschlauch, mit dem man das Deck wäscht und schrubbt, auf das Roofdach zu ziehen und mit der Deckwasch- oder Feuerlöschpumpe Wasser aus dem Fluss durch diesen Schlauch hindurch auf das heiße Roofdach zu leiten.

Man konnte auch den Schwenkeimer zur Hand nehmen und 50, 100 oder mehr dieser prall gefüllten Wassereimer aus dem Fluss ziehen und mit Schwung über sich hinweg auf die Roof schleudern, das verhalf nebenbei auch noch zu ansehnlichen Muskeln und verlieh etwas Abkühlung. Dieses Roofdach, wenn es dunkel, fast schon schwarz oder dunkelbraun mit einem Gemisch aus Leinöl, Hartglanzöl, einem Sprutz Sikativ und ein wenig dunkler Farbe als günstige Alternative Eisen vor Rost zu schützen, gestrichen war, ließ die kommende Brühe aus dem Eimer oder dem Wasserschlauch auch schnell wieder verdunsten und es bildeten sich in Form von Dampf geradezu kleine Nebelschwaden. Es bedurfte daher einer großen Menge an Wasser, bis sich da in Sachen Kühlung etwas bewegte. Allerdings hinterließ dieses Fluss- oder Hafenwasser eine ganz feine, dünne, weißliche, wie von einem Künstler geschaffene Staubschicht, sogar kleine mehlähnliche Sandanhäufungen vom feinen sandigen und dem mikrokleinen schlammigen Gewässer. Und sobald diese Kühlung bringende Nässe wieder trocknete, konnte man viele bizarre Bilder erkennen.

Von all dem ist heutzutage aber nichts mehr von Nöten. Man schlummert in einer wohltemperierten und klimatisierten Wohnung vollkommen ungestört.

„Es lief ganz gut", wie man so sagt, wenn fast jede Schleuse auf „Grün" steht und man ungehindert seine Strecke abreißen oder zurücklassen kann. Auch die Schleuse Kochendorf stand schon auf Grün und war längst klar zum Einfahren, als wir ungefähr noch drei Kilometer von dieser entfernt in den Kochendorfer Kanal einfuhren.

Ein sehr großer, nein der überwiegende Teil des Neckars ist schon allein durch die Stauregelung und die Eindeichung kanalisiert und der eigentliche Fluss befindet sich an vielen Stellen mehrere Hundert Meter außer Sichtweite, weit entfernt, parallel zum Kanal laufend, also nicht dort, wo man sich gerade selber befindet. So auch der Kochendorfer, Feudenheimer, Schwabenheimer, Horkheimer und Pleidelsheimer Kanal, die sich zwar am ganzen Neckar in größeren Abständen voneinander befinden, doch alle immer nach den angrenzenden Schleusen benannt sind. Sie als reine Schleusenvorkanäle zu bezeichnen, wäre nicht ganz richtig, da all diese Kanäle auch mehrere Kilometer lang sind. Vom oberen Neckar ab Heilbronn stromaufwärts oder Plochingen stromabwärts mal abgesehen, wo fast der gesamte Neckar eigentlich ein sehr schöner über viele Jahre hinweg selbst als ein in die Natur hineingewachsener Kanal ist. Doch wie dem auch sei, der Neckar bleibt bei allen, die mit ihm zu tun haben, an jeder Stelle einfach nur der Neckar.

Der Horkheimer Kanal

Der Zeigefinger drückt das Zäpfchen von hinten rein ...

Eine Ausnahme bildet allerdings dieser unansehnliche, industriell geschaffene, öde und langweilig wirkende Kanal, der absolut kerzengeradeaus über 4 Kilometer Länge und 80 Meter Breite durch den Hafen von Heilbronn führt.

Seine Ufer sind aus aschgrauem Beton sehr steil und schräg geböscht und ein Anlegen ist nirgendwo, außer an den wenigen Löschanlagen, möglich. Es wächst dort also kein Halm und kein Blümchen und jegliches Federvieh, das hier eben keinen Nistplatz findet und Grünzeug zum knappern benötigt, aber auch Menschen halten sich fern von all dem vielen tristen Unschönen. Es gäbe ja nicht einmal Federvieh, das sich füttern ließe. Der schöne „alte Neckar", wie wir Schiffsleute ihn im Verborgenen nennen, schlängelt sich so also herrlich, heimlich schön und ansehnlich, ausschließlich durch die Stadt Heilbronn, weit weg von unserem Kanal, auf dem wir routiniert, aber scheinbar ohne das Recht zu haben, dieser Schönheit nahe kommen zu dürfen, all die vielen notwendigen Massengüter bewegen.

Wenn man stromaufwärts die Straßenbrücke Neckargartach nach einer leichten Rechtskurve und dann Backbord den Auslauf des alten Neckars passiert hat, hat man ihn in die Weite blickend vor sich, diesen monströsen, unschönen Kanal oder Kanalhafen, wie er eigentlich genannt wird, und aus vorher kurz klingenden 4 Kilometern sind schlagartig 4.000 träge und ekelhafte Meter geworden.

Links der alte Neckar, rechts der Kanalhafen bis zur Schleuse Heilbronn

1935 hat dieser Kanalhafen den alten, jedoch sehr viel schöneren Wilhelmskanal von 1821 abgelöst, den man über den „alten Neckar" erreichte. Friedrich Wilhelm Carl I., der einstige zweite König von Württemberg, hielt es für notwendig, diesen nach ihm benannten Kanal errichten zu lassen. Dieser Wilhelmskanal hatte von Anfang an eine Kammerschleuse mit einer Länge von 37,25 Meter und einer Breite von 4,60 Meter. Auch sie existiert noch heute.

Der obere Einlauf, den man nach ca. 450 Metern erreichte, konnte mit einem „Einlasstor" auch zum Schutz gegen Hochwasser und Eisgang verschlossen werden. Der Aufstau wurde durch Steinwürfe und Böschungen an diversen Flussabschnitten erreicht.

Mit der Kettenschifffahrt ab 1878 wurde 1882 auch der Bau einer zweiten breiteren und längeren Schleuse umgesetzt und der Wilhelmskanal erfuhr ebenfalls eine kleine Verbreiterung.

Die Idee und die tatsächlich existierenden Pläne, den Neckar mit der Donau zu verbinden, bestand bereits 1916, wurde aber aus politischen Gründen nach Einführung der Verfassung der Weimarer Republik verworfen und man beschloss 1920 den Ausbau des Neckars von Mannheim bis Plochingen.

Der noch immer bestehende Salzhafen entstand mit der Schaffung des Salzbergwerkes 1885–1886. Zig Millionen Tonnen wurden seither durch Schiffe abtransportiert.

Mit dem Bau des neuen Kanalhafens von 1931–1935 verschwanden ein Winterhafen als auch die beiden Floßhäfen, die man ebenfalls über den alten Neckar erreichte, wovon einer Karlshafen hieß.

Der Wilhelmskanal wurde 1957 unter Denkmalschutz gestellt.

Eine unglaublich interessante Geschichte birgt also auch dieses Heilbronn am Neckar und wenn du als aktiver Binnenschiffer einmal die Gelegenheit hast, hier an Land zu gehen, es lohnt sich all das zu besichtigen. Aber halt, du bist als leistungsstarker Binnenschiffer auch hier nur so lange Willkommen, so lange du hier deine Waren an Land heben lässt, die du aus den entferntesten Häfen antransportiert hast. Oder andere Waren einlädst, die du für diese Heilbronner auf den Weg in Welt bringen sollst. Liegeplätze, um hier einfach nur Mensch zu sein, gibt es nicht.

Auch wenn all das Viele über Jahrhunderte dafür geschaffen wurde, damit du all das Gute für sie tun kannst, bleibst du als Mensch hier weiterhin auch 2020 unerwünscht.

Fahre also weiter und lass sie mit ihrer Schande an irgendeiner deiner vorbeifahrenden Seiten liegen.

Am Ende dieser Trostlosigkeit, die man meist langsam passieren muss, da sich in diesem Kanal auch Schiffe im Umschlag befinden, führt rechts, also Steuerbord, eine kleine Öffnung von nur noch 15 Metern Breite zur Schleuse Heilbronn hin. Unter einer gigantisch breiten Brücke hindurch führt dann der an allen Seiten durch betonierte senkrechte Mauern und Brückenpfeiler begrenzte Weg zur Schleuse Heilbronn hin, wovor sich abermals eine Brücke befindet. Bei einer Durchfahrtshöhe von nicht einmal 6 Metern muss das Steuerhaus fast ganz nach unten abgesenkt werden. Die Sicht zum Vorschiff und darüber hinaus verringert sich auf 0 und das Radar zeigt, außer einem komplett gelben Bildschirm, nichts mehr an bei all den vielen Echos der Brücke und all dem anderen betonierten festen Objekten drum herum in diesem 60 Meter langen, 15 Meter breiten und 6 Meter hohen, rechteckigen Riesenrohr.

Daher heißt es, „alle Mann an Vor- und Achterschiff an Deck", um die beiden Seitenabstände zu den Hindernissen wie Brückenpfeiler und Mauern über Funkgeräte mitzuteilen.

Diese blöde Brücke ist aber auch dermaßen niedrig und das Innere davon sogar am Tag, von der Nacht mal ganz abgesehen, sowas von kohlrabenschwarz, dass braucht wirklich kein Mensch, was eben daran liegt, dass die gesamte Durchfahrt, die Brücke die darüber verläuft, also das, was sich zeitweise über uns befindet, sicherlich 60 Meter breit ist, mehr als halb so lang wie unser Schiff also.

Die Schiffsleute, die sich durch diese Öffnungen, diesen „Enddarm", quälen müssen, reden schon ganz berechtigt von einem „Anus" oder ja, einem Arschloch der Schleuse.

Bergfahrend in der Schleuse Heilbronn, nachdem dieser äußere und innere Afterschließmuskel duchfahren ist.

Eigentlich sind es ja zwei Öffnungen. Die eine direkt am Ufer ganz an Steuerbord für die Bergfahrt, für Schiffe, die Richtung Stuttgart fahren, und ganz links davon für die anderen Schiffe, die in Richtung Rhein fahren. Man muss also seine Fahrt rechtzeitig sehr verringern, „langsam machen", und sich mit dem Bug des Schiffes vorsichtig dieser Grotte, diesem Anus, der sich weder bei Berührung weitet und auch keine Wärme ausstrahlt, nähern.

Nach der Schleuse Heilbronn zu Tal, man nähert sich dem Anus.

Ein wenig fühlt man sich ja bei allen Schleusen im Allgemeinen als gigantisches Zäpfchen. Vorne schön spitz, damit es auch den engen Eingang passieren kann. Es fehlt nur der Zeigefinger von hinten, der dieses Riesenzäpfchen schön vorsichtig in diese Enge einführt. Allerdings sollte dieses, unser Zäpfchen, keine angrenzenden Wände berühren.

Hier in Heilbronn ist all das noch extremer, besser kann man es fast nicht beschreiben, denn dieser Finger von hinten muss hier das Ding schon ordentlich weit hineinschieben.

Direkt nach diesem Gedärm befindet sich 200 Meter weiter schon die Schleuseneinfahrt, es macht also keinen Sinn, seine Geschwindigkeit zu erhöhen und man bleibt besser im sicheren Abstand zur Mauer langsam vorausfahrend auf Kurs Richtung Schleuse.

Wenn man zu Tal kommt, Neckar abwärts aus der Richtung Stuttgart, also erst die Schleuse Heilbronn passiert und dann durch diesen Arsch hindurchfahren muss, fühlt man sich ein wenig wie eine lange Kotwurst, die durch diese Ausfahrt ausgeschieden wird, ohne dass man dazu drücken muss. Diese Wurst landet dann in diesem furchtbaren unschönen 4 Kilometer langen Kanal weiter Neckar abwärts in Richtung Rhein. Man bedenke ebenfalls, alles natürlich ohne die Wände dieses Anus zu berühren.

Ich glaube, wir Schiffsleute sind uns da alle ausnahmslos einig. Wer diesen Bockmist geplant und gebaut hat, müsste jeden Morgen, wenn er aus dem Bett kommt, eine schallende Ohrfeige bis ans Ende seiner Tage erhalten. Wer all dies nicht weiß, käme niemals darauf, dass es auch anders sein könnte, denn alles vermittelt den Anschein, als müsste es genauso sein.

Schon bei den Kelten und Römern, vor vielen tausend Jahren, gab es die Neckarschifffahrt in den verschiedensten Formen. Neckar, so konnte ich in Erfahrung bringen, entstammt dem Keltischen und bedeutet „heftiger, böser, schneller Fluss". Dies trifft trotz über Jahre andauernder Zähmung schon zu, vor allem bei Hochwasser, aber da ist sowieso kein Fluss des Schiffers Freund. Das Einzige, was wirklich noch hundertprozentig Neckar ist von all dem Vielen, ist das Wasser, welches unaufhaltsam seit Jahrtausenden die Berge und Hänge hinab in das vermeintliche Neckarbett fließt. Dabei spielt es keine Rolle, ob dieses nun künstlich angelegt ist oder nicht. Es strömt unaufhaltsam Richtung Rhein, vereint sich in Mannheim mit diesem, um dann seine Reise in die unendlichen Weltmeere zu starten.

Heute hatten, wie schon so oft, die Steuermänner ihre Posten, auf denen sie gleich das Schiff in der Schleuse Kochendorf sicher fest machen müssen, bezogen. Der eine auf dem Vorschiff und der andere auf dem Achterschiff und ich, ich schob ihn, den „TAUNUS 2", gemütlich mit langsamer Kraft hinein, genau in die Mitte dieser betonharten 12 Meter breiten Grotte.

Wenn der Bug oder erst die Spitze des Schiffes in der Schleuseneinfahrt drin ist und die Schleusentore passiert hat, müssen ihm noch weitere 100 Meter Stahl folgen, bis die gesamte Länge in die Schleuse gelangt ist. 105 Meter Schiffslänge sind das Maximalmaß, welches ein Schiff haben darf, wenn es die Neckarschleusen durchfahren will. Denn alle 27 Neckarschleusen bis Plochingen, welches sich stromaufwärts 4 Schleusen nach Stuttgart befindet, sind nur annähernd bzw. maximal 110 Meter lang. Unsere Schiffsbreite mit 11 Metern ist ein, na ja, noch recht „angenehmes Maß", womit man eine Schleuse mit der Breite von 12 Metern erträglich entsprechend aufmerksam befahren kann.

Viel Platz bleibt da also, egal in welche Richtung, Vor- und Achterschiff, Back- und Steuerbord also nicht, und die Decksmannschaft muss sehr gut und gewissenhaft arbeiten, wo doch die Neckarschleusen das Schiff, selbst im schwer beladenen Zustand durch den Schleusenvorgang, wenn also das „böse wilde" Neckarwasser herein oder hinaus läuft recht ordentlich in Bewegung bringt.

Und da Wasser, auch hier, „keine Balken hat", sind die Jungs mit den 24 Millimeter starken Stahldrähten sehr damit beschäftigt, das bis zu 1.600 Tonnen schwere Schiff wortwörtlich „fest"zuhalten, wenn es sich in irgendeine Richtung in Bewegung setzt.

Schleuse Feudenheim.

Rund um das Schiff befinden sich nun mal Dinge wie Mauern und vor allem Schleusentore, an denen man, unter Umständen ohne Schaden zu nehmen, anstoßen könnte.

Doch wie gewohnt klappte die Schleuseneinfahrt auch in Kochendorf routiniert mit dem leeren, ungeladenen, ohne

Fracht fahrenden Schiff, aber mit Ballastwasser, welches wir benötigen, um die vielen niedrigen Brücken und Sperrtore der Regelbauwerke unterfahren zu können, geradezu reibungslos.

Schleuse Kochendorf

800 Tonnen Ballastwasser sind es, die den Schiffskörper um einen Meter und fünfzig tiefer in den Fluss zwingen, genau um die Höhe kompensieren zu können, die wir einfach, um den Neckar stromabwärts von Stuttgart oder Plochingen befahren zu können, zu hoch sind.

Die 800 Tonnen Ballastwasser, welches sich in der „Doppelhülle" befindet, macht das Schiff aber erfreulicherweise auch etwas behäbig und schwerer und so auch stabiler, um es sicherer, gerade bei Wind, manövrieren zu können. Diese Doppelhülle umgibt den gesamten Laderaumbereich des Schiffes. Sie ist also rundum, außer auf dem Oberdeck, von der Backbordseite, unter das Schiff hindurch bis hinüber zur Steuerbordseite durchgehend ca. 50 Zentimeter breit und genauso hoch wie die Bordwand auf beiden Schiffsseiten.

Im Anschluss an diese Doppelhülle befinden sich innen, nach diesem 50 Zentimeter großen Abstand von der eigentlichen Bordwand, erst die großen Ladetanks. Der TAUNUS verfügt über sechs Ladetanks an der Backbord- und 6 Ladetanks an der Steuerbordseite. Getrennt in der Schiffmitte durch ein

Längsschott, welches so heißt, weil es der „Länge" nach, vom Vorschiff bis zum Achterschiff, gute 80 Meter durch den gesamten Laderaumbereich führt.

Vom Vorschiff betrachtet hintereinander immer ein Tank an Steuerbord und einer an Backbord, der erste am Vorschiff heißt Tank 1 Steuerbord und Tank 1 Backbord. Darauf folgen nach den jeweiligen Querschotten weitere bis zum letzten Tank vor dem Achterschiff, Tank 6 Steuerbord und Backbord. Alle 12 Tanks, die in etwa alle gleich groß sind und alle ca. 190 Tonnen oder 190.000 Liter fassen, haben nach diesen Tankwänden und dem Tankboden eben diese Doppelhülle. Sie schließen immer an den nächsten Tank, wie Tank 1 an Tank 2, Tank 2 an Tank 3 usw., durch Schotten, „Eisenwände", getrennt an und können alle einzeln befüllt und entladen werden.

Nun kann man sich auch sehr gut vorstellen, dass diese Räume, die Ballasttanks mit all dem vielen Eisen der Bordwand und Spanten unglaublich massiv sind und zugleich dem Schiff eine enorme Stabilität geben, abgesehen von der Tatsache, dass das Austreten von Ladung in irgendein Gewässer grundsätzlich nicht mehr möglich ist.

Aber, durch die Verkleinerung der Laderäume bedeutet dies auch einen Mengenverlust der zu transportierenden Menge. Unser Schiff, der TAUNUS, der 1987 als „Einhüller", Einhüllentanker, gebaut wurde, trug vor dem Umbau zum Doppelhüllentanker 2.500 Tonnen und nach dem Umbau 164 Tonnen weniger, nur noch 2.326 Tonnen. Soll mal einer sagen, der Schiffseigner wäre nicht gewillt, der modernen und immer sicherer werdenden Zeit entgegenzukommen, was sich anhand der sehr hohen Investition und des hohen Verlustes an Tonnen, die er nur noch bewegen kann, gut nachweisen lässt. Immerhin sind das bei nur 60 Transporten im Jahr etwas über 8.000 Tonnen, auf die er verzichten muss.

Man versuchte, diesen Verlust natürlich irgendwie zurückzugewinnen, benötigt auch den entsprechenden Raum, um diese vielen Kubikmeter an Flüssiggütern unterzubringen und machte die Laderäume 1,20 Meter höher, um das, was Backbord, Steuerbord und am Schiffsboden durch die Schaffung der Doppelhülle weggefallen ist, wenigstens ein wenig zu kompensieren. Alles ausschließlich der Vernunft, Sicherheit und Umwelt zu liebe und es blieb bei 164 Tonnen weniger Tragfähigkeit, sonst wären es, ohne diese kostenintensive Erhöhung, noch viel mehr Verlust an Tonnen gewesen.

Das Schiff wurde dadurch natürlich um einiges höher und mit diesem Ballasttank, der Doppelhülle, welches nur mit Wasser von Außenbord in Berührung kommt, kann man diese unerfreuliche Höhe, welche einem auch ganz massiv die Sicht raubt, wieder zurück in den Fluss drücken.

Ein Befahren vieler Nebenwasserstraßen wäre mit dieser Erhöhung und ohne diese Doppelhülle nicht mehr möglich.

Das Schiff in der Schleuse sicher befestigt, begab ich mich mal eben in die Wohnung hinunter. Oftmals, wenn man keine Vertretung an Bord hat, die diese Manöver machen könnte, zum Beispiel bei vielen Nebengewässern, ist das die einzige Möglichkeit, mal schnell auf Toilette zu gehen oder mal ein „Schleusenbrot" zu essen, welches eben von der Vorbereitung bis zum Verzehr genau so lange dauert wie ein Schleusenvorgang.

Es war noch keine Butter auf der Stulle, da klingelte auch schon laut brüllend der Hauptalarm in meiner Wohnung. Steuermann Robert hatte diesen ausgelöst, indem er einen in Rot gehaltenen gut sichtbaren Knopf drückte, der diesen Alarm, den Generalalarm, laut klingelnd auf allen Stationen im Schiff im gleichen Maße auslöst. Alle Besatzungsmitglieder müssen sofort ihre Wohnungen verlassen, um sich unter anderem ins Steuerhaus zu begeben, damit der Grund des Auslösens genannt werden kann.

Mir kam der Kollege schon beim Heraustreten aus der Wohnung entgegen und meinte aufgeregt: „Da ist irgendwas mit dem Karl, der ist anscheinend umgefallen."

So flitzte ich zuerst ins Steuerhaus, um diesen Alarm, den nun ein jedes Besatzungsmitglied gehört hatte, abzustellen. Robert befand sich schon auf dem Vorschiff und zügig bewegte ich mich ebenfalls nach vorne.

Der Schleusenmeister hatte den gesamten Schleusenbetrieb bereits gestoppt und das Schiff lag sicher, nur zwei Meter tief abgeschleust, ruhig in der Schleuse.

Auf dem Vorschiff lag also, in seinen speckigen Overall gehüllt, der gar nicht so große Karl an Deck. Mit vielleicht einem Meter Breite ist es recht eng, da zwischen Wohnung, der Kajüte für die Decksmannschaft oder ebenfalls Roof genannt, und der Pollerbank, die sich so nennt, weil sie, diese Bank, die Poller, an denen das Schiff befestigt wird, umgibt. Zwei Mann können da mit Sicherheit nicht nebeneinander umfallen. Mir war bekannt, dass Karl Diabetiker ist, auch sein etwas gewissenloser Umgang mit seiner Krankheit. Ich mutmaßte daher schon, dass diese „Schwäche", sein womöglicher Umfaller, daraufhin zurückzuführen ist.

Robert, der andere Steuermann, hatte ihn bereits auf die Seite und seinen Kopf mit einer Decke unterlegt. Am Hinterkopf war eine blutende Wunde und an Deck das dazugehörige Blut als kleine Pfütze zu erkennen.

Karl bekam demnach, zum Glück aller Involvierten, diesen Schwächeanfall unmittelbar nachdem er das Schiff befestigt hatte und schlug anscheinend rückwärts mit dem Hinterkopf an Deck auf, war erst ganz, dann noch so halb bewusstlos und reagierte erst gar nicht und wenig später noch immer nicht so recht auf Ansprache.

Seine wahrscheinliche Unterzuckerung, die genauso gut eine Überzuckerung gewesen sein könnte, war zu intensiv. Auch seine Utensilien, womit wir den Blutzucker kontrollieren hätten können, waren in seinem wohnlichen Chaos nicht auffindbar. Wir konnten also seinen Blutzuckerspiegel nicht kontrollieren, was die Situation nicht einfacher machte.

Muss er nun etwas Zuckerhaltiges haben, um den zu niedrigen Blutzuckerspiegel wieder zu stabilisieren oder braucht er etwas Insulin, um seinen viel zu hohen Blutzucker zu senken? Wenn sein Blutzuckerspiegel, gesetzt den Fall, zu niedrig ist und man gibt ihm etwas Traubenzucker, dann stabilisiert sich dieser relativ schnell, doch ist er wirklich „unterzuckert"?

Hundertprozentig bestätigen kann dies nur ein Blutzuckertest, den wir leider nicht durchführen konnten, weil dieser Drollo dieses überlebenswichtige Utensil für niemanden zugänglich bzw. unauffindbar machte. Beide Situationen, ob zu hoch oder zu niedrig, sind auf alle Fälle nicht ungefährlich und da Karl nicht ansprechbar war, noch gefährlicher. Ein Notarzt würde das einzig richtige sein, dachte ich.

Doch der Schleusenmeister, der seinen Turm verlassen hatte und des Weges kam, hat längst den Notruf aktiviert.

„Die Rettung ist unterwegs", rief er, als er auf uns zukam.

Karl lag nun also da in stabiler Seitenlage, etwas blass und im Dämmerzustand.

Der Schleusenmeister erzählte, ein Passant, der auf der vor der Schleuse befindlichen Brücke stand, hätte Karl wohl fallen sehen und bei ihm am Schleusenturm sturmgeklingelt.

Da sich bei uns an Bord alle Crewmitglieder auf ihren Positionen befanden, die sie beim Schleusenbetrieb einzunehmen haben, war Karl, wie immer beim Schleusenfahren, allein auf dem Vorschiff. Vom Steuerhaus gibt es nur eine Verbindung via Funkgerät mit dem Steuermann, der auf dem Vorschiff steht und die Abstände vom Schiff zur Schleusenmauer und anderes Wichtiges mitteilt. Sehen kann ich diese Person vom Achterschiff, aus dem Steuerhaus heraus, da er durch die hohen Aufbauten des Schiffes verdeckt ist, nicht. Und da Karl umfiel, nachdem er das Schiff festgemacht hatte, war das Manöver „das Schiff ist fest" für mich abgeschlossen und meine kurze Schleusenpause konnte angetreten werden bis der Schleusenvorgang beendet ist und das Schiff aus der Schleuse gefahren werden muss.

Nun befindet sich unmittelbar nach der Schleuse Kochendorf, hinter den Schleusentoren, eine Brücke, die über die Schleusenausfahrt führt.

Natürlich befinden sich dort immer irgendwelche Interessierte, manchmal nur einer, manchmal auch zwanzig oder mehr, die an diesem Brückengeländer lümmelnd in die Tiefe blicken und mit, „Booohh, Uhhh, Ahhh, Schau mal Kind, und Ja Wahnsinn", den Schleusenvorgang beobachten, sich erstaunen lassen von den gigantischen Wassermassen, die an der Wasserlinie der Schleusentore, aus den Schotten der Schleuse rauschend, staubend und tosend herausschießen, diese Schleusentore sich öffnen und das große schleusenfüllende Schiff 6 Meter in die Tiefe gelassen langsam wieder aus der Schleuse ausfährt.

Ausfahrt zu Tal, Schleuse Kochendorf

Einer diese Neugierigen hatte seinen Blick wohl nicht nur in die Tiefe gerichtet und sah, wie Karl stürzte, begann zu winken und zu rufen, signalisierte, dass da am Vorschiff etwas passiert ist. Ich konnte das allerdings nicht sehen, da ich zu diesem Zeitpunkt schon meine Butter aus dem Kühlschrank holte. Und Robert befand sich über 100 Meter entfernt auf dem Achterschiff, um dort das Schiff „festzuhalten", eine Position, an der man garantiert keine Brücke mit Menschen oder das Vorschiff an der Steuerbordseite sehen konnte.

Nun eilte eine dieser Personen, die alle mittlerweile Karl an Deck des Schiffes liegen sahen, zum Schleusenturm, dessen Eingang sich mittig auf dieser Brücke befindet. Mittig der beiden Schleusen in Kochendorf, in der wir die Steuerbord Schleuse befahren hatten. Er klingelte Sturm und der Schleusenmeister erfragte den Grund des Klingelalarms. Schnell war berichtet und der Schleusenmeister stoppte sofort den Schleusenvorgang, wodurch auch Robert bemerkte, dass da irgendwo, irgendwas nicht stimmen konnte.

Nachdem wir diese Informationen verarbeitet hatten, kam auch schon der Rettungswagen, dessen Besatzung wir zügig an Bord halfen und diese darüber informierten, dass Karl Diabetiker ist. Der Notarzt und zwei Sanitäter setzten Karl etwas auf, klatschen etwas seine blassen Wangen und ein wenig kam Karl zu sich. Die Fragen, die der Notarzt ihm stellte, wurden nicht so ganz zutreffend beantwortet.

„Er müsste jetzt ungefähr 11 sein", antwortete er auf die Frage hin, wie alt er denn sei.

Und wie er hieße, ließ ihn bemerken, „verdammt, ihm ist sein Name entfallen."

Ob er denn verheiratet sei, eröffnete womöglich einen wahren Gedanken, „das Luder treibt sich schon wieder in Kuba rum."

All dies ließ uns nun auch, trotz Ernst der Lage, ein wenig schmunzeln. Jetzt, da wir wussten, sein Problem ist erkannt und es lag an seiner Unterzuckerung, begann der Notarzt damit, ihm ein Glas Cola in den nicht ganz willigen Schlund zu schütten. Klar war, Karl wird wieder.

Ihm wurde trotzdem ein „Zugang" gelegt und die Platzwunde an seinem Hinterkopf eher zweckmäßig verbunden.

„Das muss wohl genäht werden", meinte der Notarzt.

Robert packte ihm das Wichtigste in seinen Rucksack und die Sanitäter halfen dem nun wieder aufrechtstehenden aber noch recht schwammig laufenden Karl von Bord.

Einem Sani drückte ich einen bereits vorgefertigten kleinen Zettel in die Hand, auf dem unsere Daten wie Adresse und Telefonnummer standen.

„Rufen sie mich bitte an, wenn er nicht mehr dazu in der Lage sein sollte, aus irgendeinem Grund, an den man gar nicht denken wolle."

Ich musste natürlich wissen, wie das mit ihm weitergeht, auch wenn ich meine Fahrt mit dem an Bord befindlichen Personal fortsetzen könnte, wollte ich auf ihn oder ein Ergebnis warten. Außerdem braucht er wenigstens saubere Klamotten und andere wichtige Dinge, die er von Bord holen kann, wenn es denn sein muss, und er offiziell nach Hause geschickt wird. Karl fuhr nun also ab ins Krankenhaus.

Der Schleusenmeister fragte etwas hurtig, „Können wir weiterschleusen?", was ich mit, „Ja, können wir und vielen Dank", und, „wir bleiben dann im Unterwasser der Schleuse und warten, bis unser versehrter Kollege sich meldet", beantwortete, bevor er sich auf den Weg zurück in seinen Turm machte.

Zu unserem Glück funktionierten zu diesem Zeitpunkt beide, die Backbord- und die Steuerbordschleuse, was ja im Neckar eher selten der Fall ist bei all dem alten und maroden Zeug. Sonst hätten wir glatt noch einen Schiffsstau verursacht.

Als wir im Unterwasser, also nach der Schleuse, an Steuerbord angelegt hatten, meldete ich mich noch einmal bei der Schleuse ab und dankte nochmals für die freundliche und großartige, schnelle Unterstützung.

Auch die Kollegen anderer Schiffe waren geduldig, sie mussten doch ein wenig warten bis alles wieder reibungslos lief, da der Schleusenmeister unsere und die Situation des Schleusenbetriebes aufrechterhalten musste.

Es war 23:00 Uhr, als Karl sich telefonisch aus dem Krankenhaus meldete, „Bin wieder fit", meinte er und, „wir können morgen weiterfahren."

„Komm mal erst an Bord", und, „das klären wir morgen früh", sagte ich nur.

Freundlicher Anschiss noch vor dem Frühstück ...

Am nächsten Morgen musste ich Karl also erstmal einen Einlauf verpassen und rief ihn ins Steuerhaus.

„Wie kann das passieren und warum achtest Du nicht besser auf Dich, wenn Du doch weißt, dass Du Diabetiker bist. Es gibt auch andere Diabetiker in der Binnenschifffahrt, die gewissenhafter damit umgehen", wurde ihm nahe gelegt. „Das hätte für uns alle richtig schlecht laufen können, stell Dir vor, Du wärst in die Tiefe auf die Schleuse gestürzt oder gar zwischen Schiff und Schleusenmauer." Und, „Wo zum Teufel ist Dein Blutzuckermessbesteck, womöglich hätten wir gar keinen Rettungsdienst gebraucht. Ich will, dass dies in Zukunft gut sichtbar und funktionierend so platziert ist, dass wir sofort darauf zugreifen können."

„Jaaa, ich weiß, ja mach ich", sagte er reumütig und, "ich habe noch kurz vor der Schleuse was gegessen, ich weiß auch nicht, was das war."

Die Ärzte hatten mit drei Stichen seine Platzwunde genäht und wider meiner Erwartung nicht krankgeschrieben. Kopfschmerzen hätte er auch keine, meinte er, und er durfte also an Bord bleiben, musste aber den Rest vom Tag in Ruhestellung in seiner Wohnung verbringen.

Man kann also schon auf sie zählen, auf die Schleusenmeister, wenn es mal wirklich ernst wird und es überwiegt bei aller Gesetzesreiterei die Menschlichkeit.

Schleusen befinden sich meist weit weg vom Schuss oder Zivilisationen, irgendwo in der Pampa. Viele in den Dörfern und Städten lebende Menschen an diversen Gewässern wissen nicht einmal, dass es Schleusen in ihrer Nähe gibt.

Schiffsbesatzungen können nur darauf hoffen, dass den Rettungskräften der Weg zu diesen Schleusen irgendwie bekannt ist und diese nicht unbeholfen auf der Suche nach dem betreffenden Schiff unnötig umherirren. Gerade nachts, wenn der Schleusenbetrieb eingestellt wird und die Schleusenmeister nach Hause gehen, werden sehr viele Lichter an den wenigen vorhandenen Liegeplätzen gelöscht. Kein schönes Gefühl, wenn man sich gedanklich damit auseinandersetzt.

Wir setzten also am nächsten Tag um 6 Uhr unsere Reise fort. Im Nacken eine Geschichte, wie sie jeden Tag auch in der Binnenschifffahrt passieren kann ...

Dokumente und anderes Wissenswertes ...

Es war Oktober 1988 und ich war gerade mal seit Mai, also 4 Monate, als Schiffsführer aktiv im Einsatz. Vielleicht ist es für all die, die sowas noch nicht gesehen haben, interessant, wie denn solche Dokumente aussehen, die einen berechtigen, ein Schiff auf den Binnenwasserstraßen zu führen. Natürlich ist diese Patentverordnung, die all das regelt, sehr umfangreich und mit diesem einen, diesem ehemaligen Rheinschifferpatent, noch lange nicht alles zusammengetragen, was man braucht, um ein Binnenschiff führen zu dürfen. Man benötigt mindestens noch ein beschränkt gültiges Sprechfunkzeugnis für Ultrakurzwelle, damit man am Funkverkehr teilnehmen darf.

Eine Bescheinigung besonderer Kenntnisse des ADN (Accord européen relatif au transport international des marchandises dangereuses par voie de navigation intérieure) ist notwendig, damit man Gefahrgüter transportieren darf. Um Chemikalien zu transportieren muss man noch den sogenannten „C-Schein" machen. Dieses Europäische Übereinkommen über die Beförderung gefährlicher Güter auf Binnenwasserstraßen (ADN) hat 2008 das vorher geltende Europäische Übereinkommen über die Beförderung gefährlicher Güter auf dem Rhein (ADNR) ersetzt. Es findet nun auf allen Europäischen Wasserstraßen mehr oder weniger überwacht Anwendung. In den Rheinanliegerstaaten, Deutschland, Belgien, Frankreich, den Niederlanden und der Schweiz, wird diese ADN sehr ernst genommen, entsprechend eingehalten und Zuwiderhandlungen schwer bestraft.

Ein Radarpatent benötigt man, damit man ein Radargerät in allen Situationen, wie zum Beispiel in der Nacht und vor allem bei Nebel, verwenden darf. All diese Dokumente muss man während der Ausbildung erwerben, unter Umständen nach und nach. Doch nur dieses ganze Sammelsurium verhindert irgendwelche Einschränkungen bei der Berufsausübung. Kein ADN-Schein, keine Gefahrguttransporte. Man kann Güter, die dieser Gefahrgutverordnung, dem ADN, nicht unterliegen, durchaus transportieren. Ohne Funkschein darf natürlich kein Schiff geführt oder ein Funkgerät bedient werden, was zum Führen eines Schiffes aber absolut notwendig ist. Das Radarpatent, diese besondere Kenntnis im Umgang mit einem Radargerät im Schiffverkehr ist nur dann notwendig, wenn man sich in einer Situation befindet, in der keine Schiffsbewegung ohne Radargerät mehr möglich ist. Wer also im Dunkeln sieht wie ein Lux und auf das Radargerät verzichten kann, darf auch bei Nacht fahren, auch wenn sich ein Radargerät dabei dreht aber nicht unbedingt beachtet werden muss. Bei einer Sicht von nur 100 Meter oder gar weniger, vor allem in der Nacht, macht man es besser wie der schlaue Lux und legt sich wieder in sein

Bett, bis die Sicht besser geworden ist. So wie man es früher gemacht hat, als es noch keine Radargeräte gab. Nur wer dann dieses Radarpatent vorlegen kann, darf bei diesem unsichtigen Wetter sein Schiff bewegen. Routine und viel Erfahrung gehört dazu, um ein Flussbett, das tatsächliche Fahrwasser oder den Fahrweg, den man benutzen möchte, auf einem Radarbildschirm richtig deuten zu können. Alles, was das Radar anzeigt, jedes „Echo", wie man so sagt, ist grün oder orange, je nach Hersteller des Radargerätes. So auch alle Fahrwasserzeichen, Brücken, Schiffe, Schwäne, Motorboote, Schleusen, Hochspannungsleitungen, eben alles, was das Radargerät auffängt und anzeigt.

Fremde Gewässer, also Gewässer, von denen einem der Fahrweg nicht bekannt ist, vor allem nicht staugeregelte Flüsse, befährt man am besten gar nicht, wenn dicker Nebel herrscht. Die Kenntnis des Fahrweges am Tage und bei normaler Sicht ist Grundvoraussetzung für eine erfolgreiche Radarfahrt. Fahrwasserbegrenzungen, die sich dem Schiff bei Nebel nähern und zu erraten sind, ob man diese nun Steuerbord oder Backbord passieren muss, da man deren Farbe nicht kennt, können fatale Folgen wie Grundberührung oder Festfahrungen bedeuten. Radarstrahlen tasten nur Oberflächen, die sie treffen können, ab und reflektieren auch nur diese. Dazu gehört auch die Wasseroberfläche.

Alles, was darunter liegt, unter der Wasseroberfläche, kann nicht einmal ein an Bord befindliches Echolot vorrausschauend anzeigen. Dieses zeigt nur an, was sich im Augenblick, in der Sekunde des Sendens und Empfangens, unter dem Schiff befindet bzw. unter dem „Geber", dem Sende- und Empfangsmodul, welches sich am Bug des Schiffes befindet und gelegentlich nur 5 oder 20 cm im Durchmesser ist, je nach Hersteller dieser „Geber". Ob der Abstand zum Hindernis größer oder kleiner wird, zeigt sich also bei einer nur nach und nach in Erscheinung tretenden Sandbank ebenfalls langsam. Ein plötzlich auftretender Gegenstand, der über den normalen sandigen Grund herausragt, ein Fels oder auch mal ein Auto oder womöglich eine Weltkriegsbombe, wird, wenn die Wassertiefe nicht ausreicht, ein unangenehmes Poltern verursachen oder er wird einfach platt in den Sand gedrückt, platt, sofern sich Sand oder Kies unter diesem Hindernis befinden sollten. Wenn das Echolot 60 cm Wasser unterm Schiff anzeigt, sind ebenfalls nur 60 cm Platz zwischen dem Geber am Schiffsboden und dem Flussgrund. Es gibt dann fast keine Fächerung mehr und somit auch keine Voraussicht, die im Allgemeinen sehr klein ist, mit wenigen Metern, sehr gering.

Für alles, was man in langsamer Fahrt macht, macht auch ein Echolot dort Sinn, wo wenig Wasser steht. Für alles andere, während der normalen Fahrtgeschwindigkeit, ist es nur eine kleine informative Unterstützung. Nur mit Zuhilfenahme eines Echolotes ein unbekanntes, wohlweislich seichtes Gewässer zu befahren, wird eine verdammt lange Reise und wer den Rhein nicht ohne Echolot hinaufkommt, der sollte dort auch nicht fahren. Am besten, wie gesagt, ist es, „man kennt die schlechten Stellen", sein Fahrwasser oder den Fahrweg, wie man so zu sagen pflegt. Vor allem in nichtstaugeregelten Gewässern.

Auch Hafeneinfahrten, Brückendurchfahrten, Schiffsbegegnungen, Überholmanöver, Geschwindigkeiten von entgegenkommenden Schiffen werden auf einem Radar ganz anders dargestellt, als wenn man zum Fenster hinaussieht.

Aus dem Fenster schaut man bei einer Radarfahrt eigentlich gar nicht. Auf alle Fälle nicht, um sich danach richten oder orientieren zu können. Das macht nur einen wirren Kopf, da man sowieso nichts erkennen kann. Der Blick ist besonders bei einer Nebelfahrt fast ausschließlich auf das Radargerät gerichtet, immer im Wechsel zum Wendeanzeiger. Der Wendeanzeiger, eine uhrähnliche Anzeige mit einem Zeiger, der sich nur in die Richtung bewegt, in der sich auch das Schiff bewegt. Er zeigt den Verfall des Schiffes an, wie man sagt. Geht der Zeiger langsam nach Steuerbord tut es das Schiff auch nur langsam. Gibt man viel Ruder, möchte schnell in irgendeine Richtung, tut auch dies der Wendeanzeiger. Das Schiff unter diesen Bedingungen ruhigzuhalten, bedarf ein wenig Übung, wenn man sich vor allem im Nebel nach nichts richten kann, was irgendwo als Anhaltspunkt verwendet werden könnte, was vor allem bei dickem Nebel der Fall ist. Den Verfall eines Schiffes im dicken Nebel kann man definitiv nicht mehr erkennen und wenn ja, dann ist es meistens zu spät.

Auf See richtet man sich nach dem Kompass und das nicht nur, um einen immerwährenden Geradeauskurs zu halten. Auf See werden auch meist keine schnellen Kurven notwendig, wie bei so manch einer Flussbiegung oder einem schnellen Ausweichen vor einem Hindernis. Auch ist das Fahrwasser meist nicht so eng und seicht. Man könnte sagen, der Wendeanzeiger, der keine Himmelsrichtungen anzeigt und auch keine anzeigen muss, da das Ufer auf Binnengewässern so nah ist, ist der kleine Bruder von einem Kompass.

Heute sind alle Gerätschaften miteinander gekoppelt: Wendeanzeiger, Radar, Autopilot und Ruderanlage. Alles wird elektronisch miteinander verbunden, wie von Geisterhand bewegt. Man stellt mit dem Joystick der Ruderanlage bzw. des Autopiloten einen Kurs, wenn man will auch nach Grad, ein und das Schiff hält so lange den eingegebenen Kurs, bis man diesen wieder verändert. Dieser Kurs wird durch den Wendeanzeiger, den externen oder den im Radargerät integrierten, angezeigt, ebenso, wie das elektronisch angezeigte Schiff auf dem Radargerät oder Radarbildschirm diese Veränderung vornimmt und einhält. Wenn man daran nichts verändert, wird dieser Kurs auch mehrere Monate eingehalten.

Es gibt nicht viele Strecken auf den Binnenwasserstraßen, auf denen so eine fixierte langanhaltende Kurslage recht lange eingehalten werden kann. Ständig sind Korrekturen notwendig. Alles nimmt darauf Einfluss: Strömung, Wind, Sogwirkungen, seichtes Wasser, Schiffsbegegnungen, aber auch Überholmanöver. Man spart sich nur das ständige Ruder geben, kann das Schiff ruhiger um ein Hindernis herum oder einfach nur geradeaus fahren, kann dies alles etwas relaxter im Auge behalten, da man mit dieser ganzen Situation sowieso schon sehr gefordert ist. In der Nebelzeit, dem Herbst oder Frühjahr kann es Tage geben, da fährt man nur im dicken Nebel.

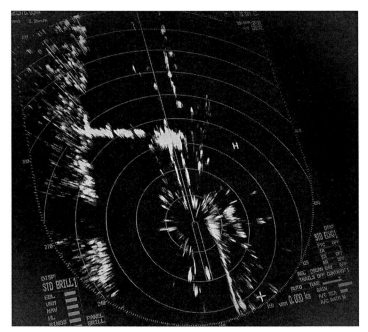

Radarfahrt in eine 12 Meter breite Schleuse

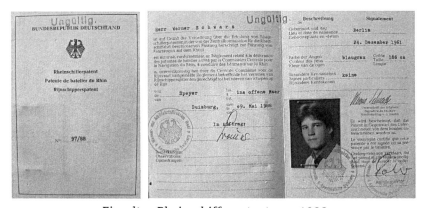

Ein altes Rheinschifferpatent von 1988

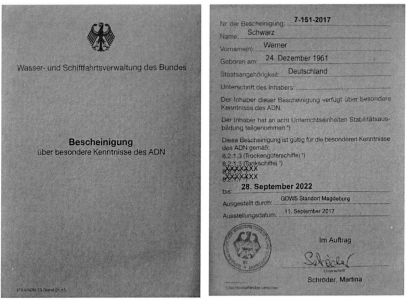

Bescheinigung besondere Kenntnisse des ADN (Gefahrgüter)

Beschränkt gültiges Sprechfunkzeugnis für Ultrakurzwelle

Radarpatent

Patentkarte. Sie hat alle anderen Dokumente ersetzt, alle anderen Befähigungen sind darauf vermerkt, außer das ADN, dafür muss alle 5 Jahre eine neue Prüfung abgelegt werden. Das Große Patent beinhaltet alle nichtstaugeregelten Wasserstraßen in den Rheinanliegerstaaten, sowie alle Schiffsgrößen und Schiffstypen. Der Bescheid zur Tauglichkeit muss ab dem 50. Geburtstag alle 5 Jahre und ab dem 60. Geburtstag jedes Jahr erneuert werden.

Mikdat, Hey und Rey ...

Es war Oktober 1988 und ich war also gerade mal seit Mai, also 4 Monate, als Schiffsführer aktiv im Einsatz. Das Schiff, der MAINTANK 13, war mir sehr gut bekannt, da ich schon einige Jahre vorher als Steuermann darauf gefahren bin, mein Patent und anderen Papierkram hier machte und einen verdammt guten Lehrmeister, den Diddi oder Detlef, hatte, von dem ich unheimlich viel lernen konnte.

1958 gebaut als „AGNES" mit nur 67,00 Meter Länge. Verlängerung auf 84,87 Meter in den Siebzigern. Ab 1977 „SIMON", ab 1983 „MAINTANK 13", ab 1988 „Moritz", 2010 nach Odessa an die Donau verkauft, womöglich verschrottet.
Länge: 84,87 m, Breite: 8,19 m, Tiefgang: 2,70 m, Tonnage: 1329 t, Maschinenleistung: 745 PS, Maschinen-Hersteller: MAN, Baujahr: 1958, Bauwerft: Gutehoffnungshütte Sterkrade AG, Werk Sterkrade, Abt. Rheinwerft Walsum, Bau-Nr.: 963.

Vor allem hatte der Diddi die Gabe, mich wieder zu aktivieren, herauszufordern und zu ermutigen, nun doch das Patent zu machen. Die einst so wichtige Tatsache war ja einige Jahre vorher kein Thema mehr gewesen. Natürlich war dies auch mit ein Grund, warum man mir das Schiff, den TMS MAINTANK 13 so schnell anvertraut hatte. Und natürlich durch meinen Befürworter Diddi, der eine Empfehlung gegenüber der Reederei aussprach, als auch meine Erfahrungen mit diesem mir sehr gut bekannten Tankschiff.

Es war gerade die Zeit, als irgend so ein Intelligenzbolzen auf die „klo"reiche Idee kam, die Bemannungsverordnung oder Besatzungsvorschriften zu ändern, um Schiffe bis 85 Meter Länge, ab sofort mit nur noch mindestens einem Matrosen fahren zu lassen. Der sonst noch an Bord befindliche Schiffsjunge oder ein weiterer Matrose wurden mit dem Zweck, sie anderweitig einzusetzen, recht zügig abgezogen und man stand dann da ziemlich zügig allein da mit nur einem Mitglied der Decksmannschaft. Mein Steuermann, der Mikdat, hatte zu diesem Zeitpunkt bereits vier Monate abgerissen und sein Urlaub nach Hause in die Türkei, den er ständig verschob, sollte endlich angetreten werden. „Es würde ein neuer kommen", hieß es damals und heißt es heute noch, wenn neues Personal geschickt wird. Mikdat hatte es eilig, da sein Flug ab Frankfurt gebucht war und da wir gerade von Godorf, einem Hafen zwischen Bonn und Köln, auf dem Weg nach Birsfelden waren, schien mir Mainz als ideale Stelle, um die Leute auszutauschen. So wurde es auch am Vortag, als ich meine Position durchgab, mit dem Personalchef über Funk, Kanal 22 auf Koblenz Radio, abgesprochen.

An diesem Morgen fuhren wir von Bad Salzig, einem beliebten Ankerplatz am Rheinkilometer 565, los. „Anker auf" hieß es um 6 Uhr und weiter Richtung Mainz, welches wir nach der Befahrung der Gebirgsstrecke gegen 14 Uhr spätestens erreichen sollten. Er „läuft ganz gut", der MAINTANK 13, was man so sagt, wenn man sich irgendwo erzählt, wie schnell das Schiff ist, auf dem man fährt. Gemessen wurde dies unter anderem anhand der Gebirgsstrecke, in welcher Zeit man es schafft, diese „zu Berg", gegen den Strom, zu befahren. Fünf Stunden war oder ist die „Sollzeit" für die Bewältigung dieser gerademal 25 Kilometer von St. Goar bis nach Bingen. Schneller ist natürlich immer besser, aber auch die Umfahrung spezieller Positionen, die es strömungstechnisch in sich haben. Oberhalb Trechtlingshausen nähert sich an Steuerbord so eine Stelle, wo man sich sagt, „jetzt wird's gleich hart, oder schwer", weil es da ordentlich strömt oder „pfeift".

Das sind nur wenige Hundert Meter, die der Vater Rhein nicht gewillt ist, leicht passierbar zu machen. Ein dort am Ufer seit vielen Jahren existierender großer Campingplatz und die Burg Reichenstein auf dem angrenzenden Berg kann man, wenn man möchte, sehr genau begutachten. Wenn es knapp wird mit der eigenen Motorkraft fällt der Blick des Schiffsführers immer mal wieder auf die Geschwindigkeitsanzeige. Womöglich fährt man mit 5 Kilometern in der Stunde an diese Stelle heran und zählt dann, wenn diese Schwelle erreicht ist, den Abfall seiner Geschwindigkeit: 4,8 – 4,2 – 3,8 – 2,5. Und womöglich taucht dann die Frage auf, „geht er noch voraus" oder „steht er schon"? Und wenn es blöd läuft, „geht er schon rückwärts". Mit etwas Fantasie hat man das Gefühl, er hält dich fest, der Vater Rhein, ist mit dir oder der Bodenuntersuchung deines Schiffes noch nicht fertig, bevor er dich langsam wieder loslässt und sich die Geschwindigkeit des Schiffes wieder gemächlich erhöht: 2,5 – 3,8 – 4,2 – 4,5 ...

Der Blick fällt immer auch auf die dicht neben der Bordwand in dieser starken Strömung sehr langsam vorbeitreibenden, hin und her tanzenden Bojen, dessen Grün vom schäumenden Nass des Rheins tosend und rauschend ummantelt ist. Wenn man tatsächlich an einer Stelle, wie man so sagt, „kleben bleibt" oder sogar „rückwärts geht", dann kann man versuchen, in das Fahrwasser auf der anderen Flussseite zu wechseln. Manchmal und vor allem hier unterhalb des Clemensgrundes bringt das was, wo es doch manchmal nur um wenige Meter geht, den Wasserberg zu überwinden. Grundsätzlich fährt man doch immer dort, wo die wenigste Strömung ist. So tat man es einst. Für die heutigen Schiffe gibt es keine stark störenden Strömungen mehr, die „schieben sich überall drüber" und befahren die Gebirgsstrecke in 3,5 Stunden und weniger. Wenn man „schwach auf der Brust" mit nicht genug PS im Keller ebenfalls an Steuerbord die Clemenskapelle passiert hat, „läuft" es dann wieder besser. Es geht wieder etwas schneller voraus.

Am ehemaligen Binger Loch, welches allerdings schon seit 1974 endgültig entfernt worden war und dessen einstmals 40 Meter betragende Durchfahrt nun auf 120 Meter erweitert wurde, da „pfeift" es noch immer recht ordentlich, aber es geht voraus. Träge und langweilig rechts am Mäuseturm und links an der Burgruine Ehrenfels vorbei und wenn man ebenfalls den Mühlstein passiert hat und oberhalb der Nahemündung in Bingen ist, dann hat man es geschafft und hat die Probe, auf die man immer wieder im Leben eines Binnenschiffers gestellt wird, mal wieder bestanden, auch wenn dieser Streckenabschnitt, diese 25 Kilometer, schon sehr lange nicht mehr so viele Gefahren in sich birgt wie einst. Wenn einer behauptet er würde in diesem Streckenabschnitt nicht etwas mehr Sorgfalt walten lassen als bei der sonstigen Routine, dann ist er ein sehr schlechter Lügner.

Dann ist da noch der stark strömende Oberrhein natürlich. Dieser furchtbare Graben, der immer nur geradeaus zu gehen scheint, er seine Kribben, Buhnen und Hindernisse unter seinem Strom versteckt hat und ein recht spezifisches Wissen bei den Kapitänen und Lotsen erfordert, die ihn befahren.

All das bewältigte der MAINTANK 13 ohne mit der Wimper zu zucken mit seinen gerademal 745 PS, die aus diesem MAN-Motor abgegeben werden. Er war ein tolles und bequemes „Fahrschiff", wie man so sagt.

Neues Personal und keine Qual der Wahl ...

„Der Mann, den ich schicke, ist zuverlässig, der ist 100% pünktlich", meinte der Stenger, der Personalchef, „bisschen komisch ist er, aber ein guter Mann."

Was mich besonders neugierig machte. Mikdat hatte seinen Krempel schon an Deck stehen als wir in Mainz oberhalb des Zollhafens einen sehr wichtigen und gern genutzten Liegeplatz ansteuerten. Und kaum war das Schiff fest, zog er auch schon los mit seiner kleinen Umhängetasche.

Er verabschiedete sich noch mit den deutschtürkischen Worten: „Mach gut, ich hau ab, schöne Zeit, bis vier Wochen."

Der 40-jährige, nur ca. 165 große und muskulöse „Mikdat aus Bagdad, der packt dat", wie er sich immer selbst bezeichnete, wenn er irgendwelche Aufgaben wie Laden und Löschen,

Schrauben oder Pinseln zu erledigten hatte und dies vor sich her blubberte, ließ sich da auch nicht mehr bremsen, als ich meinte: „Warte doch eben, bis der Neue da ist."

„Worum, wenn diese nix kommt, ich muss bleiben hier? Bin ich verruckt, ich gehen Taxi suchen. Tschus Werner und bleib anständig wie ich."

Und ich lachte schallend: „Ja, ja, Mikdat, Du und anständig, aber hab einen guten Flug."

Und als er sich so gemütlich umdrehte, dieser alte Charmeur, mit einem Lachen, das ihm immer Erfolg brachte in so manch einer Bar oder Kneipe, und durch das Deck von dannen schritt, ich von hinten nur noch seine Jeans sah, sein helles, wie immer frisch gebügeltes Hemd, wenn er an Land ging, aber auch seine schwarzen, auftoupiert wirkenden Haare zu erkennen waren, ließ er noch seinen herben, nicht wirklich unangenehmen Duft, der bis Nida Aksaray in der Türkei anhalten musste, im Gangbord stehen.

Er hob nochmal, ohne sich umzudrehen, den rechten Arm mit einem Fingerzeig zum Himmel und meinte für mich gut verständlich, „isch bin anständig uuuuund gut, kann Du fragen Deine Frau", und lachte schallend, während er seinen Fingerzeig abermals, ohne sich umzudrehen, zur winkenden Hand wandelte.

Da war er dann weg, der „Mikdat aus Bagdad, der packt dat", und ich betrachtete die Verabschiedung auch als sehr unterhaltsam. Naja, irgendwo hat er ja recht, dachte ich so bei mir, und setzte mich für einen Kaffee ins Steuerhaus.

An Land konnte ich einige interessierte Passanten erkennen, die sich recht gerne mal Schiffe aus der Nähe ansahen, wenn diese schon so nah am Ufer lagen. Und ich erkannte ein kleineres Männlein auf einem orangefarbenen Klapp- oder Minirad mit schwarzer Hose, schwarzen schweren Schuhen, einem großen grünen Schlapphut, einem ebenfalls grünen Umhang, eine Art Poncho, unter dem ein Rucksack zu vermuten war, den er auf den Buckel geschnallt hatte. Diese Gestalt sah ich den Weg herunterfahren. Am Vorschiff blieb er stehen und schaute sich ganz in Ruhe um, stieg dann vom Rad und hob dieses gekonnt bei uns auf das Vorschiff. „Hmm", dachte ich,

„was der wohl will, das wird doch nicht ..." und begab mich aus dem Steuerhaus hinaus, nach vorne auf das Vorschiff. Er befand sich mittlerweile an Deck, hatte seinen wahnsinnigen Schlapphut, wie man diesen vielleicht bei Schäfern auf einer großen Wiese vorfindet, seinen Poncho und Rucksack auf das Roofdach gelegt und kam etwas grinsend, während er sein vom Schlapphut zerzaustes Haar richtete, auf mich zu. Sicher war er nicht größer als Mikdat, etwas schmächtiger, hatte ein schmales, etwas kantiges Gesicht, ebenfalls dunkles aber zurückgekämmtes Haar, leichte Geheimratsecken, ca. 35 und sein gut erkennbarer dunkler Bartwuchs ließ erahnen, dass er ebenfalls aus irgendeinem der Nachbarländer kommen könnte.

„Hallo, guten Tag", sagte er nur, als er mir die Hand zur Begrüßung reichte, was ich erwiderte und mich vorstellte.

„Ich bin der Werner, hallo", und wartete selbstredend darauf, dass er mir seinen Namen nennt.

„Wo ist Schiffmann?", fragte er.

Kaum war meine Frage, wie er denn hieße, gestellt, merkte ich, er stotterte oder holperte ein wenig mit seinen Worten. Auf jeden Fall war erkannt, er war ebenfalls aus dem Ausland.

„Das bin ich", sagte ich.

Er gab erstaunt von sich: „Waassss, so junge Schiffmann."

„Ja, damit müssen wir beide jetzt klarkommen und wie heißt Du?", wollte ich endlich wissen.

„Ach egal", kam kurz, eher nur erwähnt seine Antwort.

So ein wenig musste ich grinsen, dachte du Scherzkeks und wiederholte mich, „Deinen Namen hätte ich gerne gewusst."

„Ach egal", sprach er überzeugt, „sagst Du Arschloch, Idiot oder Hey oder Depp, auf Karl Jan, alle rufen mich so und ich kommen immer sofort", und zog dabei seinen rechten Mundwinkel ganz leicht nach oben zu einem frechen Grinsen, was mich noch mehr verwirrte.

„O. k.", antworte ich nachdenklich, „hmmmm wie die Dich auf dem anderen Schiff nannten, ist mir relativ egal, hier wirst Du garantiert nicht als Arschlosch, Idiot oder Depp gerufen, wie heißt Du?"

„Aber Schiffmann", fiel er mir ins Wort, „was is Name", ganz kurze Denkpause und, „Name is nix, nur Name, alles is

Name", und deutete wild an Deck rum, „Poller is Name, Boden is Name, Rohre is Name, egal, verstehst?"

Nun war ich diese Debatte um dessen Name leid, klärte ihn auf und schaute ihn dabei fragend an, „In Deinem Schifferdienstbuch, was Du mir ja gleich geben musst, da wird doch", und zeigte mit dem gehobenen Zeigefinger in den Himmel, „in Gottes Namen Dein Name drinstehen, oder?"

„Ja, Schiffmann, das stimmt", als ob er über diese Tatsache recht verwundert wäre, meinte aber dennoch, „aber wirklich egal, was Du zu mir sagst, kein Problem, auf Karl, Jan, alle sagen irgendwas."

„Also gut", sagte ich, von mir aus denkend, denn verrückter Weise standen wir noch immer an Deck und diskutierten über dessen blöden Namen und ich war nun etwas genervt. „Andere Schiffe sind schon fünf Kilometer gefahren und Du hast noch nicht einmal Deinen Namen verraten, was ist denn los mit Dir?"

Ein wenig fürchtete ich mich nun schon, was da weiterhin mit ihm und mir allein an Bord passieren wird, mit diesem „guten Mann", wie ihn der Stenger bezeichnete.

„Pass auf", sagte ich, „wir kürzen das jetzt ab, da Du ja deinen Namen nicht mehr weißt, ich nenne Dich nicht Arschloch", dachte dabei, obwohl er es so langsam verdient hätte, „nenne Dich nicht Idiot", was auch immer zutreffender wurde, „nenne Dich auch nicht Depp und Hey."

Und in dieser Namensbeschäftigung erinnerte ich mich an meinen Bruder Wolfgang, der nie Wolfgang heißen wollte und aus diesem Grunde Roy gerufen wurde.

„Ich nenne Dich ab sofort Rey, das ist doch ein Kompromiss, oder?", und blickte ihm streng in die Augen und forderte ihn so auf, diesem Vorschlag unverzüglich zuzustimmen.

„O. k., Schiffmann, dann Rey, der ist gut, aber Du kannst auch Arschloch …"

„Ruhe jetzt", fiel ich ihm fast brüllend ins Wort, „bring Deine Klamotten nach vorne in die Wohnung, zieh Dich um, ich warte im Maschinenraum, ich will jetzt endlich hier weg."

„O.k., o.k., Schiffmann", schlich er sich davon.

Und während ich so nach hinten in den Maschinenraum wanderte, dachte ich so kopfschüttelnd bei mir, was habe ich nur Schlimmes verbrochen, dass man mich mit solch einer Kanone bestraft. Ich zeigte Rey, wie man die Maschine klar macht und worauf man sonst so alles achten muss, damit der Dampfer in Fahrt gehen und vor allem auch bleiben kann. Viel, außer „Gut, gut", sagte er nicht, machte sich aber auffallend viele Notizen auf einem kleinen Notizblock, mit einem noch kleineren Bleistift. Na ja, warum nicht, andere vergessen Vieles, weil sie genau das nicht tun, sich etwas notieren. Er hatte schon Ahnung, ist mir aufgefallen, kannte den Hauptmotor, den Jockel mit Kompressor und Wasserpumpen, den Stromgenerator und den Pumpmotor. Er erzählte bei unserer Maschinenraumexkursion, dass er schon über 15 Jahre beim Kaufer fährt, viele Jahre davon auf dem KARL JAN. Er versicherte mir, dass er mit dem anderen technischen Krempel klar kommt, ich müsste nichts groß erklären.

„Fein", sagte ich, als der Hobel, die Hauptmaschine „klapper klapper" lief. „Dann machen wir mal Leggo", ging ins Steuerhaus und er zum Achterschiff, um dieses loszumachen.

Ich konnte gut erkennen dass er das „Losmachen" recht routiniert durchführte und fühlte mich ein wenig erleichtert. Nur wenig später brachte er mir dann sein Schifferdienstbuch ins Steuerhaus, dieses Dokument, das ihn als Mitglied einer Schiffsbesatzung ausweist und in welches ich jeden Tag die gefahrene oder zurückgelegte Strecke eintragen musste.

Natürlich blätterte ich erstmal nach ganz vorne zu seinen persönlichen Daten, wollte nun endlich wissen, wie dieser Geheimniskrämer tatsächlich heißt, und sagte, als ich die Seite fand: „Da steht, Du heißt Milorad Knezevic, falls Dich mal jemand nach Deinem Namen fragen sollte."

Das wollte er doch tatsächlich mit einem, „Wo steht", selber lesen und meinte, „stimmt, ja, aber egal, Freundin sagt Milo zu ihm. Was andere sagen, egal, aber Rey ist gut, sehr gut."

Na da war ich ja beruhigt, dass wir das klären konnten. So fuhren wir an diesem Tag noch genüsslich nach Mannheim und gingen dort wieder vor Anker, am Folgetag noch in das Oberwasser der Schleuse Neuhof und den nächsten Tag nach Birsfelden, wo wir fast mit der letzten Schleusung im Hafen Muttenz ankamen. Sein orangenes Klapprad, dem Anschein nach sein wertvollstes Stück, bewährte sich tagtäglich und erwies sich als sehr nützlich. Rey wusste an jeder noch so abgelegenen Schleuse, wo der nächste Bäcker war, das war geradezu unheimlich. Noch bevor ich meinen Kaffee aufsetzte, klopfte er an die Tür und reichte Brötchen oder Baguettes herein, manchmal sogar eine fast druckfrische Bild-Zeitung. Jeden Tag machte er Frühsport, rannte 10-mal um das gesamte Schiff herum, sprang über Rohrleitungen, machte Liegestütze und Dehnübungen. Manchmal sang er irgendwelche jugoslawischen Lieder, die ich mir anhören musste, wenn ich die Wechselsprechanlage zum Vorschiff eingeschaltet hatte beim Schleusen und Manöverfahren. In diesen Tagen erfuhr ich, dass er eigentlich nirgendwo so richtig zu Hause ist, jedes Jahr tausende Kilometer mit seinem Klapprad durch die Gegend fährt, mal dort unter dem Busch oder da auf der Parkbank schläft. Er wäre am Anreisetag schon am Tag davor von Bonn losgeradelt, erzählte er, immer schön am Rhein entlang, hat in Bingen am Rheinufer geschlafen und am nächsten Morgen den Rest bis nach Mainz abgerissen. In Bonn hat er eine etwas festere Freundin, die er ab und zu mal sehr lieb hat, erklärte Rey, ihm aber nach ein paar Tagen auf die Nerven geht und er wieder das Weite sucht.

„Für Winter ist gut", sagt er, „schön dick, schön warm."

Ich hatte andere, die Körperhygiene nicht so ernst nahmen, fand schon, dass er sehr auf sich achtete, auch wenn seine Klamotten jeden Tag gleich aussahen. Am Abend schrubbte er seine Hose an Deck und hing sie zum Trocknen über ein Geländer. Mit dem Deckwaschschlauch als Brause und Deckwaschreinigungsmittel als Duschgel-Ersatz, duschte er sich dann, weil er sowieso gerade dabei war. Der Schwamm für die Reinigung der Rohrleitungen diente als Badeschwamm und als Handtuch holte er sich einen Putzlappen aus dem Maschinenraum, der so den schmutzigen Ölen und Fetten von der Maschine entkommen konnte. Den restlichen Abend verbrachte er in einer seeeehr aufgetragenen Unterhose, die er „By the Way" gleich mit waschte. Sie hing da nur vollkommen überflüssig an ihm herunter, eine Situation, die mir zwar sehr gut bekannt war, mit dem kleinen Unterschied, dass ich damals Kind war, ich mir keine andere kaufen konnte und mir keiner eine neue kaufen wollte und er doch gar nicht allzu schlecht verdiente, sich also hätte die eine oder andere neue Unterhose kaufen können. Ich werde in der Zeit, die er an Bord ist, erfahren, dass manch ein Kleidungsstück, Shirt, Unterhemd oder -hose, in der Putzlumpenkiste zum Reinigen der Anlagen gedacht, auch einen schönen Platz in seinem Kleiderschrank finden wird. Er lief viel barfuß, „Fuße kann man wasche, Schiffmann, und Sohle von Schuh wird nicht so schnell dunn", erklärte er. ‚Was macht er mit seinem Verdienst?', fragte ich mich immer wieder. Er wollte nichts und er brauchte nichts, keine Wohnung, so wenig wie möglich, was er mit sich rumtragen musste, nur das absolut Nötigste.

Am nächsten Morgen machten wir alles klar zum Löschen. 1.050 Tonnen Jet A-1 oder Flugbenzin bzw. dieses qualitativ bessere Petroleum mussten wir löschen und ich muss schon sagen, ich war schon sehr zufrieden mit Rey. Ein wenig bedenklich machte eigentlich nur seine Verrücktheit und dass er fast jedes Wort notierte. Als ich sagte, „Du könntest mal die Fenster putzen", griff er in die Brusttasche seines Hemdes, um sein Kleinhirn herauszuholen, und machte sich eine Notiz. Als ich sagte, „wir machen an der Steuerbordseite fest" und wenn er erst zum Vorschiff laufen musste, machte er sich eine Notiz. Als ich sagte, „morgen früh sechs Uhr geht es weiter", machte er sich eine Notiz. Alles, außer „gute Nacht" und „guten Morgen", wurde notiert. Ein wenig beschäftigte mich das schon so nach und nach, aber gut, des Menschen Wille ist sein Himmelreich, soll er Notizen machen.

Schon um 7 Uhr hatten wir angeschlaucht, die Pumpe war am Laufen, alle Laderäume zum Leersaugen geöffnet, als Rey an meine Tür klopfte.

„Schiffmann", fragte er, „kann ich einkaufen gehen, hab nicht so viel für Essen und Trinken."

„Klar kannst Du dann einkaufen, ich komm gleich, frühstücke schnell noch was", bewilligte ich sein Anliegen.

Rey stand schon an Deck, als ich 20 Minuten später rauskam. Mit Schlapphut, Poncho und darunter seinen Rucksack und sein Klapp-Rad stand schon auf dem Steiger, um es an Land tragen zu können.

„Schiffmann, ich habe eine gute Mann für sehr gute Wein auf anderes Seite", erzählte er, indem er auf die uns gegenüberliegende Rheinseite nach Grenzach zeigte. „Willst Du auch Wein, sehr gute Wein?"

„Neee, Rey, ich möchte keinen Wein und denk daran, wir trinken hier keinen Alkohol."

„Nein, nein, Schiffmann", erwähnte er eher, um meine Bedenken beruhigen zu wollen, um sich auch gleich seine Notiz zu machen (Schiffmann keine Wein). „Trinken zu Hause Wein bei Freundin, mit Wein sie wird immer sehr lustig."

„Na dann, geh mal und denk daran, in spätestens 6 Stunden sind wir leer. Ich will dann noch ein Stück fahren."

Da wir in Breisach, nur 5 Schleusen rheinabwärts, wieder laden sollten und dieses Ziel noch erreichen können, wenn alles einigermaßen läuft, schickte ich Rey zum Einkaufen. Ich machte das Schiff leer und noch bevor der letzte Raum, ca. 5 Stunden später, gelenzt werden musste, kam auch Rey mit seinem orangenen Klapp-Rad die Treppe von der Brücke, die vom Land zum Steiger führte, herunter, welches ich ihm dann, um es an Bord zu heben, abnahm.

„Danke, Schiffmann, schon fertig, ich sofort kommen an Deck", gab er von sich, als er auch an Bord kletterte. Dabei blieb er ein wenig mit seinem Rucksack an einem Geländer hängen und der davon erzeugte Ton klang doch recht mehr nach Glasflaschen als nach Brot und Wurst.

„Rey, denk daran, kein Alkohol an Bord, o. k.", mahnte ich ihn nochmals.

„Neeiiiin, Schiffmann, nix trinken, brauche zu Hause für Tanzen mit Frau, hier nix tanzen", empörte er sich ein wenig über meinen vollkommen unbegründeten Verdacht.

Nur eine Stunde später hieß es dann schon Leggo. Einmal Wendemanöver und ab in die Schleuse Birsfelden, wo der Lotse schon mit seinem Fahrrad stand, um uns durch die Stadt Basel zu lotsen. Lustigerweise hatte er in seiner kleinen Umhängetasche seinen Hund dabei, der die ganze Reise ohne zu Mucken nur seinen kleinen braunschwarzen Kopf aus der Tasche herausstreckte und sehr zufrieden wirkte, der einzige Hund in meinem Leben, der Ameise hieß. Bezahlt wurde in bar gegen Quittung für die Bordkasse und es müssten von Birsfelden nach Basel ca. 70 DM gewesen sein, zu Berg 150 DM, wenn mich meine Erinnerung nicht trügt, aber ungefähr so viel war es auf alle Fälle. Am Dreiländereck die Kennzeichnung der Länder Schweiz, welche dann hinter uns liegt, Frankreich, welches ab hier an unserer Backbord Seite liegt, und Deutschland an der Steuerbordseite direkt an der Hafeneinfahrt vom Hafen Basel. Nur knapp 9 Kilometer rheinabwärts werden wir ihn und seinen kaum bemerkbaren Begleiter an Steuerbord wieder absetzen.

Dreiländereck in Basel

Die beiden werden gleich auf ein bergfahrendes Schiff zusteigen, um dieses abermals durch die Stadt nach Birsfelden, eben jetzt zu Berg, zu bringen. Wenn nicht, werden nur er und seine kleine Ameise als Fahrgast nach Birsfelden radeln, um das nächste Schiff zu Tal zu holen.

Der gute MAINTANK 13 war als „SIMON", Gott sei Dank und der Erkenntnis, dass Bugstrahlanlagen sehr hilfreich sind, vom vorherigen Eigentümer mit einer Bugstrahlanlage ausgerüstet worden. Ein tolles System, welches 360° drehbar, sogar einen Meter aus dem Schiffsboden mit Hilfe einer Hydraulik herausgefahren werden konnte und wobei nicht vergessen werden sollte, es wieder einzufahren. Die zwar nur 150 PS eines DAF-Motors drückten so recht ordentlich das ungeladene Schiff gegen den Strom und ein Anlegen „Kopf vor zu Tal", wie es genannt wird, wenn man mit der Strömung irgendwo anlegen muss, wurde am Dreiländereck zu einem erfolgreichen Manöver.

Wendemanöver in Köln Mühlheim mit Hilfe einer Bugstrahlanlage

Der MAINTANK 13 war das einzige Schiff der Kaufer-Flotte, welches mit 85 Meter Schiffslänge einen Bugstrahl hatte, welch ein Glück für mich. Und gedankt sei dafür den vorherigen Besitzern des Schiffes. Es werden demnächst Gesetze erlassen, dass Schiffe ab 85 Meter für bestimmte Reviere, zwar nicht am Rhein, eher an den Nebenwasserstraßen, eine Bugstrahlanlage haben müssen – aber ab 85 Meter. Die meisten Schiffe, die als 85-Meter-Schiffe bezeichnet werden, sind, wie der MAINTANK 13, mit 84,87 ein paar Zentimeter zu kurz, sind unter 85 Meter und brauchen nicht nachgerüstet werden. Solche Gesetze werden von sehr wichtigen, großen und mächtigen Menschen entschieden und dieses Mindestmaß 85 Meter als Maßstab gesetzt werden erfunden, um Reedereien und Schiffseigner vor vollkommen überflüssigen Investitionen zu schützen. Sie müssen ihre 84,87 Meter langen Schiffe nicht mit Bugstrahlanlagen nachrüsten. Womöglich trafen sich jene, die das entscheiden, und jene, die das nicht wollen, einmal auf einen Kaffee, beim Golf oder auf der Jagd. Es gibt sogar solche, die behaupten, sie träfen sich im Puff bei Champagner und heißen Bräuten.

Und da derjenige, der dies entscheidet, außer eben dieser Entscheidungsgewalt keinerlei Vorteile davon hat, sich nicht einmal einen Bonbon davon kaufen kann, wirkt der gesamte Gesetzeserlass etwas sonderbar.

Derjenige für den sowas entschieden wird, der muss ordentlich tief in die Tasche greifen und auf viele Bonbons verzichten. Womöglich wurde aus diesem Grunde diese Lösung mit der Mindestschifflänge von 85 Metern gefunden.

Ich möchte das nicht glauben und ich kann mir nicht erklären, warum ich das jetzt geschrieben habe ... Der Mensch IST nun mal, es gibt auch nichts Schlechteres als ihn. Und noch mehr Mensch in diesem eher negativen Sinne ist er, wenn es um das gute liebe Geld geht. Gut für sie, die Entscheider und schlecht für die Schiffsführer, deren Schiffe keine 85 Meter lang sind.

Wie all die vielen Manöver, die ich noch zu erwarten habe, ohne Bugstrahl funktionieren sollen, wird für mich irgendwann eine neue spannende Herausforderung werden. Aber Diddi hat mich auch dafür ganz gut vorbereitet, indem ich sehr oft in seiner Anwesenheit Manöver machen musste und er sagte: „Der Bugstrahl bleibt heute mal aus, glaub nicht, dass Du immer dieses Glück hast, Schiffe mit Burgstrahl zu bewegen. Übe also jetzt für später." Eine sehr weise Entscheidung werde ich sehr bald in Erfahrung bringen und diese Übungen werden sehr hilfreich sein. Natürlich verwehrte ich mir dieses ohne Bugstrahl fahren zu müssen so lange als nur möglich, „wenn er schon mal da ist", jetzt hier auf dem MAINTANK 13. Und wenn der Zossen bei einem Manöver ohne Bugstrahlanlage mal so nicht will wie er soll, dann werde ich sehr schnell wieder daran erinnert sein, wie ich mich dann zu verhalten habe. Im Jahr 1988 war höchstens zu erahnen, dass in 32 Jahren kein Schiff mehr ohne Bugstrahlanlage von der Werft kommen wird.

Dass die neue Generation Schiffsführer vor einem ernsten Problem steht, nämlich vor der Frage, was zu tun ist, wenn diese Anlage einmal ausfällt, dass ist soweit auch klar. Haben sie doch keinerlei Erfahrungen, geschweige denn einen Lehrmeister wie Diddi, der sie dazu anhielt, auch das Manövrieren ohne Bugstrahlanlage zu erlernen.

Einen Lotsenjob vor allem hier, den muss man schon mögen oder er muss verdammt gut bezahlt sein. Das ist tatsächlich ein Hin und Her hier am Hochrhein in Basel. Und das nur auf einer sehr kurzen Strecke, die mit dem Strom, also zu Tal, in 20 Minuten und zu Berg in maximal einer Stunde bewältigt ist. Eine Strecke, die es durchaus in sich hat, sonst bräuchte man auch keinen erfahrenen Lotsen. Langweilig wird es wohl schon durch die ewige Umsteigerei nicht werden. Und 5, 6, 7 oder 10 verschiedene Schiffe am Tag, alles Schiffe, die man womöglich nicht kennt, durch das fordernde Gewässer zu lotsen, macht es dann auch wieder interessant. Für uns Streckenfahrer, also jene, die längere Strecken fahren, bleibt es eine immer wieder interessante und spannende Abwechslung und für die paar Mal im Jahr, die man hier hoch fährt an das Ende des Rheins, lohnt es sich fast nicht, ein Hochrheinpatent zu erwerben. Außerdem wollen die Schweizer schon ein wenig, dass ihre paar Kilometer Rhein der ihre und in ihren Händen bleibt.

Kein Grund zu Wein(en) ...

Wir passierten die Schleusen Kembs und Ottmarsheim und ich hatte den Eindruck, als ob Rey nicht mehr nur seine Lieder pfeifen wollte. Er sang ein recht frohes Lied nach dem anderen da vorne an Deck und in der Schleuse musste ich dann doch mal sehen, was der Freude Anlass ist. Das Schiff ging in der Schleuse abwärts und Rey war währenddessen, da wir eine Schleuse mit Schwimmpollern erwischt hatten, in seiner Wohnung, in die ich nun hineinsah.

„Rey", rief ich laut hinein, „was machst Du?"

„Schiffmann", erschrak er, „komm rein, bitte komm."

Sehr höflich war er zwar sowieso, aber gerade jetzt wirkte er noch höflicher. Ich ging die vier Stufen den Niedergang in den kleinen Korridor hinunter und blickte in die dort angrenzende kleine Küche.

Da rief Rey auch schon: „Vorsicht, Schiffmann, Vorsicht", und wies mich mit der Hand zurück, um zu zeigen, bis hierher und nicht weiter, was mich zum Stehenbleiben in der Tür zur Küche veranlasste.

Da staunte ich nicht schlecht, über das, was ich da sah. Der ganze Fußboden war mit kleinen Zetteln ausgelegt, kleine Zettel, die von seinem Notizblock stammten. Einzelne Zettel, kleine Zettelhäufchen und große Zettelhaufen, das müssen hunderte gewesen sein. Der ganze Fußboden war geradezu gefliest mit diesen Zetteln.

Ich musste mir die runzelnde Stirn kratzen, um dahinter eine Erklärung wachzurütteln, was dies womöglich bedeuten sollte und fragte auch gleich, für jeden, der nicht dabei gewesen ist, sehr verwundert: „Rey, ... was machst Du denn da??"

„Muss machen System Schiffmann, so viel Zettel, alles notieren und keine System, sehr große Problem, Schiffmann", machte er erklärend den Eindruck, als ob sein System noch nicht so ganz das Ideale wäre und nahm dreisterweise ganz gelassen aus einem Glas, welches auf der Spüle stand, dem Anschein nach einen ordentlichen dringend notwendigen Zug Rotwein.

„Sag mal", sagte ich gelassen, aber auch beeindruckt von dieser Dreistigkeit, „was ist denn mit Dir los, spinnst Du? Ich hab doch gesagt, keinen Alkohol an Bord."

„Neeeeein Schiffmann, nur eine Glas für Konzentration, verstehst, schwere Arbeit, brauche System, magst Du probieren, so eine gute Wein."

Und bevor ich mich so richtig aufregen konnte rief auch schon der Schleusenmeister über den Lautsprecher hallend in die nun leere Schleuse: „Maintank 13, fahren sie bitte aus, andere Schiffe wollen auch schleusen."

Schleuse Ottmarsheim am Grand Canal d'Alsace

Auf dem eiligen Weg nach draußen mahnte ich ihn kurz aber böse anschauend, da ich noch nach hinten laufen musste: „Rey, lass den Wein steh'n, hast Du gehört!"

„Aber ja, Schiffmann, nur eine Glas, wirklich nur eine, ist so gute Wein, wie schöne Frau, diese muss man auch probieren, geht nix anders."

Und wieder zog er seinen rechten Mundwinkel nach oben, um sein fast schon schelmisches Grinsen zu zeigen.

Weiter ging es also zu Tal und in der nächsten, der Schleuse Fessenheim, es war sicher schon 19 Uhr, hallten seine Lieder schon etwas undeutlicher in der leer werdenden Schleuse, was nicht nur an den jugoslawischen Texten lag.

Über die Wechselsprechanlage mahnte ich ihn nochmals, den Wein stehen zu lassen und er sagte in den Lautsprecher: „Aber Schiffmann, ich trinken nix, heut ist eine schöne Tag, singe Lieder von meine Heimat, von schönen Mächchen und die Liebe, ich lerne Dir eines Tages diese Lieder und wir singen zusammen."

Da musste ich tatsächlich ein wenig lachen, weil er das tatsächlich so ernst gemeint haben muss, drückte die Sprechtaste und rief nur zurück: „Mal sehen Rey, von mir aus sing, aber lass den Wein stehen."

„Oh, Schiffmann, Tor geht auf, müssen fahren", schien er gerettet sagen zu wollen, ‚Du kannst jetzt nicht nach vorne kommen, um zu sehen, was mein Weinvorrat macht, da Du aus der Schleuse fahren musst.'

Nun gut, also Leggo, die in Breisach warten auf uns, angeblich sollten wir uns wenigstens noch heute anmelden und erst morgen laden. Noch eine Schleuse und das Stück bis nach Breisach werden wir schon noch schaffen. Wir waren ca. 5 Kilometer vor der Schleuse Vogelgrun, der letzten Schleuse des hässlichen Grand Canal d'Alsace, dann kommt wieder Rhein, zwar staugeregelt und Ufer befestigt, aber nicht so öde betoniert wie der Kanal oberhalb der Schleuse Vogelgrun.

Auf Kanal 20 rief ich die Schleuse: „Schleuse Vogelgrun für den MAINTANK 13 bitte."

„Ja, MAINTANG, isch abe für Eusch die kleine Gammär klar, Sie gönnen kommen", meinte der Schleusenmeister mit französischem Akzent.

Wunderbar dachte ich, um 21:00 Uhr liegt die Kiste still und dann ist Feierabend.

2.000 Meter vor der Schleuse rief ich durch die Wechselsprechanlage zum Vorschiff in die Wohnung von Rey: „Rey, hörst Du mich?"

Rey antwortete nicht und Rey sang auch keine Jugoslawischen Liebeslieder.

Ich wiederholte mich: „Rey, bist Du da?"

Noch immer keine Antwort. Dann drückte ich die Klingel zum Vorschiff, nahm die Umdrehungen aus der Maschine, um langsamer zu werden, und ließ dabei die Wechselsprechanlage an, um zu hören, ob es denn da vorne wirklich klingelt.

Und ja, es klingelte ganz ordentlich und nebenbei rief ich erneut: „Rey, was ist los da vorne?"

Nun startete ich den Bugstrahl, in der Regel immer ein Zeichen für alle im Vorschiff, um an Deck zu kommen. Doch es tat sich nichts, kein Rufen, keine Klingel und kein Bugstrahl brachte irgendeine Bewegung in die Unterkunft am Vorschiff. Nun mutmaßte ich doch, dass Rey irgendwo im Brausebrand da vorne rumliegt und nichts mehr mitbekommt, sein Versprechen, keinen Wein mehr zu trinken, hat er wohl der Wohlfühlerei wegen verworfen. Wir näherten uns der Schleuse zwar langsamer, aber wir näherten uns.

Der Schleusenmeister wurde ungeduldig und fragte: „Was ist los, Maintang, die Schleuse ist grün warum fahrän Sie nischt ein?"

Nun stand ich da, musste ja was machen. Und auch wenn ich das Schiff hätte alleine schleusen können, was weder üblich noch normal ist, in Breisach muss einer an Deck sein zum Festmachen. Drähte müssen an Land, das war mir allein zu viel Arbeit und auch zu gefährlich.

„Schleuse Vogelgrun", entschloss ich mich, uns rauszureden, „ich habe ein technisches Problem, kann nur ganz langsam fahren und muss im Oberwasser an den Dalben, festmachen."

Schleuse Mannheim, „Kammerschleuse". Links und rechts, Dalben

„O. k. Maintang, brauchen Sie .ilfe?", fragte er.

„Nein, nein, wir schaffen das, aber sicher ist sicher, wir müssen erst prüfen, was da los ist", konnte ich ihm mein Problem ganz gut verkaufen.

„Dann melden Sie sisch, wenn Sie wieder klar sind", kam zur Antwort und damit war das Befahren einer Schleuse mit einem Besoffenen an Deck oder einem Besoffenen, der nicht mehr in der Lage ist, mit mir eine Schleuse zu befahren, erstmal vom Tisch.

Hätte ich alleine geschleust, hätte er dies womöglich mit seinem Feldstecher entdeckt und nach dem zweiten Mann gefragt. Also gilt es jetzt irgendwie, an den Dalben festzumachen, außerhalb seines „.oheitgebietes". Und da mein MAINTANK 13 eine Bugstrahlanlage hatte, wird dieses Manöver schon zu machen sein. Auch ohne Bugstrahl hätte dieses Manöver gemacht werden müssen, denn Anker setzen, so kurz vor der Schleuse in der Talfahrt wäre nicht gerade eine empfehlenswerte Option gewesen.

„Wer langsam fährt, fährt keine Beulen", so heißt es, also ran an den Speck. So pirschte ich uns schön langsam an diese Dalben heran, machte das Schiff an diesen Dalben ständig, sprang im richtigen Moment an Deck und fesselte den MAINTANK an dem ersten Dalben, den ich am Achterschiff schon durch das Steuerhaus dazu auserkoren hatte. Damit hatte er schon verloren, dieser ohne festen Boden unter dem Rumpf, immer irgendwie in Bewegung befindliche Schiffskörper war besiegt. Mit weiteren Tauen und Drähten wurde er dann noch so verknotet, dass er sicher verheftet war. Ich stellte die Maschine, Bugstrahl und all den Rest ab und wollte nun natürlich wissen, was mit Rey los ist, der von all dem absolut nichts mitbekommen hat.

Als ich vor der Wohnung stand, brüllte ich noch einmal hinein in diese Trinkhalle, doch es regte sich weiterhin nichts. Ich stieg den Niedergang hinunter in die Küche, auf deren Boden noch immer diese noch mehr gewordenen Notizzettel strategisch verteilt lagen und noch kein System der Ordnung wegen gefunden wurde, sah ich Rey auf der Bankkiste liegen. Auf dem Tisch, 4 leere Flaschen Rotwein aus Grenzach am Hochrhein.

„Rey", schrie ich, „Du Suffkopp, wach auf."

Doch Rey schnarchte unverdrossen von dem Schauspiel zusammengerollt wie ein alter Hund, der zu nichts mehr zu gebrauchen war.

Meine Erkenntnis, „den kann ich heute vergessen", veranlasste mich dazu, das Weite zu suchen. Ich war noch am überlegen, ob ich ihm vielleicht einen leeren Kotzeimer vor die Bankkiste stellen soll, ließ es aber dann doch bleiben. Soll er doch auf den Boden kotzen, bis er schwarz wird, und seine Zettelwirtschaft hätte dann auch sein System gefunden, entschied ich, verschloss seine Ausgangstür von hinten und ging nochmals ins Steuerhaus, um der Schleuse Vogelgrun noch mitzuteilen, dass unsere Reparatur heute erst spät, wenn wir Glück haben, ein Ende finden wird. Aber ich würde mich morgen früh melden, wenn es mit uns weiter geht.

Der Schleusenmeister war sehr entgegenkommend, muss ich sagen, und meinte verständnisvoll: „Das ist gein Problämäää Maintang, machen Sie ihr Reparatur und dann schauen wir morgen, wie es weitergäht, bonne nuit, Schiffmann."

Der ist ja nett, dachte ich und sagte ebenfalls:„O. k., merci und bonne nuit."

Mit dem Funkgerät auf Kanal 24 rief ich über Straßburg Radio noch das Tanklager in Breisach an: „Verdammt, jetzt ist mir doch genau vor der letzten Schleuse Vogelgun ein kleiner Motorschaden in die Quere gekommen, wir machen gerade Reparatur, kommen aber heute Nacht nicht mehr an die Verladeanlage."

Was letztendlich auch nicht so schlimm ist, meinte der Angerufene: „Wenn Ihr morgen Vormittag da seid, ist alles o. k. und wir kriegen auch auf alle Fälle noch geladen."

Mein Feierabend war damit auch besiegelt und mich kümmerte all das erstmal gar nicht weiter. Ich aß zu Abend und machte noch etwas Papierkram, ging dann nochmal zum Vorschiff, um zu sehen, ob Rey noch schnarcht, seine Zettel bekotzt hat oder was auch immer. Aber nein, Rey schnarchte nur genauso, wie ich ihn zwei Stunden vorher hab liegen sehen, wie ein Köter, der zu nichts mehr zu gebrauchen war. Es machte auch keinen Sinn, jetzt zu versuchen, ihm zu sagen, dass wir morgen früh um 6 Uhr weiterfahren wollen. Ich legte ihm daher einen von mir verfassten Zettel auf den Tisch, nachdem ich seine Weinflaschen umdeponiert hatte: „Komme nach hinten, wenn Du wach bist." Somit entschied ich mich, in meiner Unterkunft zu warten, bis Rey da vorne wieder hervorkriecht. Ich war auch neugierig, wie er sich zeigt und wie er all das erklärt, was vor allem mich heute so beschäftigt hat.

Ich war längst beim zweiten Kaffee, als der Trunkenbold an meine Tür klopfte.

„Guten Morgen, Schiffmann", sagte er, verdammt nochmal wieder mit seinem rechten Mundwinkel zu einem Grinsen leicht nach oben gezogen, mit der Hoffnung, dass der Anschiss nicht all zu groß werden würde.

„Rey, Du Suffkopp", sagte ich, „was war los! Ist das normal, dass Du so viel säufst? Dann musst Du Dir einen anderen Dampfer suchen, das geht hier nicht!"

„Nein, Schiffmann", kam reumütig, „ich nix trinken, diese Weingeist hat gesagt, ich soll trinken, tut mir leid. Nun ich gehe Sachen packen, kannst Du mich schmeißen, bin ich selber schuld."

Ich holte erstmal tief Luft, grinste innerlich über sein belustigendes Statement. Ein wenig konnte man diesem Rey gar nicht böse sein, war er grundsätzlich doch ein Guter, ein verrückter Guter, einer, der gute Arbeit macht, aber eben etwas verrückt war. Einer, der nervte, wenn er zu viel erzählte, aber auch sofort damit aufhörte, wenn man es ihm sagte. Einer, der gar nicht so uninteressante Thesen und Gedanken hatte, sehr erfindungsreich war, aber etwas crazy.

„O. k., Rey, mach die Maschine klar, wir fahren erstmal da runter nach Breisach, sollen heute trotzdem noch laden, ich überlege so lange, was ich mache", und schickte ihn weg.

In Breisach angekommen ging es auch gleich los. Anschlauchen und Ladebeginn lief wie am Schnürchen. Es war das erste Mal, dass ich hier geladen habe, normalerweise habe ich hier immer nur gelöscht. Sollte eine Ausnahme sein, meinte der Steigermann. Im Büro vom Tanklager musste ich natürlich die Disposition informieren, wie der Stand der Dinge ist und ich hatte absolut keinen Bock, der Personalabteilung von unserem kleinen Abenteuer zu erzählen. Ich beließ es also auch dabei. Rey nahm ich mir nochmal zur Brust, erzählte, dass ich ihn nicht gemeldet habe und ich möchte, dass sowas nie wieder vorkommt, was er mir auch in die Hand versprach und sich dafür bedankte. Das wäre grundsätzlich eine Geschichte zum Thema mangelndes Personal, denn mit zwei Mann wäre dies wahrscheinlich nicht passiert. Aber es ging alles gut, auch wenn ich den Schleusenmeister anflunkern musste, bleibt es auch eine erlebnisreiche Schleusengeschichte.

Rey blieb noch, bis Mikdat wiederkam und es gab absolut keine Probleme mehr. Was er mit seinen Zetteln gemacht hat, habe ich leider vergessen zu fragen, als er von Bord ging, und auch nicht mehr daran gedacht, als ich ihn in den weiteren Jahren immer mal wieder als Aushilfe bekommen habe.

Da ich den Rhein 1990 verlassen habe, um als Hafenmeister nach Regensburg zu gehen, verlor ich auch Rey aus den Augen. 2010 ging es zurück auf den Rhein und mein erstes Schiff nach 20 Jahren Rheinabstinenz sollte der „RÜTI-ZH" sein. Auch ein wunderbares, aber altes Fahrschiff, 95 × 9 Meter und ein Schiff, welches auch schon 1988 mit diesem Namen unterwegs war und mir auf alle Fälle optisch nicht unbekannt war. Als ich in Kelsterbach am Main an Bord des „RÜTI-ZH" kam, dachte ich an alles, was man nur so in einem Gehirn denken kann. Nichts hätte es gegeben, um den Rey in Gedanken aufleben zu lassen. Absolut nichts, selbst unsere Rotwein-aus-Grenzach-Geschichte war unfassbar weit von mir entfernt. Aber er war da, der Rey ... Steuermann auf dem „RÜTI-ZH", zu alldem auch noch als Stammbesatzung. Er hatte noch immer ein Klapp-Rad, seinen großen grünen Schlapphut, seinen Poncho und seinen grauen Rucksack, in dem sich womöglich auch seine Zettelwirtschaft befunden hat ...

Schleusendebakel und Informatives aus Regensburg ...

Am 25. September 1992 wurde der Rhein-Main-Donaukanal eröffnet und die moderne, zukunftsorientierte Rheinschifffahrt hatte nun auch auf der Donau ihren Platz gefunden.

Ich war seit Juni 1990 Hafenmeister in Regensburg und kam mit den mittelalterlich anmutenden Verhaltensregeln der Hafenverwaltung gar nicht zurecht. Eine Hafenverordnung, die seit der Eröffnung des Luitpoldhafens 1910 keine besonderen Veränderungen erfahren hat, außer dass man hin und wieder

Begrüßungstransparent an der Straßenbrücke der Osttangente hinter der Einfahrt zum Westhafen Regensburg.

deren Einband oder Umverpackung änderte, stellte in der modernen Zeit ein gewaltiges Hindernis dar und behinderte deren Entfaltung hin zur Moderne.

Luitpoldhafen, der heutige Westhafen ca. 1950 (Ansichtskarte ca. 1950)

Den alten Hafenstrukturen und den diesen angepassten Führungskräften war es wichtig, die neuen Hafenmeisterstellen mit „Rheinischen Schiffsleuten", Inhabern eines Rheinpatentes, zu besetzen. Auf diese Weise wurde damals suggeriert, es käme eine neue Zeit, man müsse sich vorbereiten. Beide Hafenmeisterstellen waren also ab 1989 mit ehemaligen Schiffsführern aus dem Rheingebiet besetzt. Dennoch machte man es der Rheinschifffahrt und uns, den „rheinischen" Hafenmeistern nicht leicht. Von uns wurde verlangt, uralte Gesetze radikal durchzusetzen, die in ihren Grundzügen noch von 1910 stammten, niedergeschrieben in dieser „Affenverordnung", wie man die Hafenverordnung auch gerne nannte.

So war es, um ein Beispiel zu nennen, anfänglich eine inzwischen nicht mehr bestehende Pflicht, dass Reedereien aus den diversen Ländern, wie Österreich, Tschechoslowakei, Ungarn, Jugoslawien, Rumänien, Bulgarien und Ukraine und all den anderen Donauanliegern in oder in erreichbarer Nähe der deutschen Häfen Passau, Schalding, Deggendorf, Straubing, Regensburg und Kelheim einen Agenten in Beschäftigung haben müssen. „Agentzieleiter" wurden diese umgangssprachlich genannt und all diese waren schon seit Jahrzehnten in Regensburg ansässig. Fast all diese Länder hatten nur staatliche Reedereien mit gigantischen Mengen an Schiffen, die sich entlang dieser 2.414 Kilometer langen und schiffbaren Wasserstraße Donau verteilten.

Es war ein sehr umfangreicher Prozess, wenn man eine Agentur eröffnen wollte.

Agent oder Vertreter einer Reederei zu werden, in der auch der finanzielle Aspekt bzw. ein „finanzieller Background" eine große Rolle spielte, musste nachgewiesen und so garantiert werden. Die Agenten waren praktisch nicht nur Bürgen einer Reederei aus dem fremden Land, sie waren auch Vertreter und „Mädchen für alles", was so anfiel, auch für die Schiffsbeatzungen und ihre Belange, wovon die meisten kein einziges Wort deutsch sprachen und eine Betreuung benötigten. Bei diesen handelte es sich meistens um Besatzungen von Schleppkähnen, die möglicherweise viele Wochen irgendwo vor oder in einem Hafen stilllagen.

Agentzien, bei denen unter anderem ein Direktor der Agentzie, auch ein Dolmetscher, wenn dieser der deutschen Sprache nicht mächtig war, und andere mehrere Mitarbeiter beschäftigt waren, kümmerten sich ausnahmslos um alle Angelegenheiten. Dazu gehörte unter anderem: Beschaffung neuer Frachten, Disposition der Schiffe, die Schiffe von einem zum anderen Hafen, flussab- oder -aufwärts bewegen lassen. Und da es sich meist um Schleppkähne ohne eigenen Antrieb handelte, war es auch deren Aufgabe, Zug- oder Schubschiffe, welche diese „Verstellungen", auf dem Rhein „Verholen" genannt, durchführen konnten, zu organisieren.

Motorzugschiff oder Zugschlepper „Freudenau" – gebaut 1942 bei der Schiffswerft Linz AG in Österreich durch die DDSG. Länge 48,30 Meter, Breite 7,20 Meter, Tiefgang 1,50 Meter mit vollen Bunkern. 2 Schrauben, kein Getriebe, 2 Motoren bis 1966 MWM mit 410 PS, danach Deutz RBV6M 545 mit 500 PS. Ein sehr schönes, schnelles und starkes Schiff. Seit 1995 als Museumsschiff in Regensburg und wird durch das Donau-Schifffahrts-Museum Regensburg betreut. Ein noch immer fahrtüchtiges Schiff, das hin und wieder auf den Gewässern um Regensburg anzutreffen ist. Als ehemaliges Mitglied dieses Vereins war es mir immer eine besondere Ehre, dieses schöne Schiff fahren zu dürfen. Außergewöhnliche Umstände erforderten auch hier außergewöhnliche Maßnahmen, diesen Verein zu verlassen. Aber da kann ja dieses wunderschöne Schiff nichts dafür, möge es, egal durch wessen Hände, noch sehr lange erhalten bleiben.

In Kelheim gelöscht haben und in Regensburg wieder geladen werden sollten, mussten irgendwie dort hingebracht werden. Schiffsbewegungen oder Verstellungen durften nur von reedereieigenen Zug- oder Schubschiffen getätigt werden – jugoslawischer Schleppkahn mit jugoslawischem Zugschiff, österreichischer Schleppkahn, österreichisches Zugschiff usw. Das alles hatte damals auch noch mit dem Kabotage-Gesetz, dem Einsatz von ausländischen Binnenschiffen im innerdeutschen Verkehr sowie im Drittland- und Transitverkehr zu tun.

Änderungen diesbezüglich fanden erst in den folgenden Jahren nach und nach statt.

Auszug Kabotage-Merkblatt

(Stand: Juli 2002)

Bundesministerium für Verkehr, Bau- und Wohnungswesen

1. Kabotage

1.1 Definition

Beförderung von Personen und/oder Gütern zwischen Lade- und Löschplätzen an deutschen Binnenwasserstraßen.

1.2 Kabotagefreiheit

Für Schiffe mit Flagge der EU-Staaten ist die Kabotage erlaubnisfrei. Gemäß Erklärung der Bundesrepublik Deutschland vom Mai 1998 vor der Zentralkommission für die Rheinschifffahrt wird auch Fahrzeugen unter schweizerischer Flagge im Interesse einer Gleichbehandlung die Kabotage gestattet.

1.3 Kabotageerlaubnispflicht

Für alle übrigen Schiffe ist die Kabotage erlaubnispflichtig.

1.4 Rechtsgrundlage

Für Schiffe aus Ländern, mit denen Deutschland bilaterale Binnenschifffahrtsabkommen geschlossen hat (z. Zt. Ungarn, Tschechische Republik, Slowakische Republik, Bulgarien, Rumänien, Ukraine und Polen), dient § 2 Binnenschifffahrtsaufgabengesetz (BinSchAufgG) in Verbindung mit dem jeweiligen Abkommen als Rechtsgrundlage. Für alle anderen Schiffe, so weit sie nicht unter Punkt 1.2 fallen, ist § 2 BinSchAufgG Rechtsgrundlage zur Erteilung der Kabotageerlaubnis.

Vieles aus diesem Merkblatt traf 1992 auf so manch einen Donauanrainer noch nicht zu, da viele davon noch nicht der Europäischen Union angehörten. Sie unterlagen noch diesem alten Kabotage-Gesetz, mussten sich anders verhalten als die Schiffe aus den Rheinanrainer Gebieten, die nach Regensburg kamen.

Eine Schleppkahngeschichte ...

Die Schleppkahnbesatzungen machten in den Häfen viele Manöver, „Verstellungen" auch selbstständig. Dazu musste man keine Kabotagen berücksichtigen und billiger war dies zu alldem auch noch. Auf vielen Schleppkähnen war nur ein Mann beschäftigt. Ein Mann aus dem Land, aus dem der Schleppkahn stammte. Sie waren sehr oft viele Wochen unterwegs, lagen viele Wochen in manch einem Hafen fest, weil die neue Fracht noch verhandelt oder nicht gefunden wurde. Sie hatten nicht viel Geld und frischten ihren Etat manchmal als Arbeiter bei angesiedelten Umschlagsbetrieben auf, indem sie für kleines Geld halfen, Schiffe auszuladen. Eine knochenharte Arbeit, die mir sehr gut bekannt war, immerhin habe ich in den 1980er Jahren genau das auch getan, mir in den Laderäumen dieser Schiffe schweißtreibend mein kleines Zubrot verdient.

Ich genoss es sehr, mit dem Dienstwagen meine Runden durch das Hafengebiet zu fahren, vor allem, wenn ich gerade mit ihnen, diesen Schleppkahnbesatzungen aus allen Donauländern, mit Händen und Füßen ins Gespräch kam. Sie waren alle sehr schüchtern oder zurückhaltend und wenn man nicht das erste Wort fand, kam es auch zu keinem Gespräch. Immer wieder wurde ich, wenn das Eis gebrochen war, auf einen Kaffee eingeladen, einen Kaffee, wie ihn die Türken machen, sehr fein und aromatisch, in einem allerdings nicht immer so einwandfrei sauberen Trinkgefäß. Ihre Wohnsituation war im

Vergleich zu der auf einem modernen Rheinschiff völlig anders und für mich damals noch unvorstellbar.

Manche Schleppkähne hatten nicht einmal isolierte Wände in allen Räumen. Es gab nur auf wenigen Schleppkähnen 220-Volt-Strom. Sie halfen sich, um ein Radio dudeln zu lassen, mit einer 12-Volt-Batterie, die sie an irgendeinem Schrottplatz, bei irgendeinem Hafen, wenn diese leer war, austauschten. Ihr Licht erzeugten sie mit Petroleumlampen und Kerzen, verfügten nur über einen sehr kleinen Trinkwassertank, der unter ihrer Wohnung seinen Platz hatte, und mit einer neben dem Spülbecken befindlichen Handpumpe konnte man zum Kochen Wasser heraufpumpen. Wenn dieser Wassertank einmal leer war, gingen sie, um neues Trinkwasser zu holen, mit dem Fahrrad und Kanistern, die man irgendwo gefunden und ausgespült hatte, in den Hafen an die dort vorhandenen Ventilbrunnen, Hydranten, die mit einem Hebel geöffnet wurden, den man immer festhalten musste, um zu verhindern, dass er sich sonst wieder verschließt.

Diese Ventilbrunnen, die es noch an einigen Stellen gab, waren oft uralt und viele schon eine lange Zeit außer Betrieb und sie mussten oftmals erst gefunden werden und es sollte dann schon ein funktionierender sein, der dann auch das erwünschte Nass spendete. Der Ordnung wegen waren Schilder an den Hydranten angebracht, worauf stand, „Kein Trinkwasser". Wenn es die Zeit erlaubte, fuhr ich mit ihnen in meinem Dienstwagen, einem Pickup, um ihnen das Wasser holen zu erleichtern, als kleinen Dank für Ihre Gastfreundlichkeit, Dank, der ihnen nicht wirklich wichtig war. An Deck eines jugoslawischen Schleppkahns, die ebenfalls nummeriert waren, dann aber mit den Buchstaben JRB (Југословенско речно бродарство) vorweg, um sie als Bestandteil der jugoslawischen Flussschifffahrt zu kennzeichnen, gefolgt ebenfalls von einer Zahlenreihe wie zum Beispiel „JRB 23526", machte ich einst eine erstaunliche aber auch sinnvolle Entdeckung.

Zur Information:
Andere Schiffe der Donauanrainer, wie die der staatlichen Reederei MAHART aus Ungarn, hießen zum Beispiel alle MHRT und

hatten eine 4-stellige Nummer: „MHRT 1323". Die österreichischen hießen DDSG gefolgt von einer 5-stelligen Zahl: „DDSG 10067". Die Schlepps des Bayrischen Lloyd hießen „BL 1025" usw. und die rumänischen Schiffe der NAVROM hießen zum Beispiel „NR 11250". Motorzug- und -schubschiffe, von denen es nur wenige gab, außer bei der DDSG und der BL, hatten Namen. Die Zahlen wie 10067 sollten nicht bedeuten, dass allein die DDSG 10067 Schlepp- oder Güterkähne hatte. Sicher waren es viele, aber so viele wiederum auch nicht.

Zurück zu meinem jugoslawischen Schleppkahn. Der Aufbau, die Roof oder Wohnung auf dem Achterdeck hatte auf der einen Seite außen eine Art Waschbecken mit den Eisenwänden der Roof verschweißt. Das machte den Eindruck, als wenn man eine runde Blechschüssel mit 50 cm Durchmesser mittig durchgeschnitten hat, um diese dann an die Außenwand dieser Wohnung zu schweißen. Unter diesem komischen Becken war eine Rohrleitung, die allerdings in die Wohnräume und nicht nach außenbords führte, wie ein ganz normales Waschbecken mit einem schlichten 1" (Zoll) oder knapp 25 Millimeter dicken Eisenrohr darunter als Abfluss. Alles, wie alle diese jugoslawischen Schleppkähne, war in Marinegrau angestrichen. Es gab aber sonderbarerweise keinen Wasserhahn über diesem Waschbecken. Nur dieses Becken, darüber bis zum Roofdach befand sich die grau angemalte Eisen-Außenwand der Wohnräume. Man müsste demnach erst mit dem Schöpfeimer oder der Pütz oder dem Strangloamer, diesen schon öfters beschriebenen Eimer mit einer Kordel daran befestigt, Wasser aus dem Fluss holen, um es in dieses Becken zu kippen. Man könnte sich dann waschen und das Wasser wieder ablassen, dem Anschein nach nur nicht nach außenbords, sondern Richtung Wohnung. Hinter dieser Gerätschaft verbarg sich für mich daher ein Geheimnis, welches für mich nach einer Lösung fragte. Nur mit dem Anblick war nicht der Wimpernschlag einer Logik zu erkennen. Man könnte sich doch Wasser aus dem Fluss holen, sich gleich in diesem Eimer waschen und die Schmutzbrühe dann über Bord kippen. So ganz wollte ich dieses Waschbecken so nicht als Waschbecken akzeptieren und verlangte nach Aufklärung.

Ich fragte den jugoslawischen Schleppsteuermann, „Was ist diese, wo Wasserhahn?", und fuchtelte mit den Händen herum, um mich verständlicher zu machen.

„Komme", sagte er und winkte mir zu, ihm zu folgen.

In seiner Wohnung öffnete er eine Tür und zum Vorschein kam, ganz schnell erklärt, seine Toilette zum Vorscheinweg. Eine leicht erhöhte Porzellanschüssel, an der hinten ein Rohr zu sehen war, das von Außenbords kam. Eine ideale Erfindung, wenn man nicht gewillt war, eine Handpumpe als Klospülung zu installieren. Auch erklärte mir der Kollege, für mich dann doch verständlich, noch vieles weitere, als ich fragte „warum keine Handpumpe", mit der man das Wasser von Außenbords hier hoch und in diese Toilette pumpen kann?

Sein kurz gefastes, „Hier nix Ofen, keine warm", löste bei mir einen Aha-Effekt aus und ich verstand.

Da dieser Raum nicht geheizt werden kann, kann die Pumpe im Winter einfrieren, womöglich durch Frost bersten. Das Wasser, das man von draußen in diesen nun erkannten Trichter hineinkippt, läuft sofort und ohne, naja größere Hindernisse, die nicht wegzuspülen wären, wieder ab und es kann nichts einfrieren. Man musste praktisch nach der Vollendung seines Geschäftes an Deck gehen, mit dem Schöpfeimer, der Pütz oder dem Strangloamer Wasser aus dem Bach ziehen und dies nur in dieses „pseudo Waschbecken" hineinkippen, um im Innenraum spülen zu können. Vielleicht auch ein paar mehr Eimer, um sicher zu gehen, dass alles Unangenehme im Innenraum befindliche auf den Weg gebracht wurde. Genial, genial, erkannte ich.

Für andere Dinge mussten Schleppbesatzungen das Wasser ebenfalls mit Eimern von Außenbord holen. Spülwasser für Geschirr, zur Körperhygiene und Putzwasser wurde von Außenbord geholt, da das Trinkwasser sehr beschränkt war. Auf anderen Schleppkähnen befanden sich die Toiletten nicht im angrenzenden Wohnbereich. Sie mussten bei Nacht, Nebel, Eis und Schnee erst zur Wohnung hinaus ein paar Meter laufen und durch eine andere Tür wieder hinein in die angrenzende Toilette. Vorher oder danach ebenfalls mit dem Eimer Wasser aus dem Bach ziehen und in die Toilette kippen zum Spülen. Die Idee mit dem Trichter an der Wand empfand ich schon als eine

Modernisierung der Toilettenspülanlagen auf einem Schleppkahn. Eimer ziehen mussten weiterhin alle und das sehr viel
länger als 1995.

*Schleppkähne an der Donaulände und dem Unteren Wörth in Regens-
burg (Ansichtskarte ca. 1925)*

Ein Kohleofen, der meist mit getrocknetem und gefischtem
oder am Ufer gesammeltem Treibholz geheizt wurde, wärmte
ihre guten Stuben. Es wurde darauf gekocht und es war auch
manchmal warm wie in einer Sauna. Diese Fischsuppen, die
anscheinend alle Schleppkahnbesatzungen sehr liebten, stan-
ken an manchen Tagen für mich unerträglich schon hunderte
Meter noch bevor ich den Kahn erreichte, was mich dann dazu
bewog, lieber ihre eigens aus der Heimat mitgeführten, überall in den Küchen hängenden Würste, Schinken und trockenes
Brot mit ihnen zu essen.

Der Tisch wurde mit einer Zeitung gedeckt, ein Messer für
alles und dann guten Appetit. „Esse, esse. Gut, gut", lautete
dann die Einladung, endlich anzufangen. Auf ihre getrockne-
ten, feuerscharfen, rotstrahlenden Peperoni, die sie wie Bonbons lutschten, war ich allerdings bereit zu verzichten. Sie
sammelten mühsam mit dem Fahrrad, ihr heiligstes Stück an
Bord, in der Nähe brauchbare Gegenstände ein, die unser einer

als unbrauchbar weggeschmissen hatte, und holten diese aus einem in ein paar Kilometer entfernten Wertstoffhof und vom Sperrmüll. Wenn ich noch etwas Brauchbares zu entsorgen hatte, nahm ich es immer mit auf meine Hafentouren und übergab es einer dieser Besatzungen, die wirklich alles gebrauchen konnten.

Alles, was sie noch gebrauchen konnten, fand so eine Möglichkeit, eine sehr lange Donaureise machen zu dürfen. Wie beneidenswert. Je länger die Schiffe dort lagen, desto größer wurden die Haufen ihrer Sammelsurien, die getürmt unter Planen versteckt auf den Luckendächern der Laderäume wuchsen. Auch Autos fanden so eine neue Heimat und an manchen Tagen standen am Wegrand neben dem Liegeplatz für diese Schleppkähne, an der „Schwabelweiser Hinterstellung" mehrere, günstig erworbene, die noch an Bord geschafft werden mussten. Eigentlich waren wir von Amtswegen verpflichtet, das zu verhindern, was wir aber meist einfach vergessen haben. „Hinterstellung" – ein donauspezifischer Begriff, man hat wohl etwas „hinterstellt" oder „hinten angestellt", bis man es zur Be- oder Entladung benötigt. Wobei „Schwabelweiser" die gegenüberliegende Ortschaft, dieses Schwabelweis, ein Stadtteil von Regensburg, ist und dem Kind, sprich dem Liegeplatz einen Namen geben konnte, wie die anderen „Hinterstellungen", sprich Liegeplätze, auch Namen hatten wie Kreuzhof, Donaulände oder West- und Osthafen Hinterstellung.

All die Zeit, in der ich als Hafenmeister tätig war, ist es mir nie gelungen, diese „Auto an Bord bring Aktion" zu beobachten. Irgendwann kam ich da mal wieder vorbei und alle Autos standen „Hexhex" auf irgendeinem Schleppkahn. Man erzählte mir, als ich mal danach fragte, wie sie das immer wieder schaffen, dass man warten würde, bis ein paar Fahrzeuge angesammelt waren oder das Geld zum Autokauf alle war. Dann rief man die Kollegen zusammen, die mit ihren Schiffen ebenfalls in der Warteschleife lagen und ratzfatz waren all die Autos an Bord gebracht. Sie waren alle ausnahmslos sehr erfinderisch oder geübt im Umgang mit solchen Situationen. Und da das Ufer geböscht war, sprich schräg zum Wasser hinunter führte, war Ideenreichtum sehr gefragt. Sie nagelten Bretter zu Planken zusammen, gerade so breit, dass die Reifen darauf Platz fanden. Ein Freiwilliger setzte sich hinein und hielt das Lenkrad gerade, die anderen zogen den Wagen mit einem Tau, das an der Vorderachse befestigt war, an Bord. Ein jeder lebte auf seinem Schleppkahn, aber zusammen waren sie ein Volk, sie waren alle Schleppkahnbesatzungen.

Leider gab es ein paar wenige, die verhielten sich nicht ganz so korrekt. Sie stahlen Fahrräder und sicherlich andere Dinge, die sie gebrauchen konnten und da ich direkt am Westhafen meine Betriebswohnung hatte, wurde auch ich einmal Opfer dieser Lumpen. Aus meinem geliebten alten von 1977 stammenden Mercedes 200/8, der direkt vor der Haustür geparkt war, wurde eines nachts die Einspritzpumpe ausgebaut und geklaut. Ein von mir noch heute immer wieder neu erkanntes Phänomen. Denn diese Habenichtse hatten tatsächlich diese Pumpe unter dem Auto aus dem Motorraum ausgebaut. Sie öffneten nicht die Motorhaube, um von oben arbeiten zu können. Der Täter muss definitiv sehr dünn, womöglich flach gewesen sein, damit er sich auf dem Rücken unter das Auto schieben konnte. Zumal brauchte er sehr lange und mehrmals knickfähige Arme mit einem sehr guten Tastsinn, um all den Schraubenkram lösen zu können. Und last but not least musste er ein absolutes Kfz-Genie gewesen sein, auf alle Fälle, was den Ein- und Ausbau dieser Pumpe von diesem Motortyp betrifft, da er doch nachts ohne Licht und nur mit Tastsinn arbeiten musste. Weil sie die Dieselleitungen mit einer Zange mehrmals abgeknickt hatten, fand sich kein einziger Tropfen Diesel auf dem Parkplatz unter dem Fahrzeug. Sie haben sehr sauber und umweltfreundlich gearbeitet.

Das Auto stand da, wie ich es am Abend davor abgestellt hatte, nur sprang es nicht an, als ich es am nächsten Tag starten wollte. Und als ich die Motorhaube öffnete, sah ich den Salat, nur eben keine Einspritzpumpe mehr. Mich kostete der Spaß 1.500 DM und dieser, ich vermutete, es war dieser Schleppsteuermann, der mir schon recht dürr erschien, als ich ihn immer mal wieder sah, von diesem bulgarischen Schlepp mit einer typischen bulgarischen Nummernbezeichnung wie BR 90105, der seit vielen Tagen im Hafen lag und an diesem Morgen nicht mehr da war. Der wunderschöne Blick auf meinen Strich8, nur 50 Meter von seinem Schleppkahn entfernt, beflügelte ihn in all der Zeit, einen Plan zu schmieden, wie er wohl diese meine Einspritzpumpe, die in seinem Mercedes zu Hause schon eine lange Zeit defekt war, kostengünstig erklauen und ersetzen konnte. Des nachts schlug er dann unerbittlich zu, in der letzten Nacht, bevor sein Schlepp am nächsten Morgen abgeholt und Richtung Bulgarien remorkiert wurde. Schlepp weg, Pumpe weg. Die WSP, die ihre Kollegen in Passau alarmierte, teilte ein paar Tage später mit, dass sie keinen Erfolg verzeichnen konnten, als sie den Schlepp an der Schleuse Kachlet bei Passau kontrollierten. Man versuchte immer, die Schleppkähne an diesen Hinterstellungen zusammenzulegen, ungarische zu den ungarischen, rumänische zu den rumänischen usw. und man bedenke, noch 1992 waren sehr viel mehr Schleppkähne in Regensburg als Motorschiffe.

Wenn es darum ging, sich gegenseitig zu helfen, gab es keine Landesgrenzen in Form von eigenen Schiffen mehr, auch wenn es um händische Verstellungen in den Hafenbecken ging. Mit einem dünnen Drahtseil zogen sie ihre Schlepps, wie Schleppkähne in Kurzfassung genannt wurden, egal ob leer oder schwer beladen, mit den Händen oder der Ankerwinde hunderte Meter an den Hafenmauern entlang oder an anderen Schiffen vorbei zu einem anderen Platz der Ent- oder Beladung wegen. Wobei ein Wechsel „mit der Hand", von einem Ufer hinüber zum anderen laut „Affenverordnung" seit 1910 verboten war, dafür musste dann erst ein „Remork" organisiert werden. Meist nach Feierabend, wenn die Kräne stillstanden und bei Nacht und Nebel begannen solche händischen, sich manchmal auch quer über den Hafen ziehenden Spezialmanöver, das sparte Kosten für die Reederei und die Besatzungen bekamen womöglich einen kleinen Bonus.

Sollte diese Schiffsbewegung ein fremdes Schiff durchführen wollen, mussten erst die Lage gegenüber des Kabotagegesetzes geprüft und womöglich Verträge mit Reeder oder Agentzie, unter Umständen auch mit der Hafenverwaltung abgeschlossen werden, damit eine Verstellung oder ein Remork durchgeführt werden durfte, sofern sie im Vollzugsgebiet der

Hafenverordnung stattfindet. Es gab 1992 zwei fest ansässige Schubboote, den „BRELOH" und den „FLORIAN" in Regensburg, welche diese Aufgabe ausnahmslos für alle Reedereien durchführten. Sie standen sogar zum Teil unter Vertrag mit der einen oder anderen Reederei, deren Schleppkähne und Schubleichter zu remorkieren. Der Streckenabschnitt ging mindestens donauabwärts über Straubing, Deggendorf bis Passau oder sogar Linz in Österreich und donauaufwärts auf alle Fälle bis Kelheim, später auch in den Main-Donau-Kanal bis Nürnberg oder Bamberg.

Im Rheingebiet wird das einfach gemacht, ein Schiff „verholt" oder „verstellt", wenn es notwendig ist. Und geschleppt wird schon ewig nichts mehr. Da bedarf es keiner Verträge oder Sondergenehmigungen, da bedarf es eher der gegenseitigen Hilfe. Hilfst du mir heute, helfe ich dir morgen. Längere Reisen, ein Schiff längsseits gekoppelt von A nach B zu bringen, schließt sowas natürlich aus. Ein Schiff wurde remorkiert, sagte man auf der Donau, alt überliefert „in Schlepp genommen".

Das alles ist natürlich mit Kosten verbunden, die der Agent zu klären hatte. Viele Begriffe, die es auf der Rheinschifffahrt schon seit Jahrzehnte nicht mehr gab, durfte ich hier also lernen. Sie hatten somit viel um die Ohren, diese Agentzien: Formalitäten, Geldbewegungen, Zahlungen von Hafengeldern, den Matrosen zum Zahnarzt bringen, Gehälter auszahlen und auch die Betreuung der Schiffe dieser, ihrer Reederei in behördlichen Angelegenheiten. Bis September 1992 befanden sich ausschließlich Donauschiffe im Regensburger Hafen. Für mich damals, als ich 1990 in Regensburg Hafenmeister wurde, ein gigantischer Zeitsprung in die Vergangenheit, bis Ende 1960 denke ich mal, wäre passend zu behaupten.

Von diesem immer funktionierenden, aber längst einer Modernisierung notwendigem Prinzip wollten die alten Hafenmatschopei irgendwie nicht abweichen. Der „rheinische" Hafenmeister und dessen Meinung, was man ändern müsste, um sich anzupassen, blieben auf der Strecke. Man hörte gerne dessen Vorschläge und dankte stets für die Anregungen. Das ergab zu meiner eigenen Grundeinstellung gegenüber der Schifffahrt, wie ich sie betrieben hatte und achtete, keinen Konsens und auch mit diesem Machtgehabe in manch einer Führungsebene konnte ich mich nicht anfreunden.

Ein weiteres Beispiel.

Laut Affenverordnung in der damals gültigen Fassung mussten Agenzieleiter oder die Schleppsteuermänner selber in der Hafenverwaltung antanzen und mit entsprechenden Dokumenten, wie Schiffsattest und Transportpapiere ihre Schiffe in der Hafenmeisterei am Westhafen persönlich anmelden. Es galt kein Anruf und Handy war ja erst im Kommen damals. Und Funk hatte diese Hafenmeisterei auch nicht. Dies wurde dann, weil es immer so war, auch von den rheinischen Schiffen erwartet, dass die Kapitäne in der Hafenmeisterei antanzen, wo der Osthafen gute 5 Kilometer entfernt ist, und wo es doch am modernen Rhein schon lange üblich war, sich mit dem Funkgerät bei den Hafenmeistereien anzumelden. Nachdem etliche Anzeigen wegen Verstoßes gegen die Affenverordnung verhängt wurden und das Raunen der Rheinischen lauter wurde, bekamen wir Hafenmeister den Kompromiss genehmigt, dass wir zweimal am Tag, wenn wir im Hafen unterwegs sind, die Schiffe, die neu angekommen sind oder ihre Position verändert haben, vor Ort aufnehmen können. Das war auch ganz schön, so kam man manchmal mit der einen oder anderen Schiffbesatzung in persönlichen Kontakt, der leider auch oft mit ordentlich Kritik über diese mittelalterlichen Verhältnisse endete. Unser lang getätigter Antrag, die Hafenmeisterei mit einer stationären Schiffsfunkstation auszustatten, wurde etwas abgewandelt und wir erhielten ein stationäres Betriebsfunkgerät mit zwei Handfunkgeräten, über die nur wir uns unterhalten konnten. Später wurde auch unser Dienstwagen damit ausgestattet. Sicher hätte diese Investition bei weitem für nur eine stationäre Schiffsfunkstation ausgereicht. Aber da gab es einen Landeshafendirektor, dem mein Hafendirektor unterstellt und vor allem hörig war. Und dieser „Landeshafen…tor" hat alles untersagt, was ihm persönlich nicht gefallen hat und womit er anderen gegenüber seine Macht beweisen konnte.

So wuchsen eher die Probleme mit der Rheinschifffahrt und ausschließlich ihr galt meine Solidarität. Es störte mich zunehmend mehr, gegen meine eigene Innung vorgehen zu müssen, meinen geliebten Beruf als Binnenschiffer, weil diese irgendwelche Gesetze dieser überalterten Affenverordnung nicht einhalten konnten oder wollten. Letztendlich, nachdem 1995 auch noch Gehaltsstreitigkeiten, versprochene Höhergruppierungen um monatlich lächerliche 120,00 DM brutto, nicht eingehalten wurden, weil nur ein einziger Machtmensch, dem keiner in der Lage war, die Stirn zu bieten, dies und sehr vieles mehr in der Hand hatte und sogar in der Lage war, meine vertraglich geregelte Höhergruppierung zu verhindern, schwand mein Wohlbefinden noch mehr. Andere schikanöse Verhaltensregeln machten alles noch geschmackloser und ich war entschlossen, mich anderweitig umzuhören, was ja grundsätzlich in unserem Job kein Problem ist. Zu meinem Glück kam im Mai 1995 die Castrol nach Regensburg. Mit einem verrotteten, ungepflegten, mit 10 Tonnen alter Farbe zugekleistertem älterem Bunkerboot, welches aus Antwerpen nach Regensburg überführt wurde, um hier in Regensburg in der Betriebsstoffbranche mitzumischen.

Das Bunkerboot „CASTROL 18" wurde 1963 gebaut als „BP OLEX 46" bei der Schiffswerft Ernst Menzer Geestach/Elbe, Baunummer 473. Länge 30,39 m, Breite 5,90 m, 300 PS, Deutz 528, 12-Zylinder-V-Motor. 1973 wurde es auf 38,39 m Schifflänge verlängert und war als „VICTROL" in Antwerpen im Einsatz, Nachrüstung Bugstrahl DAF 575, 115 PS und im Mai 1995 nach Regensburg überführt und in „CASTROL 18" umbenannt. Im Mai 2005 wurde es auf den neuen Motor, ein 6-Zylinder-Cummins-Motor mit 350 PS, umgerüstet, im März 2009 an die Rheintank GmbH Duisburg verkauft und ist seit Juni 2009 als „RHEINTANK 18" im Einsatz.

Bei meiner Runde durch den Hafen besichtigte ich damals das Schiff an der Donaulände und fragte eher des Spaßes wegen, ob denn noch ein Schiffsführer gebraucht werde. „Am besten sofort", war überraschender Weise die Antwort. Schon am nächsten Tag war von der Geschäftsleitung die Bewilligung, mich einzustellen, bestätigt und ich bereitete gedanklich meine Kündigung bei der Hafenverwaltung vor, wo ich noch 6 Wochen Kündigungsfrist einzuhalten hatte. Der Hafendirektor, den ich namentlich nicht nenne möchte, da er grundsätzlich ein sehr

*Diverse Aufnahmen vom Bunkerboot „CASTROL 18", auf dem ich von
1995 bis 2010 tätig war.*

*„CASTROL 18" bei der Befahrung der Schleuse Würzburg,
auf dem Rückweg von der Schiffswerft in Erlenbach nach Regensburg
im Jahr 2005*

guter Mensch, aber eine ebenso schlechte Führungskraft war, ließ mich an diesem Tag durch seine Sekretärin, „Herr Schwarz, der Chef würde sie gern sprechen, hätten Sie spontan Zeit?", in die Teppichbodenetage in sein Büro rufen, noch bevor meine Kündigung verfasst war.

„Herr Schwarz, warum ich Sie rufen ließ", meinte er, nachdem ich es mir vor seinem Schreibtisch bequem machen durfte. „Ich merke sehr, wie unzufrieden Sie sind und ich kann Sie sehr gut verstehen, aber ich kann an den Anordnungen des Landeshafendirektors, Sie nicht höher zu gruppieren, nichts ändern. Ich weiß, das war schon vor Jahren so vertraglich geregelt, Sie höher zu gruppieren, aber der Landeshafendirektor ist einfach der, der dies letztendlich entscheidet, und er hat sich dagegen entschieden. Ich bin ebenso machtlos wie untröstlich. Was halten Sie davon, wenn wir es in einem Jahr noch einmal probieren, wenn er bessere Laune hat?"

Soweit schwieg ich erstmal, antwortete dann, „Aha", und fragte, „Sie machen also solch eine vertraglich geregelte Vereinbarung von einer Laune abhängig? So, so, interessant."

„Na ja, nicht direkt oder irgendwie schon", versuchte er Verständnis bei mir zu finden, dieser Mann ist nun mal unvorstellbar launisch. Aber, Herr Schwarz, wir waren immer zufrieden mit Ihren Leistungen, ich habe nie bereut, mich damals für Sie entschieden zu haben, und ich möchte, das alles wieder wird, wie vor diesem Debakel, dass Sie wieder Freude finden und dass wir vor allem ‚Freunde' bleiben, was können wir tun, Herr Schwarz? Es ist mir wirklich sehr wichtig", schmierte er mir Honig ums Maul.

„Ooooh", lehnte ich mich gelassen zurück, versuchte zu vermitteln, dass ich ernsthaft über das nachdenke, was er gerade von sich schleimte, verschränkte meine Arme und hörte seine Neugierde lechzen. „Ich wüsste da schon was, was uns Freunde bleiben lässt, Herr ...", und wippte ganz gelassen ein wenig in diesem sehr bequemen Gästestuhl, silberner Chromrahmen und schwarzes Leder, vor seinem Schreibtisch hin und her.

„Schießen Sie los, Herr Schwarz, ich höre Ihnen zu", erwartete er wohl einen für alle zufriedenstellenden Vorschlag.

Da musste ich grinsen und er grinste sehr erwartungsvoll, auf eine Ideallösung hoffend für unser weites Zusammenarbeiten, zurück. Ich zögerte, der Spannung wegen, streifte über meinen Oberlippenbart und schwieg weiterhin.

„Ja, Herr Schwarz, nun schießen Sie schon los, ich höre Ihnen zu", wurde er ungeduldig, „machen Sie es nicht so spannend."

„Ich kann schon morgen bei der Castrol anfangen, die seit Mai hier in Regensburg ist. Die suchen einen Schiffsführer. Schreiben Sie mir einen Auflösungsvertrag, dass ich morgen gehen und dort anfangen kann und wir werden Freunde bleiben. So einfach ist das", schoss es siegessicher aus mir heraus, gleich ein etwas anderes Gesicht sehen zu dürfen und wippte weiterhin sehr gelassen in diesem sehr bequemen Gästestuhl vor seinem Schreibtisch hin und her.

„Herr Schwarz", fielen ihm die Gesichtszüge gen Boden, „so hab ich das nicht gemeint. Sie machen einen Ihrer komischen Späße, oder?"

Ein klares, „Nein, Herr Direktor, sicher nicht, so lustig ist hier schon lange nichts mehr", folgte lückenlos. „Das ist mein absoluter Ernst und wir brauchen da auch gar nicht weiter verhandeln und weiterhin irgendetwas schön reden, was es nicht mehr ist und nicht mehr werden kann. Dieses Gruppierungsdesaster hat das Fass nur zum Überlaufen gebracht, meine Tage wären hier sowieso gezählt gewesen. Lassen Sie mich einfach sofort gehen und wir bleiben Freunde", und fügte hinzu, „Ein ehrliches Arbeitszeugnis, das an dem angelehnt ist, was Sie gerade gesagt haben, wäre noch recht, das wäre doch ein Kompromiss, denke ich."

„Und es gibt keine andere Lösung, Herr Schwarz? Damit hab ich jetzt nicht gerechnet", klang es ein wenig traumatisiert.

„Leider nein, mein Entscheidung steht schon länger, sie hat sich nur, weil die Castrol nach Regensburg kam, vorverlagert", erklärte ich und, „es wäre für mich eine Ideallösung, ich hätte sofort wieder Arbeit und könnte, da ich das auch wollte, in Regensburg bleiben und wenn das so nicht klappt, dann geh ich eben sechs Wochen später, kein wirklich großes Problem also."

„Na ja, sehr schade", kritzelte er mittlerweile bedenklich in seinem Tischkalender herum, „bin jetzt doch sehr überrascht", schaute mich dabei überlegend an, legte dann seinen Kuli weg und meinte etwas zögerlich, „aber gut, ich will Ihren Plänen nicht im Wege stehen und ein weiterhin anständiger Umgang wäre wünschenswert, denn immerhin bleiben Sie ja unserem Hafen, jetzt als Vertreter eines Vertragspartners, erhalten. Das wäre schon in beider Interessen sehr angenehm, werde gleich mit der Personalabteilung sprechen und ich denke, das kriegen wir hin."

„Fein", erhob ich mich aus meinem mittlerweile liebgewonnenen bequemen Gästestuhl in silbernen Chromrahmen und schwarzen Leder, „freut mich jetzt schon, dass das alles klappt."

„Gut", meinte er, „die Personalabteilung wird sich dann bei Ihnen melden, alles Gute erstmal, denke, wir sehen uns nochmal, bevor Sie wieder in ihren alten Beruf zurückkehren."

Das war dann im Großen und Ganzen mein Ende als Hafenmeister. Schnell war ich wieder das, was ich vorher auch war – ein Schiffsführer, der nun allerdings ein furchtbar vernachlässigtes Bunkerboot in eine neue Zeit führen soll. Was mir und meinem wachsenden Team mit all diesen neuen Aufgaben ganz gut gelang.

1994 war es, als wir zu einer Bunkerung an die Schleuse Regensburg gerufen wurden. Es hat über diese 2 Jahre, in denen ich in diesen Job hineingewachsen bin, ständig irgendwelche Veränderungen gegeben und viele von diesen waren nicht einfach zu händeln. Die neue moderne Rheinschifffahrt arrangierte sich nur sehr langsam mit dem vielen Neuen, was sie noch nicht kannten, und von Amtswegen wuchsen auch Veränderungen, zwar langsam und manches unsinnig, aber es ging gemächlich einer neuen Zeit entgegen.

Im Unterwasser der Schleuse Regensburg im September 2009 mit Behelfsbrücke für Fußgänger und Radfahrer.
Das „MS Sento" hatte im März 2008 während der Schleuseneinfahrt mit seinem Autokran, den es vergessen hat umzulegen, eine unter der Protzenweiherbrücke befindliche Gasleitung beschädigt. Das ausströmende Gas entzündete sich und über einen längeren Zeitraum wirkten die unter Druck stehenden Flammen auf die Brücke ein und deformierten diese so stark, dass sie abgerissen und erneuert werden musste.

Diese Bunkerboote und diese Form, Schiffe mit Diesel, Schmierölen und -fetten, Trinkwasser und anderen benötigten Schiffsbetriebsstoffen und -materialien zu versorgen, waren ebenfalls neu auf der Donau.

Natürlich musste von Amts wegen die Bebunkerung, das Tanken eines Schiffes im Schleusenbereich, genehmigt und vertraglich geregelt sein, was natürlich auch der Fall war. Doch wuchsen immer wieder neue Ideen und zweifelhaft sinnvolle Neuerungen, die den normalen Schiffbetrieb eher davon abhielten, seinen Aufgaben gerecht zu werden.

Die Schleusenmeister, die diese Pforte ins Neue in Betrieb hielten, waren vielen, die hier immer wieder des Weges kamen, bekannt und so lief sie also, die Schifffahrt, in beide Richtungen – zu Tal, wenn man will, bis in das Schwarze Meer, zu Berg, wenn man will, bis an die Nordsee. Da gab es den einen Schleusenmeister, der extrem bayrisch sprach, richtig böse und muffelig war und in unseren Reihen als „Der böse Alte" bekannt war. Den anderen nannte man nach einer gewissen Zeit unter den Schiffsleuten „Frau Schleusenmeister", weil er so eine hohe Stimme hatte, aber nicht böse, sondern eher kollegial war.

An diesem Tag war ein Neuer auf der Schleuse, also am Funk über den Lautsprecher eindeutig als Neuer erkennbar. Der neue Erlass, der erst vor kurzem in Kraft trat, besagte, Schiffe dürfen nur noch an den Liegeplätzen betankt werden, maximal in dritter Schiffsbreite. Das heißt, das Bunkerboot darf dann noch Bunkern, wenn es als drittes Fahrzeug bei bereits zwei nebeneinanderliegenden Schiffen anlegt. Die Liegeplätze befinden sich ca. 250 Meter vor dem Startplatz der Schleuse an der Backbordseite. Nach diesem Liegeplatz auf der Backbordseite vor der Schleuse, dem darauffolgenden Startplatz, darf nicht mehr betankt werden. Wenn ein Schiffsführer also tanken möchte, muss er den Startplatz verlassen und zurück an die Liegeplätze fahren und dort sein Schiff erneut an der Mauer befestigen. Für uns Bunkerbootbesatzungen ein absolut unantastbares Gesetz, dem wir auch keinen Hauch einer Toleranz gewähren durften. Immerhin standen wir mit unserer Tätigkeit gegenüber den Behörden in einer vertraglich geregelten Pflicht und die Wasserschutzpolizei ahndete Verstöße auch entsprechend. Nun gab es den einen oder anderen Schiffsführer oder Schiffseigner, der kam mit dieser neuen Situation nicht zurande.

Der sagte abgebrüht am Funk: „Entweder Du fährst jetzt hier her und bunkerst mich oder ich fahre weiter."

Meine Antwort und mir bleib nichts anderes übrig: „Ich wünsche Dir eine gute Reise."

Damit war der Kunde dann weg, was mir aber auch egal war. Ich kann Druck und Zwang nicht ausstehen und wenn man noch dazu genötigt wird, Gesetze zu übertreten, damit nur einer davon profitiert und nur einer bestraft wird, erst recht nicht. Auf der Steuerbordseite im Unterwasser der Schleuse Regensburg war ebenfalls ein ca. 200 Meter langer Liegeplatz. Hier hieß es, man darf dort maximal in zweiter Breite ein Schiff betanken oder bebunkern. Klartext: Wenn ein Schiff dort an Land angelegt hat, liegt es in einer Breite und wir dürfen als Bunkerboot als zweites, in zweiter Breite, bei ihm längsseits gehen und es betanken. Liegt bei diesem Schiff in erster Breite ein zweites, in zweiter Breite außen drauf, dann dürfen wir als drittes Schiff, in dritter Breite, nicht anlegen und ebenfalls nicht bunkern. Was für ein Text? Ich sollte lernen, Gesetzestexte zu schreiben, ich denke, das liegt mir besonders.

Das Schleusenmeister, sein Wille geschehe …

Unser Auftrag lautete, das Frachtschiff HEILBRONN zu bebunkern, das als zweite Breite auf einem anderen Schiff, dem MS IDUNA festgemacht hatte, welches dort, an dieser Steuerbordseite im Unterwasser der Schleuse Regensburg, als erste Breite an Land lag. Das Schiff HEILBRONN war mit 110 Meter Schiffslänge 25 Meter länger als das Schiff IDUNA und hatte sich so hingelegt, dass sein Achterschiff gute 35 Meter hinter dem Schiff IDUNA herausragte oder überstand. Es war also für uns kein Problem mit unseren nicht ganz 40 Metern innen an diesen Überstand an der Steuerbordseite des Schiffes HEILBRONN anzulegen, praktisch hinter dem IDUNA. Mit diesem Plan fuhren wir an die Schiffe heran. Vorher war man verpflichtet, der Schleuse dieses Vorhaben nur an dieser Stelle, der Steuerbordseite der Schleuse Regensburg, anzumelden, damit sie von Amts wegen ihren Segen geben können und ihre Dominanz gefestigt bleibt. Und genau das tat ich dann ordnungsgemäß.

Bunkerboot „Castrol 18" beim Bunkervorgang

„Schleuse Regensburg für den CASTOL 18 bitte", rief ich unsichtbar Richtung Schleuse mit dem Funkgerät auf Kanal 20.

Und da meldete sich der Neue, erkannt an der fremden, fast dialektlosen, jünger wirkenden Stimme, „Schleuse Regensburg für CASTROL 18 hört, bitte kommen", was ihn schon mit diesem schulisch perfekten Schulfunkgeschwafel als Anfänger verriet.

Ein anderer hätte wohl gesagt, „CASTROL, was gibt's?" oder ähnlich, im ordentlichen bayrischen Dialekt. Wer sollte auf Kanal 20 schon anderes antworten als der Schleusenmeister, denn Gespräche auf diesem Kanal 20 waren nur vom Schleusenpersonal hörbar.

Trotzdem sagte ich: „Der CASTROL 18 fährt zum HEILBRONN im Unterwasser Steuerbordseite zum Bunkern."

Ich machte mir auch keine weiteren Gedanken, meinen Plan, wie wir das gleich umsetzen, ohne in dritter Breite anzulegen, ihm recht umfangreich erklären zu müssen. Wir werden nicht in dritte Breite anlegen, das fordert das Gesetz.

„Schleuse Regensburg für CASTROL 18, das dürfen Sie nicht", sprach der Frischling. „Sie dürfen dort nicht in dritter Breite zum Bunkern anlegen."

Ach du Scheiße, schoss es mir durch meine Hirnwindungen, nahm nun den Hörer und versuchte zu klären: „Das haben wir auch nicht vor, wir werden auf der Innenseite, Steuerbord beim HEILBRONN, hinter dem IDUNA längsseits gehen."

Ich hielt weiterhin Kurs und von ihm kam erstmal kurzes Schweigen, dann allerdings, „Aber dann sind Sie doch trotzdem ein drittes Schiff, CASTROL", wich er nun vom „Bitte kommen"- und „Over and out"-Geschwafel ab.

Neiiiiiin, was ist denn mit dem los, wuchs meine Verständnislosigkeit.

„Das ist mathematisch richtig", sagte ich, „wir machen aber nicht beim HEILBRONN an seiner Backbordseite fest, um eine dritte Breite zu werden. Wir bleiben Innen, hinter dem IDUNA, sind dann praktisch erste Breite."

„Ja, verstehen Sie denn nicht, CASTROL", wurde es jetzt interessant, „was ändert das daran, Sie bleiben doch trotzdem ein drittes Schiff und drei Schiffe nebeneinander an dieser Position ist verboten."

Ohhh man, wie erkläre ich es meinen Kindern, von Schifffahrt hat dieses Schleusenmeister absolut keine Ahnung, war erkannt.

„Wissen Sie was", dominierte nun ich, „ich kann jetzt hier nicht stundenlang rumtreiben wie ein toter Hering, bis Sie mich endlich verstanden haben. Ich werde jetzt da hinfahren. Beobachten und lernen Sie einfach, dann verstehen Sie womöglich, was ich vorhabe."

„Nein CASTROL, das dürfen Sie nicht", klang es eher etwas hilflos.

Meine Antwort war in Gedanken, „Du kannst mich mal", und fuhr nun endlich gemütlich langsam zwischen die Mauer und dem HEILBRONN hinter die IDUNA.

„CASTROL 18", befahl er, „machen Sie das Schiff fest und kommen Sie unverzüglich zu mir hoch auf die Schleuse."

Ich glaubte mich verhört zu haben und fragte nochmal nach: „Was ist los, was soll ich?"

„Kommen Sie sofort auf die Schleuse, wenn Sie ihr Schiff fest haben", wiederholte er sich.

„Ich glaub', ich höre nicht richtig, oder? Sie glauben, mich jetzt auf die Schleuse zitieren zu dürfen, das wird sicher nicht passieren. Ich habe jetzt meine Position eingenommen und bunker jetzt den HEILBORNN, habe keine Zeit für solche Spinnereien."

Ich ging aus dem Steuerhaus, um mit dem Kollegen die Gasölschläuche auf den HEILBRONN zu ziehen. Nun waren alle 2 Gasölschläuche und der Trinkwasserschlauch drüben auf dem HEILBRONN, in dessen Tanks gesteckt und der Kollege begann, die Pumpen zu starten, als an Land 3–4 Meter neben unserem Schiff an Steuerbord eine Person auf dem Liegeplatz auftauchte.

„Stellen Sie sofort die Bunkerung ein!", rief er herüber.

Ich schaute nach links und rechts und fragte mich, wen er wohl meinen könnte und wer er überhaupt sei.

Ich fragte ihn auch gleich des Abstands wegen mit lautem Ton: „Wer sind Sie denn?"

„Ich bin der Schleusenmeister und ich ordne jetzt an, sofort das Bunkern einzustellen."

Mein Blick richtete sich erstmal links hinter mich der Schleuse entgegen. Die Signalanlage war auf 2 rote Lichter übereinander eingestellt, sprich, die Schleuse war außer Funktion und ich dachte mir, der Irre hat jetzt echt den Schleusenbetrieb eingestellt, der spinnt doch.

Auch die Crew vom HEILBRONN hat sich mittlerweile angesammelt: „Was will der denn, hat'se der noch alle?", und, „lass dich am Arsch lecken", waren deren Empfehlungen und anderes wahrscheinlich Böses konnte ich in Ungarisch hinter mir von deren Deck herunter hören.

„Das ist jetzt nicht Ihr Ernst", rief ich zu ihm hinüber. „Sie stellen jetzt den Schleusenbetrieb ein, um hier runterzulaufen und mir zu sagen, ich solle das Bunkern einstellen. Was haben Sie denn für ein Problem? Sehen Sie noch nicht einmal jetzt, dass wir nicht in dritter Breite liegen?"

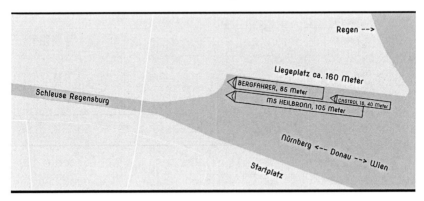

„Ich sehe nach wie vor drei Schiffe, dabei bleibt es. Außerdem haben Sie sich meiner Anordnung widersetzt, das Bunkern einzustellen, das geht so nicht. Ich bin der Schleusenmeister und den Anordnungen der Schleusenmeister ist Folge zu leisten, Punkt", blieb er auch gestikulierend bei seiner Meinung und ich erkannte, dass es gar keinen Sinn ergibt, sich da weiterhin auszutauschen.

Mittlerweile stand mein Kollege neben mir und wir konnten Stereo den Kopf schütteln.

„Wieviel haben wir den noch?", fragte ich ihn und wollte wissen, wieviel Liter noch gepumpt werden müssen, um die Pumpzeit zu schätzen.

„Gleich fertig", sagte er.

„So", rief ich hinüber, „wir sind sowieso gleich fertig, in 15 Minuten fahren wir weg."

Womit für mich klar war, dass 15 Minuten nicht ausreichen werden, auf die Schleuse zu zulaufen, die Wasserschutzpolizei zu rufen, die dann hier her fahren, um mir das weitere Bunkern zu verbieten. Was immer der jetzt auch vorhat, die Bunkerung war in trockenen Tüchern, mein Kunde konnte gleich weiter und ich zurück zu unserem Anleger fahren.

Er hatte auch keine Argumente mehr, meinte nur, als er sich abwendete und davonschritt: „Das hat noch ein Nachspiel, so geht es ja nun wieder nicht."

Na dann, „kommen lassen", rief ich ihm nach, „immer kommen lassen und einen schönen Tag, vielleicht wäre es auch an der Zeit, den Schleusenbetrieb wieder aufzunehmen."

Wir machten den Papierkram fertig und diskutierten dabei noch über dieses außerordentliche und noch nie da gewesene Schleusenmeistererlebnis, auch mit der Erkenntnis, „das ist doch der Neue" und „der muss noch Lorbeeren ernten" oder „der hat es halt besonders wichtig" und anderes auch in der Wortwahl Boshaftes wurde verwendet, um die Wut zu entkräften, die uns allen jetzt auch nicht weiter hilft. Dann hieß es Leggo, das Schleusenmeister hat auf den Ruf vom MS HEILBRONN reagiert, als wenn nichts gewesen wäre und machte für ihn die Schleuse bereit. So fuhr es in die Schleuse weiter Richtung Kelheim, wir wendeten den CASTROL 18 und fuhren donauabwärts zu unserer Anlage, als das Telefon klingelte.

Der Technische Leiter der Wasserschifffahrts- und Straßenverwaltung war am anderen Ende. Nun kannte man sich ja schon eine Zeit lang, schon aus der Tatsache heraus, dass ich als ehemaliger Mitarbeiter der Hafenverwaltung in der Funktion als Hafenmeister immer mal wieder mit dieser Behörde zu tun hatte. Ihm war demnach bekannt, dass ich mich in der Regel an Vorgaben der Behörden halte und er wollte nun meine Sichtweise des Vorfalls an der Schleuse erfragen, die ich ihm dann erzählte. Ich will mal sagen, er hat sich nicht für das Verhalten seines Kollegen entschuldigt, aber den Fall für erledigt erklärt und er wolle dafür Sorge tragen, dass schriftlich erlassene Anordnungen auch als Rundschreiben an ihre Mitarbeiter genauer erfragt werden, ob denn der darin befindliche Text auch verstanden wurde und umgesetzt werden kann, unter anderem, dass drei Schiffsbreiten nicht ausschließlich etwas mit 3 Schiffen zu tun haben muss.

Ich brachte in Erfahrung, dass dieses Schleusenmeister als Quereinsteiger ohne eine fundierte Ausbildung in der Wasserwirtschaft eingestellt wurde. Er wäre ein einstig staatlich Beschäftigter, der wohl ein bevorzugtes Anrecht auf eine weitere staatliche Beschäftigung hätte und so den Beruf zum Schleusenmeister fand, um weiterhin behördlich tätig bleiben zu können. Er hatte womöglich vorher nie ein Schiff gesehen oder gar eine Schleuse betreten. Womöglich hat man ihn über seine Befugnisse und dieser unfassbaren Macht, die er ab sofort in der Funktion als Schleusenmeister oder halt als Schichtleiter inne trägt, denn er bedient keine Schleuse sondern eine Schicht, besser zu verstehen gegeben, als all das Wichtige, was diese Macht in vielen Dingen vollkommen überflüssig machen würde.

Altes Gerödel, dumme Ideen und ungewöhnliche Schleusenfahrten ...

Nun hab ich so einiges von das Schleusenmeister und dem Drumherum erzählt und sicher bin ich mir auch, wenn alle Schifffahrtstreibenden, Schiffjungen, Matrosen, Steuermänner und Schiffsführer, Schiffsmädchen, Matrosinnen, Steuerfrauen und Schiffsführerinnen, selbst Schifferkinder und Ehefrauen ebenfalls ihre Geschichten erzählen, besser auch niederschreiben würden, dann hätte die Binnenschifffahrt diesen Karl May mit seiner fast 100-teiligen Bücherserie zum Waisenknaben erklärt. Allein aus dem Grund, dass Binnenschiffer keine Märchen erzählen, und „Seemannsgarn spinnen" der Seeschifffahrt entstammt und eine der Tugenden ist, die in der Binnenschifffahrt nicht wirklich Anwendung findet. Binnenschiffer brauchen keinen Klabautermann, auch wenn sie ihn hin und wieder für unerklärliche Dinge spaßeshalber verantwortlich machen. Wir brauchen kein Seemonster und keine 50 Meter hohen Wellen, drei Meter reichen uns vollkommen. In unserer Branche passiert so viel, es bedarf keiner Allüren und Märchen. Dies beweist doch schon die Tatsache, dass allein meine Geschichten dieses eine Buch gefüllt haben. Jeder einzelne Fahrens-Mann oder -Frau hat so sein ganz persönliches, favorisiertes Schleusenerlebnis und das Drumherum begleitet ihn womöglich sein Leben lang, weil es grausam und erschreckend oder so komisch und belustigend war. Schleusenerlebnisse sind, glaube ich, die meist erlebtesten oder prägendsten Geschichten in der Binnenschifffahrt. Es sind Geschichten und Erlebnisse, der alle Besatzungsmitglieder von klein bis groß in irgendeiner, meist unterschiedlichen Art begegnen. Natürlich nimmt sie keiner mehr so richtig wahr bei all dem Alltäglichen und dieser gewachsenen Routine. Diese Geschichten häufen sich so sehr in all den Jahren, dass selbst dieses „Abhaken" auch zur Routine wird wie so vieles andere im Leben. Oftmals lässt die Aufregung bei der Erinnerung an solche Geschehnisse nach, wenn man sich darüber bei einem Gespräch an Deck mit Crewmitgliedern anderer Schiffe austauscht, was auch im Steuerhaus stattfinden kann oder beim Abendessen. Das kann auch der Fall sein bei einem Funkgespräch mit einem Kollegen, der genau in die Richtung fährt, aus der man gerade kommt und so das Erlebte in Erinnerung gerufen wird und man dazu animiert wird, es unbedingt zu erzählen.

Oder es wird nochmal bei einem Stammtischbesuch zu Hause ausgegraben, „Stellt Euch vor, was mir passiert ist ..." Sie bleiben also, diese Erlebnisse, nur leider klein gehalten und sehr oft verharmlost, auch wenn sie als besonders erschreckend erlebt wurden.

Des Schmelzer liebste Tätigkeit: Schleusen, Schleusen, Schleusen ...

Das fängt doch schon in der Ausbildung an – die erste erlebte Schleusenfahrt. Ich weiß nicht, wie es anderen geht, aber meine erste Schleusenfahrt in meinem ganzen Leben war die Fahrt durch die Schleuse Nürnberg zu Tal im August 1978 mit dem leeren Schiff, das für mich damals gigantisch war, 77 Meter lang, 8,20 Meter breit. Schon als wir uns der Schleuse näherten, war ich doch ganz schön aufgeregt. Anders aufgeregt, als wenn ich als kleiner Paul im Supermarkt mal einen Schokoriegel geklaut habe, zumal der Matrose und der Schiffmann mich ordentlich geimpft haben, was da alles zu machen ist und vor allem passieren kann, wenn man das, was zu machen ist, falsch macht.

Unter anderem haben sie mich dazu verdonnert, mit dem Handreibholz an den Bordwänden besonders darauf zu achten, dass das Schiff nicht gegen die Schleusenmauer kommt, vor allem bei der Schleuseneinfahrt. Eindeutig verlauten ließen sie, dass dies auf keinen Fall passieren darf. „Wenn dann eine Beule drin ist, wer soll das bezahlen?" Oder: „Wenn die Farbe an der Bordwand abgekratzt wird, rostet es besonders schnell an dieser Stelle." „Das ganze Schiff wird sterben und Du wirst schuld sein", sagten sie zwar nicht, aber sie erweckten den Eindruck, dass nur ich all dies Schlimme verhindern kann. All die Instruktionen, die Mut machen sollten und auf die lauernden Gefahren hinwiesen, rüttelten meine Nervosität ordentlich wach vor diesem erstmaligen und einzigartigen Ereignis.

„Das Tau vom Reibholz nicht um die Hand wickeln, sonst reißt Du Dir die Hand ab. Blick auf oder es zieht Dich über Bord, wenn es sich irgendwo einklemmt." Oder: „Nicht dass Du über Bord gehst und zwischen Mauer und Schiff fällst und zerquetscht oder von der Schraube zerhackt wirst."

„Nicht rennen an Deck", erhielt ich mahnend den Hinweis. Doch sollte meine „Trägheit" auch nicht gerade daran schuld sein, wenn die Bordwand deformiert ist, was also bedeutet – „rennen".

Dann das Festmachen: Der Schiffmann kam in der Schleuse aus dem Steuerhaus herunter und zeigte mir, wie das geht, lehrte und mahnte zur Vorsicht: „Die Poller müssen immer gut gefettet sein, je schlechter geschmiert ist, desto schneller fliegt Dir das scheiß Ding um die Ohren und schlägt Dir womöglich einen Arm ab und durch das Fetten wird auch das Material glitschiger und man tut sich leichter beim Durchholen."

„Arbeite nie ohne Handschuhe, einzelne kleine Drähte aus diesen vielen einzelnen, die diesen kompletten Draht zusammenhalten, brechen manchmal und biegen sich nach außen. Und diese kleinen und gemeinen Drahtspitzen reißen dir die Hand bis auf die Knochen auf. Die scheiß Dinger heißen nicht umsonst ‚Fleischhaken'. Die dicken Daumenhandschuhe aus Leder schützen Dich davor und Du kannst Dir auch keine Finger zwischen Draht und Poller klemmen, die am Ende zerquetscht in Deinem Fingerhandschuh kleben würden, wenn Du keine Daumenhandschuhe trägst."

„Wir stehen beim Festmachen immer links vom Draht. Ein Festmacherdraht ist in der Regel rechtsherum gedreht und wird auch rechts herum im Uhrzeigersinn um einen Poller gelegt und das funktioniert nur, wenn man links davon steht und mit der rechten Hand arbeitet. Wenn Du den Draht, der rechts herum gedreht ist, dazu zwingst, linksherum zu funktionieren, springt er vom Poller und schlägt Dir vorher die Zähne aus, der macht Dich fertig, der Draht, wenn ihr nicht zusammenarbeitet."

„Dein Arbeitsplatz um den Poller herum muss immer frei sein, da darf nichts rumliegen. Ein Draht muss immer frei laufen können. Er darf beim Festmachen nirgendwo hängen bleiben, darf nicht verdreht sein und sollte keine Kringel oder Ringe haben. Denn wenn Du da mit dem Bein reinsteigst in solch einen Ring, weil der Draht nicht langgezogen und ausgedreht an Deck liegt und der Draht läuft weiterhin um den Poller, dann quetscht Dir der Kringel, der sich dann zusammenzieht, Dein Bein ab."

„Mit diesem Draht darfst Du nur 8en machen, weil er zu schwer, so störrisch und blöd zu handeln ist. Mit dem anderen Draht kannst Du auch Rundschläge machen, der ist nicht so dick und schön weich."

„Wenn Du mit 8en festmachst, kannst Du das Schiff besser stoppen oder abbremsen. Bei Rundschlägen musst Du dabei besser aufpassen, sonst knallte es und das Ding ist ab. Wer soll den dann reparieren oder spleißen? Du kannst das ja noch nicht und der Matrose wird ganz schön sauer sein. Wenn also der Draht lose wird, dass Schiff anfängt, nach vorne zu laufen, dann musst Du diese lose Bucht auch wieder einholen oder durchholen. Je mehr lose Bucht Du dem Draht lässt, desto mehr Bewegungsfreiheit und Schwung bekommt das Schiff, wenn es wieder zurück läuft. Ein erneutes Abstoppen oder Anhalten des Schiffes wird dann auch schwieriger."

„Wenn das Schiff runter geht, musst Du den Draht, der im Schleusenpoller hängt, immer weiter nach unten umsetzen, womöglich hängt sich der Dampfer sonst auf und bevor der Draht abreißt, kann sich das Schiff verbiegen. Das muss schnell gehen. Wenn das Schiff also durch den Schleusenbetrieb nach vorne läuft, dann schnell losmachen, zügig zum Auge vom Draht laufen, das in der Wand um den Poller hängt, den Draht ein oder zwei Poller nach unten umsetzen, schnell wieder nach hinten zur Pollerbank, durchholen und wieder festmachen. Wenn das Schiff dann schon wieder zurückläuft, weil der Matrose es am Vorschiff festhalten musste oder Du zu lahmarschig warst, dann musst Du mal sehen, dass Du es wieder anhalten oder festhalten kannst, nicht dass wir hinter uns in das Schleusentor oder auf ein Schiff, das hinter uns liegt, krachen. Pass auf, dass Du dabei nicht stolperst oder über Bord gehst."

„In der Bergfahrt, wenn wir einen Fluss mit Schleusen hinauf, sprich zu Berg, fahren und das Schiff beladen ist, geht das Ganze dann anders rum. Der Draht muss immer einen oder zwei Poller höher gesetzt werden. Dann ist der Mann auf dem Achterschiff mehr gefordert, das Schiff zu bremsen oder abzustoppen, wenn es zurückläuft."

„Der Matrose am Vorschiff passt auf, dass wir vorne nirgendwo reinkrachen und Du passt auf dem Achterschiff auf, dass wir hinten nirgendwo reinkrachen."

Unterfranken: Matrosen bremsen Schiff mit Muskelkraft und verhindern Schiffsunglück auf Main

(franken.de, 12.05.2018)

Im Landkreis Schweinfurt handelten Matrosen eines Güterschiffs „schnell und goldrichtig". Ihrem 2000 Tonnen schwerem Schiff drohte eine Kollision mit der Schleuse - und dem Main eine wochenlange Sperre.

Mit Muskelkraft haben Matrosen auf dem Main ein 2000 Tonnen schweres Güterschiff gebremst, wie die Polizei Unterfranken in einer Mitteilung schreibt. Bei dem Schiff funktionierte am Donnerstagnachmittag plötzlich wegen eines technischen Defekts die Bremse nicht mehr, wie die Polizei am Freitag mitteilte. Das Güterschiff steuerte unaufhaltsam auf ein Tor einer Schleuse in der Nähe der Gemeinde Wipfeld (Landkreis

Schweinfurt) zu. Die Matrosen an Bord regierten „schnell und goldrichtig", erklärte Enrico Ball von der Polizei Unterfranken. Eine Kollision mit dem Tor hätte schwere Schäden verursacht, die wochenlange Reparaturen nach sich gezogen hätten. Die Matrosen banden Taue an Polder an der Kanalmauer, hängten sich in die Seile und schafften es mit Hilfe ihrer Muskelkraft, das Schiff fast komplett zum Stillstand zu bringen. Dabei riss sogar eines der robusten Schiffstaue. In den letzten Metern rammte der 2000-Tonner allerdings noch ein Geländer. Der Schaden daran wird auf etwa 5000 Euro geschätzt.

Anmerkung:
Eine sehr schlechte und unqualifizierte Berichterstattung, ist aber nichts Neues in der Binnenschifffahrt und alles andere, was mit ihr im Zusammenhang steht. Leider spricht der Verfasser hier davon, „Die Bremse funktionierte nicht mehr" und nennt diese „Poller", an denen ein Schiff befestigt wird, „Polder".

Zur Information:
Schiffe haben keine Bremsen. Schiffsführer oder Kapitäne stoppen und stellen ihr Schiff auf der ganzen Welt gleich, nämlich durch das rückwärtsdrehen lassen der Schiffsschraube. Der letztendliche Stillstand eines Schiffes wird immer von Schiffsbesatzungen, dem an Deck befindlichen Personal, zu Ende geführt. Das Schiff befand sich in einer Schleuse, daher wurde es an einer Schleusenmauer und nicht an einer Kanalmauer „abgestoppt und befestigt". Ein Polder ist übrigens ein eingedeichtes niedrig gelegenes Gelände in der Nähe von Gewässern. Es dient unter anderem dem Hochwasserschutz.

So wurde auch mir viele, große Verantwortung zuteil mit allen Konsequenzen, wenn man all das nicht einhält. Konsequenzen, die in einem Auszubildenden schon in den ersten Tagen ordentlich Muffensausen hervorrufen. Mal Hand aufs Herz, wer kann sich nicht daran erinnern, als er das erste Mal eine Bergschleusung erlebte? Als das Schiff zurücklief und man sich mit dem Draht in beiden Händen gegen dieses Durchlaufen des Festmacherseils, einem Draht oder Tau, stemmte mit dem Auftrag, das Schiff abzustoppen, es unbedingt zum Stehen zu bringen, weil sich hinter dem Schiff ein Schleusentor oder ein anderes Schiff befand. Bersten oder reißen sollte das Ding auf alle Fälle nicht. Das Ding, Tau oder Draht, formt sich in dem Augenblick „wenn es ankommt", wie man so sagt, wenn das Schiff in den Draht läuft und dieser steinhart und stramm wird, zu einer scheinbar starren, knüppelharten Eisenstange. Trotzdem zieht es weiterhin immer mehr davon über den Poller und immer mehr stemmt man sich dagegen, um zu verhindern, dass dieser scheiß Dampfer weiter zurückläuft, und um zu bewirken, dass dieser endlich stehen bleibt.

Verzweifelt legt man schnell noch eine Acht oder Rundschlag auf, um der Sache Herr zu werden. Irgendwann kommt auch mal der Augenblick, da muss man dieser Kraft auch nachgeben, etwas lose lassen, „fieren" nennt sich sowas, nur wenige Zentimeter durch die Hände gleiten lassen, da es den Eindruck machte nach Knirschen, Hüpfen und Zucken, so dass es gleich abreißen könnte. Das kurze fieren entlastet den Draht dann nur kurz vor dem Erreichen seiner Bruchlast. Doch tu nur nicht zu viel des Guten, fiere nicht zu viel, nicht dass der Dampfer wieder zu viel Schwung und Geschwindigkeit bekommt und erneut anfängt zu laufen. Dann wieder erneut festhalten, womöglich nochmal etwas nachgeben (fieren), bis er nach einer gewissen Zeit und mehreren Wiederholungen einfach so langsam wird, letztendlich stehen bleibt und der Stabilität des Festmachseils nichts mehr anhaben kann. Anfänglich hat man auch noch den Alten im Nacken, der vom Steuerhaus herunter ruf, „Halt fest, halt fest" oder „fieren, fieren", man sich selber noch nicht sicher ist, ob denn das Schiff schon so weit langsam genug wäre, dass man es nun endlich festhalten kann. Wenn es dann doch kracht – paff, bäng, bum – Draht oder Tau gerissen waren und die Fetzen geflogen sind, dann schaut man erstmal blöd und erschrocken durch die Gegend. Yeah, der erste gerissene Draht oder das erste gerissene Tau warten auf jeden irgendwann. Bei dem einem früher oder später, bei dem anderen eher irgendwie immer, weil er es einfach nicht lernen mag oder kann. So lange man diesen Beruf in einer Decksmannschaft ausübt, werden Drähte und Tauen reißen und fliegen.

Dann aber ist der Schiffmann gefordert, das Schiff mit dem Motor aus der Voraus- oder Zurückbewegung zu nehmen, alles daran zu setzen, dass man nicht in das Schleusentor kracht, egal ob einem das vordere oder das hintere am nächsten ist, den Vordermann nicht „in den Arsch" oder den Hintermann nicht vor den Bug kracht. Auch eine spannende Aufgabe, von der ein Auszubildender noch weit entfernt ist. Die Nervosität, Stress, Hektik, die dann womöglich aufkommen, was meistens der Fall ist, verteilen sich schlagartig auf alle an dieser Aktion beteiligten Personen.

Wenn dann alles wieder sicher festgemacht und Ruhe einkehrt ist, konzentriert sich die Brüllerei dann auch mal auf den tatsächlichen Verursacher und Auslöser dieser verzwickten Situation. Somit war es oder ist es heute noch sehr beruhigend, wenn der Alte wenigstens bei solchen Lernprogrammen in eingreifbarer Nähe ist. Ein Schiff ohne Festmachen zu schleusen, ist von der Größe der Schleuse abhängig. Große Schleuse, kleines Schiff – ja. Kleine Schleuse, großes Schiff – nein. Aber auch deren Funktionsweise spielt dabei eine große Rolle. Was macht das einlaufende Wasser? Ist es recht wild und strömt stark oder kommt es langsam und gemächlich in die Schleuse gelaufen? Aber, um es kurz zu machen, nein, es ist nicht erlaubt, der Sicherheit wegen.

Vor dem Schleusenbeginn zu Berg, (gegen den Strom) Schleuse Neckargemünd, Neckar.

Beim Aufschleusen in der Schleuse Neckargemünd, Neckar

Nach dem Aufschleusen, kurz vor der Ausfahrt

Allerdings gibt es ein paar Schleusen, wie zum Beispiel die Schleuse Ruhrort in Duisburg, dem größten Binnenhafen Europas, um auch eine beim Namen zu nennen, die sind schon so alt und marode, da ist es sogar verboten festzumachen. Alle Poller, zum Teil noch aus der vorletzten Jahrhundertwende, in den Wänden wurden entfernt, da sie den erforderlich notwendigen Bruchlasten der Schiffe nicht mehr standhalten. Andere dieser alten maroden Schleusen haben zwar noch Poller, aber man darf sie nicht verwenden, nicht daran festmachen, weil sie sonst das eine oder andere Besatzungsmitglied erschlagen könnten, wenn sie aus den Schleusenmauern fliegen. Schiffe werden schon seit vielen Jahren diesen maroden Infrastrukturen angepasst. Es gibt eine sehr moderne, garantiert sogar die modernste Binnenschifffahrt auf der ganzen Welt, in Europa, in den Anrainerstaaten. Und es gibt die schlechteste Infrastruktur im Vergleich zur Notwendigkeit ganz allein in der Bundesrepublik Deutschland.

Schreckensgraben Neckar ...

Ich halte es für notwendig, dies mit diesen paar Worten erwähnt zu haben. Und die Frage, die eventuell mal jemand stellen könnte, „Warum hat denn nie jemand was gesagt", ist somit für die Ewigkeit beantwortet. Im Jahr 2030, wenn dann mal alles endgültig zum Erliegen gekommen ist, die ersten Dämme und Wehranlagen gebrochen, die ersten Brücken eingestürzt und die ersten Schiffe in den Schleusen abgesoffen sind, dann kann vielleicht jemand dokumentarisch erwähnen, dass sogar schon im Jahr 2020 ein kleiner Schreiberling in seinen Geschichten an diese Umstände erinnert hat. Massive Umstände, die schon damals ein sehr großes Problem darstellten. Als kleiner Beweis dafür, dass dieses Problem „marode Infrastrukturen an den Binnenwasserstraßen" schon sehr lange bekannt waren.

SOS, die Schleusen bröckeln
(Süddeutsche Zeitung, 13.05.2019)
Deutschlands Wasserstraßen sind marode. Binnenschiffer warnen vor dem Totalausfall einzelner Kanäle, die Industrie ist alarmiert. Die Probleme sind lange bekannt. Besonders dramatisch wäre ein Ausfall der Schleusen auf dem Wesel-Datteln-Kanal. Die Route ist eine der wichtigsten Wasserstraßen des Landes, sie führt vom Rhein ins nördliche Ruhrgebiet. Waren, die nach Norden oder nach Osten, bis nach Berlin, sollen, müs-

sen dort durch. 20 000 Schiffe passieren die Strecke jährlich, das entspricht etwa 1,8 Millionen Lkw-Ladungen. Das Problem: Sechs von sechs Schleusenanlagen müssten saniert werden. Der Zustand ist beispielhaft für das Wasserstraßennetz. Die Misere ist seit Jahren bekannt. Schon 2016 veröffentlichte der Bund, in dessen Zuständigkeit die Schleusen entlang wichtiger Verbindungen liegen, entsprechende Zahlen. In Norddeutschland brauchten 34 von 36 Schleusen eine Reparatur. In Süddeutschland waren es 81 von 83, im Westen 22 von 37. Einzig im Osten war die Lage annehmbar. Binnenschiffer, ihre Abnehmer aus der Industrie sowie Fachpolitiker sind sich weitgehend einig: Deutlich besser ist es vor allem im Westen nicht geworden. Im Verkehrsministerium von Andreas Scheuer (CSU) ist von „umfangreichen Erhaltungs- und Ersatzinvestitionen", die in den kommenden Jahren erforderlich seien, die Rede. Etwa 60 Prozent der Schleusenanlagen wurden vor 1950 errichtet, knapp 20 Prozent vor 1900. Bei den Wehren sieht es ähnlich aus. „Von diesen Anlagen müssten gemäß Expertenschätzung in den nächsten 20 Jahren circa 100 durch Neubauten ersetzt werden", teilt das Ministerium mit.

Risiko für die Schifffahrt: Viele Schleusen in Bayern sind marode
(nordbayern.de, 27.08.2019)
In vielen Schleusen und Wehren in Bayern hat massiv der Zahn der Zeit genagt. Für die Sanierung der maroden Bausubstanz fehlt Geld und Personal, denn in den vergangenen Jahrzehnten wurden in den zuständigen Ämtern viele Stellen abgebaut. Dieser Sparkurs rächt sich nun.

Poller-Alarm im Ruhrgebiet!
(bild.de, 27.04.2020)
Wesel (NRW) – Mit kräftigen Zügen zieht Miroslaw Rej (55) das schwere Tau die acht Meter vom Schiff hinauf zum Poller.
Er ist „Festmacher" an der Schleuse Friedrichsfeld in Wesel. Ein Job, den es nur gibt, weil die Nischenpoller der Schleuse (1930 eröffnet) marode sind.

Sie tragen das Zuggewicht moderner Schiffe nicht mehr. Jetzt sind an den sechs großen Schleusen des Wesel-Datteln-Kanals rund um die Uhr insgesamt 30 „Festmacher" im Einsatz. Kosten pro Jahr: eine Million Euro.

Eine Notmaßnahme, die den miserablen Zustand der Kanal-Infrastruktur im Ruhrgebiet zeigt: 30 Prozent der Schleusen in NRW sind über 80 (!) Jahre alt, u. a. die beiden großen Ruhrschleusen. Der Neubau stockt seit Jahren, weil der Wasserstraßen- und Schifffahrtsverwaltung (WSV) die Planer für wichtige Projekte fehlen.

Binnenschiffer und Industrie schlagen Alarm!

„Die Infrastruktur ist jahrelang auf Verschleiß gefahren worden", kritisiert Fabian Spieß (33) vom Bundesverband der Deutschen Binnenschifffahrt. Dabei braucht vor allem die chemische Industrie ein leistungsfähiges Kanalnetz.

Von den 18 Millionen Tonnen, die jährlich z. B. über den Wesel-Datteln-Kanal gehen, landen 3,5 Millionen allein im Chemiepark Marl. „Dem droht ohne Schleusensanierung ein ernsthaftes Problem", sagt Uwe Wäckers (51) vom Branchenverband VCI.

Doch es gibt Hoffnung: Im Bundeshaushalt 2020 sind 72 neue Stellen für die WSV in NRW eingeplant worden. Doch bisher gibt es diese Stellen nur auf dem Papier. Spieß: „Wir brauchen jetzt eine Einstellungsoffensive."

Sonst erleidet der Güterverkehr auf den Revier-Kanälen Schiffbruch ...

Seit längerem plant und bemüht man sich darum, die Wasserstraße Neckar zu „sanieren" und hat auch schon damit begonnen. Wer auch immer diese Idee in diesem Planungsgeschehen hatte, der muss unbedingt bestraft werden. Ebenso wie all jene, die diesen Schwachsinn unterzeichnet und genehmigt haben. Ein jeder, der diese erbärmliche Story, diesen Vorgang, diese Planung, allein schon diese Idee mit den Schildbürgern in Verbindung bringt, muss ...

Aber nein, es ist keine fantasievolle, an den Haaren herbeigezogene, total verrückte Geschichte der Schildbürger. Es ist verdammt noch mal Realität und es passiert wirklich im heute und jetzt, im Jahr 2020 und nicht im 16. Jahrhundert. Wie kann man nur so dumm sein und eine grundsätzlich funktionierende Wasserstraße wie den Neckar, der bisher bis zu einem maximalen Schiffmaß von 105 Metern Länge befahren werden kann, für eine Schiffslänge von 135 Metern kompatibel zu machen, wo man noch lange nicht das im Griff hat, wo eine Schiffslänge von 135 und mehr Metern längst möglich ist, aber ebenfalls nicht immer umgesetzt werden kann, weil es der alte Schleusenschrott nicht zulässt. Man sollte natürlich ebenfalls die Neckarschleusen der neuen Zeit anpassen, aber ausschließlich in Bezug auf ihre Funktionalität. Auch das Fahrwasser auf dem Neckar ist nicht überall mit einer Schiffslänge von 135 Metern ohne Hindernisse befahrbar. Dafür muss sehr viel Material aus dem Fluss und an seinen Ufern bewegt werden. Wo heute ein Begegnen mit 105 Metern Schiffslänge beschwerlich oder gar nicht möglich ist, wird es mit 135 Metern Schiffslänge erst recht nicht möglich sein. Der ganze Graben müsste auf 205 Kilometer schiffbare Strecke um mindestens 80 Zentimeter für immer und garantiert vertieft werden. Werden die vielen steinalten Kanäle, die betoniert oder durch Spundwände gestützt sind, dieser Veränderung standhalten oder brechen sie in sich zusammen? Wo sollen diese Pötte denn anlegen, um Fahr- und Ruhezeiten einzuhalten? Nur sehr wenige Schleusen bieten Liegeplätze an oder erlauben es gar, dort anzulegen. Diese Liegeplätze sind zum Teil noch aus dem Ursprung der Initiative, den Neckar schiffbar zu machen. Sie werden weder in ihren Längen noch in ihren Stabilitäten diesen großen und schweren Schiffen standhalten. Sehr viele enge Kurven müssen im Radius größer gemacht werden.

Diese umfangreichen Maßnahmen an der Wasserstraße Neckar stellen daher eine weit größere Herausforderung dar als die routinierte Modifizierung, die Verlängerung einer Schleuse von der jetzigen nutzbaren Länge von 110 Meter auf dann mindestens 140 Meter. Es gibt genug Schiffsraum bis und unter einer Schiffslänge von 105 Metern und daran wird sich auch so schnell nichts ändern. Soll man doch die schon vorhandenen, für dieses Schiffsmaß existierenden Wasserstraßen so belassen, sich auf deren Funktion konzentrieren und das Schiffsmaß von

135 Meter dort einsetzen, wo es ungehindert möglich ist. Vor allem ist es in einer nüchternen und objektiven Betrachtungsweise sehr wichtig zu bedenken, was sie transportieren sollen oder könnten, all die großen Schiffe, die dann dem Neckar neuen Aufschwung verleihen sollen. Da es ja dem Anschein nach zu spät ist und diese Pläne langsam und gemächlich umgesetzt werden, sollte man sich umgehend damit befassen.

Was zum Teufel sollen sie denn bringen, diese „Ochsenschiffe" mit 135 Meter Länge und 11,45 Meter Schiffsbreite?

Kohle für diese Kraftwerke in Heilbronn oder Stuttgart, die wenigen, die noch mit Kohle befeuert werden und gerade im Umbruch sind, dies nicht mehr zu tun?

Container, die in Containerschiffen transportiert werden, die nicht ausgelastet fahren können, weil es zu viele zu niedrige Brücken und Schleuseneinfahrten entlang des ganzen Neckars gibt?

Baustoffe vom Oberrhein? Sand- und Kiestransporte obliegen den ansässigen Monopolisten, die ihre eigenen Schiffe haben und womöglich kein 135 Meter Schiff dafür bauen lassen werden, da die alten fahren müssen, bis der Rost sie scheidet.

Flüssiggüter in 135 Meter langen Tankschiffen, die an keiner Anlage entladen werden können, da auch diese auf das Maximalmaß 105 Meter Schiffslänge seit Anbeginn der Neckarschifffahrt errichtet sind? Zumal sie auch zu weinige nutzbare Anlagen haben, um mehr Schiffe zu löschen oder zu entladen.

Und dann noch diese furchtbar vernachlässigten, verschlammten und versandeten Hafeneinfahrten in Stuttgart und Plochingen, die schon ein Schiff mit nur 85 Meter Schiffslänge in die Bredouille bringen können.

Und was sollen sie den Neckar hinunter transportieren?

Salz aus Heilbronn? In diesem Loch, was sich Salzhafen nennt, wird es sicherlich recht lustig für den Kapitän, der da mit 135 Metern Schiffslänge ein- oder ausfahren muss.

Schrott aus Stuttgart und Plochingen, konterminierte Erde, ein ganz klein wenig Getreide und Futtermittel aus Fabriken, deren Tage gezählt sind? Gibs gibt's noch aus Obrigheim.

Alles Waren, die man in den letzten vielen Jahrzehnten dieser Transportform Binnenschiff entzogen hat, müssten erstmal wieder neu geschaffen werden, zumal dieser prognostizierte Zustand der wiederkehrenden niedrigen Wasserstände ein Befahren des Flusses, in dem ein Tiefgang von 2,80 Metern möglich wäre, uninteressant wird, wenn man mit nur einem Tiefgang von 1,60 den Rhein hinauf oder herunter kommt.

Schiffsraum und der Transport auch auf der Binnenwasserstraße Neckar, den gibt es schon seit der Römerzeit. Der Neckar allerdings gehört zu diesen „Zum Sterben zu viel, zum Leben zu wenig"-Gewässern. Es gibt zu vieles, was gegen diese wahnwitzige Idee spricht, diesen Fluss zu einer noch rentableren Wasserstraße umzufunktionieren. Er kratzt seit vielen Jahren an einer transportierten Warenmenge zwischen 5 und wenn es mal ein Jahr ganz gut geht, nicht ganz 6 Millionen Tonnen. Wenn jedes Schiff im Schnitt 1.200 Tonnen bewegen sollte, so sind es gerade mal 5.000 Schiffe, die im Jahr dieses Gewässer befahren. Eine Schleuse muss zurzeit am Tag theoretisch 13,68 Schleusungen machen: 6,84 Schleusungen den Neckar aufwärts und 6,84 abwärts. Was für ein Irrsinn ...

Doch zurück zum Alltäglichen ...

Das Schleusenmeister kümmert all das nicht, was mit maroden Strukturen und dem, was da kommen soll, zu tun hat. Der arbeitet mit dem, was vorhanden und in Funktion ist. Schweißtreibende Aktionen in den Schleusen, welche er nicht und womöglich nie erlebt hat, belasten ihn in der Regel nicht die Bohne, die sind da vollkommen leidenschaftslos, sie lassen auch mal ihre Schleusen weiter laufen, egal, was sich da womöglich für Dramen in den Schleusenkammern abspielen. Wenn die erste Leiche da liegt oder einer am verbluten ist, kann man am Funkgerät versuchen, das Schleusenmeister zu erreichen, um darum zu bitten, er möchte doch bitte kurz den Schleusenvorgang stoppen. Wegen einem außer Kontrolle geratenen Schiff wird kein Knöpfchen außerhalb des normalen Ablaufes getätigt. Ausnahmen bestätigen auch hier die Regel, der eine oder andere, der dies dann doch tut, weil er eben etwas anders tickt als die anderen, der möge das obere über und diesen Satz des Dankes zwei oder dreimal lesen.

Dass bei den vielen unvorhergesehenen Geschehnissen noch relativ wenig Mensch und Material geschädigt wird, ist mit Sicherheit am wenigsten dem Schleusenmeister zu verdanken, das da oben in seiner Kanzel sitzt und das Geschehen womöglich nicht einmal beobachtet. Die Schiffsleute sind die Guten, die all das Schlimme immer mit allem, was ihnen zur Verfügung steht, gewillt sind zu verhindern. Und all das Genannte bei solchen Schleusenvorgängen macht man dann immer wieder und wieder und wieder. Das Schleusenmeister und die Schiffsbesatzungen helfen viele Tage, Monate und Jahre immer mit dem gleichen Ziel, ein Schiff zu schleusen, eine Aktion, die stets so lange dauert, bis das Schiff hoch- oder runtergeschleust ist.

Zu glauben, es wäre immer das gleiche, Schleuse hoch, Schleuse runter, stimmt auch nur bedingt und stört leider etwas in der tatsächlichen Vorstellung und noch mehr in der angewandten Praxis. Kein Schleusenvorgang ist wie der andere, sie sehen womöglich alle ähnlich aus, haben auch den gleichen Sinn, funktionieren ähnlich und der Schleusenvorgang läuft auch immer ähnlich ab, haben auch die gleichen Abmessungen und man fährt sein Schiff hinein, wie man es Tausende Male zuvor schon getan hat. Das Geschehen darin, die vermeintliche Routine, kann in Sekunden umschlagen und zu einem nicht immer erwünschten Abenteuer werden.

Ein geborstener Draht oder Tau lässt immer den Adrenalinspiegel ansteigen. Der Schiffmann hat womöglich gerade die Hose runtergelassen, sitzt womöglich gerade auf der Keramik und macht seinen „Schleusenschiss" und kann nicht mal schnell den Motor starten, um Schlimmeres zu verhindern. Da muss an Deck reagiert werden. Schnell muss das Schiff mit einem anderen Draht wieder eingefangen werden und der Mann am Vorschiff muss eventuell helfen, das rückwärtstreibende Schiff auf dem Vorschiff zu stoppen oder umgekehrt. Der Mann am Vorschiff sieht nicht, wieviel Platz so weit hinten noch ist und der Mann am Achterschiff sieht nicht, wieviel Platz vor dem Schiff noch ist. Beide können dann nur ihr Bestes geben und wenn es den Käpt'n noch vor dem Abwischen von der Keramikschüssel schüttelt, dann muss man mal hoffen, dass dies der einzige Scheiß bleibt bei solch einem Geschehen. Daher sind meist alle in solch einer Situation gefordert, auch sind alle insgeheim froh, wenn dann nichts Schlimmeres passiert ist.

Manch ein Schiffmann meckert dann, „Jetzt hat der schon wieder einen Draht abreißen lassen", spleißen tut er ihn allerdings nicht. Geborstene Drähte und Taue werden in der Regel von dem gespleißt, der ihn hat abreißen lassen. Ist es ein Schmelzer, der das noch nicht kann, dann wird ihm gezeigt, wie es geht. Auf alle Fälle wird alles wieder gespleißt und weiter geht's zur nächsten Schleuse. Manche Auszubildende brauchen eine Zeit lang, bis sie das Drumherum alles im Griff haben. Lernen ihre Lieblingsschleusen, weil da alles so gemächlich läuft und ihre Fickschleusen kennen, weil diese Drecksschleuse beim Schleusen keine Ruhe ins Schiff kommen lässt.

Sie kotzen in sich, wenn ein Schleusenmeister es besonders hart laufen lässt, um die Schleuse schneller als normal zu befüllen, des lieben Feierabends wegen. Manchmal haben sie es auch eilig, die Schleusenmeister, nicht immer nur zu ihrem Vorteil, aber ja.

Andere Profis werden nur an einem Tag verflucht, da sie schon gegen Mittag 4 Drähte gelyncht haben, weil es einfach ein beschissen Tag war und nichts funktionieren will. Die Crew eines Schiffes muss mit der Schleusung umgehen, nicht die Schleusung mit ihr.

Erlebnis in der Schleuse Kotzheim ...

In der Schleuse Kostheim, die letzte Schleuse, bevor der Main drei Kilometer weiter in den Rhein mündet, erlebten wir auch mal ein wortwörtlich schnelles Ereignis. Wir kamen mit dem „TMS RÜTI" von Frankfurt Höchst mit Biodiesel zu Tal, lagen sehr „flott", wie man so sagt, wenn man den Wasserstand nicht ausreizt. Rüti, nachdem das Schiff benannt ist, ist ein Ort im Kanton Zürich, in der Schweiz, darum hieß das Schiff auch einst „RÜTI-ZH". Gerufen wird er aber nur „RÜTI". Es gibt auch nur einen einzigen Tanker, der diesen einzigartigen Namen trägt.

233

(Bilder, A.Raab, Feudenheim)

1963 als „MONTAN" bei der Ruhrorter Schiffswerft in Duisburg-Ruhrort gebaut. Ab 1979 „RÜTI – ZH", anfänglich weiterhin unter Schweizer Flagge und unter der Reedereiflagge der Fa. Nikolaus Kaufer, Würzburg, ab 1995 MTS, Wörth/Main, ab 2013 Partikulier.

Reedereiintern wurde der „RÜTI-ZH" auch als „MAINTANK 25" bezeichnet. Alle Tankschiffe der Reederei Kaufer, die einen Schiffsnamen trugen, hatten rein firmenintern noch eine Maintank-Bezeichnung. Dies diente ausschließlich der internen Listung: „FRANK" = „MAINTANK 23", „KATJA" = „MAINTANK 24", „RÜTI-ZH" = „MAINTANK 25", „CHRISTOFFEL" = „MAINTANK 26" ... usw.

Länge: 94,80 m, Breite: 9,01 m, Tiefgang: 2,60 m, Tonnage: 1.564 t, Antrieb: 8-Zylinder-Deutz RBV6M 545, 800 PS. Im Februar 2019 wurde der „RÜTI-ZH" in Bratislava verschrottet.

Der „Tatzlwurm" mit 189 Metern die längste Holzbrücke Europas. Sie überspannt den Main-Donau-Kanal bei Essing, nahe Kelheim, oben links Burg Randeck. Überführungsfahrt nach Deggendorf, wo der „RÜTI-ZH" am 20.05.2013 an den neuen Eigentümer übergeben wurde.

Der „RÜTI-ZH" war ein tolles Schiff. Und hätte uns nicht der Verkauf getrennt, würde ich noch heute auf ihm fahren.

Wir lagen für diese Reise nur 2 Meter tief, obwohl noch mindestens 1,20 Meter tiefer laut Wasserstand möglich gewesen wären. Das lag daran, dass wir nur eine „Max-Menge", nur das transportierten, was der Warenempfänger haben wollte. Unser Zielhafen lautete Gent in Belgien. Wir bekamen talfahrend die Nordkammer oder Steuerbord die breite Schleuse, die 15-Meter-Kammer, und da der gute „RÜTI" nur 9,00 Meter breit war, stand fest, diese Schleusung wird eine sehr gemütliche werden. Die Nordkammer der Schleuse Kostheim wurde 1935 in Betrieb genommen, die Südkammer schon 1933. Diese hat zwar eine Schleusenbreite von 20 Meter, aber blöderweise nur eine 12 Meter breite Schleuseneinfahrt. Kein Mensch mag sie und kein Mensch braucht sie, wo es doch so viel angenehmer und besser ist, durch die 15-Meter-Schleuse zu fahren.

Entscheiden tut das aber das Schleusenmeister, manchmal fragt es auch, was einem lieber wäre, 15- oder 12-Meter-Kammer. Andere, die Guten und Netten, versuchen immer, die 15-Meter-Kammer klarzuhalten. Diese Schleusen arbeiten Tag und Nacht und was wir Schiffer mit 2, 3 oder maximal 4 Mann in 24 Stunden schaffen, schaffen die sicherlich auch mit 20 Mann im Schichtwechsel.

Nicht umsonst wird diese 20-Meter-Schleuse durch ihre absolut einmalige Bauform, nicht der Liebe zu ihr wegen, „Alte Schleuse" oder „Bananen-Schleuse" genannt. So nennen sie vor allem die Kapitäne jener Schiffe, die sich mit der bald für alle vorgeschriebenen Standardschiffsbreite von 11,45 Meter dort hineinzwängen müssen.

Beide Schleusen haben in den vielen Jahren schon einige Umbauten erfahren, für unwichtig betrachtete man dabei stets die Tatsache, die 20-Meter-Kammer ebenfalls mit einer 15 Meter breiten Schleuseneinfahrt zu versehen. Schiffe werden weiterhin dem alten maroden Gerödel angepasst, wo doch grundsätzlich mehr möglich wäre. Trotzdem hauen sie gut was weg, die beiden Schleusen, womöglich 25–30.000 Schleusungen im Jahr. Wie fast alle Schleusen auf dem Untermain haben sie eine Schleusenlänge von 340 Metern. Auch diese 15-Meter-Kammer ist mit einem weiteren Schleusentor in zwei Schleusen hintereinander teilbar. Die vordere Schleusenkammer, Unterkammer oder große Kammer genannt, mit 229 Metern Länge und die hintere Schleuse, Oberkammer oder kleine Kammer genannt, mit 112 Metern Länge. Die Fallhöhe ist vom Wasserstand des Rheins abhängig, aber mehr als 4 Meter abwärts geht es sicherlich nie. Hat der Rhein ordentlich Hochwasser, sinkt auch die Fallhöhe und im extremen Fall werden die Schiffe auch über die Wehranlage geschickt, wenn das Niveau Schleuse Oberwasser, Rhein und Main, gleich hoch ist, kommt aber nicht allzu oft vor.

Fahrt über die Wehranlage in Kostheim, Frühjahr 1986

Unsere Order vom Schleusenmeister lautete: „Die große Kammer an Steuerbord ist klar, fahren Sie ganz vor." Mit 9 Metern Schiffsbreite hinein in diese 15-Meter-Schleusenkammer flutschte geradezu und wie befohlen fuhren wir, da hinter uns kein weiteres Schiff war, fast ganz vor bis an den vorletzten

Poller vor der Schleusenausfahrt. Der vordere Mann machte vorne fest, der hintere am Heckpoller, 5 Meter vor dem Ende des Schiffes. Nach unserer Meldung „Wir sind klar zum Schleusen" schloss sich hinter uns das Mitteltor, die Trennung von großer und kleiner Kammer und es ging abwärts. Schon nach 10 Minuten waren wir unten und das untere, das vor uns befindliche Schleusentor öffnete sich.

Da kam aus der Schleusenzentrale die Frage am Funkgerät: „Könnten wir die kleine (die hinter uns befindliche Schleusenkammer) schon ablassen, es kommen nun doch 3 Schiffe zu Berg, da brauchen wir die ganze Kammer und schneller draußen seid ihr auch noch?"

„Na ja, grundsätzlich hab ich nichts dagegen", sagte ich und, „Ihr müsst ja nicht gleich alle Schotten ganz aufreißen, bin doch so draußen, noch bevor der letzte Bergfahrer da ist."

„Ist o. k., alles klar", meinte er nur, „ich lass langsam ablaufen."

Und so wie ich zurückblickte, sah ich auch schon das Wasser unter dem Schleusentor hinter uns hervorströmen.

Mein Maat am Vorschiff hatte mit dem Umschalten der Ampel von Rot auf Grün seinen Draht schon losgemacht und in der Regel tut dies mein Maat am Achterschiff dann auch automatisch.

Wissen, was ich da mit der Schleuse am Funk abgekaspert habe, konnte er allerdings nicht.

Auf einmal kam ganz schön Gang ins Schiff, es fing also auch, ohne dass ich den Motor in Betrieb nahm, an zu laufen wie die wilde Wutz und das sehr viel schneller, als ich erwartet habe und als es mir lieb war.

„Schiffmaaannn, ich hab noch nicht los", rief auf einmal der Mann vom Achterdeck verzweifelt über Funk-Kanal 17 und schlenkerte wie ein Irrer den Draht achteraus, um diesen vom Poller auf der Schleuse zu befreien, was ihm einfach nicht gelingen wollte.

Der vordere Mann war zum Achterschiff geflitzt, um zu helfen, und ich machte die Maschine alle Kraft rückwärts, bemerkte aber sehr schnell, dass ich absolut keine Chance hatte, war es ja, bis ich das Schleusentor vollends passiert habe, nur noch eine halbe Schiffslänge.

Auch die Chance der Maaten war verwirkt. Den Draht kriegt keiner mehr rausgeschlenkert, war mir klar, stand er doch mindestens schon 30 Meter am Heck hinten raus. Das Schiff schoss wie bekloppt weiter seiner Wege in Richtung des Endes der Schleusenausfahrt.

Und am Funk rief ich noch, „Geht weg, in Deckung, alle weg da hinten", da ich sah, dass sich der Draht, der vor dem Steuerhaus, gute 25 Meter vom Achterschiff entfernt, in einem Drahtkorb Schlag um Schlag und Ring um Ring sauber aufgeräumt lag, sich wie von Geisterhänden mit einem Affenzahn aufwickelte und unaufhaltsam Richtung Achterschiff dem Weg seines anderen Endes folgte.

Die Jungs standen in Sicherheit an Deck und sahen ihm nur noch nach, diesem Draht, der seines Dienstes an Bord anscheinend überdrüssig war, so schnell, wie der sich bis zum letzten Zentimeter über das Achtschiff aus dem wortwörtlichen Staub machte. Stählern knallte er dabei krachend noch einmal zwischen die Poller durch, als wollte er nicht lautlos gehen und fiel dann auch mit den letzten Metern platschend in ganzer Länge in die leere, abgeschleuste Schleusenkammer, nur gehalten durch das eine Auge am anderen Ende, dass sicherlich in 100 Meter Entfernung in einem Poller hing. Wie eine schmierige Banane flutschten wir aus dieser Schleuse raus und hatten weiterhin ein Wahnsinnstempo drauf, ohne auch nur einen Liter Diesel dazu verbraucht zu haben, denn die Maschine wurde erst jetzt von mir gestartet, um das Schiff aufzustoppen. Fürs Protokoll, das war definitiv die schnellste Schleusenausfahrt meines Lebens. Nebenbei nahm ich den Hörer vom Funkgerät, um die Schleuse zu rufen. Das ging alles so wahnsinnig schnell und meine Blicke waren dermaßen beschäftigt, dass ich in diesen paar Minuten keine Zeit fand, die Schleuse zu rufen:

„Schleuse Kostheim, jetzt habt Ihr uns aber ordentlich rausgeschwemmt aus Eurer Schleuse, ich bat doch darum, langsam laufen zu lassen."

Verwundert heuchelte er: „Ach, war das zu schnell? Entschuldigung, ich konnte das nicht so gut sehen, aber jetzt habt Ihr auch früher Feierabend", glaubte er einen Witz machen zu müssen."

Hier war im Augenblick keinem zum Lachen.

„Wir haben aber ein Problem, Schleuse Kostheim", rief ich zurück.

„Ach Gott, ist was passiert?", meinte er dem Anschein nach ernsthaft besorgt.

„Kann man so sagen, ja", und ich fuhr fort, „da hängen jetzt gute 100 Meter Draht bei Euch in der Schleuse an einem Poller, den wir nicht mehr rechtzeitig losgebracht haben vor lauter schnell."

„Ach du lieber Gott, was machen wir denn jetzt?", fragte er mich nach einer Lösung.

„Ich brauch auf alle Fälle meinen Draht wieder, der gehört zu unserer Grundausstattung an Festmachern und außerdem kostet der ja ein paar Taler, den kann ich doch nicht einfach da hängen lassen."

Da war erstmal kurze Funkstille und wir machten unser Schiff ständig, um es Steuerbord an der Spundwand unterhalb der Schleuse festzumachen.

„RÜTI für Kostheim", rief er dann, „Ich seh', Ihr macht schon langsam, fahrt halt vor den Startplatz, dann könnt Ihr Euren Draht holen kommen."

Ich dachte, der spinnt doch und sagte nur: „Ich bleibe hier kurz am Startplatz liegen oder glauben Sie, ich fahre noch 150 Meter weiter vor, damit ich den Draht noch 150 Meter weiter schleppen kann? Sie haben uns doch aus der Schleuse geschossen und uns nicht die Zeit gegeben loszumachen."

„Also gut, dann beeilt Euch aber bitte, damit der Startplatz nicht so lange belegt bleibt."

Ich war nicht in der Lage, dazu richtige Worte zu finden, dachte nur: „Mann oh Mann, was ein Dampfplauderer, es war kein Schiff weit und breit zu sehen, der diesen Startplatz gleich benötigen würde, denn die drei Schiffe, die kamen, sollten doch gleich geschleust werden. Darum hat doch diese ganze Aktion stattgefunden. Am Startplatz dürfen wir nicht liegen, aber er darf uns aus der Schleuse spülen wie einen Kackhaufen, ob das alles so koscher ist, wage ich mal zu bezweifeln."

Es bestätigte sich mal wieder, dieses Wort „Startplatz" ist eines ihrer Lieblingsworte. Womöglich hat die Frau zu Hause auch ihren Startplatz, den sie einnehmen muss, bevor was immer auch losgeht.

Dennoch, Schiff also fest und dann mit drei Mann an Land Richtung Schleuse, den blöden Draht erstmal aus der Schleuse an Land gezogen und dann, gib ihm Saures, 100 Meter Draht hinter uns her, wieder zu uns aufs Schiff, das trotz allem noch 150 Meter weit entfernt lag. Noch nie wurde ein Draht so umfangreich langezogen und ausgedreht, stellte ich fest, als er wieder Ring um Ring, Schlag um Schlag in den Drahtkorb gelegt oder „aufgeschossen" wurde, wie man das so nennt, wenn man Drähte, Taue und Schläuche in Ringen an Deck aufräumt. Eine Stunde später war wieder alles an Bord und ich meldete mich an der Schleuse noch ab.

„So, Kostheim, alles wieder an Bord und so viel zu ‚früher Feierabend', schönen Tag noch."

Er meinte: „Alles klar RÜTI, tut mir leid, ist jetzt dumm gelaufen, aber eine gute Reise."

All das war gut für die Muckis, schlecht für die gute Laune, abermals gut, um etwas zum Erzählen zu haben.

Alles hat ein Ende, die Schleuse sogar zwei ...

Es bleibt schon zu vermuten, dass die Schleusereien in der Unfallstatistik einen relativ hohen Platz bekleiden. Sowas passiert schneller, als man schaut, und Unfälle geschehen da schneller, als man glaubt. Sie prägen sich der Erinnerung ein und werden sicher nicht sehr zuverlässig dokumentiert.

Ich bin in all den Jahren selbst als Schiffsführer 2-mal einer schweren Schleusen-Havarie entgangen, fast also wäre was Schlimmeres passiert. Aber das Glück spielt in unserem Job eine verdammt große Rolle und ja, es ist manchmal ein Trottel und sucht seinesgleichen.

Wie oft erlebt man es in den vielen Jahre: „Gerade nochmal gut gegangen." „Das war knapp!" „Da fehlte nur ein Zentimeter." Ein Zentimeter kann unglaublich viel sein, wenn es am Ende eines beinahe missglückten Manövers zum Beispiel gut gegangen ist. Und scheiß drauf, knapp hin oder her, es ist gut gegangen und das ist primär wichtig. Und scheiß allein des Wohlbefindens wegen ebenfalls auf die „Wer war denn Schuld"-Frage, keiner braucht solch einen Mist und keiner wird absichtlich irgendetwas verursachen, um sich oder anderen zu schaden. Ich beneide grundsätzlich niemanden, um das, was ihm Schlechtes widerfahren ist und bin einfach nur damit zufrieden, wenn ich meine aktive Fahrzeit beende, dass ich auf ein reibungsloses Schifferleben zurückblicken kann. Dennoch passiert es leider nun mal irgendwann, das blöde Unerwartete und Prägende, was kein Mensch gebrauchen kann.

Fünfzig Jahre werde ich nicht voll kriegen hier draußen, doch 45 werden es auf alle Fälle.

45 Jahre und wenn man nur mal so sagt, pro Jahr 500 Schleusenfahrten, was lächerlich wenige sind, dann hat man immer noch fucking 22.500 Schleusenfahrten gemacht. Das ist doch mal ‚ne Hausnummer. Und wenn davon die eine oder andere ohne irgendwelche Differenzen oder Erlebnisse befahren wurde, dann kann das schon so sein. Doch wenn nur jede 100ste ein Abenteuer war, dann waren es in 45 Jahren immerhin 225 außergewöhnliche Schleusenfahrten, nicht nur verursacht durch das Schleusenmeister.

Jede Schleuse hat ein Ende ...

Geschichten müssen einfach erzählt werden, daher ...

Es war einmal ein Tankschiff ohne Fracht, welches von Heilbronn den Neckar zu Tal fuhr und in Gelsenkirchen zur Wiederbeladung erwartet wurde. Das Schiff hatte im Alten Neckar in Heilbronn gelöscht, diesen wieder um 16:00 Uhr in Rückwärtsfahrt verlassen, das Schiff Richtung Neckar abwärts gewendet und fuhr um ca. 18:00 Uhr in der Schleuse Gundelsheim ein. Als das Schiff in der Schleuse festgemacht war und der Schleusenmeister über das Funkgerät den Segen des Schiffsführers erhalten hatte, das Schiff nun abschleusen zu dürfen, begab sich der Schiffsführer nach unten in seine Wohnräume, um nur mal kurz auf die Toilette zu gehen. Auf dem Weg an Deck, als er gerade aus der Wohnung zur Tür hinaustrat, bemerkte er, dass das Schiff auf einmal sehr schnell „zu laufen" sich in Richtung Schleusentor zu bewegen beginnt, welches bedingt durch die Schiffsgröße von 105 Metern nur maximal 2,50 Meter vom Bug des Schiffes entfernt war. Er erkannte sofort, dass da irgendwas nicht stimmen kann. Er wusste doch zu gut, dass sein Steuermann, den er bereits 5 Jahre an Bord hatte, keinen Draht versetzt beim Abschleusen, es grundsätzlich keinen Grund geben kann, dass dieses Schiff „zu laufen" beginnt, außer der Draht ist gerissen und man kann nicht schnell genug einen neuen, heilen Draht einsetzen. Ver- oder Umsetzen heißt in diesem Fall beim Abschleusen, den Draht vom Oberen, immer einen oder zwei Poller tiefer zu setzen, damit sich das Schiff während des Abschleusens nicht aufhängen kann. Beim Aufschleusen muss man in die andere Richtung Ver- oder Umsetzen, immer vom unteren Poller auf einen oder den zweiten darüber liegenden Poller, bis das Schiff oben ist und man den letzten Poller oben erreicht hat. Wenn man gut ist und der Draht lang genug steht, dann braucht man auch nicht umsetzen. Langer Draht, viel Bewegungsfreiheit, kurzer Draht, wenig Bewegungsfreiheit. Man muss nur darauf achten, dass der Draht immer wieder „gefiert", was so viel heißt wie „gelöst" wird, damit sich das Schiff eben nicht aufhängen kann. Das ist für den, der mit dem Draht arbeitet, eine bequeme Sache. Nur einmal festmachen und immer schön fieren, bis das Schiff unten oder, wenn es aufgeschleust wird, oben ist. Aber wenn man beim Ver- oder Umsetzen des Drahtes vor allem in diesen Arschloch Neckarschleusen nicht fix, also schnell genug ist und das Schiff zu laufen beginnt, man es nicht mehr bremsen kann, dann wird es vor dem Bug des Schiffes sehr schnell sehr eng.

Das gleiche gilt natürlich für das Achterschiff und denjenigen, der da hinten rumhantieren muss. Schleust das Schiff zu Tal und das Wasser wird vor dem Bug, durch das vordere Schleusentor abgelassen, entsteht eine in Fahrtrichtung treibende Strömung. Das Schiff bewegt sich dann auch in diese

Richtung und wird durch den Draht, der dann sehr stramm oder „rack" wird am Vorschiff, vorsichtig abgebremst und festgehalten. Der Mann am Vorschiff ist sehr gefordert, keine Fehler zu machen. Schleust das Schiff zu Berg und das Wasser wird ebenfalls durch das vordere Schleusentor vor dem Bug des Schiffes in die Schleuse hineingelassen, entsteht eine rückwärts treibende Strömung und das Schiff läuft rückwärts. Dann ist der Mann auf dem Achterschiff sehr gefordert. Nur kurze Augenblicke sind es, die das Schiff dann trotz Strömung in die entgegengesetzte Richtung treiben lassen und den sonst strammen Draht entlasten. Diesen Augenblick gilt es dann zu nutzen, den Draht, wenn es an der Zeit ist oder dieser benötigt wird, nach oben oder nach unten ver- oder umzusetzen. Dieser Augenblick meldet sich allerdings nicht an und verrät auch nicht, wie lange dieser dauern wird und wie viel Zeit einem bleibt, diesen Draht umzusetzen. Man muss sich dann entscheiden, es einfach zu tun, und das möglichst schnell, damit eben keine schnellere Bewegung ins Schiff kommt und ein Abstoppen nicht mehr möglich ist.

Ganz klar, Routine und Voraussicht machen solche Manöver an Deck sicher und möglich. Diejenigen, die ständig am Ver- oder Umsetzen eines Drahtes sind, sind natürlich auch mehr gefordert. Sein Steuermann war ein altgefahrener Hase, der sogar in der höchsten Neckarschleuse, der Schleuse Feudenheim, der letzten Schleuse vom Neckar, bevor er in den Rhein mündet, seinen Draht immer oben „stehen" oder „hängen" lässt. Wenn es darum geht „loszumachen", war er sehr geschickt, wie es viele nicht mehr sind in der Schifffahrt. Er konnte mit Schwung, List, Technik und Trick diesen Draht selbst aus dieser Höhe von sicherlich 7 Metern aus diesem oberen Poller ausschlenkern oder herausschleudern, der dann krachend an Deck fiel. Dafür hat in der Regel ein jeder, der an Deck arbeitet, seinen Schleusenlieblingsdraht, einer, mit dem sich am besten hantieren lässt und es möglich macht, so hohe und lange Drähte auszuschlenkern.

Sein „Leerschifflieblingsschleusendraht" war nur ein 18er, weich und schön zu hantieren. Dieser 18 mm im Durchmesser dicke Draht ist nicht wirklich dick, erlaubt aber nur dadurch solche Schlenkeraktionen. Zum Abstoppen oder Bremsen eines Schiffes sind diese 18 mm fast etwas zu dünn. Daher bedarf es da allerdings schon eines gewissen Feingefühls und Übung, damit dieser nicht abreißt.

Des Schiffsführers schnelle Fortbewegung hinauf ins Steuerhaus, um mit dem Schiffsantrieb dieses „laufen" zu verringern, scheiterte noch vor der Steuerhaustür und das Schiff stand bereits wieder, allerdings gebremst und aufgefangen vom wohlweislich bewusst so genannten Fangseil an der Schleusenausfahrt.

Der Hydraulikarm wird abgelassen, um das abgelegte Fangseil zu entfernen.

Mit einem Hydraulikarm wird das Fangseil, bevor ein Schiff zu Tal mit dem Strom in die Schleuse einfährt, über die Schleuse gelegt und anschließend stramm gespannt. Schiffe, die außer Kontrolle geraten sind, bleiben in diesem Fangseil hängen. Das Fangseil schützt dann das Schleusentor vor Anfahrungen. Sollte ein Schiff schwer beladen und zu schnell in dieses Fangseil fahren, dann gehört unter Umständen schon sehr viel Glück dazu, dass dieses Fangseil der ankommenden Masse standhält. Auf alle Fälle wird die Geschwindigkeit des auffahrenden Schiffes reduziert, der Schaden wird womöglich nur auf einen Lackschaden am Schiff begrenzt sein. Sollte es dennoch in das

Der Hydraulikarm entfernt das Fangseil

Das Fangseil hängt am Hydraulikarm, die Ausfahrt ist frei

Schleusentor rasen, kann der Schaden dank Fangseil vermindert werden.

Andere, vor allem in der Fallhöhe tiefere Schleusen, haben statt Fangseile einen massiven, aus Stahl gefertigten Stoßschutz. Dieser ist fest montiert und muss durch die Höhe der Schleuse nicht entfernt werden. Schiffe fahren darunter hindurch. Hier ist der materielle Schaden am Stoßschutz aber auch am Schiff beachtlich höher.

Stoßschutz der Schleuse Marbach am Neckar

Dem Schiff war das Glück hold und das Fangseil blieb, da das Schiff schon ein paar Meter abgeschleust war, gerade noch an der letzten Schräge des vorderen Schanzkleides am Bug hängen. Es wurden nur die Farbe und das aufgemalte Wappen des Heimathafens an der Bugspitze zerkratzt.

Nachdem dieses Fangseil das Schiff gerettet hatte, das Schiff wieder befestigt und der Schleusenvorgang beendet war, wurde die Besatzung angehalten, im Unterwasser der Schleuse anzulegen. Das Schleusenpersonal wollte erst dieses Fangseil und die dazugehörige Technik auf Beschädigungen überprüfen. In dieser Zeit wurde auf dem Schiff die Ursache dieses Geschehens geklärt. Dieser 18-mm-Draht ist wahrscheinlich wegen Materialermüdung wie aus dem Nichts abgerissen und bevor der Steuermann einen anderen Draht zur Hand hatte, war es auch schon passiert. Es waren auch nur 2,50 Meter zum Schleusentor, vielleicht nur ein Meter Abstand zum Fangseil. Materialermüdungen sind grundsätzlich eine bestehende Tatsache, wenn Festmachgerätschaften so viel im Einsatz sind. Der Steuermann wurde aufgefordert, die vorderen immer im Einsatz befindlichen 20 Meter des Drahtes abzuschneiden und erst danach ein neues „Auge", einen neuen „Schlupp" in den Draht zu spleißen. Zirka eine Stunde später erhielten Sie die Erlaubnis Ihre Fahrt fortzusetzen.

Schon ein paar Jahre davor hatte ich ein ähnliches Erlebnis in der kleinen Schleusenkammer der Schleuse Marckolsheim am Grand Canal d'Alsace, dem kanalisierten Oberrhein. Wir befanden uns ebenfalls mit einem leeren Schiff in der Talfahrt. Die kleine Schleusenkammer stand auf Grün und der Schleusenmeister ordnete an, „bis ganz nach vorne zu fahren", es käme noch ein zweites Schiff hinter uns hinzu. Das Schiff wurde wie gewohnt, in diesem Fall ganz vorne, am letzten in der Schleuse befindlichen Schwimmpoller festgemacht, damit unser Hintermann genug Platz hat.

Schwimmpoller, sie befinden sich in Führungsschächten und schwimmen mit dem Schleusen auf und ab.

Und da diese Schleuse in der Fallhöhe sehr hoch ist, gibt es hier einen Stoßschutz und kein Fangseil.

Stoßschutz der Schleuse Marckolsheim: dicke Balken, die an der Betonwand befestigt sind.

Da das zweite Schiff noch einige Hundert Meter hinter uns entfernt war und sich der Schleusenvorgang noch etwas verzögern würde, begab ich mich auch an diesem Tag hinunter in die Wohnung, um mir ein Schleusenbrot zu machen. Blickte immer mal wieder aus der offenstehenden Wohnungstür, um zu sehen, ob denn die Schleusung schon begonnen hat, wie weit noch ungefähr abzuschleusen ist und sich das Schleusentor öffnet. Abermals war das Schiff nur wenige Meter abgeschleust, als es einen ordentlichen Rumser tat, der mich dazu zwang, darauf zu achten, dass ich mich nicht auf den Arsch setze. Brot in den Backen kauend rannte ich ins Steuerhaus, um dafür zu sorgen, dass das Schiff wieder richtig fest gemacht wird. Über die Wechselsprechanlage erklärte der Matrose, das Tau habe sich beim Abschleusen über die Mauerkannte neben den Schwimmpollerschacht gelegt. Der Schwimmpoller sank weiter in die Tiefe und das Tau hing sich aus. Er hatte durch den geringen Abstand zum Stoßschutz keine Chance mehr, das Schiff zu stoppen, das Schiff rannte oder lief voraus in den Stoßschutz und traf punkgenau einen dieser dicken Holzbalken des Stoßschutzes, der nichts weiter hatte als eine kleine Vertiefung. Am Schiff selber war kein Schaden zu erkennen.

Das französische Schleusenmeister meinte, „Machen Sie im Unterwasser fest und kommen Sie mit Ihren Schiffspapieren auf die Schleuse", er müsse die Daten haben, um einen Bericht machen zu können. So geschah es dann auch und abermals nach guten zwei Stunden konnten wir unsere Fahrt fortsetzen.

Anders ergangen ist es einem Schiff Anfang der 1980er Jahre.

Wir waren in der Bergfahrt und unser Ziel hieß Frankfurt Höchst, als wir gerade im Schleusenvorkanal vor die Schleuse Eddersheim an den Startplatz der Steuerbord-Schleuse fuhren. Nach Eddersheim werden wir in spätestens 2 Stunden in Höchst festmachen und erst morgen löschen. Das hieß für mich, dass es morgen von Bord geht, da Urlaub angesagt ist.

„Die Talfahrt fährt gerade ein, wir bekommen die nächste Schleuse", hieß es vom Schleusenmeister über Funk-Kanal 20.

Gekommen waren wir aus dem Rhein-Herne-Kanal mit 1.100 Tonnen Steinkohle und sind erst zwei Stunden vorher in Mainz vom Rhein in den Main eingefahren.

Ich befand mich damals als Matrose auf dem Vorschiff, um unser Schiff festzumachen und hatte gerade einen Draht am Poller festgesetzt, als ich von der vor uns befindlichen Schleuse laute Schreie vernehmen konnte, „Zurüüüück, zurüüüüück", war eindeutig zu verstehen.

Der Neugierde wegen, um das Treiben in der Schleuse genauer zu beobachten, schmiss ich meinen Draht, den ich noch festmachen sollte an Deck und rief in den Lautsprecher der Wechselsprechanlage ins Steuerhaus zu meinem Schiffmann: „Da ... schau mal auf die Schleuse."

Kurz darauf folgte der typische Knall, „paff, peng", den man hören kann, wenn ein Draht oder ein Tau abreißt.

Und wieder rief jemand, „Zurüüück, zurüüüüück", und dann pfiff, zischte, knallte und qualmte es aus dem Auspuff von der Schleuse kommend, verursacht von dem Schiff, das da gerade ziemlich schnell dabei war, seine Maschine auf Rückwärtsfahrt umzusteuern.

Unverkennbar stiegen rabenschwarze Rauchwolken in die Lüfte und verzweifelt wurde gekämpft, dieses Schiff mit voller Kraft in Rückwärtsfahrt langsamer zu machen.

Ich stand da wie festgeschweißt an Deck, wobei ich nicht eine Sekunde ahnen konnte, wobei ich gleich Zeuge werden würde. Mein starrer Blick war auf das Geschehen gerichtet und abermals glaubte ich, einen Draht mit einem „bam" zerfetzen zu hören. Es war ohne Zweifel zu erkennen, dass sich gerade jetzt vor uns in dieser Schleuse irgendetwas Dramatisches abspielt. Ein letztes „Zurüüüück, zurüüüück", verhallte in all der Hektik und da konnte ich erkennen, wie sich dieses Schiff durch das Backbord-Schleusentor bohrte und es wie Papier zur Seite aus der Mitte heraus wegklappte. Es funkte und staubte, knallte, knatschte, knirschte und quietschte so ausdauernd, dass es mir sehr lange vorkam.

Schreiend vor Schmerz, so schien es, deformierte sich diese Hälfte des schweren stählernen Schleusentores relativ langsam aber beständig nach Außen in unsere Richtung und ich hoffte darauf, dass dieses schiebende, nur gemächlich langsam werdende Schiff nicht komplett durch die vorher sicher verschlossene Schleuse hindurchbricht und uns womöglich auch noch rammt. Doch es blieb dann tatsächlich stehen und aus der oberen Mitte dieser beiden auseinandergesprengten Schleusentore traten dabei wie ein fetter Wasserfall die herausströmenden, braunen Wassermassen hervor und verwandelten die abwechslungsreichen harten stählernen und lauten Geräusche in ein tosendes Rauschen und unfassbare Mengen Wasser schossen an uns vorbei, wie wir es vorher noch nie gesehen hatten.

Der Schiffmann weckte mich über den Lautsprecher aus meiner Schockstarre, da unser Schiff noch immer nicht anständig festgemacht war, „Mach mal los, alles losmachen, Leggo", rief er.

Womöglich war ihm unsere Position nicht so ganz geheuer so kurz, keine 100 Meter, vor diesem gerade ins Leben gerufenen Wasserfall, der unaufhörlich seiner Wege schoss. Also schmiss ich alles los und unser Dampfer machte sich schon fast selbstständig rückwärts zu Tal. Weitere zweihundert Meter danach machten wir wieder fest und das tosende Rauschen des Wasserfalls aus dieser halb aufgebrochenen Schleuse schoss weiterhin an uns vorbei. Auf der Schleuse war mittlerweile

Hektik ausgebrochen, alle versuchten, irgendetwas zu tun und keiner schien so richtig zu wissen, was zu tun sei.

Mein Schiffmann meinte, ich soll da jetzt nicht hoch gehen: „Wir müssen da jetzt nicht im Weg rumstehen."

Bei all meiner Neugierde, die nur schwer zu überwinden war, hielt ich mich erstmal daran. Ich konnte von unserem Schiff aus so einiges sehen und als es dunkel wurde, schlich ich mich dann doch näher ran, um schnell ein paar Fotos zu machen. Dabei konnte ich erkennen, dass dieses Schiff kurioserweise „GUTE FAHRT" hieß.

Die „GUTE FAHRT" war fest in diesem Trümmerhaufen der Schleusentore verkeilt, die beiden hinter ihm eingefahrenen Schiffe hatten ebenfalls Probleme, sich dieser plötzlich auftretenden Strömung zu widersetzen. Eines fuhr dem anderen auch noch hinten auf, hieß es später, und es rauschte und rauschte über viele Stunden hinweg bis weit in die Nacht hinein was ich aus meiner Wohnung auf dem Vorschiff ganz gut hören konnte.

Der große Alarm, der ausgelöst wurde, um alles Mögliche anzukarren und auffahren zu lassen, was man benötigen würde, um endlich wieder Ordnung ins Revier zu bringen, war längst am Laufen und für uns war erstmal Feierabend. Keine Schleusungen, bis das Problem in sicherer Hand war. Für uns endete an diesem Abend unser Einsatz mit einer aufregenden Geschichte und da wir selbst am nächsten Morgen nicht gleich Schleusen durften, kam der neue Mann, der mich ersetzen sollte, mit dem Taxi hier her und ich konnte von Bord gehen. Irgendwie schade, zu gerne hätte ich das alles noch bis zum Ende oder bis zum Aufklaren mitverfolgt.

Wochen später, als ich wieder an Bord kam, erzählte man sich, wie es immer so ist, die schönsten Storys. Der Schiffmann des Havaristen in Eddersheim hat zu schnell von Voraus auf Rückwärts umgesteuert, ließ den Motor nicht auspendeln oder wartete nicht lang genug, bis er restlos stillstand. Daher sprang der Motor, der noch immer den Vorausschwung hatte, nicht auf rückwärts, sondern beim Starten erneuten auf voraus an. Der Schiffmann erhöhte wohl die Umdrehungen, um die Schraube schneller, wie er glaubte, rückwärts drehen zu lassen, unerkannt, dass die Maschine voraus drehte. Bis er das dann bemerkte und er erneut begann, rückwärts zu machen, hatte das Schiff schon so viel Geschwindigkeit, dass kein Draht der Welt das Schiff hätte bremsen können und krachte mit relativ hoher Geschwindigkeit in das Schleusentor. So schnell

Die „GUTE FAHRT" fest verkeilt in der Schleuse Eddersheim

kann es also gehen und keiner rechnet in der Regel vorher damit. Es passiert plötzlich und unerwartet und bleibt sehr lange an einem kleben. Die Schleuse Eddersheim hatte einen sehr großen Schaden und die ganze Schleusenkammer war für eine sehr lange Zeit nicht verfügbar. Nur das vordere Drittel der Schleuse, die 115-Meter-Kammer, welche mit einem Mitteltor getrennt werden konnte war dann noch in Betrieb.

Es passiert also immer wieder mal was. Auch wenn es kaum einer mitbekommt, am wenigsten jene, die weit von der Binnenschifffahrt entfernt sind, ihr gar den Rücken zukehren oder sie überhaupt nicht wahrnehmen. Nicht jeden Tag, aber wo gehobelt wird, fallen auch mal in dieser Berufssparte Späne aus Stahl und einstig angebrachter Lackfarbe, die den Glanz der Schiffe zieren soll. Es deformiert sich was, verbiegt sich was, geht auch mal sehr kaputt, wird unbrauchbar und unansehnlich – sowohl das eine, die Schleuse, als auch das andere, das Schiff. Ein Schiff fährt mit einer nicht allzu großen Beule, wenn sie die Sicherheit des Schiffes nicht in Frage stellt, damit herum, bis es irgendwann verschrottet wird und jeder Schiffsführer kann dem nächsten dann erzählen: „Das war ich nicht, das war mein Vorgänger." Eine Beule, wenn es denn nur eine sein sollte, schaut nicht schön aus und wenn ein Schiff zu viele dieser unansehnlichen Beulen hat, dann fällt dies natürlich auf, vor allem, wenn man mit dem ungeladenen Schiff irgendwo hin fährt. Bei Sichtkontakt und Vorbeifahrten an anderen Schiffen heißt es dann in deren Steuerhäusern schnell mal: „Der ist aber ganz schön verbeult." Im beladenen Zustand, mit einem entsprechend tiefen Tiefgang, sorgt unser geliebtes Element Wasser dafür, dass die Unansehnlichkeiten verdeckt bleiben, bis das Schiff wieder entladen oder leer ist.

Die „GUTE FAHRT" hatte an sich selber keinen absonderlich großen Schaden genommen und meine kleinen Schleusenbegegnungen der etwas anderen Art waren auch immer schadlos an uns vorüber gegangen. Womöglich mag das Schiff die Schleuse daran erinnern, dass sie, ausschließlich die Schifffahrt und ihre Notwendigkeit, dafür Sorge getragen hat, dass man sie, die Schleuse, hat erbauen lassen. Wo doch so viele

Schleusenmeister das immer wieder vergessen und eine gewisse Art der Alleinherrschaft in Anspruch nehmen. Wer weiß, wer weiß. Die Binnenschifffahrt ist übrigens auf den Listen der materiellen Unfallstatistiken im Vergleich zu anderen Verkehrsträgern ganz weit unten angesiedelt und man stelle sich vor, es gäbe die Möglichkeit, ein Schiff wie eine Bahn, einen Lkw oder gar ein Flugzeug zu bremsen, dann würde unsere Platzierung noch weiter hinab rutschen.

Die Schleuse hat natürlich schnell einen größeren Schaden, wenn da so ein Schiff voll beladen aus oftmals unvorhersehbaren Gründen in sie hinein kracht. Absichtlich tut dies sicherlich keiner, aber auch sowas passiert hin und wieder.

Schiff rammt Schleuse: Kanal eine Woche gesperrt.

(nordbayern.de, 23.01.2015)

Erlangen – Obwohl die Ampel wohl Rot zeigte und das Tor noch geschlossen war, fuhr ein Schiff am Donnerstagabend auf dem Main-Donau-Kanal in die Schleuse Erlangen ein. Am Schleusentor entstand allem Anschein nach ein Totalschaden. Die Schifffahrt an der Schleuse Erlangen wurde vollständig eingestellt. Gegen 22.15 Uhr fuhr das beladene Gütermotorschiff auf dem Main-Donau-Kanal in Richtung Bamberg. Nach bisherigen Erkenntnissen der Polizei missachtete der 60-jährige Schiffsführer vermutlich ein rotes Einfahrtsignal und stieß daraufhin mit dem Bug des Schiffes gegen das noch geschlossene Obertor der Schleuse. Das Tor wurde dabei so stark beschädigt, dass es nicht mehr funktionsfähig ist. An dem mit über 1.500 Tonnen Raps beladenen Schiff entstand selbst kein offensichtlicher Schaden, auch Personen wurden nicht verletzt. Zum jetzigen Zeitpunkt geht das Schifffahrtsamt davon aus, dass das Tor komplett ausgebaut und ersetzt werden muss. Der Schaden liegt ersten Schätzungen zufolge im sechsstelligen Bereich. Die Schifffahrt an der Schleuse Erlangen wurde vollständig eingestellt. Schiffe können diesen Abschnitt nicht mehr passieren, der Hafen Nürnberg kann nur noch von Süden aus erreicht werden. Begutachtung und Reparatur sollen noch mindestens eine

Woche dauern, bisher warten bereits acht Schiffe an der Schleuse Erlangen in Richtung Donau bzw. Main auf eine Schleusung.

Kreuzfahrtschiff rammt Schleuse! 145 Passagiere an Bord!

(BreakingNews, 23.10.2019)

In der Nacht zum Montag ist ein Flusskreuzfahrtschiff gegen ein Schleusentor gekracht. Die 145 Passagiere, die auf dem Weg nach Nürnberg waren, erlitten einen Schock! Der Unfall ereignete sich auf dem Main-Donau-Kanal im Landkreis Forchheim. Wie die Wasserschutzpolizei am Dienstag mitteilte, hatte der Kapitän bei der Durchfahrt der Schleuse Hausen das Steuerhaus nicht genug abgesenkt. „Das Häuschen schrammte dann durch das Schleusentor, dabei sind alle Fenster zerborsten." Es entstand ein Schaden am Schiff im sechsstelligen Bereich. Das Schleusentor hat lediglich einen Lackschaden. „Die meisten der 145 Passagiere haben vermutlich geschlafen und von dem Unfall gar nichts mitbekommen. Sie konnten alle an Bord bleiben", sagte der Polizeisprecher. Der 68-jährige Kapitän war zur Unfallzeit an einem Außensteuerstand, so dass er zum Glück nicht verletzt wurde, als das Steuerhaus das Schleusentor rammte. Das Steuerhaus wurde für die Weiterfahrt provisorisch mit Planen abgedeckt. Steuerungselemente wurde glücklicherweise nicht beschädigt.

Tankschiff rammt Spreeschleuse in Berlin Mitte

(Berliner-Morgenpost, 22.03.2014)

Schiffsunfall an der Mühlendammbrücke in Mitte: Ein Schiffer konnte seinen Tanker nicht rechtzeitig stoppen und rammte ein Schleusentor. Ursache für den Vorfall soll ein technischer Defekt sein.

Schwerer Schiffsunfall auf der Spree: Ein Tanker ist heute gegen 7.30 Uhr an der Mühlendammbrücke gegen eine Schleuse gefahren. Wie ein Polizeisprecher mitteilte, wurde dabei eine Schleusenkammer stark beschädigt. Da die Schleuse über eine zweite Kammer verfügt, ist sie weiter in Betrieb, wenn auch eingeschränkt. Grund für den Unfall ist offenbar ein technischer Defekt. Personen wurden nicht verletzt. Die Ladung des Tankers sei nicht ausgetreten. Das Motorschiff wurde durch den Aufprall durch einen Riss im Bug beschädigt, die Wasserschutzpolizei untersagte dem Kapitän die Weiterfahrt.

Tankmotorschiff rammt Schleuse: Oberrhein gesperrt

(pz-news.de, 16.02.2013)

Breisach. Ein Tankschiff hat am Samstag eine Rheinschleuse bei Breisach in Südbaden gerammt und so stark beschädigt, dass sie nicht mehr einsatzfähig ist. Damit können Schiffe den Rhein bei Kilometer 224,54 auf unbestimmte Zeit nicht mehr passieren, teilte die Polizeidirektion Offenburg mit. Nach den bisherigen Ermittlungen versagten bei dem leeren Tanker einer niederländischen Reederei Teile der Ruderanlage.

Daraufhin krachte das Schiff bei der Einfahrt erst gegen die Schleusentore und dann gegen das Mauerwerk. Dabei wurde auch der Tanker schwer beschädigt, es lief aber kein Treibstoff aus. Menschen wurden nicht verletzt. Die Höhe des Schadens lässt sich bislang schwer einschätzen.

Das Schleusenmeister wird mit solch einer nicht alltäglichen Situation auch ganz anders gefordert. Es erwacht dann ebenfalls aus einer alltäglichen, immer unbeschadeten Routine. Diese Beschädigung lässt sich dann nicht mit einem Klick auf einem Computermonitor, womit der Schleusenvorgang gestartet wird, wegklicken. Da ist dann ein umfangreicher Bautrupp gefragt, alles wieder zu reparieren, und die defekte Schleuse bleibt so lange außer Betrieb, bis sie wieder einsatzbereit ist. Havarien dieser Art lassen solch ein Erlebnisprotokoll oder ein Tagebuch eines Schleusenmeisters selbstverständlich ganz enorm interessanter werden. Es bleibt eine spannende Geschichte für Familie, Freunde und die Stammtischrunde, zumal sie meist nichts dafür können. Und wenn doch, na ja, dann muss man das nicht unbedingt dieser Geschichte beifügen. Klar ersichtlich bleibt doch, dass so ein verbogenes Schleusentor nur von einem schweren Schiff so verbogen werden konnte. Natürlich können Schleusenmeister auch mal schuld sein. Ein falsches Signal, eine falsche Information am Funkgerät, eine falsche

Handhabung. No body ist perfekt, auch ein Schleusenmeister nicht.

Dennoch, brauchen tut solch ein Ereignis weder die eine noch die andere Seite. Beide Seiten haben daran zu knabbern. Immerhin war es ein Unfall mit einem womöglich immensen Schaden. Wenn es auch noch ein Partikulier war, der dieses Schiff im Einsatz braucht, weil er sein täglich Brot damit verdient, ein längerer Werftaufenthalt ansteht, dann wachsen unvorhergesehene Probleme, die einem Kopf und Kragen kosten können. Schleusenmeister setzten sich am nächsten Tag wieder in ihren Tower und machen mit dem weiter, was noch geblieben ist. Nach dem Schaden der einen eben mit der anderen Schleuse und wenn sie nur eine Schleuse haben, die nun ausgefallen ist, dann finden sich sicher andere Aufgaben, die eine Schicht füllen. Solche Reparaturen werden dann schon versucht, schnell umzusetzen, Schiffe müssen doch fahren, Waren transportiert werden, Termine eingehalten, Lager gefüllt und der Kreislauf der Wirtschaft soll nicht unterbrochen werden. Schön, wenn man sich nach solchen Ausnahmesituationen an die Notwendigkeit der Binnenschifffahrt erinnert. Der Allgemeinbegriff Binnenschifffahrt beinhaltet übrigens schon lange nicht mehr die Menschen, die all dies in Bewegung halten. Es geht um „das Schiff", welches etwas Notwendiges leistet, nicht um „den Menschen", der es eine Tatsache werden lässt, außer er macht mal einen kleinen Fehler, ob nun schuldig oder nicht. So spricht man auch immer ausschließlich vom Leistungsträger Lkw, doch nie vom Lkw-Fahrer. „The World keeps turning" …

In die Ferne durch Rhein-Herne …

Es war spät im Oktober 2012 und wir sollten mit dem „RÜTI-ZH" in Gelsenkirchen-Horst, einem Tankhafen direkt am Rhein-Herne-Kanal, 500 Meter unterhalb der Schleuse Gelsenkirchen, 1.500 Tonnen Heizöl für ein Tanklager in Mannheim-Rheinauhafen laden. Der Wasserstand war gut und mit 1.500 Tonnen und mit einem Tiefgang von 2,70 sollte dies auch kein besonders großes Problem werden. Etwas Besonderes ist dieser Kanal nicht unbedingt und es ist wie so Vieles, was die Schiffsleute befahren, eher ein „hinein müssen" statt ein „hinein wollen". Wie so oft wird die Frage, wenn man einen Kollegen, dem man begegnet und über Funk anspricht, „Und, wohin gehst Du?", mit „Horst" oder „Scheiß-Kanal" beantwortet. Aber er ist des Erzählens über ihn würdig, da doch jede Reise in dieses stehende, künstlich angelegte Gewässer schnell etwas ganz anderes werden kann, als die letzte Kanalfahrt davor. Sie kann so besonders und anders werden, dass man unbedingt davon erzählen sollte.

Gelsenkirchen-Horst liegt im Rhein-Herne-Kanal und der mündet, sofern man das von einem Kanal behaupten kann, in Duisburg bei Stromkilometer 780 in den Rhein. Er endet oder beginnt dort eher als er mündet, wenn man die Kilometrierung dieses Gewässers genauer betrachtet. Denn an dieser Mündung beginnt der Kanal hier mit Kilometer 0 und endet schon bei Kilometer 45 in Herne. Ab da geht er über in den Dortmund-Ems- oder Mittellandkanal. Alle Kanäle sind dort irgendwie miteinander verbunden. Von einem Kanal in den nächsten, in einen weiteren Kanal und nochmal einen weiteren Kanal usw. kann man auf diesem Weg so einiges erreichen, was weit entfernt vom Rhein liegt: Bottrop, Essen, Gelsenkirchen, Minden, Hannover, Braunschweig, Osnabrück, Hamburg, Bremen, Magdeburg, Dresden, Berlin bis weit nach Tschechien und Polen hinein, auch bis an die Nord- und Ostsee und vieles mehr. Die Schiffs- oder irgendwann nur noch Bootsgrößen müsste man dafür immer ein wenig im Auge behalten, denn es verkleinert sich alles bei einer Reise in diese Richtungen, bevor man an den anderen Seiten, am Ende dieser Kanäle wieder größer und breiter wird.

Der ist noch gar nicht so alt, dieser Graben, dieser Rhein-Herne-Kanal. Erst 1914 wurde er in Betrieb genommen und über ihn wurden in all diesen Jahren unfassbar viele Tonnen herausgezerrt. Den Rhein hinunter oder den Rhein hinauf in alle Länder der Erde verschifft. Auch Waren aus dem Rhein, dem Main und der Mosel und anderen Gebieten fanden so einen Weg in den Kanal hinein, in die entgegengesetzten Richtungen.

Schiffe fahren durchaus, wie wir in früherer Zeit, zum Beispiel Gips aus dem Maingebiet, Marktbreit und Untertheres in diesen Rhein-Herne-Kanal nach Castrop-Rauxel. Und ich weiß nicht wirklich, wieviel Tausende Tonnen Kohle haben allein wir, mit verschiedenen Schiffen von Ende 1970 bis Mitte 1980 herausgerissen und diverse Kraftwerke damit versorgt, bevor ich auf die Tankschifffahrt wechselte. Neben Bauholz wurde Grubenholz für die vielen Bergwerke, einst zu Millionen Tonnen oder Millionen Festmeter, wie man das Raummaß von Holz bezeichnet, aus der ganzen Welt ins Ruhrgebiet geschippert. Das war ein gigantisches Geschäft und es wurden riesige Wälder bewirtschaftete und ausgewiesen ausschließlich für den Bergbau. Als Grubenholz geeignet waren alle Nadel- und Laubhölzer, die in Längen von bis zu fünf Meter gesägt eingesetzt werden, genormte Baumstämme ohne Zweige, manchmal auch ohne Rinde, aus den Seehäfen von Übersee, aber auch aus den Deutschen Wäldern wie dem Schwarzwald, Odenwald und den Vogesen.

Erst wurden Baumstämme zu kleinen Flößen zusammengeschnürt und in den schmalen Bächen hinunter ins Tal gejagt, aus den kleinen Nebenflüssen und den Oberläufen zum Beispiel des Mains, Neckars und Rheins, dort zu großen Flößen zusammengeknotet oder in Schiffe verladen, die es dann in die Kanäle brachten. Meterhoch über Deck waren Schiffe oft damit beladen, je nachdem, wie schwer dieses Holz war. Wenn es lange im regnerischen Wald lag oder vorher geflößt wurde, war es sehr nass, mit Wasser vollgesogen, somit auch entsprechend schwer. Wenn das Schiff bei einer Zeche im Kanal ankam und die ganze Reise über vom Lade- zum Löschhafen die Sonne schien, es sehr heiß war, konnte es passieren, dass man bei der Ankunft 50 Tonnen weniger Gewicht im Schiff hatte als bei der Beladung ein paar Tage oder gar Wochen vorher. Daher wurden Rundhölzer oder Grubenhölzer auch als Raummaß in „Festmeter" auf die Reise geschickt. Ich genoss es, im Kanal bei einem Schiff längsseits anzulegen, das Grubenholz geladen hatte, da dieses immer so herrlich nach Harz, Wald, auch modrigen Rinden roch. Aber alles vorbei und erledigt, kein Bergbau, kein Grubenholz. Das wenige, das noch benötigt wird, bringt wohl eher die Bahn. Alle Wasserstraßen kannten Grubenholz und der Rhein-Herne-Kanal ist, denke ich mal, mit dem Wesel-Dattel-Kanal, der sich in Wesel bei ca. Rheinkilometer 813 mit dem Rhein verbindet, eine der wichtigsten Wasserstraßen überhaupt. Der Hauptgrund für die Entstehung des Wesel-Dattel-Kanals, mit dessen Bau erst 1915 begonnen wurde, war die Nord-Ost-Wanderung des Bergbaus und der insgesamt rasant wachsenden Industrie im gesamten Ruhrpott. Dieser Bau geriet allerdings durch den ersten Weltkrieg ins Stocken und wurde erst 1930 endgültig fertig.

Alles auf dem Wasser ist in Bewegung und das an den Ufern befindliche wird seit jeher durch diese leistungsfähige Wasserstraße unterstützt und der Rhein-Herne-Kanal auch entlastet. Schiffe, die aus dem Hinterland der Kanäle kamen, wählten den kürzesten oder sinnvollsten Weg, um den Rhein zu erreichen. Die, die den Rhein herauf kommen oder ab Wesel hinunter müssen, wählen den Wesel-Dattel-Kanal, Schiffe, die den Rhein ab Duisburg hinauf müssen, wählen den Rhein-Herne-Kanal. Es war demnach unvorstellbar viel los in diesen beiden Kanälen, man sah den Wald vor lauter Bäumen nicht. Tausende Schiffe waren es, sehr viel mehr und sehr viel abwechslungsreicher aussehend als heute. Auch sehr viel schmutziger als heute, man sah die Schiffe vor lauter schwarzen Wolken nicht. Wolken, die nicht der Himmel zeichnete, fette Wolken, die der Mensch schuf, schwarz, undurchschaubar dick, stinkend war es in diesen Industriegebieten. Selbst der Sonne fehlte manchmal die Kraft, hier bis auf das wenige Grün, das wuchs, durchzudringen.

Sie wären alle in kürzester Zeit keuchend und bellend verstorben, all die, die heute schreien, unser Land wäre schmutzig und es würde nichts dafür getan, dies zu verändern. Mit ihnen zusammen würde ich gerne mal eine kleine Zeitreise in diese Epoche machen, damit sie mal sehen, was Schmutz ist und akzeptieren, dass in den letzten 40 Jahren nichts verschlafen wurde. Mein Grund dieser Zeitreise wäre allerdings, das dringende Verlangen zu befriedigen, unsere schmutzige Vergangenheit, all das sehen und auch atmen zu dürfen. Der ihre, die Welt zu retten, wäre damals schon im Ansatz zum Scheitern verurteilt.

Wie auch immer, wir wählten aber, da wir den Rhein herunter kamen, schon in Duisburg am Rheinkilometer 780 den Rhein-Herne-Kanal, um unser Ziel zu erreichen. Grundsätzlich hätten wir auch 33 Kilometer weiter fahren und den Wesel-Dattel-Kanal wählen können. Der Wesel-Dattel-Kanal wird übrigens auch Lippe-Seiten-Kanal genannt, weil er sich neben der Lippe dahinschlängelt. Das ist natürlich quatsch, diesen Weg zu wählen, da sich die Strecke erheblich verlängert. Aber ja, durch den Wesel-Dattel-Kanal käme man ebenfalls nach Gelsenkirchen-Horst. Kurz beschrieben, man müsste erst den Rhein unnötig 33 Kilometer weiter zu Tal fahren, in Friedrichsfeld über Steuerbord wenden und in diesen Kanal einfahren, dort wo sich die erste Schleuse des Wesel-Dattel-Kanals befindet. Danach folgen auf 60 Kilometer sehr viele nervende, niedrige Brücken und die Schleusen Hünxe, Dorsten, Flaesheim, Ahsen und Datteln, die letzte Schleuse des Wesel-Dattel-Kanals. Direkt dahinter befindet sich das Wasserstraßenkreuz Datteln, wo es in den Dortmund-Ems-Kanal, Dattel-Hamm-Kanal, Mittellandkanal und rechts ab, eben den Rhein-Herne-Kanal geht, den wir wählen müssten, um nach Gelsenkirchen-Horst zu gelangen.

Nach wie vor ist auch der Wesel-Dattel-Kanal wie auch der Rhein-Herne-Kanal die mindestens drittwichtigste Wasserstraße in Deutschland. Auch hier hauen sie (schleusen sie) jährlich bestimmt zwanzigtausend, wahrscheinlich mehr Schiffe weg und es grenzt an ein Wunder, dass ihnen das Jahr für Jahr immer wieder gelingt. Viel passiert ist hier seit 1915 nicht im Vergleich zum Rhein-Herne-Kanal und man wählt diesen Weg besser nicht freiwillig. Zu schnell wird man von funktionslosen Dingen überrascht, die einen in der Zeit, die man sowieso nie hat, in eine missliche Lage bringen können. Denn leider ist auch im Wesel-Dattel-Kanal die Infrastruktur eine absolute Katastrophe und wenn dieser mal für eine längere Zeit nicht in Betrieb gehalten werden kann und alle Schiffe über den Rhein-Herne-Kanal ihren Weg zu ihrem Ziel ins Landesinnere suchen müssen, dann platzt eine Bombe mit einem unvorhersehbaren katastrophalen Ausmaß. Wir sind schon sehr stumme Helden, wir Binnenschiffer, die diesen Schrott jeden Tag durchfahren müssen, den sie nicht gewillt sind, der modernen Zeit anzupassen. Doch haben wir heute den Rhein-Herne-Kanal gewählt, eine bereits etwas angepasste Wasserstraße, auch wenn an dieser jüngeren Infrastruktur ebenfalls ein vielleicht kleinerer Zahn der Zeit genagt hat, wurden so einige „Zähne" schon durch die dritten ersetzt.

Auch an diesen 45 Kilometern waren einst sehr viele gigantische industrielle Betriebe, vor allem eine Kohle-Zeche oder -Bergwerk nach dem anderen angesiedelt und ein einziges „Schwarz Band" säumte den Weg in Richtung Herne. Hier war nichts mit „Fein"staub, hier war Kohle, Dampf, Ruß und Schmutz in der Luft, dass man ihn hätte in Scheiben schneiden können und man wäre, wenn es einen Menschen abrupt getötet hätte, wohl eher davon erschlagen worden, als daran erstickt.

Fast jede Zeche besaß auch ihren Verladehafen, in dem das von ihr aus der Erde gehobene Gold in Schiffe und Züge verladen wurde. Nur wenig Grün gab es an diesen Häfen, alles war bepudert und alle Gerätschaften, von deren Existenz man nur durch ihre Formen eine Ahnung erhalten konnte, waren schwarz bedeckt. Hier mit sauberen Klamotten an Land zu kommen, um danach noch immer sauber zu sein, glich einem Abenteuer. Man fiel allerdings nicht besonders auf unter all den mit Kohlestaub bedeckten Mitarbeitern, die hier Gleisanlagen, Waggons, Kräne und Schiffe bedienten.

Sie hatten sehr interessante Namen, diese Häfen und vor allem Zechen, von denen es die meisten schon nicht mehr gibt, Hafen Grimmberg, König Wilhelm, Mathias Stinnes, Auguste Victoria, König Wilhelm, Hugo, Graf Bismarck, Friedrich der Große, König Ludwig, Rütgers, Viktor, Luck um nur ein paar zu nennen. Somit waren sie sehr persönlich und denkwürdig, diese Hafen- und Zechennamen, und wenn man den einen winkend vorbeifahrend zurief, „Wohin?", der zurück rief, „Hugo", und der Fragende antwortete unter anderem mit „Bismarck", dann wusste jeder Bescheid, wohin es den gerade Begegneten treiben würde. Heute heißt es nur noch, Rütgers, Bottrop, Horst, Gelsenkirchen, Essen, Wanne Ost oder West, Grimmberg, Recklinghausen, Herne. Die Namen der einstig großen, geschichtsträchtigen und als erinnerungswürdig erhofften Personen werden immer weniger und sie werden wohl in absehbarer Zeit, genau wie ihre Namensgeber, die vor vielen, vielen Jahren diese Anlagen mit Pauken und Trompeten eingeweiht haben, gar nicht mehr genannt werden.

Sie wurden simpel und einfach zum größten Teil nach den angrenzenden Städten und Dörfern kurz und prägend benannt, so wie eben Horst ein Stadtteil von Gelsenkirchen ist. Dass der Horst historisch hinterfragt wird, müsste man sich eigentlich denken können, da ein Stadt-oder Stadtteilname „Horst" sicher einzigartig ist. Also ich fragte mich das schon und habe mich etwas belesen, das ist ja heute kein Problem mehr. Hier also die Kurzfassung zu „Horst", einem Stadtteil zu Gelsenkirchen (Wikipedia.de):

„Die Gegend nördlich der Emscher war bis in das Mittelalter sumpfig. Um 1200 siedelte sich ein vermutlich sächsischer Edelmann auf einer Hofstelle an, erbaute den Vorläufer des heutigen Schlosses Horst und nannte sich fortan „aus Horst im Broiche". Urkundlich erwähnt wurde das Geschlecht erstmals 1349, die Siedlung selbst wird 1411 als Freiheit erwähnt. Das Wappen der Herren von Horst, drei Pferdebremsen, sowie Funde im Schlossareal weisen darauf hin, dass der Handel mit Pferden, die im Emscherbruch lebten, die Haupteinnahmequelle waren. Rütger von der Horst kam als Verwalter des Vests Recklinghausen, zu der Horst gehörte, in kölnischen Diensten zu größerem Einfluss und ließ gemeinsam mit seiner Frau Anna von Palandt die damalige Burg Horst zur heutigen Renaissanceanlage ausbauen. 1706 ging das Schloss durch Verkauf an die Familie Fürstenberg. Mit dem Rest des Vest Recklinghausen kam Horst 1811 zum Großherzogtum Berg, 1815 fiel es an Preußen."

Nun weiß man, warum zum Beispiel „Horst, Horst hoast" ein neckischer Spruch aus Bayern zum Namen Horst.

Vom Rhein aus kommt man also, wenn man den Rhein zu Berg, gegen den Strom, befährt, nach Duisburg, nachdem die Homberger Straßenbrücke durchfahren ist in den nach paar 100 Meter schmäler werdenden Hafenkanal. Wir kamen, wie schon erwähnt, den Rhein zu Tal und drehten vor der Homberger Straßenbrücke über Steuerbord in den Kanal ein.

Man fährt einen guten Kilometer, eigentlich beinahe zwei, vorbei an einer durchgehenden Hafenmauer, auf der Krananlagen auf der Backbordseite stehen, mit deren Hilfe relativ viel Schrott verladen wird.

Nach der, je nach Wasserstand des Rheins, unterschiedlich hohen Straßen- und Straßenbahnbrücke Ruhrort wird es dann mit über hundert Metern Hafen- oder Hafenkanalbreite langsam wieder breiter. Für uns Schiffleute ein sehr angenehmer Platz, sofern man genau hier irgendwo einen Liegeplatz findet. Nach Ruhrort kann man auf der Brücke, die gut erreichbar ist, rechts des Weges fast laufen und Straßenbahnstationen befinden sich in links und rechts nur fünf Minuten Gehweg entfernt. Die Straßenbahnlinien führen bis ins Zentrum, auch vor den Hauptbahnhof von Duisburg, oder in die andere Richtung nach Ruhrort und so, wenn man denn möchte, über den Rhein hinweg bis nach Duisburg-Homberg oder sogar nach Moers. Ganz da hinten also, hinter diesem Wall, der 6 Meter hohen Hafenmauer auf der Backbordseite, befindet sich nach einem weiteren Hafenbecken, welches über die Hafeneinfahrt, die sich Hafenmund nennt, vom Rhein her befahren werden kann, Duisburg-Ruhrort. Ein anderer Horst, der vielen Schiffsleuten, diesem Duisburg-Ruhrort und dem ganzen Ruhrpott sehr zugetan war, wurde hier simpel zwar nur auf einem Schild aber doch monumental verewigt.

Steuerbord sind ein paar, aber eindeutig zu wenige Liegeplätze für Tankschiffe, die vom mit einem Boot durch den Hafen schippernden Hafenmeister genauestens überwacht werden. Sie sind übrigens auch nicht absonderlich beliebt, diese Vollziehenden. „Hat sein Schifferherz längst an den Teufel verkauft." Und wenn man am Funkgerät oder im Gespräch, sobald er sich mit seinem Dienstboot in Rufnähe ans Schiff heran-

Ein sehr kleines Gässchen benannte man nach ihm, diesem großen Künstler, als Zeichen des Dankes, dass er diesen, immer mehr dem Verfall zugeteilten Stadtteil von Duisburg, einst in aller Munde brachte.

schleicht, nett zu ihm ist, sollte ihm dennoch klar werden, dass der überwiegende Teil der Schiffsleute die Schnauze voll hat vom dominierenden, gesetzestreuen Situationszurechtbieger. Diese Ordnungshüter haben wahrscheinlich längst vergessen, dass all dies nur notwendig geworden ist, weil irgendwann mal ein Volldepp das Binnenschiff erfunden hat und Menschen auch aus tiefer Verbundenheit heranwuchsen, die diese Binnenschiffe in Bewegung halten, Menschen, wozu er vielleicht auch einst gehörte. Die Zeit und das Umfeld formen auch in dieser Berufssparte den Menschen und wer das nicht erkennt und etwas daran ändert, wird sich anpassen und das Lied seines Brotgebers pfeifen. Eines meiner Grundprinzipien: „Wessen Brot ich esse, dessen Lied ich singe" sollte aber eine Melodie sein, an der alle im gleichen Maße Gefallen finden und fröhlich mitpfeifen, auch die, die diese andere, immer nur deren Melodie hören sollen.

Ich denke, ich kann das beurteilen, war ja schließlich auch mal so ein „Hafenmeister" und das Lied meines Brötchengebers gefiel mir irgendwie gar nicht und ich ging daher dahin zurück, wo mir die Melodien besser gefielen, auch wenn da mittlerweile, gut hörbar, einige Noten aus den Zeilen geraten sind. Der Schiffer ist klar erkannt nur ein „Baumwollzupfer", um ihn nicht Sklave nennen zu müssen auf einer riesigen Baumwollplantage, in dieser gigantischen, industriellen Kette.

Die Peitsche und die dazugehörigen Peitschenschwinger sind nur andere, doch sehr viel mehr geworden. Doch sind beide immer und überall auf dieser Welt zur Leistung aufgefordert und dafür benötigt man grundsätzlich, und so auch in unserem Fall, einen gut und sinnvoll funktionierenden Hafen. Dieser sollte mit allem ausgestattet sein, was dieses Arbeitsleben am Laufen hält, wozu auch geeignete Schlaf-Liegeplätze für die Zupfer gehören. Das wollte ich jetzt, weil ich gerade dabei bin, im Jahr 2020 erneut für alle Ewigkeit schriftlich fixieren.

Nun aber weiter Richtung Gelsenkirchen-Horst.

Nachdem man all das, was zu wenig vorhanden ist, passiert hat, erreicht man die Hafenbecken A, B und C an der Backbordseite. Sie alle führen mehrere hundert Meter hinein. Tanklager, Container, Schrott und ein paar noch in Betrieb befindliche Kohlehalden sowie die Meidericher und Ruhrorter Schiffswerften befinden sich darin. Haben sie einst ein Schiff nach dem anderen gebaut, sanieren und reparieren sie heute nur noch Schiffe. Schiffe lässt man heute überall auf der Welt bauen und mit Spezialtransporten nach Europa bringen. Wenn die eine oder andere Werft all das Schlechte überlebt hat und weiterhin Glück hatte, bekommt sie einen Zuschlag für ein Kasko, nur die Hülle eines Schiffes, was womöglich sogar aus China kommt, um es auszubauen und fertigzustellen, wenn der Preis stimmt.

Kanalschleusenkrempel ...

Steuerbord auf diesem fast einen Kilometer langen Wasserweg, der zur Schleuse Duisburg-Meidrich führt, gibt es nichts, was man wirklich wissen müsste, nur einen Stahlhändler und einen Reparaturbetrieb für Schiffsmotoren. Somit bleibt die Erkenntnis, dass auch dort jede Menge Schlaf- oder Liegeplätze für

Schiffe geschaffen werden könnten, wenn jemand dazu gewillt wäre, was ja in den letzten 80 Jahren schon nicht der Fall war.

Nachdem das Schiff ballastiert, alle Ballasttanks, Vor- und Achterpik, mit Kanalwasser befüllt waren, was das Schiff etwas mehr in die Tiefe des Kanal zwang und unser Steuerhaus an Deck abgesenkt und das aus Holz bestehende Oberteil abgebaut wurde, um noch flacher oder niedriger zu werden, war sichergestellt, dass die geringen Durchfahrtshöhen der nach der Schleuse kommenden Brücken kein Problem mehr sein sollten.

Der alte „RÜTI" war in seiner Bauform nicht all zu hoch und man brachte ihn mit diesen Handgriffen auf eine Maximalhöhe von 4,15 Metern, womit man ungehindert fast jeden Kanal mit niedrigen Brücken entsprechend vorsichtig und dann doch problemlos befahren kann. So bewegten wir uns im Cabriomodus, im Steuerhaus im Freien stehend, auf die leere Schleuse Meiderich zu. Im Sommer, wenn die Sonne scheint, ist das ein sehr schönes Erlebnis, im Winter oder jetzt Ende Oktober, mit all dem, was der Herbst einen antun kann, ist das ein kleines Abenteuer mit vielen Überraschungen, die sich als Sturm, normaler Wind, Regen, mächtiger Regen und als anderes Ekelhaftes bezeichnen lassen. Unser Weg führte uns langsam dorthin, wo ebenfalls so unerträgliches, dominierendes und unfreundliches Schleusenmeisterpersonal sitzt, Personal, welches auch die alte, von 1956 stammende Ruhrschleuse mit 310 Meter Länge und 12,80 Meter Breite bedient, sofern diese funktionieren sollte. Die „neue" Schleuse Meiderich, 1980 in Betrieb genommen, nachdem die alte von 1914 entfernt wurde, hat wie die Ruhrschleuse nur eine Schleusenkammer.

Nur ist die Schleusenkammer Meiderich im Standardschleusenmaß hier am Kanal 190 Meter lang und 12 Meter breit. Fallhöhen beider Schleusen sind je nach Wasserstand des Rheins unterschiedlich. Die Schleuse Meiderich ist durch den Hafenkanal Duisburg erreichbar, die Ruhrschleuse über die Ruhr zu erreichen.

Schleuse Duisburg-Meiderich mit riesigem Gefechtsturm, in dem die Macht sitzt, die ziemlich wahrscheinlich mehr in ihre Überwachungsanlagen als aus den vielen Fenstern blickt.

Diese standardisierte 190 Meter Schleusenabmessung ist auch nicht gerade ein sehr vorteilhaftes Maß einer Schleuse. Man hat damals tatsächlich beim Blick in die Zukunft, eine neue Schleuse bauen zu müssen, aus den Augen verloren, dass die Schiffe sich eher in der Länge und nicht in der Kürze verändern werden. Mit 190 Meter Schleusenlänge kann man ohne Probleme zwei 85 Meter lange Schiffe schleusen, was mit einem Schleusenmaß der „alten" Zeit mit 165 Metern Schleusenlänge von 1914 schon mal nicht möglich war. Die damalige Schiffsgröße betrug auch nur 67 Meter und nur wenige Schiffe, die in die Kanäle fuhren, waren recht viel länger. Dass schon ab 1970 die Schiffslänge von 67 oder 77 Metern auf 85, 90, 95, 105 und 110 Meter verlängert wurde und viele neue gebaut wurden, zeichnete sich damals schon ganz klar ab, was für uns Schiffsleute, die wir direkt immer an vorderster Front stehen, natürlich besonders spürbar war.

Da sind wir Schiffsleute, was unschwer zu erkennen ist, natürlich sehr viel schlauer als all die Ingenieure mit Diplom oder anderem Wischkram, mit dem sie sich emporheben und profilieren. Denn die haben das nicht erkannt, bis zum heutigen Tage nicht, bauen sie doch weiterhin solch einen 190-Meter-Schleusenmüll. Das heutige Schiffsmaß oder Standardmaß, da es in dieser Schiffsgröße die meisten Schiffe gibt, ist eine 110 Meter Schiffslänge und das neue und immer mehr dominierende Schiffsmaß sind 135 Meter Schiffslänge. Das hätte man auch schon 1970 erahnen müssen, dass Schiffe größer und nicht kleiner werden. Die 190-Meter-Schleusen, gerade hier im Rhein-Herne-Kanal, nehmen demnach pro Schleusung nur ein 110 Meter langes Schiff auf. Und da es nur noch wenige Schiffe gibt, die maximal 80 Meter lang sind und mit diesem 110 Meter langen Schiff hätten schleusen können, muss jedes hier fahrende 110 Meter lange Schiff alleine geschleust werden.

110 Meter plus 80 Meter ergeben gerademal so 190 Meter. Es ist also beim Schleusenvorgang schon Vorsicht geboten und ich selber habe es schon erlebt, dass ich angehalten wurde, ein klein wenig über die „gelbe Markierung", die Sicherheitsmarkierung, hinwegzufahren, damit der Abstand zwischen dem unseren und dem hinter uns einfahrenden Schiff mit einem Meter nur ein klein wenig gewährleistet ist. Somit sagt jeder mitdenkende Schiffsjunge ohne Abitur und Diplom: „Ihr Dumpfbacken, hättet besser schon 1977 mit der ersten neuen Schleuse im Rhein-Herne-Kanal, der in Oberhausen befindlichen Südschleuse, eine Schleusenlänge von 240 Metern bauen müssen, damit zwei Schiffe mit 110 Metern Schiffslänge sicher geschleust werden können. Oder hättet wie die Neckarschleusenbauer gelegentlich eine Schleusenlänge von 120 Metern gewählt, wenn sie doch nur immer ein Schiff schleusen wollen."

Eben genau den Schiffsjungen hätten sie nur fragen müssen, schon alleine dieser hätte ihnen helfen können. Auf die von ihnen erdachte und ihrer Meinung nach richtig gewählte Schleusenbreite gehe ich gleich noch ein.

Nun aber weiter Richtung Gelsenkirchen-Horst.

Uns mit dem „RÜTI-ZH" traf dies zwar nicht, da der RÜTI nur 95 Meter lang ist, dennoch konnten wir maximal mit einem weiteren Schiff mit 90 Metern Länge geschleust werden. Ein eher seltenes Maß 90 oder 95 Meter Schiffslänge. Die Mündungen beider Gewässer in den Rhein liegen unmittelbar hintereinander, der Wasserweg zu den Schleusen entfernt sich dann aber wieder ein wenig, doch liegen die beiden Schleusen, Ruhr und Meiderich, etwas versetzt ein paar hundert Meter voneinander entfernt, fast nebeneinander. Wenn es möglich ist, wählen die meisten Binnenschiffer, die hier schleusen müssen, die Meidericher Schleuse, sofern beide Schleusen in Betrieb sein sollten, was eher selten der Fall ist. Wenn nur eine in Betrieb ist, kann auch nur die eine genutzt werden. Meiderich hat halt Schwimmpoller und es geht schneller nach oben oder unten, schneller als in der alte Ruhrschleuse. Die hat ja, wie schon erwähnt, gar keine Poller mehr. Die mussten von der Behörde entfernt werden wegen Totschlagsgefahr, weil sie den heutigen Schiffen nicht mehr standhalten. Daher muss in der Ruhrschleuse gar kein Schiff mehr fest machen, es ist sogar ausdrücklich verboten. Entsprechend langsamer muss auch geschleust werden, wenn das ganze Brimborium in der Schleuse nicht sicher verheftet oder festgemacht werden kann.

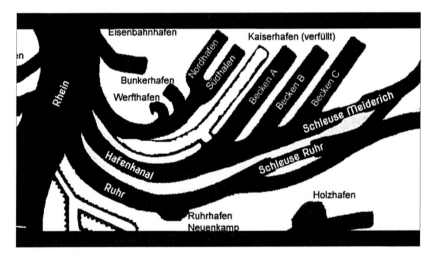

Aber und das muss erwähnt sein, die Schifffahrt ist sich, so denke ich, geschlossen einig, dieses hier ansässige Schleusenpersonal bestreitet einen der obersten Plätze auf der „Unerträglichkeitsliste der Schleusenmeister". Auf der Schleusen-„Geht, geht nicht"-Hitliste, sind sie ebenfalls in der oberen Riege anzutreffen. So groß und mächtig sie auch aussehen mag, so klein und erbärmlich ist Meiderich auch. Und Liegeplätze sind gegenüber dem Schiffsaufkommen geradezu lächerlich wenige vorhanden. Grundsätzlich wird mit eiserner Hand alles daran gesetzt, dass keine Schiffe hier an den Liegeplätzen vor der Schleuse anlegen, außer sie müssen kurz warten, um in absehbarer Zeit geschleust zu werden. Dann dürfen sie auch bis an den Startplatz heranfahren und warten, bis sie dran sind. Immerhin werden hier in Meiderich und der Ruhrschleuse im Jahr annähernd 25.000 Schleusungen getätigt. Somit landet diese Schleuse auch in Sachen „wenigste und marodeste Liegeplätze auf der ganzen Welt für an- oder abfahrende Schiffe" ebenfalls im Spitzenbereich.

Etwas oberhalb der Schleuse Meiderich könnte man, wenn man zu Berg Richtung Herne fährt, ganz scharf rechts oder Steuerbord durch einen Stichkanal wieder zu Tal unter einem Sperrtor hindurch in die Ruhr zur Ruhrschleuse und zurück in den Rhein fahren. Man könnte sich nach diesem Sperrtor auch sehr stark links oder Backbord halten und die Ruhr in Richtung Mühlheim befahren. Auf dieser 12 Kilometer langen Strecke muss man noch die Schleuse Raffelberg passieren. Ein altes museales und erhaltenswertes Schmuckstück von 1928. 14 Jahre hat man daran rumgeschraubt und rumgebastelt, bis diese endlich fertig wurde, was auch dem ersten Weltkrieg zuzuschreiben war. Knapp 7 Meter Fallhöhe, 135 Meter Länge und 12,80 Meter Breite wird diese, wie auch die Ruhrschleuse, von Meiderich funkferngesteuert bedient. Der Kontakt zu diesen Schleusenleuten im verrufenen Schleusenbereich Meiderich bleibt einem daher, wenn es blöd läuft, auf beiden Funkkanälen 78 und 82 recht lange erhalten, bevor man sich endlich auf anderen Kanälen einem lieblicheren Schleusenmeister zuwenden darf.

Wenn man Kanal abwärts fährt, praktisch aus der Richtung Herne kommt, und wie so oft die Meiderischer Schleuse nicht funktioniert, dann muss man erst durch diesen Stichkanal, unter dem Sperrtor hindurch auf die Ruhr fahren, um nach ca. 3 Kilometern nach diesem Sperrtor die Schleuse Ruhr mit Rufnamen „Ruhrschleuse" passieren, um in oder aus dem Rhein zu gelangen. Das Desaster mit den Schleusenmeistern auf Kanal 78 und 82 bleibt aber dennoch das gleiche.

Wir fahren aber weiter „stromaufwärts", auch wenn hier keine Strömung ist, sagt man das so. Man erkennt es daran, dass man in den Schleusen aufwärts schleust, „den Berg hinauf fährt". Also, nach ein paar Kilometern weiter „stromaufwärts", wenn man einige Brücken passiert und die Niederlassung der Wasserstraßen und des Schifffahrtsamtes erreicht hat, gelangt man an den ebenfalls an Backbord gelegenen kleinen Werkshafen Rütgers, in dem Tankschiffe verladen und gelöscht werden.

Dieser Hafen ist so klein, dass dort meist nur 85-Meter-Schiffe behandelt werden. Recht viel mehr ist auf diesen nicht einmal sechs Kilometern bis zur Schleuse Oberhausen nicht zu sehen und es wird auch wenig geladen oder gelöscht. Oberhausen selber funktioniert soweit ganz gut und Liegeplätze gibt es hier im Unterwasser der Schleuse ein paar mehr als sonst wo. Was aber daran liegt, dass sich vor der Schleuse, in einer relativ großen Bucht, ein altes aufgelassenes Hafengebiet befindet, welches man noch zum Stillliegen nutzen kann. Die Schleuse selber hat nur zwei gute Plätze, die nach großer Bittstellung an das Schleusenmeister genutzt werden können, der dritte befindet sich genau unter der sehr breiten Autobahnbrücke A3 und ist zum Schlafen, wenn einem die ganze Nacht Lkws nur 3 Meter über dem Schiff übers Haupt fahren, absolut ungeeignet. Zum schnellen Einkaufen kann man ihn durchaus nutzen, denn direkt an diesem Liegeplatz befindet sich ein paar 50 Meter landeinwärts ein großes Einkaufszentrum. Sowas bekommt man in der Regel auch immer vom Schleusenmeister genehmigt, wahrscheinlich wissen sie sehr genau, dass an diesem Platz keiner länger als notwendig stillliegen möchte. Man begann 1977 mit dem Bau einer der ersten neuen Schleusen hier im Rhein-Herne-Kanal etwas oberhalb und versetzt auf der anderen, der Backbord-Uferseite gegenüber der alten Schleuse von 1914. Nach deren Fertigstellung nahm man diese neue Schleuse in Betrieb und baute 5 Jahre später eine weitere Schleuse, die man 1984 in Betrieb nahm. Parallel dazu errichtete man an der alten Schleuse ein Speisungspumpwerk und später wurde die alte Schleuse, auf der Steuerbordseite, endgültig außer Betrieb genommen und abgerissen.

Der ehemalige Vorhafen der alten Schleuse dient heute der Verwaltung und wurde zum Teil ein kleiner Jachthafen. Beide neuen Schleusen sind statt 165 nun 190 Meter lang und statt 10 Meter 12 Meter breit und es funktioniert nicht wirklich alles ganz so schlecht. Obwohl sich hier mittlerweile über 100 Jahre Schifffahrt und Schleusen befinden, mit damals sehr viel schmutzigeren, lauteren und sehr viel mehr Schiffsaufkommen als heute, darf man heute im Oberwasser der Schleuse Oberhausen nicht mehr anlegen, um dort zu übernachten. O. k., die Schleuse befand sich damals auf der Steuerbordseite weiter entfernt vom Backbordufer. Dafür gibt es heute an der Backbordseite einen unfassbar schlechten Menschen, der es bewirken konnte, dass Schiffe, für die diese Liegeplätze einst für sehr viel Geld geschaffen werden mussten, dort über Nacht nicht mehr anlegen dürfen, was das Schleusenpersonal steuert und beaufsichtigt und damit ihre eigentlich vorhandene Nettigkeit ein wenig unterbricht, obwohl sie auch nichts dafür können.

Aber es ist „angeordnet", Schiffen zu sagen: „Sie dürfen diese Liegeplatzlänge (von sicherlich 250 Metern Länge) nicht für ihre Nachtruhe nutzen." Ansonsten sind die schon o. k. soweit. Sicher kotzt es sie genauso an, den Schiffsleuten immer wieder zu sagen: „Stopp! Nein, das dürft Ihr nicht!" Ihr dürft nicht etwas nutzen, was für genau das eine geschaffen wurde. Ich kann demnach sagen, dass auf einer Richtskala von 1 bis 10 das Schleusenpersonal in Oberhausen auf einen Wert von 6 kommt. Wobei 10 – sehr gut bedeutet und 1 absolut unterste Stufe und grottenschlecht in allen Belangen ist.

Für Meiderich ist es definitiv kurz vor 1. Wahnsinn, wie diese 5 Kilometer Wasserstraße von Meiderich bis Oberhausen doch die Menschen verändern können.

Zwischen Oberhausen und Gelsenkirchen ...

Wenn man aus der Schleuse weiter zu Berg in Richtung Horst fährt, begegnet man direkt im Oberwasser auf der Backbordseite diesem fragwürden Schild.

Und noch bevor man es erreicht oder passiert, sagt man sich still „Geduld", weil man genau weiß, was darauf steht. Dass ist nicht wie der auf seinem Ross sitzende Wilhelm in Koblenz, die Loreleybronze am Loreleyhafen, das Rheinorange an der Ruhrmündung oder die Visage des Poseidon an der Hafenkanaleinfahrt. An diesen Dingen fährt ein jeder Hunderte Male vorbei und nimmt sie meist gar nicht mehr wahr. Dieses Schild allerdings hat alles in einem. Es birgt eine Botschaft, eine Frage, einen Befehl, eine Bedrohung oder eine einzuhaltende Anordnung, fragwürdig in einem Wort verfasst. „GEDULD" ist zudem noch ein Wort, welches bei Einhaltung ein Lob und ein Bonbon versprechen könnte und bei nicht einhalten eine Bestrafung oder gar eine Exekution bedeuten kann. Nein, das ist nicht weit hergeholt, es zeugt davon, dass man sich ernsthaft darüber Gedanken gemacht hat. Fast wäre es etwas spannend, die tatsächlichen Hintergründe zu erfahren, wenn die darin versteckte grundsätzliche Boshaftigkeit nicht so einfach zu erkennen wäre. Wer dieses riesige Schild dort hat errichten lassen und welche Aussage damit getätigt werden soll, wird noch immer von vielen, die ständig daran vorbeifahren, umstritten bewertet. „GEDULD" steht darauf ... und das genau an dem Liegeplatz, den dieser Mensch als nicht mehr benutzbar hat erkämpfen können. Was meint er oder was meint die Behörde mit „GEDULD"? Die Behörde, die es wissen müsste, lässt doch sicher keinen Menschen solch ein riesen Schild auf sein Grundstück stellen, dessen Aussage nicht geklärt ist. Die befanden es demnach als sinnvoll, aussagekräftig und verständlich für alle Menschen dieser Erde. Womöglich hat dieser niederträchtige Kämpfer um sein Recht, dass diese Liegeplätze nicht mehr für Binnenschiffe genutzt werden dürfen, ein ganz anderes Schild vorgeschlagen und dazu einen Stellplatz beantragt. Womöglich stand urtümlich darauf „IHR DRECKSCHIFFER HABT HIER NICHTS ZU SUCHEN" oder „ICH BIN GOTT" oder „STOP", weil es

Rot mit weißer Schrift geschrieben ist und grundsätzlich, eben wie ein „STOP"-Schild, einen massiven Hinweis gibt, etwas tun zu müssen, wie zum Beispiel nicht mehr dort anzulegen, weiß der Teufel was. Womöglich hat er mit allen Mitteln, die ihm zur Verfügung standen, auf sein Recht gepocht, um genau an dieser Stelle dieses Schild aufstellen zu dürfen. Hier an der Schleuse, im Oberwasser Oberhausen, gezielt auf den Kanal gerichtet, damit gerade die furchtbaren Schiffsleute es lesen können. Letztendlich haben sie, die Behörde und er, sich auf diese fragwürdige Aussage, die Androhung, den Befehl, Hinweis oder die Anordnung „GEDULD" geeinigt, weil ihnen „IHR DRECK-SCHIFFER HABT HIER NCIHTS ZU SUCHEN" oder „ICH BIN GOTT" oder „STOP" womöglich zu aussagekräftig gewesen ist. Auf alle Fälle stinkt auch hier gewaltig was zum Himmel.

Es macht auch nicht den Eindruck, dass man psychologisch darauf hinweisen möchte, dass ein Schleusenvorgang seine Zeit braucht und der Schiffer sich „gedulden" sollte. Wäre es pädagogisch wertvoll, dann hätte nicht nur diese Schleuse es für notwendig befunden, ein solches Schild zu platzieren, sondern man wäre sogar weltweit dieser Initiative gefolgt.

Schade eigentlich, dass man immer nur das vermitteln kann, was man selber wahrnimmt und empfindet. Ich und sicher viele andere betrachten es an dieser Stelle einfach als fehlplatziert, hier an der Schleuse Oberhausen, wo es doch diese Zwietracht eines Anwohners gibt, der die Schifffahrt dort nicht haben möchte, obwohl es diese schon seit 1914 dort gibt. Somit bringe ich, leider auch nicht glaubwürdig, etwas Licht ins Dunkel, Licht um dieses fragwürdige, doch mehrdeutige Monument.

Dieses Schild gehört zu einer Kunstreihe im Projekt „Kulturkanal im Ruhrgebiet" von 2010. Die Tafel „GEDULD" am Nordufer den Rhein-Herne-Kanals im Oberwasser der Schleuse Oberhausen stammt von Petra Weifenbach und Axel Siefer. Es ist Kunst, sonst nichts. Man hätte sicher einen nicht so ohrfeigenden Platz auf einer Kanallänge von 45 Kilometern dafür gefunden, wenn man daran interessiert gewesen wäre oder nicht den Gedanken hegte, gezielt etwas aussagen zu wollen. Die Antwort, woher es kommt, ist somit getätigt, die Frage, warum ausgerechnet hier, allerdings nicht.

Nach der Schleuse Oberhausen und der Passage dieses nun ge-
klärten, doch fragwürdig bleibenden Schildes, fährt man an der
GMVA Gemeinschafts-Müll-Verbrennungs-Anlage Niederrhein
GmbH an Steuerbord vorbei, wo auch einiges an Müllschlacke
oder Rückstände aus der Verbrennung in Schiffe verladen wird.
Davor befinden sich auch noch ein paar sehr begehrte Liegeplätze und wer hier nicht rechtzeitig da ist, schaut in die Röh-
re, nämlich die Radarröhre, weil er dann weiterfahren muss.
Der Kanal ist, wie alle anderen Gewässer auch, gegenüber der
„schwarzen Zeit" vor noch 30 Jahren unglaublich sauber geworden, auch landschaftlich sehr viel schöner.

Das Ufer wechselt sich nun in der Folge weiter ab, mal stei-
les, mal glattes geböschtes, mal befestigtes mit senkrechten
Spundwänden versehen. Darauf, wenn die Saison und das Wetter passt, Angler, Angler, die in der „schwarzen Zeit" in diesem
dunklen verdreckten Wasser eher durch Filtern Kohle gefunden hätten, als nur eine einzige Schuppe eines Fisches. Sie
gehen heute hier wieder an die Ufer und halten ihre Hunger-
peitschen in den Kanal. Die einen quatschen, andere schlafen
oder grillen und winken freundlich, während ihre Kinder ein
paar Meter vom Angelgeschirr entfernt am plantschen sind.

So manch ein holdes Weib stellt „oben ohne" auch gerne mal ihre Brüste, hängend oder stehend, zur Schau und der Griff der Schiffsbesatzungen nach dem meist nur einzigen Fernglas gleicht einem kleinen Wettbewerb. Bewertungen fallen murmelnd beim Blick in die hügelige Ferne. „Hmmmm"… „Nicht schlecht" … „Wow"… „Kann mal bitte jemand der Dame sagen, sie möge sich bitte etwas anziehen"… oder „Lieber Gott, mach ihn krumm, es wird ganz eng da untenrum".

Andere Menschen lümmeln sich in Liegestühlen oder winken und rufen freundlich mit den Bierflaschen in den Händen zum Prost herüber. Rülpsen, winken, stehen breitbeinig und torkelnd am Uferrand mit ihrer Nudel in der Hand, urinieren im hohen Bogen strahlend im Brausebrand in die Fluten und versuchen ihr Glück, einen dicken Fisch zu fangen, dem sie gerade auf den Kopf gepinkelt haben. Manchmal ist da der eine oder andere, der brüllend auf sich aufmerksam macht, weil das böse Schiff gerade seinen Fang versaut hat, sein guter Zwirn abgerissen ist oder der Setzkescher, in dem er sein Bier zum Kühlen in den Kanal gelegt hat, durch ein paar Wellen die Flaschen zerstört hat. Womöglich war auch zweckmäßig der ganze Fang des Tages in diesem Setzkescher, den der böse Schiffer mit Wellen hat lose werden und all die Fische vor des Anglers Schlund hat flüchten lassen. Der Schiffer ist nun schuld, dass der betroffene Angler zum Wienerwald fahren muss, um sich ein halbes Hähnchen zu kaufen.

Auch das kann passieren. Manche sitzen zu nah am Ufer und der Sog des Schiffes und die darauf folgende Welle überschwemmen ihn bis zum Halse tosend und überraschend. All das ist manchmal sehr dumm und unangenehm auch für uns Schiffsleute, aber wir können nicht dauernd schauen, ob da einer mit dem Arsch zu nah am Ufer sitzt oder sein Bier im Kanal kühlt und noch weniger können wir mit diesen trägen Kisten eine Anglerpose umfahren, um den Fang eines Anglers zu sichern. Manchmal müssen und werden wir sogar unseren Blick konsequent auf das Schiff richten, auch wenn sich ein sich liebendes Pärchen am Ufer wild im Löwenzahn und Pusteblume verwöhnt. Wir können dann trotz bestem Fernglas nicht prüfen, ob das jetzt mit oder ohne Gummi passiert ist, was da gerade an uns vorbei geschah. Die Sicht eines Schiffsführers während einer Kanalfahrt ist somit erklärt, mehr als genug beeinträchtigt. Er muss sich auf das konzentrieren, was ihn tatsächlich betrifft und schädigen kann. Der Kanal wurde ja auch für die fortbewegende Schifffahrt und das Transportwesen gebaut und nicht als Angler- und Puderparadies oder kostenlose Peepshow.

Weiter nach der Müllverbrennung, hinter einer weiteren Brücke, befindet sich ein kleiner Hafen der Hamm Chemie. Auch eher kleine Schiffe laden oder löschen hier hin und wieder. Dann folgt an Steuerbord, außer eine alte und niedrige Spundwand mit überwuchertem Grün erstmal nichts mehr. Doch an Backbord in einer kleinen Einbuchtung liegt ein Hafen, wo hin und wieder Schwergüter verladen werden. Der Oberhausener Kanu-Verein folgt diesem Hafen und es dauert nicht lange und man passiert das Fußballstadion 1. FC Oberhausen. Auf der nun wieder anderen, der Steuerbordseite, geht es weiter entlang des Oberhausener Tiergeheges am Kaisergarten, in dem sich auch das Oberhausener Schloss befinden soll, das wir Schiffsleute aber hier vom Schiff aus nicht sehen können. Wenn man mal, vor allem im Winter, wenn nicht so viel Grünzeug die Sicht versperrt, vor der großen und sehr breiten Straßenbrücke, die nach diesem Tiergehege folgt, durchfahren soll und warten muss, bis der entgegenkommende Verkehr durch und vorbei gefahren ist, was hier auch sehr ratsam ist, und es die Situation daher erlaubt, ein wenig zu gucken, kann man mal versuchen, mit dem Fernglas das eine oder andere Tier, das sich darin tummelt, zu erblicken.

Auf jeden Fall darf man dabei auch hier nicht seinen eigenen Dampfer aus den Augen verlieren, nicht dass es vor all dem „Ahhh", „Huiii" und „Uiiih" noch einen Crash mit dem entgegenkommenden Schiff gibt, den keiner gebrauchen kann. Ob sich das dann lohnt wegen ein paar einheimischen Rehen, Hirschen, Böcken und anderem gehörnten Viehzeug, was hier zu Hause ist, muss man sich selber beantworten. Außerdem kann eine Schiffsbegegnung direkt unter einer niedrigen Brücke unvorhergesehene Ausmaße annehmen. Beide Schiffe, die sich dabei begegnen, schieben, kann man so sagen, einen Bart oder eine Bugwelle vor sich her. Je nachdem, wie schnell die beiden Schiffe aufeinander zu fahren, entwickelt sich vor den Schiffen ein Aufstau und die Durchfahrthöhen für beide Schiffe verringern sich um einige, auch mal 10, 20 und, wenn es ein Idiot ist, auch 30 oder gar mehr Zentimeter. Es ist daher ratsam, eine Schiffsbegegnung unter einer Brücke vorher mit dem entgegenkommenden Schiff über den Funk-Kanal 10 abzusprechen. So kann am besten geklärt werden, wer da nun auf wen warten soll, bis der andere durchgefahren ist.

In der Regel macht man in Kanalgewässern, wenn es eben eng wird, bei jeder Begegnung immer etwas langsam, was auch nicht wirklich jeden interessiert, aber auch nichts ausmachen würde. Schiffe werden dann durch die Bugwellen, die man vor sich her schiebt, wenn man schnell fährt, weggeschoben und wenn man sich am Achterschiff passiert, durch die drehende Schiffschrauben beider Schiffe, nicht allzu sehr angesaugt. Es entstehen unangenehme Situationen mit einem völlig unnötigen Risiko für beide Schiffe. Wie dem auch sei, die einen reduzieren ihre Drehzahl etwas, aber die Arschlöscher tun es nicht. Man unterfährt in diesem Kanal im Allgemeinen eine Brücke nach der anderen, so viele Brücken, dass man schon gar keine Namen mehr dafür finden konnte und die Mehrheit dieser Brücken nur mit Nummern, andere mit Namen und Nummern versehen hat. Nummern, die die Anzahl all dieser vielen Brücken verraten. Annähernd 60 Brücken könnten es sein, die diese gerade mal 23 Kilometer entlang des Kanals bis Gelsenkirchen-Horst überspannen. Und einige davon machen den Eindruck, als ob deren Buckel schon seit Jahren keiner mehr gekratzt hat. Auf dem Rhein zwischen Wiesbaden-Schierstein und Koblenz befährt man eine Strecke von über 80 Kilometern und zwischen den beiden dort befindlichen Brücken werden diese 80 Kilometer nur von Fähren gequert.

Aber das war gerade hier im Pott, dem Ruhrgebiet, damals notwendig und zwar sogar mehr als heute. Sicher gab es dort bis weit nach dem Weltkrieg doppelt so viele Brücken, zu einer Zeit, als es hier noch an allen Ecken und Kanten pfiff, schnaubte, krachte, staubte und dampfte. Hunderte alte Brückenpfeiler an beiden Uferseiten, die man einfach hat stehen lassen, zeugen noch ein wenig von deren einstiger Existenz.

Keine der noch bestehenden Brücken sieht aus wie eine andere. Es sind schöne und neue Brücken, hohe und niedrige Brücken, aus Beton und Stahl aber auch Brücken, die dermaßen alt sind und baufällig aussehen, dass man fast schon erleichtert ist, wenn man endlich darunter durchgefahren ist. Wenn so manch ein Bahngast, denn es handelt sich bei den angsteinflößenden fast nur um Eisenbahnbrücken, wüsste, über welch eine Brücke er gerade in einem Zug sitzend gefahren ist, ginge es ihm bestimmt nicht anders. Nur mit dem Unterschied, dass er gelegentlich herabfallen und nicht erschlagen werden würde.

Emsbüren: Schiff bringt Brücke zum Einsturz

„Auf dem Dortmund-Ems-Kanal ist am Morgen ein rund 85 Meter langes Binnenschiff bei Emsbüren mit einem Brückenpfeiler kollidiert. Das berichtet NDR 1 Niedersachsen. Laut Wasserstraßen- und Schifffahrtsverwaltung (WSA) sind Teile der Brücke beschädigt. Laut Polizei in Lingen ist das Mittelteil der einspurigen Brücke in den Kanal gestürzt. Verletzt wurde bei dem Schiffsunfall niemand. Die Besatzung des Schiffs kommt offenbar aus Polen, sagte ein Polizeisprecher auf Nachfrage von NDR.de. Der Dortmund-Ems-Kanal ist derzeit gesperrt."

(11.05.2020, NDR1 Niedersachsen)

Eine erbärmliche Berichterstattung. Hier die Version von Binnenschifffahrt-Online.de, 11.05.2020:

Frachter bringt Brücke über Dortmund-Ems-Kanal zum Einsturz

„Ein Gütermotorschiff ist mit einer Brücke am Dortmund-Ems-Kanal (DEK) in der Nähe von Gleesen kollidiert. Infolge der Anfahrung stürzte das Mittelteil des Bauwerks ins Wasser. Das Teilstück des Kanals ist für die Schifffahrt gesperrt. Das Unglück in Höhe der Ortschaft Gleesen ereignete sich heute Vormittag gegen 9.15 Uhr. Ein in Richtung Süden fahrender 85 m langer Frachter war gegen die Kunkenmühlenbrücke gestoßen. Einem Polizeibericht zufolge wurde bei dem Aufprall das Mittelteil der

Kanalüberführung aus der Fassung gehebelt, was daraufhin ins Wasser stürzte. Erste Ermittlungen haben ergeben, dass das unbeladene Schiff möglicherweise zu wenig Ballastwasser an Bord hatte, wodurch der Bug zu hoch aus dem Wasser ragte. Nach dem Unfall habe die Besatzung das Schiff umgehend gestoppt und auf die Wasserschutzpolizei Meppen gewartet, hieß es. Nach deren Eintreffen wurde der Frachter rückwärts zur Schleuse Hesselte verbracht. Die Ermittlungen der Wasserschutzpolizei dauern noch an. Das betroffene Teilstück des DEK ist für die Schifffahrt gesperrt. Wann und wie das im Wasser liegende Brückenteil geborgen könne, sei noch völlig unklar. Nach ersten Schätzungen der Polizei dürfte der Schaden in die Millionen gehen."

Es passiert also das außergewöhnlich Einzigartige, auch wenn hier vielleicht nicht die marode Substanz daran schuld war. Oder vielleicht doch? Wäre sie unter normalen Umständen womöglich nicht in die Fluten gestürzt oder erst in ein paar Jahren ohne die Anfahrung mit einem Binnenschiff? Diese eine Brücke, die sich hier am Tiergehege über den Kanal schlängelt, könnte man fast sagen, die ist schon neben anderen Besonderen etwas Besonderes, ein weiteres Kunstwerk. Sie fällt anzunehmenderweise, da sie noch nicht sehr alt ist, nicht so schnell in den Kanal.

Sie nennt sich „Slinky Springs to Fame" und ist eigentlich nur eine Fußgängerbrücke. Ihre Besonderheit liegt in ihrer Form und Art, wie sie geschaffen wurde.

Die spiralförmige Bauskulptur ist Teil des Projektes „Emscherkunst.2010", denn die Emscher führt hier ab Oberhausen parallel neben dem Rhein-Herne-Kanal. Der wurde früher auch ganz gerne als Emscher-Seitenkanal bezeichnet. Die Brücke wurde nach den Vorstellungen des deutschen Künstlers Tobias Rehberger entworfen. Diese stählerne runde Spirale oder riesengroße waagrecht angebrachte Feder ist sicherlich 5 oder mehr Meter im Durchmesser, ist über 400 Meter lang und ist an beiden Enden, den gegenüberliegenden Ufern, kreisförmig schlängelnd auseinandergezogen und von den Höhen herabgeführt. Sie verbindet den Kaiserpark mit dem Volkspark auf der Emscher Insel, einem schmalen, über 30 Kilometer langen Landstreifen zwischen Emscher und Kanal und nur noch entlang der Emscher, wenn sie sich vom Kanal trennt.

Die arme Emscher ...

Sie hat es meiner Meinung nach verdient, erwähnt zu werden, die arme Emscher. Immerhin hab ich sie als einer, der sich auf einem Gewässer zwar nur neben ihr bewegt, oft genug gesehen, einst auch riechen und überqueren müssen, aber letztendlich in all diesen vergangen Jahren immer weniger wahrgenommen. Und ja, viele meiner Worte bedürfen auch einer gewissen Recherche, der man bereit sein muss, sich zu stellen. In Sachen Emscher tat ich es sehr gerne und sehr interessiert. Somit erzähle ich sie sehr kurz, diese sehr lange Geschichte von der armen Emscher.

Die Emscher, keine 84 Kilometer lang, schlängelte sich einst durch das ganze Ruhrgebiet. Gespeist von über 20 Bächen, die rechts und links von ihr in sie hineinströmen, fließt sie oberirdisch, mal sichtbar, oder unterirdisch, dann auch nicht, durch Dortmund über Recklinghausen, Herne, Gelsenkirchen, Essen, Bottrop, Oberhausen bis nach Duisburg, wo sie einst als Nebenfluss des Rheins darin mündete. Man dachte ein paar Jahre darüber nach, die Emscher schiffbar zu machen. Der preußische König Friedrich II wollte das aber nicht und hat diese Idee 1774 abgelehnt und verworfen. Ein weiterer wenig später getätigter Versuch, sie als Schifffahrtsweg zu nutzen, scheiterte ebenfalls. Und wie bekannt, baute man ab Anfang des 20. Jahrhunderts neben ihr den Rhein-Herne-Kanal. Heute würde oder könnte man vielleicht sagen, „Hätten sie das mal besser getan", sie zu einem kleinen schiffbaren Nebenfluss des Rheins zu machen. Der Höhenunterschied zur Rheinmündung beträgt nicht einmal 130 Meter und mit ein paar Schleusen und Vertiefungen wäre die Arme ein weiterhin langsamer dahinfließender kanalisierter Fluss geblieben, ein Fluss, wie viele andere schiffbare Nebenflüsse des Rheins.

Alles was heute über viele Jahre hinweg gewachsenen ist, als befestigte Kanäle gegraben wurden, um diese wachsenden Industriestädte zu erreichen, hätte man mit dem Fluss Emscher auch erreichen können und womöglich diese hohen Investitionen für den Rhein-Herne-Kanal, Wesel-Dattel-Kanal und Dortmund-Ems-Kanal sinnvoller, vor allem für Schöneres verwenden können. Aber gut, diese damals noch unvorstellbare Anforderung, dass auf ihr unzählige Schiffe zu abertausenden auf- und abgefahren wären und das unter Auslösung massiver Bewegungen, hätte dies auch gelingen müssen. Womöglich hätte sie all dem nicht standgehalten. Hätte man ihr aber dennoch mehr Aufmerksamkeit geschenkt, sie schiffbar gemacht anstatt den Rhein-Herne-Kanal zu bauen, den sie auf sehr viele Kilometer parallel dahintreibend begleitet, dann hätte man ihr und womöglich den Menschen viel Gutes getan. Doch war sie zur Gedankenerfassung, den Rhein-Herne-Kanal bauen zu müssen, um den unsagbar wichtigen und enorm steigenden Transportträger Binnenschiff, in so vieles mehr einzubinden, schon viel zu wichtig und baulich entsprechend angepasst.

Sie war schon lange vorher dazu verdammt, ein stinkiger Abwasserkanal zu werden und solch einer für eine sehr lange Zeit, nein, für immer und ewig zu bleiben. Mit „der schmutzigste Fluss Deutschlands" und die „Kloake des Ruhrgebietes" erlangte sie einen negativen nachhaltigen Ruhm, doch keine

Ehre, ein lieblich schönes Flüsschen zu sein. Sie war es einst in vergangener Zeit sogar mit offiziell vergebenen Fischereirechten bis 1600, eben ein ganz normaler, natürlich gewachsener Flusslauf mit viel Grün an ihren Ufern, mit Libellen, Mücken, Fröschen, Fischen, Enten, Schwänen und unzähligen anderen Tierchen, die darin oder daran einst lebten. Letztendlich mussten sie über etwas mehr als ein Jahrhundert unfassbar leiden und wurden ausgerottet. Was die Natur anzunehmenderweise im Verlauf Tausender Jahre schuf, haute der Mensch in nur 150 Jahren zu Klump. Gut, das mussten viele Gewässer entlang der Industriemetropolen erleiden, fast alle sogar, aber die Emscher traf es ganz besonders hart, womöglich starb kein anderes Gewässer so schnell und grauenvoll wie sie. Das Industriezeitalter war für sie ein schleichender, doch sicherer Tod. Sie wurde durch die gigantischen menschlichen Zuwanderungen, die benötigt wurden, um diese Industrialisierungen im Ruhrpott voranzutreiben, zu einem stinkigen, kanalisierten Abwassergraben, mehr nicht. So benötigt und auserwählt, beschimpft, gemieden, gehasst und schon lange nicht mehr geliebt. Fischtot und wenn jemand hineinfiel auch Menschentot, verreckt an Fäkalien, Chemie und anderem Dreck.

An den Ufern befindliche Höfe, Meiler, Dörfer und Städte, wie diese zu Tausenden angesiedelten Großbetriebe, waren nicht in der Lage, das stetig wachsende Problem mit den Abwässern zu lösen und alle zusammen gründeten 1899 die Emschergenossenschaft, zu Beginn als Zwangsvereinigung, da etwas geschehen musste, von den schmutzverursachenden Kommunen und einleitenden Großbetrieben gegründet. Diese aus vielen Menschen bestehende Emschergenossenschaft befasste sich intensiv mit der Abwasserreinigung, der Sicherung des Abflusses, dem Hochwasserschutz und der Gewässerunterhaltung. Nur dieses Vorhaben wurde daher fokussiert, das Vorhaben, die Abwässer weiterhin im Bett der Emscher nun aber sinnvoll, geplant und durchdacht auf den Weg zu bringen.

So wurden ihre Ufer befestigt, kanalisiert und tatsächlich vorstellbar streckenweise über viele Kilometer kerzengeradeaus begradigt, überbaut und an beiden Ufern mit Dämmen versehen. Beides, das Gewässer und die Ufer musste man wegen

den Absenkungen, bedingt durch den Bergbau, immer wieder erhöhen, später sogar wieder vertiefen, um das Gefälle und den Abfluss der in den Kanal gezwängten Emscher zu sichern. Und da es durch diese ständigen Baumaßnahmen eines Tages dazu kam, dass die kanalisierte Emscher nicht mehr richtig fließen konnte, verlegte man die Mündung in den Rhein im letzten Jahrhundert insgesamt zweimal Richtung Norden. 1910 erst von Duisburg-Alsum nach Duisburg-Walsum und 1949 nach Dinslaken, wo sie heute in den Rhein mündet und so wieder mehr Fließgeschwindigkeit erhielt. Irgendwie musste der ganze flüssige und stinkige Dreck doch seinen Weg in den Rhein finden, der all das Würzige ordentlich verdünnt weiterverteilt. Dörfer und Städte links und rechts neben diesem Graben mit dem nassen verseuchten Etwas sanken dagegen weiterhin ab. Zu niedrig gewordene und vernachlässigte Dämme hielten manch einem Hochwasser nicht mehr stand und so schwappte die ganze stinkige Brühe in diese Dörfer und Städte hinein und verpestete Häuser und Straßen. Da dieses Nass schon sehr lange Zeit kein normales Flusswasser mehr war, drohten verheerende Seuchen in den 1960 Jahren mehrmalig. Man erhöhte erneut die Dämme und so verschwand sie weiter und weiter in einem tiefen Tal des Todes, welches man eine sehr lange Zeit besser nicht versuchen sollte zu erkunden.

Es gab keine Industrie und keinen Haushalt, die diese Form, ihr Abwasser zu entsorgen, nicht nutzten. Überall, wo Wasser zur Herstellung oder Wegspülen von irgendwas benötigt wurde, fand sich auch eine Verbindung in die Emscher. Bergwerke, Eisenhütten, Chemiefabriken, Raffinerien und vieles andere, aber auch die Bergarbeiter, die es entlang der Emscher angesiedelt zu vielen Tausenden gab, pinkelten und kackten in die Emscher. So hieß sie doch über sehr viele Jahre einfach nur „Köttelbecken". Entsprechend stank es auch an dessen Ufern oder Dämmen und wenn man mit dem Pkw über eine Brücke hinweg die Emscher passierte, hieß es: „Kinder macht die Fenster zu, wir fahren über die Emscher."

Die Ansiedler sehnten sich alle paar Jahre nach einem überschaubaren Hochwasser mit ordentlicher Strömung, Strömung, die all das stinkende Etwas, was nicht so recht davon treiben wollte, mit sich riss. Die Aufgaben der Emschergenossenschaft wurden so langsam andere. Anfang der 1980er Jahre wuchsen Kläranlagen an den größeren Städten wie Dortmund, Bottrop, Duisburg und Dinslaken und die weniger werdende schwere Last der Millionen Liter und Tonnen an Fäkalien erlaubten es ihr, ein wenig aufzuatmen.

Und heute, heute geht es ihr verhältnismäßig gut, der Emscher. Die böse, schmutzige Industrie ist ebenfalls zum größten Teil verschwunden und der Pott ist längst kein Pott, im Sinne vom (Klo)Pott mehr. Ein gigantisches Rohrleitungssystem von 400 Kilometer Länge wurde über die Jahre geschaffen. Mächtige Pumpwerke und Kläranlagen sorgen für die weitere Reinigung und ein sicheres Abfließen aller einst so schmutzigen und wieder gesäuberten Abwassers. Unsichtbar und satt im Grün überwuchert und bewachsen befindet sich dieses System unter ihr und weitere viele Kilometer sollen noch folgen. Sehr viele Kilometer von ihr sind nach wie vor unverändert in diesem kerzengeradeaus laufenden Kanal verbannt, links und rechts davon nach wie vor Dämme, viele Meter hoch. Doch sind die Ufer grüner, je nach Jahreszeit auch bunter als früher und das Wasser so klar, dass man streckenweise den Grund erkennen, sogar den einen oder anderen Fisch sich darin tummeln sehen kann. Parks und 150 Kilometer Radweg begleiten sie auf beiden Ufern und man kann auch mal wieder auf einer der vielen Brücken stehenbleiben und zu ihr hinunter sehen, denn sie stinkt nicht mehr wie einst und man spricht durchaus berechtigt von einem „blauen Wunder". Renaturalisierungen fanden und finden nach wie vor auch an der Emscher in bombastischen Maßnahmen statt. Der einstig stupide geradeauslaufende Kanal bekommt so nach und nach, wo es umsetzbar ist, wieder einen schlingernden Verlauf mit natürlichen Ufern aus Stein, Sand, Kies und Pflanzen. Und kurz unterhalb der jetzigen Emschermündung von 1949 in Dinslaken ist man gerade damit beschäftigt, der Emscher ein kleines eigenes Delta zu schenken. Eine Auenlandschaft wie man sie hier schon seit, kann man sagen, weit über hundert Jahren nicht mehr vorfand, wird sich weiter und weiter zum Positiven entwickeln, insofern man der Natur ihren Lauf lässt und sich nicht mehr allzu sehr einmischt in all dieses Wunder des Geschehens.

Der Fischbesatz wurde in die Wege geleitet, Angler sitzen wieder an deren Ufern und haben sogar schon so manch einen kapitalen Karpfen aus den gemütlichen Fluten der Emscher gezogen. Es muss sich also wieder etwas Fressbares wie diverse Larven, Algen, Froschleich und vieles anderes für diese Friedfische, den schuppentragenden Salmler und dem Raubfisch angesiedelt haben. Im Oberlauf der Emscher soll man sogar schon die sehr anspruchsvolle Forelle gefangen haben. Also wenn das kein Zeichen ist. Verschiedenes Federvieh verweilt hier wieder gerne und findet an den neu gestalteten Ufern mit dichtem Schilf und anderem Grünzeug ohne Probleme neue und vor allem sichere Nistplätze. So manch ein Küken könnte nun wieder als Geburtsort „Oberhausen an der Emscher" oder gar „Bottrop an der Emscher" vermerkt haben, wenn es so etwas geben sollte, eine für eine sehr lange Zeit absolut unvorstellbare Tatsache. Feder- als auch Haarwild wie Kaninchen, Hasen, Füchse können tatsächlich ihren Durst wieder in der Emscher löschen, ohne daran qualvoll verenden zu müssen. Anzunehmen ist sogar, dass der Waschbär irgendwann, wenn er es nicht schon heimlich tut, mit seine kleinen neugierigen Pfoten die Emschergründe nach kleinen fressbaren Dingen absucht und diese gar nicht mehr allzu sehr waschen muss, bevor er sie verspeist.

Bäume werden wachsen und irgendwann werden Menschen darüber schimpfen, dass der Biber den einen oder anderen wieder umschmeißt.

Das lange und geschichtsträchtige Kapitel Abwasserkanal oder „Köttelbecken" ist so gut wie abgeschlossen. Nur noch ein von Ekel geprägter Gedanke daran wird es sein, den man daran verschwendet. Ein Gedanke, der in absehbarer Zukunft auch verblassen wird. Es wird sich irgendwann keiner mehr daran erinnern wollen und schleichend bald keiner mehr dran erinnern können an all dieses Furchtbare, wie es hier einst war. Man wird sich auch sicherlich nicht mit dem Gedanken befassen, aus der Emscher ein schiffbares Gewässer zu machen, nie wieder. Die Emschergenossenschaft hat längst neue Stellen besetzt, der dringend notwendigen, umweltfreundlichen, biologischen Zeit angepasst und auch die Ingenieure von 1899, die zur Aufgabe hatten, für diese unvorstellbaren Massen und Mengen an Dreck einen Weg zu finden, um ihn los zu werden, die hätten heute nicht einmal mehr die Möglichkeit, sich dafür zu schämen, wenn sie schon nichts mehr daran ändern können. Von den Kosten sollte man gar nicht sprechen. Kosten, die jeden Investor vor 50 Jahren zum Suizid veranlasst hätten, wenn er gewusst hätte, wofür man ihn eines Tages zur Verantwortung ziehen würde, wenn man es doch nur könnte. So ist sie nun, die arme Emscher, ein schönes, selbstverständlich bestehendes, weiterhin wachsendes Stück Natur vermeintlich für unsere Nachkommen ohne recht schmutzige Vergangenheit.

Immer längs der armen Emscher ...

Nun aber weiter, immer neben der Emscher entlang, von der man in dieser Position absolut nichts sehen kann. Aber sie ist da, auf der anderen Seite des Tiergartens von Oberhausen. Ein kleiner Nachteil für die Schiffsleute allerdings ist die Tatsache, dass man vor dieser Brücke beginnen sollte, sein Steuerhaus ganz abzusenken, denn die Durchfahrtshöhe der darauf folgenden, sehr breiten Straßenbahnbrücke der B223, die zur

A42 führt, macht es sehr ratsam. Sie ist schon immer recht gefürchtet als Steuerhauskiller. Sehr viele Schiffe haben an dieser Autobahnzubringerbrücke schon ihr Steuerhaus und diverse Köpfe hängen lassen und es gab in all den Jahren Tote und Verletzte. Und da man mit dem Absenken des Steuerhauses seine Voraussicht verliert, öffnet man das Schiebeluck des Steuerhausdaches, wenn man nicht sowieso schon, wie wir, im Freien steht, da man sein Steuerhaus abbauen musste, um unter dieser und anderen niedrigen Brücken hindurchzukommen.

Man steht also im Freien und schaut in Fahrtrichtung zur Brückendurchfahrt, um diese sicher zu passieren. Etwas nervös macht es ja immer, wenn man unter einer so niedrigen Brücke hindurchfahren muss, da die Sicht so sehr eingeschränkt ist und nur noch der Mann, der auf dem Vorschiff steht, das sieht, was man selber nicht mehr sehen kann und einen durch die Brücke „wahrschauend" mit einem Funkgerät hindurchlotst.

Mit dem Radar ist hier auch keinem geholfen. Manche Schiffe können wegen der niedrigen Brücke kein Radar laufen lassen und selbst wenn, diese Brücke ist so breit, dass auf dem Bildschirm hinten im Steuerhaus kein Identifizieren mehr möglich ist. Es zeigt so lange Fehlechos an, bis das Radar am Vorschiff, am anderen Ende der Brücke, wieder herauskommt und ungehindert senden und empfangen kann. In der Brücke stellt bei dieser Durchfahrtshöhe alles ein Hindernis auf dem Bildschirm, dem Monitor im Steuerhaus dar. Mit diesem dann nur farbigen Monitor sind keine Konturen, von egal was auch immer, erkennbar. Man fährt in dieser Zeit absolut blind und somit bleibt genug Zeit, um „aus dem Ruder zu laufen" oder den Kurs zu verlieren, wenn man nicht auf den Verfall des Schiffes in irgendeine Richtung achtet.

Und, wenn da oben auch noch Menschen stehen, die man auch noch im Auge behalten sollte und das nur aus dem lächerlichen Umstand, dass sie einen schädigen oder anspucken könnten, dann gehört das schon zu den Litaneien „Schifffahrt ist echt ein Scheißjob". Denn tatsächlich ist es so, dass es immer wieder so Dreckschweine gibt, die betrachten es genau dann für notwendig auszuspucken mit dem einen Ziel, den einen, der da unten steht, bei dem, was immer auch er gerade macht, zu treffen. Dann heißt es ausweichen oder Schiebedach schnell schließen, sofern man nicht wie hier auf dem „RÜTI" komplett im Freien steht. Ich schwöre und da tun es mir andere Schiffsleute gleich, wenn ich so eine Drecksau mal erwischen würde, was mir wahrscheinlich, weil zu viele Dinge dagegen sprechen, nie gelingen wird, dann könnte ich für nichts garantieren. Egal ob Kind, Oma, Frau, Mann, denn kein Alter oder Geschlecht bildet dabei eine Ausnahme und oft geht deren Handeln über das reine Spucken hinaus. Andere pissen zwischen das Geländer, wieder andere kotzen ‚ne Runde, die nächsten schmeißen ihre Pommes herunter, die sie nicht mehr mögen. Da wünscht man sich bei all der langen Friedenszeit eine K98, mit der man dieser Sau wenigstens ins Bein schießen könnte, damit die Wasserschutzpolizei ihn vereinfacht dort abholen kann.

Unser schlimmstes Erlebnis dazu, allerdings im Mittellandkanal während einer Fahrt bei Dunkelheit unter einer niedrigen Brücke hindurch, ließ einer von oben eine Bierflasche fallen.

Sie durchschlug den Monitor des Radarbildschirms. Radarbildschirm tot, Schiffsführer schockiert. Es hätte auch andersrum sein können. Man kann dann die Wasserschutzpolizei alarmieren, die wahrscheinlich nichts weiter tut, als sich eine Kerbe in die Tischplatte zu kratzen. Die erwischen lieber Schiffsleute, die ihre Fahrzeit um 30 Minuten überschreiten mussten, weil der letzte Schleusenmeister ihnen das Stillliegen verwehrt hat, das ist sehr viel einfacher.

Man kann dieses niederträchtige und respektlose Subjekt bis zum Ende seiner Tage verfluchen oder man stellt sich darauf ein, dass schon an der nächsten Brücke genau das gleiche passieren kann.

Straßenbrücke Oberhausen B223, Zubringer zu Autobahn A42

Wenn man das alles hinter sich gelassen hat, dieses Kunstwerk, die breite Straßenbrücke und die noch paar wenigen direkt hintereinanderliegenden Eisenbahnbrücken, dann kann man sein Steuerhaus wieder etwas hochfahren. Bei uns hieß es immer, ab dem Gasometer, der hier unmittelbar nach diesen Brücken neben dem Kanal an der rechten Seite steht, und dem folgenden kleinen Yachthafen, wo sich das „Sea Life", dieses familienfreundliche Aquarium für Groß und Klein befindet, kommen bis zur Schleuse Gelsenkirchen keine allzu niedrigen Brücken mehr. Und wir konnten schon beginnen, unser Steuerhaus wieder aufzubauen. Schön, wenn das Wetter scheiße war, bis Gelsenkirchen verschoben, wenn die Sonne schien.

Industriedenkmal Gasometer in Oberhausen, ehemaliger Trocken- und Scheibengasbehälter, 117 Meter hoch, 68 Meter Durchmesser, Baujahr 1928, in Betrieb von 1929 – 1945, zerstört durch Luftangriff, 1949 – 1988 erneut in Betrieb, 1988 Stilllegung, 1993 – 1994 zum Ausstellungsraum umgebaut.

Dann geht es bestimmt 2 Kilometer immer geradeaus, auf beiden Seiten geböschtes Ufer und als nächstes folgt die Position der alten Schleuse Essen-Dellwig. Sie wurde nach der Eröffnung der Schleuse Oberhausen 1979, Anfang der 1980 Jahre abgerissen. Man hat in Oberhausen die neuen Schleusen gebaut, um danach die alte, in den Grund versinkende Schleuse hier in Essen-Dellwig entfernen zu können. Da der gesamte Ruhrpott durch den Bergbau und dadurch, dass man aus ihm aus immer größeren Tiefen die Kohle raubte, hohl ist und er nun etwa wie ein Emmentaler Käse aussah, senkte sich hier alles über die Jahre immer mal wieder etwas ab. Er versank in diese Löcher weit unter der Oberfläche. Erst paar Zentimeter und im Laufe der Zeit auch mehrere Meter. Auch Ufer, Spundwände, Brücken und Schleusen waren davon betroffen. Straßen und Häuser an Land ebenfalls. Darauf folgten dann immer wieder Maßnahmen: Ufer wurden aufgefüllt, Spundwände wieder verlängert, indem man oben noch paar Meter anschweißte oder neue und höhere Spunddielen davor in den Kanalgrund hämmerte, Brücken wurden angehoben und neu unterbaut und Schleusenmauern, von oben immer mal wieder erhöht, indem man draufbaute.

Essen-Dellwig war eine der am massivsten betroffenen Schleusen, sie war 165 Meter lang, nur 10 Meter breit und die Fallhöhe nur noch sehr gering, sicher keine 1,50 Meter. Wie alle anderen Schleusen aus der Zeit hier im Rhein-Herne-Kanal wurden die unteren Schleusentore wie eine Seilbahn an sehr vielen Seilen hängend in eine große Nische, die nur wenig größer war als das Schleusentor selbst und sich neben der Schleuse befand, gezogen. Sie schwebten nicht hoch in der Luft, sondern nur wenige Zentimeter im Wasser über dem Schleusenboden in diese Nische hinein, wenn die Schleuse geöffnet, oder andersrum heraus, wenn sie geschlossen wurde. Die Oberen Schleusentore bestanden aus Klapptoren, die ebenfalls so breit und noch höher waren, als die Fallhöhe der Schleuse. Eine Schleuse mit 12 Meter Fallhöhe und 12,80 Breite hat also auch heute noch solch riesige Schleusentore. Sie wurden, wie der Name schon sagt, auf den Schleusenboden hinunter geklappt und die Schiffe fahren darüber hinweg, wenn sie in- oder aus der Schleuse fahren.

Auch am kanalisierten Oberrhein, ab dem Rheinkilometer 334, gibt es solche Schleusentorsysteme, wo das Tor von der Seite eingeschoben wird. Wenn man bedenkt, dass diese Schleusen fast 24 Meter breit und auch 12 Meter hoch sind, dann kann man sich vorstellen, was das für riesen Gerätschaften sind, die da wie von Geisterhand die Schleuseneinfahrten öffnen oder schließen. Nur so nebenbei: Iffezheim, die erste und einzige deutsche Schleuse dieser 12 Oberrheinschleusen bis zur Schleuse Augst, schleust im Jahr mit zwei dieser gigantischen Schleusen 270 × 24 Metern auch „nur" ca. 26.000 Binnenschiffe weg. Essen-Dellwig ist also seit vielen Jahren kein Hindernis mehr, was sie ja wegen der minderen Fallhöhe auch gewesen ist. Man legte sie still und riss sie ab, bevor sie komplett versinken konnte. Der Spruch, „soll er (der miese Schleusenmeister) doch mit seiner Scheißschleuse im Erdboden versinken", trug hier wortwörtlich eine sehr lange Zeit Früchte.

1914 hat wahrscheinlich keiner daran geglaubt, dass die Kohlebuddlerei in ein paar hundert und tausend Meter Tiefe so weit oben solche fatalen Folgen und Ausmaße annehmen kann. Es war einfach an der Zeit, sich des geldverschlingenden Subjektes zu entledigen. Alle paar Jahre etwas oben draufzusetzen und zu bauen wurde irrsinnig, denn keiner war in der Lage 100prozentig zu sagen, wann das mal wieder aufhören wird mit der Bodenabsenkung, wann der Boden unter all dem nicht mehr nachgibt und die Schleusenmauer, die weiter und weiter versinkt und dabei gleichzeitig immer wieder oben erhöht wurde, endlich ein festes Fundament unter dem ersten Stein finden würde. Die Versenkung oder Absenkung des Bodens bekam man über die vielen Jahre wieder ganz gut in den Griff, indem man die einst gegrabenen Löcher und Schächte, die geraubte Kohle, mit allen mögliche Materialien wie Bauschutt, Schotter und Beton wieder auffüllte. Die moderne Technik erlaubt es, tief ins Innere der Erde zu blicken, was da unten wortwörtlich „los", also nicht fest genug ist, um darauf auch eine neue Schleuse bauen zu können. Mit dieser Planung und parallel zum Neubau der Schleusen Oberhausen bastelten sie ein wenig da und gruben ein wenig dort, vertieften zwischen den Schleusen Gelsenkirchen und Oberhausen das Kanalbett womöglich nicht einmal um ein paar wenige Meter und ließen bedacht, die nun nicht mehr notwendige Schleuse Essen-Dellwig verschwinden zu lassen, ohne zu warten, bis der Teufel sie holt.

Man sagt, dieser Kanal wäre nun überall 3,50 Meter tief und mit 2,80 Meter maximal Tiefgang kann und darf man hier in alle Richtungen fahren. So befand sich eben nach der Schleuse Oberhausen an Kanalkilometer ca. 6 bis nach Gelsenkirchen an

Kanalkilometer 23 keine weitere Schleuse mehr. Außerdem war es auch für dieses Schleusenmaß 10 Meter Breite an der Zeit, dass es verschwindet. Es gäbe heute nur noch sehr wenige, die diese Schleusen befahren könnten, wozu der RÜTI mit seinen 9,00 Meter Schiffbreite auch gehörte. Allerdings hätte man alle erneuerten Schleusen, die ab 1977 gebaut wurden, wie Meiderich, Oberhausen, Gelsenkirchen, Wanne-Eickel und Herne mit einer Schleusenbreite von 12,80 Metern oder 13 Metern bauen sollen, wenn man schon mal einen Neubau fertigt. So wie die Schleuse Raffelberg und die Ruhrschleuse als blühendes, funktionierendes und existierendes Beispiel noch immer sind, weil damals ein ganz weiser Mensch sagte: „Lass uns die Schleusen mal 12,80 Meter breit bauen, das wird der Schifffahrt gut tun." Damit hätte man zum einen dem Neubau einer Schleuse nichts Böses getan, aber der Schifffahrt etwas zu Gute kommen lassen. So quälen sich die Schiffsführer in jede 12 Meter breite Schleusenkammer hinein mit ihren 11,45 Schiffsbreite. Na ja, so sind diese Denker und superschlauen Ingenieure, die eine so hochintelligent geplante Schleuse auf einem vor ihnen liegenden Plan mit gebastelten Papierschiffen versuchen zu bereisen. Wahrscheinlich immer erfolgreich ohne anzuecken. Mit solch unfassbaren Erfahrungen kann man natürlich den Entschluss fällen, eine Struktur zu schaffen, mit der sie in der Praxis weiterhin bis ans Ende ihrer Tage, zu tun haben werden.

Der ehemalige Schleusenkrempel Essen-Dellwig, welchen man durch den ehemaligen Vorhafen der Schleuse, jetzt nur noch als eine Einbuchtung erkennbar und dort ein paar wenige Tankschiffliegeplätze geschaffen wurden, noch erahnen kann, dass dort mal eine Schleuse gewesen sein könnte für die, die es nicht wissen, dass es tatsächlich so war.

Auf der ca. 10 Kilometer langen Strecke von Oberhausen bis Bottrop ist hier nicht mehr recht viel zu sehen von der einstigen, sehr umfangreichen Industrie. Weiterhin gibt es Brücken, die nun alle hoch genug, doch genauso beängstigend sind. Sie hätten nur einen längeren Fallweg zurückzulegen, bis sie den darunter durchfahrenden Schiffen ans Deck krachen würden. Dementsprechend höher angelegt sind nun auch die Ufer im Vergleich zu den früheren. Man fährt, könnte man sagen, durch ein kleines Tal, abgegrenzt durch senkrecht stehende, streckenweise fünf Meter hohe Spundwände und Mauern auf beiden Seiten. Ein Schwimmbad und ein Ruderclub, von denen man aber nicht viel sieht, befinden sich nun oben auf dem angrenzenden Grundstück. Und an Kilometer 14 passiert man eine kleine Verladeanlage an Steuerbord, den ehemaligen Ölhafen König Wilhelm für Pflanzenölproduckte. Allerdings macht es den Anschein, dass sich diese Anlage immer mehr dem Status eines Industriedenkmals nähert.

Dann erreicht man an Backbord, entlang des Kanals gezeichnet von sehr hohen Spundwänden, auf ca. 500 Meter Länge den Hafen Bottrop. Anfänglich ein Schrottplatz, auf dem nicht mehr allzu viel bis nichts verladen wird, darauf folgend ein paar Tankschiffliegeplätze, die zu dem daneben befindlichen Tanklager mit drei Verladeanlagen gehören und auch nur von denen genutzt werden dürfen, bei denen der Plan vorsieht, dass sie hier beladen oder gelöscht werden.

Es folgt nahtlos die schon immer bestehende Kohleverladung der ehemaligen Ruhrkohle AG, die sich nur durch den Bau der Verladeanlagen des Tanklagers um einige Meter verkürzt hat und mit Grund für den Kanalbau gewesen ist. Es gibt ihn schon seit 1914. Eine womöglich unaussprechbare Zahl an Tonnen Kohle wurden hier in nicht ganz 100 Jahren in Schiffe umgeschlagen. Kohle für alles und jedes, wer und was Kohle benötigt hat. Und ja, es gibt nicht viel, was in dieser Zeit bis in die 60er Jahre hätte auf Kohle verzichten können. Welch eine geniale Idee, das Binnenschiff und die Wasserstraßen für diese unvorstellbaren Mengen zu nutzen. Wasserstraßen, die man intelligenterweise immer weiter miteinander verbunden hat. Mit den Zechenbahnen der nördlichen Regionen wurde nicht nur hier die Kohle, die man bei den Zechen aus dem Boden geholt hat, von der Bahn in Binnenschiffe umgeschlagen. Mittlerweile hat sich der Umschlag gewaltig gemindert, da der Kohleabbau fast komplett eingestellt wurde. Nun kommt die Kohle, die in diesem Land noch benötigt wird, aus Übersee, aus Russland, Argentinien, USA, Kolumbien und anderen Ländern. Auch Bottrop wird aus diesen Ländern beliefert. Sehr ruhig ist es dennoch geworden, auch sehr viel sauberer versteht sich, nicht nur im Umschlagbetrieb und in der Bewegung im Hafen. Das wäre bis fast Mitte der 90er Jahre absolut unvorstellbar gewesen. Hier schwieg nichts und es stand nichts still. Hier war ständig Krach und Staub, das Quieken und Brummen der Krane, Schiffmotoren blubberten und zischten, Schiffschrauben drehten und es plätscherte an allen Ecken, Lukendächer klapperten, Menschen riefen sich an Deck ihrer Schiffe den Tiefgang ihrer Schiffe zu, ein ewiges Ankommen und Wegfahren von Schiffen und sehr, sehr langen Zügen. Türen und Fenster mussten des schwarzen Staubes wegen immer geschlossen bleiben und dennoch fand dieses Schwarz irgendwo immer eine kleine Ritze, um selbst ins kleine Reich der Schiffsleute vorzudringen.

Man darf hier, obwohl es im Kanalbett relativ breit ist, nur 6 Kilometer schnell fahren. Das ist gerademal mit der kleinsten Umdrehung des Motors, Standgas und selbst damit fast nicht möglich, diese geringe Geschwindigkeit einzuhalten, in diesem stehenden Gewässer. Doch ist es sehr ruhig auf dieser 500 Meter langen Fahrstrecke und wenn man gewillt ist, dann kann man all das, was man selbst erlebte, immer mal wieder in Gedanken in eine schöne Erinnerung rufen.

An Steuerbord beginnt gegenüber von Bottrop der Hafen Essen. Ganz am Anfang ist ein Hafenbecken, ein Parallelhafen, der, wie der Name schon sagt, parallel zum Kanal läuft. Sehr scharf rechts, in fast entgegengesetzte Richtung, muss man in ihn hineinfahren, wenn es denn sein muss. Hier ist auch ein geeigneter Platz zum Wenden, wenn man hier bei einem Tanklager oder einer Kohlehalde laden muss. 135 und mehr Meter gehen hier ohne Probleme zu wenden, um wieder in Fahrtrichtung Rhein sein Schiff zu beladen. Man wendet ja doch lieber mit einem leichten und leeren als mit einem schweren und beladenen Schiff. Essen wurde erst 1934 in Betrieb genommen und bei den wichtigsten umgeschlagenen Gütern handelt es sich um feste und mineralische Brennstoffe, Mineralöl- und chemische Produkte, Steine und Erden sowie Eisen und Stahl. All das aber in einer recht überschaubaren Menge gegenüber der Vergangenheit.

Nach diesem Parallelhafen folgen zwei Verladeanlagen für Tankschiffe, deren Schläuche, Pumpen und Ventile in schmalen Nischen nur wenig über der Wasserlinie gebaut sind, da auch hier die Hafenmauern sehr hoch sind. Hier entlang dieser Mauer hat man sich auch bemüht, die Liegeplätze, maximal 2 Schiffslängen, vornehmlich für Tankschiffe zu modifizieren, da der alte Müll von 1934 den schwereren und größeren Schiffen der heutigen Zeit nicht mehr standhielt.

Am Ende dieser Mauer, 45 Grad steuerbord befindet sich immer noch im Originalzustand der Stadthafen von Essen. 400 Meter weit geht es hinein und vielleicht 60 Meter breit ist er und es ist sehr, sehr still darin geworden. Still klingt nicht ganz so schlimm wie tot, denn das ist er tatsächlich. Schiffe liegen dort hin und wieder, wenn draußen am Kanal alle Liegeplätze belegt sind. An der Einfahrt befinden sich die Bootgaragen der Wasserschutzpolizei, sowie deren zum Kanal hin gerichtetes Bürogebäude. Winken hab ich hier noch keinen sehen, womöglich lebt da auch schon keiner mehr. Hier an dieser Hafeneinfahrt lässt es sich auch gut wenden, wenn es sein muss. Mit dem Achterschiff rückwärts in den Hafen ziehen und den Bug draußen am Kanal mit dem Bugstrahl wieder in die Richtung Duisburg drücken, klappt wunderbar bei diesem stromlosen Gewässer.

Aber wir wollen weiter in Richtung Gelsenkirchen-Horst. Erneut durch die Autobahnbrücke der A42 und direkt danach noch einige Brücken mehr. Etwas blöd, wenn man nachts vom breiten Hafengebiet Bottrop und Essen in dieses dann folgende Nadelöhr, die Fortsetzung des Rhein-Herne-Kanals, einfahren muss. Durch die wieder auftretende Enge und die vielen kurz hintereinander liegenden Brücken spielt der Radarmonitor auch ein wenig verrückt und wenn Gegenverkehr zu erwarten ist, dann wartet man besser, bis dieser all das Zeug durchfahren hat.

Auf Steuerbord ist zwischen diesen Brücken noch ein kurzer Hafen in einer 300 Meter langen Bucht. Hier geht hin und wieder Kohle in oder aus einem Schiff und Wasserbaugerödel wird hier mit einer großen Lkw-Schütte mit Flussbausteinen oder Kies verladen. Nach einem Kilometer, der aus reinem schrägen geböschten Ufer besteht, wird es dann mal wieder richtig breit,

Begegnung im Oberwasser der Schleuse Oberhausen

aber nur an Backbord durch dieses aufgelassene Hafengebiet, dem Hafen Mathias Stinnes, wozu auch die gleichnamige Zeche gehörte. Die Zeche Mathias Stinnes war ein Steinkohlenbergwerk, das aus mehreren Schachtanlagen bestand und dessen Verwaltung sich in Essen-Karnap befand. Der Namensgeber für das Bergwerk war der große Industrielle und Firmengründer Mathias Stinnes. Er war ein 1790 geborener deutscher Unternehmer, der in Mülheim an der Ruhr eine Firma für Schifffahrt und Kohlenhandel gründete. Er legte mit seinem Unternehmen den Grundstein für die ehemalige Stinnes AG, deren Nachkommen ihm immer gleich taten und noch heute ein eher namentlicher als wirkender Begriff sind. An Rhein und Ruhr gehörten über 65 Binnenschiffe zur Stinnes-Flotte. 1831 erwirkte Stinnes die Zollfreiheit der Rheinschifffahrt und führte 1843 die Dampfschifffahrt auf dem Rhein ein.

Richard Wagner und Stinnes ...

Wenn man sich nun ein wenig mit unserer näherliegenden Zeit-geschichte befasst oder daran interessiert ist, dann darf man sich seine Erkenntnis durchaus eingestehen, ich sag jetzt mal, wie wahnsinnig das alles war damals, all die Zeit vor uns. Die unzählig vielen nur noch wenig genannten Menschen, die alle vor allem zur technischen Geschichte beitrugen. Sie geraten gegenüber jenen, die uns „nur" liebliches Liedgut komponiert haben, da sie sich wortwörtlich Gehör verschafften, leider im-mer ein wenig in den Hintergrund. Wobei die Schifffahrt im Allgemeinen auch in diesem Punkt viel zu wenig Lobby hat. Obwohl es all das, was es heute an Informationstechnik gibt, noch nicht einmal in Gedanken existierte, kannten sich die vielen Erfinder und Künstler und das, was sie taten, gegen-seitig. Sie lasen gelegentlich nur von sich oder hörten durch dritte voneinander. Der Informationsfluss lief also, nur eben anders, etwas zäher und langsamer.

Nun hat sich der Stinnes Mathias in der Schifffahrt schon sehr verdient gemacht und man darf ruhig sagen auch zur Ent-lastung der geschundenen Binnenschiffer. Er hat daher auch sehr viel für seine Mitarbeiter geleistet. Auch wenn es nach einer gewissen Anlaufzeit seinen Profit förderte, war die Wahn-sinnsgier nach Mehr damals nicht ganz so verbreitet, wie sie heute ist. Etwas Besonderes oder Großartiges zu leisten, etwas erfinden, was es noch nicht gibt, Menschen in Erstaunen und „Ahhhhh"-Rufe zu versetzten, hatte sehr viel mehr Gewicht als heute. Stinnes Idee, seine Schleppkähne mit Raddampfer auf den Wasserstraßen zu bewegen, war dem damals Möglichem geschuldet und schlichtweg genial und ich muss in diesem Zu-sammenhang einfach berichten, dass es dazu einen verrückten Zusammenhang zu anderen Größen unserer Zeitgeschichte gab.

Stinnes wollte seine Schleppkähne schneller und einfacher von A nach B bringen.

Womöglich, ein Wort, das in dieser kurzen Erzählung öfter folgen wird, weil ich es nicht wirklich weiß, aber als durchaus für möglich betrachte, saß Stinnes eines Tages im Morgenman-tel im schummrigen Morgenlicht am Nussbaum furnierten Biedermeier-Frühstückstisch auf einem Nussbaum massiven, pompös rot und federgepolsterten Biedermeier-Stuhl mit Armlehne und schlürfte aus dem guten Porzellan, Kaffee. Dabei las er wie jeden Morgen im damaligen, in altdeutscher Schrift gedruckten Tagesblatt vom, sagen wir einfach mal, 12. April 1836 von einem Carl Luckemeyer.

(Quelle: https://www.der-golzheimer-friedhof-soll-leben.de/person/carl-luckemeyer)

Der Name Carl Luckemeyer ist untrennbar verbunden mit der Industrialisierung und dem Aufstieg der Stadt Düsseldorf im 19. Jahrhundert.
Luckemeyer übernahm als junger Mann die Textilfabrik und Färberei seines Vaters in Elberfeld.
1831 zog Luckemeyer nach Düsseldorf, weil er von dem Standort der Stadt bessere Verkehrsanbindungen erhoffte. Als sich ab 1835 durch den Einsatz von Dampfmaschinen eine neue Antriebsart für Eisenbahnen entwickelt hatte, gründete er im gleichen Jahr die „Düsseldorf-Elberfelder-Eisenbahngesellschaft", um den bis dahin sehr umständlichen Transport von Elberfeld an den Rhein zu verbessern. Das erste Teilstück dieser Eisenbahn (von Düsseldorf bis Erkrath) war übrigens die erste dampfbetriebene Eisenbahnstrecke in Westdeutschland (1838) und gilt bis heute als die steilste Eisenbahn-Hauptstrecke Deutschlands.
Luckemeyer war Mitbegründer und erster Direktor der „Dampfschifffahrts-Gesellschaft für den Nieder- und Mittelrhein", aus der sich später die „Köln-Düsseldorfer Schifffahrtsgesellschaft" (KD) entwickelte.
Luckemeyer engagierte sich auch in der Düsseldorfer Stadtpolitik und war von 1836 bis 1849 Beigeordneter.
(Weitere Informationen: https://wesendonck.blogspot.com/2012/03/carl-luckemeyer.html)
Luckmeyers Dampfschifffahrt war demnach eine andere als die, die Stinnes für sein Unternehmen benötigte. Luckemeyer und die KD waren eher der Beförderung von Menschen zugetan. Ein bisschen Stückgut und Post, womöglich Pudel, Kuh und Pferd, wurden auf solchen Schiffen auch mal mitgenommen.

Aber, womöglich half das praktische Wirken von Luckemeyer den Stinnes auf die Sprünge, bei dieser Tasse Kaffee auf einem pompös rot und federgepolsterten Biedermeier-Stuhl mit Armlehne. Womöglich wurde die Idee zur Wirklichkeit dabei geboren, diese Dampfschifffahrt auch anders zu nutzen. Und wie es sich bewiesen hat, geschah dies dann auch und die Dampfschifffahrt fand in einem Maße Anwendung, die man es sich nicht mehr vermag vorzustellen. Nach und nach sprangen alle auf, auf Stinnes seine Idee, und andere Reeder taten es Stinnes gleich, ihre Schiffe durch Dampfschiffe ziehen zu lassen. Die vielen damals noch existierenden Werften, auch in den Nachbarländern, bauten ein Dampfschiff nach dem anderen und innerhalb weniger Jahre fuhren sicherlich mehr als tausend Dampfschiffe in allen Formen und Größen auf allen denkbaren Wasserstraßen, um die Schleppkähne der vielen großen Reedereien aber auch Privatschiffer, die Partikuliere, die meist für Reedereien Waren transportierten, zu ziehen.

Womöglich trafen, nein, sicherlich trafen sich Stinnes und Luckemeyer eines Tages auf einen Kaffee, um sich auszutauschen. Ich glaube sogar, sie kannten sich recht gut, die beiden, und vorstellbar ist durchaus, dass die ersten Versuche, Schleppkähne mit Dampfschiffen zu ziehen, gemeinsam unternommen wurden. Sie hatten umfassend gleiche Interessen und beide wollten womöglich vom anderen erfahren, was noch alles möglich sein wird in der absehbaren technisch fokussierten Zukunft.

Der Ruhrpott und Düsseldorf lagen nicht allzu weit voneinander entfernt. Man konnte das eine, was heute nur 45 Minuten dauert, durchaus gemütlich in einer mehrstündigen Fahrt mit dem Pferdegespann erreichen. Der Kreis der erlesenen Reeder, Schiffbauer und Schifffahrtstreibenden war zwar sehr groß, doch man kannte sich, genauso wie sie sich heute auch kennen, all die großen Reedereibetreiber und Lenker der vielen Schiffstransporte auf den vielen, noch mehr gewordenen Wasserstraßen. Nur treffen sie sich heute auf einem auserwählten Golfplatz, angereist im 450 PS starken Maserati. Auch wenn es 1836 viele Kanäle noch gar nicht gab, war unglaublich was in Bewegung, sehr viel mehr und sehr viel schwärzer als heute.

Der benötigte Dampf wurde damals noch ausschließlich durch das Verbrennen von Kohle erzeugt. Die Schwerölverbrennung für die Erzeugung von Dampf wird noch mindestens 50 Jahre dauern, was den Himmel aber auch nicht heller werden ließ.

Womöglich hatte Luckemeyer bei einem Treffen mit Stinnes, womöglich sagten sie auch „mein lieber Carl" und „mein lieber Mathias" zueinander, sein 1928 geborenes Töchterlein, Agnes dabei. Ein womöglich damals 8-jähriges 1,28 Meter großes Mädchen in einem aufgepufften rosa Kleid mit bunten Blümchen darauf. Womöglich trug Agnes rot-weiße Ringelsöckchen, die in rote Lackschuhe geschlüpft waren und es steckte eine rote Schleife in ihrem gezopften, braunen Haar. Womöglich hatte Agnes auch eine leicht verkrustete Schürfwunde am Knie von ihrem letzten Sturz von ihrem Ponny, das Babette hieß, und Mathias, den sie Onkel nannte, all das natürlich genau ansehen musste.

Womöglich saß Klein-Agnes dabei auf dem Schoß von Onkel Mathias oder Herrn Stinnes, während sich die beiden, Carl und Mathias, über das noch Mögliche in der Dampfschifffahrt austauschten.

Womöglich ist dies nur eine durchaus vorstellbare Geschichte und dass Agnes eines Tages in ihrer Popularität in ganz anderen Sphären weit über ihrem Vater Carl und Onkel Mathias stehen wird, erahnte damals sicherlich keiner. Denn Agnes, Luckemeyers Tochter, wurde neben dieser großen Entwicklung in der Dampfschifffahrt auch groß und aus Agnes Luckemeyer wurde nicht nur womöglich, sondern tatsächlich Mathilde Wesendonck.

Die älteste Tochter Agnes ging unter dem Namen Mathilde Wesendonck als berühmte Frau in die Musikgeschichte ein. Sie hatte den reichen Textilkaufmann Otto Wesendonck geheiratet und führte als Schriftstellerin und Dichterin einen Salon in Zürich, wo sie Richard Wagner kennenlernte. Es entwickelte sich eine Liebschaft zwischen den beiden, so dass Mathilde zur Muse für Wagner wurde. In seiner großen Leidenschaft zu ihr vertonte er fünf ihrer Gedichte, die unter dem Namen „Wesendonck-Lieder" zu einem bedeutenden Bestandteil der spätromantischen Musik wurden. Auch die Oper „Tristan und Isolde", die als Liebeshymne an Mathilde Wesendonck gilt, wäre ohne diese Tochter von Carl Luckemeyer nicht entstanden.

Eine tolle Begebenheit verknüpft mit meinen womöglichen Vorstellungen in deren Geschehen. Vielen Dank also an Carl Luckemeyer und den so oft unvorhersehbaren Lauf der Zeit ...

Die Fahrt geht weiter ...

Angefangen zu buddeln hat man hier schon 1872, womit man einhundert Jahre später, 1972, und nach ca. 130.000.000 Tonnen geförderter Kohle wieder damit aufhörte. Bis 1914 haben sie die geförderte Kohle mit der Dampfeisenbahn auf den Weg gebracht und zeitgleich mit dem Bau des Rhein-Herne-Kanals wurde der Hafen Matias Stinnes gebaut, der mit der Eröffnung des Kanals in Betrieb ging. Alle technischen oberflächlichen Hafenanlagen wurden ab den 80er Jahren abgebaut und es blieb nur die jetzt dahinbröckelnde und dem Zerfall zugewiesene noch bestehende Hafenmauer erhalten, bespickt mit Verbotsschildern, dort ein Schiff anzulegen. Sehr schade, wo doch sicherlich 20 Schiffe dort Platz finden würden. Ein großer Name also für die Rheinschifffahrt, dieser Matias Stinnes und seine Dynastie und wenn Matias, der große Verfechter der Rheinschifffahrt wüsste, dass an seinen ehemaligen Hafenmauern nicht einmal mehr Schiffe anlegen dürfen, dann würde er anfangen, in seinem Grabe zu rotieren.

Unser Ballastwasser können wir schon ab dem Gasometer anfangen aus dem Schiff zu pumpen und wir werden also sofort, wenn wir in Horst ankommen, Ladungsbereit sein, denn das ist es, was die Reederei glücklich macht und die Warenversender immer hören wollen, „Seid Ihr ladebereit?" Wenn man da ist und ist nicht ladebereit, dann zählt das auch nicht als Meldezeit und genau um diese Meldezeit geht es, last but not least. Mit der Meldezeit ist zum einen der Termin, wann das Schiff vertraglich geregelt an der besagten Stelle ankommen muss, gemeint, um diesen Befrachtungsvertrag, der sich z. B. von Gelsenkirchen nach Mannheim bezieht, auch einzuhalten. Wenn es also im Vertrag heißt, „30.02.2010 muss das Schiff ladungsbereit vorliegen", dann endet dieser Termin am 30.02.2010 um 24:00 Uhr, wenn man nicht vorliegt. Wahrscheinlich gibt es da auch irgendwelche Kulanzen, wenn unvorhersehbare Umstände auftreten, Schleuse kaputt oder sowas. Das Schiff soll daher innerhalb dieser 24 Stunden da sein, sonst erlöschen alle Verpflichtungen des Verladers, ein Schiff in einem gewissen Zeitraum zu beladen oder zu löschen. Dieser Zeitraum des Beladens oder Entladens ist dann auch wieder vom Produkt abhängig, da man gewisse Produkte nicht so schnell beladen oder löschen kann wie andere. Diese Lade- oder Löschnormen sind, gesetzlich vorgegeben, einzuhalten und wenn sie nicht eingehalten werden, das Schiff unnötig rumliegt und warten muss, dann hat einer in dieser großen Kette dieses Transportes Anspruch auf eine Entschädigung, das Liegegeld. Der Verlader ist verpflichtet, diese Normen einzuhalten, genauso wie der Reeder, vertreten durch die Schiffsbesatzungen oder den Käpt'n, denn der fährt das Schiff dorthin, wo es hin soll. Er verpflichtet sich, darum bemüht zu sein, pünktlich anzukommen, um Unannehmlichkeiten für alle zu verhindern. Ein sehr komplexes Thema – Meldezeit, Meldepflichten, Lade- und Löschnormen, Liegezeit, Liegegeld, Ausfallzeit und was das alles beinhaltet. Genaueres kann man, wenn es interessiert, sehr umfangreich nachlesen. Als kleine komprimierte Fassung für alle betroffenen Parteien dürfte der Ansatz, der gegenseitig zu leistenden Pflichten, hiermit sehr kurz gefasst sein.

Wie auch immer, ich kam dieser Verpflichtung nach und hier ist auch immer die Position, die ich nutze, um beim Tanklager anzurufen, um uns anzumelden und in Erfahrung zu bringen, wann wir mit der Beladung rechnen können. Die Auskunft lautete, wie es meist der Fall ist, wir planen noch und melden uns dann. Zu 95% ist solch eine nichtssagende Auskunft normal, die restlichen 5% bleiben immer schwammig. „Es könnte sein, wenn nichts dazwischen kommt, mein Huhn keinen Dünnschiss bekommt und das Baby meiner Oma in Honolulu nicht zu früh kommt, dass ihr vielleicht heute Nacht oder morgen früh beladen werdet, womöglich auch erst morgen Nachmittag oder am Abend." So sind sie fast überall in und an jedem Hafen, der mir bekannt ist, die Helden der Neuzeit, die alles hundertprozentig im Griff haben und den Schiffsleuten gegenüber immer wieder bestätigen, was sie doch eigentlich für Versager sind. Aber egal, ich steh da weiterhin drüber, es können nicht alle so perfekt sein wie die Binnenschiffer. Ich wusste ja, was da kommt, und mir geht es immer nur darum, dass ich meiner Pflicht, die Meldezeit eingehalten zu haben, gerecht geworden bin. Wir werden also dahin fahren und warten, bis die uns irgendwann anrufen und wir tatsächlich beladen werden.

Doch nun hieß es weiter daran vorbei an der wenig laufenden und noch mehr schlafenden Industrie zwischen Oberhausen und Gelsenkirchen. Der nächste Hafen in vielleicht 4 Kilometern wird unser Zielhafen Gelsenkirchen-Horst sein. Wieder viele Brücken, die hier wieder etwas niedriger werden. Immer schön entlang der Emscher, die sich nach wie vor nur 200 Meter hinter dem Backbordufer als geradeauslaufender, schmaler kanalisierter Bach auch schon lange nicht mehr dahinschlängelt. Mitten hindurch durch den Landschaftspark, genannt Nordsternpark der ehemaligen Zeche Nordstern, die 1866 in Betrieb ging und erst 1993 endgültig ihren Betrieb einstellte. Was dann geschaffen wurde, ist eine sehr große Grünanlage, eben dieser Nordsternpark, in dem 1997 auch die Bundesgartenschau stattfand. An Backbord, auf den Mauern der ehemaligen Hafenanlage, zieht sich der Landschaftspark weit ins Landesinnere. Er umfasst auch noch die Emscher, die mit kuriosen Brücken überbaut wurde, es gibt Spielplätze, einen Kletterfelsen, alte Kohlenbunker, einen nachgeahmten Bergbaustollen und sehr viele Bänke, auf denen 1997 einst die Gäste der Bundesgartenschau um einen Platz rangen. Doch viele dieser Bänke wurden nun schon lange nicht mehr besetzt, da sie eben schon sehr lange vorbei ist, diese Bundesgartenschau. Den Publikumsverkehr kann man durchaus als eher spärlich bezeichnen.

Diese Künstler und Bildhauer, wobei ich mich in diesem Zusammenhang bei manch einem frage, sind sie, diese „Bildhauer", Bildhauer oder „hauen sie das Bild" damit man etwas zeigen oder vermitteln möchte, kaputt? Markus Lüpertz gehört nicht unbedingt dazu. Er hat auch den Schwollschädel Poseidon am Beginn des Rhein-Herne-Kanals, auf der Mercatorinsel in Duisburg, hingestellt, der mir grundsätzlich ganz gut gefällt, den ich aber auch als fehlplatziert betrachte. Wer außer den blöden und ungebildeten Schiffern sieht das Ding, dieses „Echo des Poseidon", eigentlich? Die Duisburger Steuerzahler, die etliche Kilometer weit davon entfernt wohnen, haben ihn bezahlt und wir armen Schiffsleute müssen uns von ihm und seinem steinernen Blick auf den Rhein anstarren lassen. Sein womöglich in die Zukunft eines weiterhin moderner werdenden Hafens gerichteter Blick gelingt ihm auf alle Fälle nicht, da eben dieser Hafen stetig verfällt und auch die dazu dringend notwendige Binnenschifffahrt vor allem Ablehnung erfährt.

Wie auch immer, Lüpertz konnte hier für seinen 18 Meter hohen Herkules, den „Herkules von Gelsenkirchen", ebenfalls einen Stellplatz hoch oben auf dem ehemaligen Förderturm der Zeche Nordstern ergattern. Ein Förderturm, von denen es einst zu hunderten an den vielen angesiedelten Zechen zu sehen gab. Auf solch einen blickt Herkules in luftiger Höhe womöglich auch in eine nicht so klare Zukunft. Das Ding ist als Monumentalstatue zu bezeichnen. Es ist 18 Meter hoch und aus Aluminium gefertigt. Wahrscheinlich soll er wohl edel und silbern farbig aussehen. Aber seine Proportionen wirken merkwürdig, da alles nicht so recht miteinander harmoniert. Mit nur einem Arm, Torso und Bein, klein und gedrungen, nicht eindeutig natürlich menschlich aussehend, mit einem viel zu großen ovalen Kopf, auch nicht sexy genug wie Herkules mit seinem Astralkörper eigentlich erahnt wird. Herkulesgleich kann man ihn nur vermuten, wenn man danach gefragt wird. Wie Herkules oder auch Käpt'n Ahab aus Moby Dick mit Vollbart und Dauerwelle, eine Haarpracht im strahlenden Blau lackiert, und herrlich rotem Kussmund, wirkt er eher unschön. Würde man ihn nicht besser kennen, diesen Herkules als Abbild eines mystischen Gottes, könnte auch eine Comicfigur seinen Platz dort oben einnehmen und Homer Simpson, nackig im leuchtenden Gelb an dieser Stelle, hätte dieser ganzen Gegend noch etwas Spaß verliehen. Zahlen dazu, man darf sie selber zuordnen: 2010 und 2 Millionen. Ein paar Zeilen für Markus Lüpertz, ENDE.

Bedenklich ist und bleibt: Durch diese einstige Hafenmauern wird verraten, dass hier einst all das Raubgut aus den Tiefen der Erde, was sich schwarzes Gold nennt, in Binnenschiffen verladen in die Welt verkauft wurde. Sehr bedacht hat man schon vor vielen Jahren damit begonnen, vor diese Hafenmauer, diese vielleicht 400 Meter lange Einbuchtung ordentlich Steine, Sand und Erde zu werfen, Wiesen, Hecken und Büsche gepflanzt, um erfolgreich zu verhindern, dass der einstige Heilsbringer, das Binnenschiff, dort anlegen kann. Auf dem Steuerbordufer, was sich ebenfalls Nordsternpark nennt, erhielt oder festigte man das geböschte Ufer ausreichend. Somit war gesichert, dass Schiffe bis in alle Ewigkeit all das nur durchfahren können. Kurz vor dem Ende dieser schönen Anlage steht das Amphitheater Gelsenkirchen, was tatsächlich so aussieht. So ein wenig was Römisches hat es schon. Halbrund sitzt das Publikum erhöht einer über dem anderen auf einer Tribüne, mit dem Rücken zum Grünzeug und dem Blick in Richtung Kanal, in dem sich etwas in der Tiefe, vom Wasser umschlossen, die Bühne befindet. Hat schon was, dieses besondere Theater. Da ist manchmal ordentlich Radau und Krawall, wenn man bei solchen Veranstaltungen bei Nacht vorbeifährt und der Sound weit in den Park hineinschallt. Denn diese Veranstaltungen finden nicht nur für die oberen Zehntausend statt, obwohl man es, angesichts eines solchen Baus oder gar Kunstwerks, wie diesem „Amphitheater", doch mutmaßen könnte.

Außer im Winter wird hier das ganze Jahr über in diversen Abständen etwas präsentiert. Ein Augenblick, nur ein paar Stunden, wo dann genau hier etwas los ist in diesem großen Nordsternpark, vom Hard-Rock-Festival bis zu den Amigos und dem sterbenden Schwan, der aber nicht mehr am einstig verdreckten Kanalwasser verreckt. Ich erlaube es mir, wenn wir in solch einem Augenblick vorbeifahren, mal ordentlich aufs Typhon, der Schiffshupe, zu treten, egal, wer da gerade dargeboten wird, ob Shakespeare mit dem Romeo und seinem Julian, wo ein Schiffs-Trööööööt ein weinig störend wirkt, oder der Spider Murphy Gang, die mit dieser 32168-Telefonnummer eine fiktive Puffmutter Namens Rosi berühmt gemacht haben. Beide haben „Trööööööööööööt", meine persönliche Laudatio, verdient, beide sollen sie hören. Die Reaktionen von Land sind dann in diesem, auch meinem Kunstrausch meist positiv.

Zur Bundesgartenschau 1997 wurde diese Doppelbogenbrücke, eine Fußgänger- und Fahrradbrücke aus Stahl errichtet.
(Abb. einer Ansichtskarte.)

Direkt nach dem Amphitheater überspannt diese Fußgänger- und Fahrradbrücke den Kanal, sie führt von der einen Parkseite herüber zur anderen Parkseite und da es immer weiter geradeaus geht, erkennt man auch schon, wenn man unter den nächsten Brücken hindurchzwinkert, in ca. 500 Meter Entfernung endlich unsere Ladestelle auf der Backbordseite, die parallel zum Kanal verläuft. Eine Einbuchtung in den Kanal zeichnet diesen Lade- und Löschhafen, den „Horst" ab. Drei Schiffe hintereinander können an drei Steigern, wie sich die Anlagen nennen, an denen dies geschieht, laden oder löschen. Es werden also auch um die 350 Meter sein, die rein dem Mineralöl und anderen Flüssigkeiten zum Umschlag dienen. Die BP Gelsenkirchen betreibt diesen nebst einem riesigen Tanklager und einen weiteren Hafen nach der Brücke hinter diesem Kanalhafen auf der Backbordseite, wo ebenfalls zwei Schiffe laden oder löschen können. Namen zu nennen, wer was betreibt und wem was gehört, ist nicht immer recht sinnvoll, da all diese Anlagen zu oft einen neuen anderen Namen erhalten, wenn mal wieder etwas verkauft wird. Keine 400 Meter vor uns befinden sich auch schon die beiden Schleusenkammern von Gelsenkirchen, beide zwischen 1980 und 1985 in Betrieb genommen und klar geschickterweise ebenfalls 190 × 12 Meter, ca. 6 Meter Fallhöhe und einen riiiiiesigen, den sie alle womöglich manchmal gerne hätten, Geschütz- oder Wachturm. Die Vorgehensweise, diese neuen Schleusen zu bauen, wurde im gleichen Schema durchgeführt, wie an der Schleuse Oberhausen. Die alten Schleusen Gelsenkirchen befanden sich bis 1985 ebenfalls auf der Steuerbord und Backbordseite, bevor die neuen Schleusenkammern auf der Backbordseite errichtet wurden. Die alten Schleusen Gelsenkirchen waren auch in diesem Standard Rhein-Herne-Kanal-Abmessungen geschaffen, 165 Meter lang und 10 Meter breit, die Wände, wie alle anderen auch, in rotem Backstein und die unteren Einfahrten wurden schwebend durch an Seile hängende Schleusentore von Backbord aus einem Schacht heraus in die Schleuseneinfahrten gezogen, um diese zu verschließen. Diese Art der damaligen Schleusentore hatte auch einen gut durchdachten und gleichzeitig simplen Grund. Bei Bodenabsenkungen durch den Bergbau, der hier allgegenwertig war, früher mehr als heute, konnte man so manches Schleusentor, welches immer mal wieder aus dem Lot geraten ist, erneut der schiefen Situation anpassen. Die vielen Seile nebeneinander, die diese Tore oben wie eine Gondel hielten, machte man an der einen Seite ein wenig strammer und an der anderen Seite ein wenig lose. Die eine Seite wurde dadurch höher, die andere niedriger und schon schloss das Tor auch wieder richtig und war wieder fast gerade. Poller, die durch dieses Phänomen versanken, wurden durch neue ersetzt und das nicht immer da, wo es schön oder wirklich sinnvoll aussah. Das machte alles, wenn man es nicht weiß, die gesamte Kunst am Bau immer etwas fragwürdig. Aber, vielleicht hätte man die Baumeister aus der vergangenen Zeit auch das aus der heutigen Zeit bauen lassen sollen. Es wäre sehr interessant zu erfahren, wie sie all das Neue aber der Zeit nicht so entsprechend perfekt funktionierende gestaltet hätten.

Quelle: Bundesanstalt für Wasserbau

Die alte Südkammer der Schleuse Gelsenkirchen in den 70ern. Nichts erinnert mehr an sie. Hier befindet sich heute, wie an anderen Schleusen auch, nur noch ein Speisungspumpwerk, was einem Kraftwerk an anderen Wasserstraßen sehr ähnelt. Speisungspumpwerke sind, wie der Name schon sagt, Bauwerke mit Pumpen, die der Kanalspeisung dienen. Sie überpumpen

Wasser von einer Kanalhaltung in die nächste, Wasser, um das benötigte Niveau der jeweiligen Schleusenhaltung, das Stück bis zu nächsten Schleuse, aufrechtzuerhalten.

Vorhafen der Nordkammer Schleuse Gelsenkirchen in den 50ern oder Anfang 60ern, links mit erhaltener Gleisanlage der Treidelbahn, welche ebenfalls alle Kanalschleusen hatten (Quelle: Bundesanstalt für Wasserbau)

Treidelbahnen gab es einst sehr viele, in allen Ländern und an sehr vielen Kanälen, somit auch an vielen Schleusen aber auch an anderen diversen Gewässern entlang, auch als Dampfloks auf größeren Strömen wie der Donau. Und nach wie vor gibt es sie in der elektrischen Variante an den Schleusen des Panamakanals. Hier sind sie als Zahnradbahnen in Betrieb und ziehen mit vereinten Kräften zu mehreren auf beiden Seiten der Schleusen jeweils mit bis zu 260 PS bestückt Seeschiffe in oder aus den Schleusen.

Wir müssen nun durch die letzte Bücke vor diesem östlich gelegenen Stichhafen an Backbord, der etwas länger als ein Schiff ist, vielleicht 130 Meter, und direkt danach unser Achterschiff schön langsam in diesen Stichhafen hineinstecken,

Hier eine damals noch aktive elektrisch betriebene, grün angemalte Treidelbahn an der Schleuse Herne. Mit ihr wurden Schleppkähne oder anderes nicht motorisierte Gefährt in die Schleuse hinein und auch wieder hinaus gezogen (Quelle: Bundesanstalt für Wasserbau)

rückwärts ein wenig dort hinein fahren und den Bug mit dem Bugstrahl nach Steuerbord drücken, um das Schiff 180° zu wenden, damit wir, wenn wir laden, gleich in Fahrtrichtung Duisburg liegen. Nur so ist wegen der Enge des Kanals ein Wenden möglich, der hier, wie all die anderen 23 Kilometer Kanal auch, die wir hinter uns gelassen haben, nur max. zwischen 50 und 70 Meter breit ist. Und nachdem gewendet war, fuhr ich langsam rückwärts Richtung der Spundwand im Schleusenvorhafen, da dort noch ein Liegepatz, die auch hier sehr rar sind trotz des großen Schiffaufkommens, frei war, um dort anzulegen. Das Reiseziel war erreicht, die Meldezeit eingehalten und wir müssen nun hier warten, bis dieser Anruf vom Tanklager kommt, die uns zur Beladung rufen, „deo volente" (so Gott will). Eines meiner Funkgeräte hatte ich bereits vom Schleusenfunkkanal 81 für die Schleuse Oberhausen auf den Schleusenfunkkanal 79 für Gelsenkirchen gewechselt. Dazu besteht überall im Schleusenbereich die Pflicht, auf deren Kanäle zu wechseln, damit man für die anzufahrende Schleuse erreichbar ist.

Schleusenpalaver in Gelsenkirchen-Horst ...

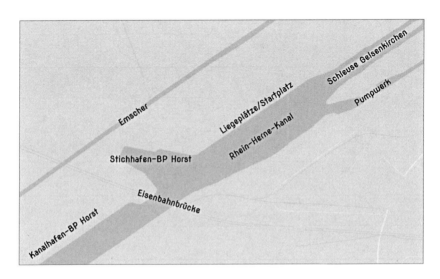

Die Kollegen standen an Deck auf ihren Positionen, die sie einnehmen, wenn es um das Anlegen an einer Liegestelle geht, einer auf dem Vorschiff, einer auf dem Achterschiff. Und als gerade der letzte Draht am Achterschiff befestigt war und ich den Motor stoppte, kam ein Ruf auf Kanal 79. Das Schleusenmeister von Gelsenkirchen verlangte uns anzusprechen.

„RÜTI für Gelsenkirchen", rief es ...

„RÜTI hört", war meine Antwort.

„Was macht Ihr da?", fragte es.

„Na, wie sieht's denn aus", beantwortete ich die dumme Frage und, „Wir warten hier, bis wir zum Laden gerufen werden."

„Habt Ihr mich denn gefragt, ob Ihr da liegen dürft?", meinte es diktierend von seinem Turm herunter.

„Warum?", erwiderte ich erstaunt, „hier liegt auf der ganzen Liegeplatzlänge der Schleuse kein einziges Schiff, wir stören doch niemanden."

„Mich stört das schon, wenn ich nicht gefragt werde", sprach das Kind.

Die Kollegen waren mittlerweile im Steuerhaus und meinten, „Was will der denn jetzt?", und erhielten von mir die Order, die Maschine noch nicht dicht zu machen, wer weiß, was da gleich noch kommt.

„Ich muss bei BP laden und es gibt hier weit und breit keine Liegeplätze, soll ich mich in Luft auflösen oder versenken oder was schlagen Sie vor?", fragte ich des Herrschers Stimme.

„Das ist ein Liegeplatz der Verwaltung und nicht der von der BP, es können da nicht immer Schiffe liegen, die nicht im Schleusenrang stehen", erboste er sich verbal.

Wir standen alle leicht erregt im Steuerhaus und hörten des Machts Worte.

„Was ein Arsch", meinte einer der Kollegen dann und „loch" dazu, ergänzt der andere.

„Was reden wir jetzt hier um den heißen Brei herum", fragte ich und, „Ich stehe nicht im Schleusenrang und nutze einen Liegeplatz, den hier gerade keiner benötigt, zwei Schiffslängen hinter dem Startplatz, was wollen Sie von mir?"

„Hätten Sie mich, wie es sich gehört, gleich gefragt, ob Sie da liegen dürfen", erklärte es, „dann hätten Sie auch dort liegen dürfen, wenn das nicht allzu lange dauert. Ansonsten hätte ich Sie gleich ins Oberwasser der Schleuse geordert, da sind genug Liegeplätze, aber ich weiß ja, wie das läuft bei Euch, Ihr fragt, ob Ihr kurz da auf Beladung warten dürft, und dann liegt Ihr da tagelang rum und belegt meine Liegeplätze."

Wir sahen uns kopfschüttelnd und raunend an und man hätte die augenblickliche Wut dreier gestandener Mannsbilder besser nicht zu dem in seinem sicheren Hochstand getragen. Wir wussten natürlich längst, worauf es dieser Person ankam, oder nein, Person steht ja zu sehr mit Höflichkeit, Anstand, eben mit Persönlichkeit in Verbindung, und Persönlichkeiten sind etwas Erhabenes und Wichtiges, was er, wie erkannt, mit

Sicherheit nicht war. Wir wussten also, worauf es diesem Typen ankommt. Er war massivst in seiner Eitelkeit gekränkt, auch in seiner Macht gestört und wir würden daran nichts mehr ändern, bis wir uns einer neben den anderen an Deck stellen, damit er uns mit dem Fernglas sehen kann, wir dann in die Knie gehen, ihn um Verzeihung bitten, Reue und Besserung geloben und flehend um die Nutzung des Liegeplatzes bitten.

„Ihr Schweigen nützt Ihnen jetzt nichts", sagt er dann tatsächlich nachstochernd, sein Kampf um seinen Liegeplatz wollte er weiterhin nicht aufgeben.

„Und jetzt?", fragte der eine.

„Lass Dich am Arsch lecken", der andere Kollege.

Entscheiden würde nun wohl ich müssen, was wir da machen und sagte zur Schleuse, „O. k., nur so zur Kenntnis, wir haben darauf keinen Einfluss, wie lange wir auf Beladung warten müssen, fühlen uns auch oft verarscht, aber gut, dann melde ich mich jetzt zu Schleusung ins Oberwasser an, wir legen uns da oben hin."

„Sie wollen also nicht dort liegen bleiben, sondern hochschleusen, RÜTI, hab ich das richtig verstanden?", klang es unerwartet verwundert aus dem Funkgerät.

„Genau, liegen bleiben wollen ja, liegen bleiben dürfen wir nicht, also schleusen Sie uns hoch, damit die liebe Seele ruh hat."

Die Kollegen waren etwas überrascht über meine Reaktion und fragten: „Echt jetzt, Du willst hochschleusen, bleib doch einfach liegen."

Ich sagte: „Nein, ich werde vor diesem Hund jetzt nicht zu Kreuze kriechen, damit es sich wochenlang sein Schamhaar kratzen kann vor Freude, einen Sieg errungen zu haben. Wir schleusen hoch, Arschlecken und basta."

„O. k.", brummelten beide und gingen wieder an Deck.

„Also, wenn Sie das wollen", sagte er schon verwundert, hat ja sicherlich unsere Bittstellung erwartet, „ich mach Ihnen die Steuerbord-Schleuse grün, Sie können gleich einfahren."

„Schön, sagen wir mal so, ich werde das wollen müssen, was bleibt mir anderes übrig", und rief über Funk zu den Kollegen, „Alles Leggo, macht alles Los", und zog das Schiff mit langsamer Rückwärtsfahrt der Steuerbord-Schleusenkammer entgegen.

„Willst Du nicht drehen?" meinte der Steuermann vom Vorschiff.

„Bin ich bekloppt", fragte ich, „mach doch wegen dem Idioten nicht nochmal ein Wendemanöver, wir schleusen rückwärts. Bis wir gedreht haben, sind wir auch so in der Schleuse."

„Na, ob der das erlaubt, bezweifle ich aber", kam es bedenklich vom Vorschiff.

„Das werden wir ja gleich sehen, werde ihm das schon erklären", und setzte meine Fahrt zu Schleuse hin fort.

Und als ich ca. 150 Meter vor der Schleuseneinfahrt war, meldete sich das etwas auch schon: „RÜTI, was habt Ihr vor?"

„Na ja, schleusen", bekam es meine klare Antwort, „haben wir doch so abgesprochen, die Schleuse ist grün und ich fahre da jetzt rein."

„Rückwärts", klang es überrascht, „wollen Sie nicht wieder drehen und mit dem Bug voraus schleusen?"

„Leute, Leute", klärte ich ihn auf, „Ihr glaubt immer, es ist alles so einfach, wie wir es Euch vormachen. Diesen Eiertanz mit noch einem Wendemanöver tu ich mir jetzt nicht noch einmal an. Außerdem habe ich kein Ballastwasser mehr im Vorschiff. Denn ich müsste zum Wenden mindestens bis zur Schiffmitte unter die Brücke nach dem BP-Hafen fahren, damit ich das Achterschiff in diesen Hafen bekomme, sonst bekomm ich das Schiff hier gar nicht gewendet. Das alles geht leider nicht mehr, weil ich jetzt ohne Ballastwasser im Vorschiff für diese Brücke am Vorschiff eindeutig zu hoch bin. Ich kann mich aber nochmal an den Liegeplatz der Behörde legen und erneut Ballastwasser ins Schiff pumpen."

Ich war gespannt, wie er nun darauf reagieren würde auf mein Märchen, dass ich ihm erzählte. Ich fühlte aber, dass diese vielen aufeinander recht erklärbar gewählten Worte sein erbärmliches nautisches Denken überfordern würden. Denn tatsächlich ist es so, dass diese Brücke auch ohne Ballastwasser im Vorschiff durchfahren werden kann, denn unsere Ladestelle war unmittelbar nach dieser Brücke an der Steuerbordseite, wir müssen da so oder so nochmal durch.

„Meinen Sie, das geht?", meinte er, womit er sich verriet, wirklich keine Ahnung zu haben.

„Natürlich geht das", sagte ich siegessicher, „Wer vorwärts rein kommt, muss auch rückwärts reinkommen, was wären wir denn für Pfeifen, wenn wir das nicht könnten."

„Na dann, seien Sie vorsichtig", schien es ihn etwas zu beunruhigen.

So fuhren wir rückwärts in die Schleuse, schleusten hoch und fuhren rückwärts wieder aus, in die Richtung, wo es nun doch einen Liegeplatz für uns gab, den wir nutzen durften.

Das Schleusenmeister meldete sich noch einmal und bat darum: „Das nächste Mal sprechen Sie uns doch einfach an und fragen um Erlaubnis, ob Sie da liegen dürfen. Dann wird es auch keine Probleme mehr geben, sofern wir unseren Platz nicht anderweitig benötigen."

„Na klar", musste ich dazu sagen, „anderweitig, wie sie ihn heute dringend benötigt haben, und der nun frei ist für weiteres Unnötiges. Ich werde einfach jeden Abend darum beten, nicht mehr hierher zu müssen, zum Kotzen dieser Kinderkram mit Euch."

„Das ist kein Kinderkram, RÜTI ...", hörte ich noch, dann war mein Funkgerät ausgeschaltet. Es war 15 Uhr, Zeit für was zu essen und anderen Kram zu machen. So verharrten wir in Stille der Dinge, die da kommen sollten.

Um 21 Uhr rief die Verladestelle an, wir sollen heute Nacht ca. 24 Uhr, vielleicht auch erst 2 Uhr, auf alle Fälle heute Nacht laden, womit sich ein neues Problem auftat, denn die Schleusen arbeiten nur bis 22 Uhr. Wenn wir vorher nicht wieder abschleusen, können wir das erst ab morgen früh um 6 Uhr wieder tun, somit auch erst mit Schleusung und im Hafen am Steiger anlegen nicht vor 7 Uhr oder gar 8 Uhr laden. Wir mussten daher vor 22 Uhr wieder ins Unterwasser. Irgendwie hatte ich keine Lust, mich schon wieder mit diesem Gelsenkirchener Schleusendirektor auseinanderzusetzen. Jede Bitte, die man an sie richtet, wird sie in ihrer schlechten Charaktereigenschaft stärken. Doch nicht zu laden oder verspätet, wie angeboten, konnte ich auch nicht machen. Wenn wir nicht laden kommen, warum auch immer, dann wird der Verlader ein anderes Schiff zur Beladung vorziehen und unsere Liegezeit wird sich unabsehbar verlängern, dass wiederrum fände wohl die Reederei nicht so lustig. Also, ran an den Feind musste ich entscheiden.

„Schleuse Gelsenkirchen für den RÜTI bitte", rief ich wieder auf Kanal 79.

„Gelsenkirchen hört", erkannte ich sofort eine andere Stimme.

Sie hatten wohl die Schicht gewechselt. Klar war natürlich, dass das eine Schleusenmeister den anderen Schleusenmeister ausreichend über den renitenten Schiffsführer vom RÜTI geimpft hat. Ist ja bekannt, dass sowas bei der Schichtübergabe ausreichend erklärt, beschimpft, verurteilt und ein weiteres umgehen mit dem renitenten Widerständler besprochen wird. Ich erwartete daher einen neuen Aufruf zum Gefecht, dem ich mich auf alle Fälle stellen würde. „Möge die Schlacht beginnen", dachte ich und säuselte sehr ruhig und bedacht in des Hörers Muschel, um nicht den Eindruck zu erwecken, „Mit Dir bin ich noch nicht fertig, jetzt kommt Teil 2", wollte also nicht den ersten Schuss abgeben.

„Der RÜTI soll heute Nacht irgendwann ab 22 Uhr bei der BP laden. Ich müsste also vor 22 Uhr schleusen und im Unterwasser nochmal irgendwo liegen bleiben, bis die mich rufen", ohne die Bitte zu äußern, diesen einen, ihren Platz, den ich schon am Mittag unerlaubt nutzte, jetzt für ein paar Stunden nutzen zu können.

Da sagte er und das verwunderte mich: „Backbord-Kammer wäre klar, RÜTI, könnt gleich einfahren, im Unterwasser ist die letzte Länge an der Spundwand frei, da könnt Ihr Euch hinlegen."

„O. k.", sagte ich, „Wir machen klar, kommen sofort."

„Schönen Abend noch", meinte er sogar überzeugend.

Da hat wohl einer bei der Übergabe seinen Schnabel gehalten oder es war im Allgemeinen unter den Schleusenmeisterkollegen bekannt, dass dieser eine ein recht mieser oder auch nur unerfahrener war im Umgang mit den Schifffahrtskollegen.

Ich sagte nur, „Vielen Dank, Ihnen auch", informierte die Kollegen, schleuste ins Unterwasser, legte mich auf den heiligen Platz des einen und wurde tatsächlich um 00:30 Uhr zur Beladung gerufen. Mit einer weiteren miesen Geschichte an Bord verließen wir schon um 9 Uhr Gelsenkirchen-Horst und befuhren nun den Rhein-Herne-Kanal in Richtung Duisburg, um dort nur 6 Stunden später über Backbord in den Rhein hinaus zu wenden.

Es geht also schnell und kommt manchmal ohne Vorwarnung, es passiert und man fragt sich: „Was war das denn jetzt?"

Eingebrockt und ausgelöffelt ...

Im Juni 2003 waren wir mit dem Bunkerboot „CASTROL 18" für eine Bunkerung in den Westhafen bestellt. Das Schiff, das betankt werden sollte, kam donauabwärts mit Eisenerz aus Rotterdam, sollte im Westhafen gleich am nächsten Morgen um 6 Uhr nur wenige Tonnen leichtern, da es für die Donau zwischen Straubing und Passau ein wenig zu tief lag. Sein Endziel war die Voest AG in Linz, ein weltweit agierender österreichischer stahlbasierter Technologie- und Industriegüterkonzern, ein ehemaliger Rüstungsbetrieb, der sich einst in längst vergangener doch unvergessener Zeit Hermann-Göring-Werke nannte, ab 1938 gebaut wurde und den ein mächtig schwarzer Schatten viele Jahre begleitete. Viele Millionen Tonnen Eisenerz hat dieses Werk seither auch für friedliche Zwecke zu Stahl geformt und damit dies alles auch möglich war, waren es immer sehr viele Binnenschiffe, die Eisenerz die Donau hinauf und seit 1992 über den Rhein, Main und Main-Donau-Kanal aus den Rheinanliegerstaaten anlieferten.

In die anderen Richtungen werden vor allem von der Voest Linz, der jetzigen Voestalpin, Stahl- und Eisenmaterialien auch via Binnenschiff in die ganze Welt versendet. Die Voestalpin hat für fast jede Branche, Auto, Bahn, Bau, Energie, Luftfahrt, Maschinen, sogar Haushalt, für eigentlich alle Branchen, die mit Stahl oder Eisenprodukten zu tun haben, etwas zu bieten.

Wenn man sich mal vor Augen führt, in welchen Alltagsgegenständen Eisen in mehr oder weniger großem Umfang vorhanden ist, dann muss man wahrscheinlich nicht lange überlegen, sondern wird sehr schnell fündig werden. In jedem alltäglich genutzten Gegenstand befindet sich etwas, welches aus diesem Produkt Eisenerz, letztendlich Eisen geschaffen wurde. Sei es nur diese einzig darin befindliche Millimeter kleine Schraube, die den ganzen Krempel, den man tagtäglich in Händen hält, zusammenfügt.

Selbstverständlich fallen bei solch einer riesigen Stahlproduktion auch entsprechende Abfälle an, Abfälle, die auch in dieser Branche nur so lange Abfälle genannt werden, bis sie in einer anderen Verwendung zu etwas Schönem und Sinnvollem geformt wurden. Staub, Wasser und Schlacke nennen sich grob gefasst diese Dinge, sind aber im Vergleich zum Endprodukt Stahl, was verschiedene Formen und Zusammensetzungen betrifft, eher in geringem Umfang enthalten.

Es wird alles so lange verwendet, gelagert und verbrannt, bis am Ende dieser irrsinnigeren, fast nicht vorstellbaren Produktionskette alles seinen Platz fein sauber gefunden hat. Vor allem Hochofenschlacke bleibt neben den sehr viel höheren Mengen an Stahlprodukten übrig und die findet sich meist im Straßenbau oder in der Zementproduktion wieder. Alles wird verwendet und wenn nicht dort, dann eben an anderen Stellen, wo diese Hochofenschlacke benötigt wird. Daher ist Hochofenschlacke ebenfalls ein Produkt, das auch mit Frachtschiffen zu irgendeinem Verwender in loser Schüttung transportiert wird. Keine schöne und saubere Fracht wie ein Container, der einfach ins Schiff gehoben wird, sondern eher grau, sehr fein und staubig ist die eine davon. Eine andere dieser unterschiedlichen Hochofenschlacken ist etwas grobkörniger, aber ebenfalls grau und staubig. Es gibt also unterschiedliche Formen dieses Produktes und keines riecht wirklich gut, kein Wunder, es ist ja ein Abfallprodukt. Schiffbesatzungen sind froh, wenn es im Laderaum drin und dieser endlich verschlossen ist. Und sie sind noch froher, wenn es wieder draußen ist aus dem Schiff. So viel in absoluter Kurzfassung dazu.

Diese dazu im Gegensatz sauberen Stahlmaterialen sind eine gern gesehene saubere Fracht, die mit leistungsstarken Kränen in die Schiffe gehoben werden, sind immer sehr schwer, auch paar Zentimeter dick und einige Quadratmeter groß. Je nach Gewicht kleine oder große Stapel mit aufeinandergehäuften Blechen oder Stahlplatten, die sehr schnell ganze Laderäume in ihren Größen ausfüllen. Manche sind 10 und mehr Meter lang, 4 und mehr Meter breit. Man muss vereinzelt diese riesigen Platten einzeln ins Schiff heben, so schwer sind die. Doch meist sind es nicht ganz so schwere quadratische Haufen oder Stapel, die mit mehreren Eisenbändern zu Paketen verschnürt sind, die ins Schiff sortiert werden müssen. Manche davon sind auch nur ca. 3 Meter lang und 1 Meter breit. Es gibt für Bleche und Stahlplatten Standardmaße und davon sehr viele.

Die Besatzung muss bei dieser Fracht immer gut mitrechnen, was ins Schiff und wohin im Schiff gehoben wird. Womöglich gibt es unterschiedliche Löschstellen, unterschiedliche Warenempfänger, es soll doch ein jeder das bekommen, was er bestellt hat, ohne lange suchen zu müssen und ohne unnötige Umschlichterei. Das Umsetzen kann, wenn man richtig plant und rechnet, vermieden oder wenigstens vermindert werden. Wenn Bleche eines Warenempfängers ganz unten auf dem Schiffsboden liegen, Bleche, die zuerst gelöscht werden müssen, dann muss man alles, was darauf liegt, erst einmal aus dem Schiff herausheben oder wo anders hinsetzen, damit man an die zu löschenden Bleche herankommt, und danach alles andere, was weiter transportiert wird, wieder reinheben. All das verursacht Zeit und Kosten, die man versuchen sollte, tunlichst unter Kontrolle zu halten.

Auch „Coils" wurden und werden bei der Voestalpin gefertigt und auf den Weg gebracht. Wobei Coil aus dem englischen kommt und „Spule" oder „Bund" heißt, eine Bezeichnung dieser großen zusammengerollten runden Dinger bestehend aus aufgewickeltem, auch ein paar Meter breitem Metallband, Metalldraht, doch vor allem sehr vielen Metern Blech, welches eben im Gegensatz zu dicken Platten, weil es dünner, auch zusammenrollbar ist. Es sind also mit stabilen Stahlbändern zusammengehaltene Stahlrollen, wenn man so will. Eine Klopapierrolle in riesengroß und sehr viele Tausendmale so schwer. Auch mit diesem Loch in der Mitte, nur nicht weiß, sondern ganz dunkelgrau oder anthrazitfarbig. Man kann kein einzelnes Blatt davon abreißen, es ist nicht weich und vierlagig, kann es keiner sonst dafür gedachten Verwendung zuführen und es würde beim Fallenlassen in die Kloschüssel womöglich einen Porzellanbruch verursachen. Diese schwere stählerne Rolle ist endlos gerollt und wenn sie abgerollt wäre, dann wäre sie sehr viele Meter lang, hat somit absolut nichts mit einer Klopapierrolle zu tun. Es besteht gelegentlich eine relativ hohe Ähnlichkeit. Das englische Coil wird nicht nur im Deutschen teilweise als Fachbegriff für Bandstahlrollen und Stahldrahtrollen als Rohprodukt verwendet. Bandstahlrollen sind eine häufige Form für den Transport von Breitflacherzeugnissen aus Metallen und Legierungen zwischen Herstellern und der verarbeitenden Industrie (z. B. Automobilindustrie). Diese Klopse oder Coils können bis 45 Tonnen pro Stück schwer sein und das Schiff macht, wenn dieser im Schiff abgestellt wird, auch mal etwas Schlagseite. Diese Metallgüter sind immer sehr schwer, auch die kleineren wiegen sehr schnell ein paar Tonnen und sie müssen immer gut in den Laderäumen gesichert sein, zumal ein Coil der Form wegen auch noch rollbar wäre, wenn es nicht ausreichend gegen das Wegrollen gesichert ist.

Es rollt dann aus rein physikalischen Gründen bei einer gewissen Schräglage irgendwann los, egal wie schwer es auch sein mag, es rollt und rollt und bleibt auch nicht mehr stehen. Je größer die Schräglage ist, desto schneller wird dieser Koloss, bis er hoffentlich an einem massiven Hindernis hängen bleibt. Ein Hindernis, welches dieser Masse gewachsen ist. Der Mensch wird es garantiert nicht sein. Schiffe sind aus diesem Grunde, „Waren machten sich selbstständig" weil zu schlecht gesichert, nicht nur einmal gesunken in all den vielen Jahren. Auch die Verletzungsgefahren für die Arbeiter in den Laderäumen der Schiffe, die diese Dinge in den Laderäumen platzieren, an den Kran an- oder abhängen und sichern sollen, ist extrem hoch und ja, es gab leider auch schon mehrmals Verletzte und Tote dabei, zerdrückt, zerquetscht und erschlagen.

Die Wasserstraßen und das Binnenschiff haben sich für solche schweren Transporte auch in dieser Branche sehr bewährt und auch in dieser Hinsicht kann auf sie nicht verzichtet werden. Das rundum Dumme an dieser ganzen grandiosen Idee, die Rhein-Donau-Verbindung für die Binnenschifffahrt und damit verbundene Transporte jeglicher Art zu nutzen, ist und bleibt allerdings die Tatsache, dass man nach 32 Jahren Bauzeit am Main-Donau-Kanal auch neben vielen anderen Dingen die Anpassung der Donauwasserstraße verpennt hat.

Nun sind es seit 1992, der Eröffnung des Main-Donau-Kanals, noch immer ab der Schleuse Straubing, Donaukilometer 2.324, bis nach Vilshofen oder der danach folgenden Schleuse Kachlet, ein paar Kilometer vor Passau, Donaukilometer 2.230, nicht einmal 100 Kilometer, die diese gesamte Donau-Rhein-Verbindung, die immerhin gute 3.500 Kilometer lang ist, unterbrechen. 94 Kilometer Donaustrecke zwischen Straubing und Kachlet sind nicht staugeregelt. Diese Strecke ist sehr vom Niederschlag abhängig und unter Umständen bei Niedrigwasser, einem „kleinen Wasserstand", sehr seicht und nicht mit dem Tiefgang befahrbar, mit dem Schiffe aus dem Main-Donau-Kanal hinunter oder die Donau unterhalb Passau, der Schleuse Kachlet, herauf kommen.

Schiffe müssen also, um sich dieser Situation anzupassen, „geleichtert" werden. Leichtern nennt man somit den Augenblick, wenn aus einem Schiff nur so viel Ware entladen wird, bis es einen Tiefgang erreicht hat, mit dem es seine Fahrt ungehindert fortsetzen kann. Das können nur 100 Tonnen, aber auch 500 Tonnen sein, die umgeschlagen werden. Diese Leichterung erfolgt dann von dem zu tief liegenden Schiff in ein anderes leeres oder schon von anderen Schiffen teilbeladenes Schiff. Alle Schiffe müssen einen Tiefgang erreichen, der im Augenblick genutzt werden kann. Der eine wird „leichter" und der andere nur so weit schwerer, wie es situationsbedingt möglich ist.

Mehrere zu tief abgeladene Schiffe können somit auch in nur ein Schiff leichtern. Es findet ein Schiff-Schiff-Umschlag statt. Für diesen Vorgang wird auch in den meisten Häfen nur der Kraneinsatz berechnet. Wird die Ware an Land gehoben, weil zum Beispiel kein Schiff, welches die Leichtermenge aufnehmen kann, verfügbar ist, dann wird in der Regel für den Umschlagunternehmer für diesen Schiff-Ufer-Umschlag in den meisten Häfen noch ein „Ufergeld" abverlangt. Diese an Land liegende Menge wird dann zu einem anderen Zeitpunkt in ein dann ankommendes Schiff gehoben oder auch mit Bahn oder Lkw weitertransportiert. Womöglich fallen dann für diese Kranbewegungen erneut Kosten an. Klar zu erkennen ist, diese nur 94 von fast 3.500 Kilometern vernachlässigter Wasserstraße verursacht ordentlich Probleme und Kosten und das seit 28 Jahren. Und das wird sich garantiert in den folgenden Jahren so fortsetzen.

Eine Leichterung wartete daher am Folgetag auch auf unseren Kunden und da wir diesem uns treuen Kunden ebenfalls treu waren, waren wir auch gewillt, diesen, wie an diesem Tag, nachts zu bebunkern, damit er nach dieser Leichterung, die auch nicht lange dauern würde, am nächsten Morgen zügig weiterfahren kann. Eisenerz ist schwer und dadurch im Volumen, das bewegt werden muss, eher gering, paar Hundert Tonnen sind somit schnell umgeschlagen.

Die Schiffsbesatzung des Schiffes ist beim Leichtern meist sehr beschäftigt mit Luken auf- und zudecken, nach dem Tiefgang schauen usw. usf. Ein stressfreies und sicheres Bunkern ist in solchen Situationen eher nicht möglich. Darum sollte es in aller Ruhe heute Nacht geschehen, belächelt nur vom Mondenschein, dem dieses nächtliche Treiben wahrscheinlich egal war.

Er war mit der letzten Schleusung um 22 Uhr durch die Schleuse Regensburg, die knappe 2 Kilometer donauaufwärts von unserer Station entfernt liegt, gerade an uns vorbeigefahren und wir folgten ihm auf seinem Weg zum Westhafen, dessen Einfahrt sich nicht einmal einen Kilometer hinter uns befindet.

Schön langsam machten wir alles klar, starteten den Motor und Leggo, „es geht los". Gemächlich wendeten wir das Bunkerboot über Steuerbord und tuckerten unserem Vordermann hinterher, der erstmal rückwärts in den Westhafen einfahren musste, um uns den Weg ebenfalls in den Westhafen freizumachen. Ich hatte kein Radar in Betrieb, denn bis die alte Mühle warmgelaufen ist, werde ich mein Ziel erreicht haben, dachte ich. Die Nacht war relativ hell und außerdem, der Kutscher kennt den Weg seit vielen Jahren, hat er ihn Tausende Male befahren. Wir mit unserem nicht ganz 40 Meter langen Bunkerboot „CASTROL 18" konnten gemütlich aus der Talfahrt abermals über Steuerbord in den Westhafen eindrehen und folgten unseren nun rückwärtsfahrenden Vordermann, der noch gute 500 Meter so fahren musste, bis er seinen Löschplatz erreicht hatte.

Als er endlich die etwas enge Hafeneinfahrt vom davor befindlichen Ölhafen und die darüber gespannte Eisenbahnbrücke passiert hatte, sagt ich ihm: „Ich fahre mal an Deiner Steuerbordseite vorbei, wende hinter Dir das Bunkerboot und komme dann auf Deiner Steuerbordseite längsseits."

Somit hatte er genug Zeit, sein Schiff an seiner Backbordseite unmittelbar nach der Hafeneinfahrt anzulegen, und ich würde mich durch das Wendemanöver wieder in Fahrtrichtung aus dem Hafen hinaus befinden.

„Kein Problem", meinte er, „Das machen wir so, bis gleich."

Nun habe ich diesen Hafen in den letzten 8 Jahren unzählige Male befahren und unzählige Wendemanöver darin gemacht. Mit 40 Metern Schiffslänge bei einer Hafenbreite von fast 70 Metern absolut kein Problem. Das war es auf alle Fälle bis zu diesem Tag nicht.

Mein vietnamesischer Kollege und Steuermann, Dung, befand sich bei mir im Steuerhaus und musste erst an Deck, wenn es darum geht, bei dem anderen Schiff anzulegen. Der Hafen war ziemlich voll und an der Backbord-Hafenmauer hatten auf der ganzen Länge des 800 Meter langen Hafenbeckens ein Schiff hinter dem anderen angelegt. Somit verschmälerte sich die von mir nutzbare Breite des Hafens, die ich für das Wendemanöver benötigte, um 10 Meter, was aber dennoch kein Problem darstellen sollte, denn auf der Steuerbordseite entdeckte ich schemenhaft eine kleine Lücke zwischen zwei dort liegenden Schiffen. Mir war klar, dass ich genau dort unser Wendemanöver machen werde.

Ich war mir dieser Notwendigkeit bewusst und reduzierte nun an der von mir auserkorenen passenden Stelle, wo nun unser Wendemanöver stattfinden sollte, meine Geschwindigkeit, indem ich den Motor auskuppelte. Das bedeutete, dass ich diesen vom Getriebe trennte, damit sich die Schraube nicht mehr drehte und ich kurbelte mit dem Steuerrad, dem Haspel, mein Ruder quer, ganz nach Anschlag Steuerbord.

Mein damals noch vorhandenes Handruder ließ sich auch hier ohne Schraubenschlag, der auf die Ruderblätter wirkt, sehr viel einfacher drehen. Mit querliegendem Ruder kuppelte ich den Motor wieder ein und gab Vollgas, damit sich das Schiff auch schwungvoll nach Steuerbord bewegt. Außerdem hatten wir ein Ziel, wir wollten wenden. Die Gegend war mir mehr als bekannt und die Dunkelheit störte dabei nie, sollte es auch dieses Mal nicht tun. Wenn einer weiß, dass es fast keinen Hafen gibt, der nur ansatzweise ausreichend beleuchtet ist, dann sind das wir Binnenschiffer, anderes Getier und Gesindel, das sich hier nachts rumtreibt, und die zuständige Behörde von Regensburg, die daran etwas verbessern könnte, na ja, die müssen erstmal ihre Vergangenheit bewältigen. Etwas blöd war es zumal, dass wir keinen funktionierenden Scheinwerfer hatten, um irgendetwas zu beleuchten, aber den hatten wir schon ein paar Jahre nicht und die Modifizierung des Bunkerbootes schreitet nur sehr langsam voran. 2005, mit dem nächsten Werftaufenthalt, wobei der „TÜV" fällig wird, soll wohl wieder ein wenig was gemacht werden. Die Stelle war auserkoren und er, der Dampfer oder das Schiff, muss also hier, so war ich mir sicher, „rum (oder rund) gehen", wie man so sagt in der Schifffahrt, wenn ein Wendemanöver anstand und fragend der Platz dafür ausgesucht wurde: „Ob der hier rund geht?", „Meinst Du, er geht hier rund?", „Der müsste oder wird hier schon rund gehen!" Das Schiff „rund oder rumdrehen" heißt also, man wendet das Schiff in irgendeine Richtung um 180°. Aufdrehen wird dies auch in der Rheinschifffahrt genannt. Die Donauschiffer nennen dieses Manöver womöglich daher auch „Rondieren" oder ein Rondo machen.

Ein Blick zurück durch die Scheiben der Rückseite des Steuerhauses ließen mich erkennen, dass ich am Achterschiff keine Probleme zu erwarten habe. Das hinter uns liegende Schiff, das wir gerade nur mit dem Achterschiff passierten, war weit genug entfernt, nur in paar Meter, die der Dunkelheit wegen schlecht genau abschätzbar waren. Auf alle Fälle war es gut zu erkennen. Dass dies am Vorschiff nicht der Fall war, bemerkten wir beide erst, als sich der Dampfer auf einmal ohne Vorwarnung ordentlich durchschüttelte und wir beide einen kleinen Stolperer nach vorne machten.

Ein „Fuck, Scheiße" stieß ich hervor.

Dung meinte deutsch-vietnamesisch: „Uhhhhh, ahhhhh, Werneee, ohjeeee, Seiße, ohhhjeeee, Seiße, Werneee, alles kapuuuut, ohjeeee."

Bei all diesem zeitlich richtig platzierten Wortwechseln machte ich den Motor auf Stopp, kuppelte auf Rückwärts wieder ein, gab ordentlich Gas, um uns, egal was immer da vor uns war, wieder zu entfernen, in Rückwärtsfahrt allerdings. Wir waren ziemlich leerverkauft, der Bug zeigte weit über die Wasserlinie und das Schiff war mit keinen 100 Tonnen Material nicht absonderlich schwer. Dennoch klapperte es gewaltig. Alles, was irgendwo am Tischrand oder einem Regalrand stand, verschob sich ein paar Zentimeter in Fahrtrichtung, krachte klirrend und scheppernd zu Boden. Da sind wir doch tatsächlich zwischen diesen beiden stillliegenden Schiffen hindurch mit dem Bug in die Hafenmauer gedonnert, vernahm ich wütend. Was für ein verdammter Bockmist. Alle Absicht, eine Stelle auszusuchen und zu nutzen, die breit genug für ein Wendemanöver sein sollte, war es auf einmal nicht mehr, weil ich nicht aufgepasst hatte. Sowas ist geradezu unverzeihlich, ärgerte ich mich über mich selbst. Dung verließ das Steuerhaus, als ich wieder alles im Griff hatte und langsam auf unseren Kunden zufuhr.

„Uhhhhh, ich muss sauen, was kaputt ist, uhhhh, Seißeeeee, eieiei", begleiteten ihn Kopfschüttelnd auf den Weg dorthin.

Wir waren zwar sehr erschütternd und unangemeldet heftig und schnell gebremst worden, aber klar war, dass alles weiterhin funktionieren wird und wir unseren Kunden bedienen mussten. Ich wünschte mir nur ein wenig, dass unser Kunde oder wer auch immer, mein peinliches Manöver nicht beobachtet hat. Sowas Saudummes, gestand ich mir ein, scheiß Routine, die in all den Jahren gewachsen ist. Wir legten also wie bestellt mit unserer Backbordseite bei unserem Kunden an und dessen Steuerbordseite an und die Dunkelheit verdeckte meine Schandtat auf unserem Vorschiff.

Unwissenheit heuchelnd begab ich mich unauffällig und souverän wie immer an Deck, um gleich den Matrosen und den Schiffsführer, unseren Kunden, nach einem Shakehands und „Hallo, guten Abend, wie geht's" die Schläuche für den Diesel hinüberzureichen. Dabei erwähnte keiner der beiden ein sterbend Wörtchen über unsere gerade fabrizierten Kapriolen und ich vermutete, wir blieben tatsächlich und glücklicherweise dabei unbeobachtet.

Dung meinte mir flüsternd mitteilen zu müssen: „Seiße, Wernee, seiß Beule in Verschanzung, uhhhhh, eine Seiße, ist nicht schön, saust Du selber."

Ich sagte, obwohl mich die Neugierde unerträglich plagte: „Schau da jetzt bloß nicht so auffällig hin, die Beule ist später auch noch da. Wir müssen da ja nicht unbedingt auch noch darauf hinweisen. Ich schaue mir das nachher an, ist schon peinlich genug das Ganze."

Somit wurde die Bunkerung durchgeführt, als wenn nichts gewesen wäre, und während dessen räumte ich im Steuerhaus ganz fix alles wieder an seinen Platz, was sich da gerade in Sekundenschnelle selbständig gemacht hatte. Ich wollte unbedingt verhindern, irgendwelche Nachfragen notwendig werden zu lassen, wenn der Schiffmann zum Papiere machen ins Steuerhaus kommt, wie: „Was ist denn hier passiert?" oder „Warum sieht das hier so chaotisch aus?"

Ein normaler Ablauf beendete die Aufgabe, Papiere wurden gemacht, erneut ein schöner Abend und eine gute Reise gewünscht und wir verließen den Kunden als auch den Westhafen, fuhren mit einem Schandfleck mitten im Gesicht in Richtung unserer Station, dem Liegeplatz des Schiffes, den wir schon 15 Minuten später erreichten.

Dung flüsterte beim Aufklaren des Decks noch immer vor sich her, als ich mich mit einer Taschenlampe bewaffnet an ihm vorbei zum Vorschiff begab: „Das ist Seiße, Werneee, ganze Verschanzung kaputt, das ist nicht schön, seiße, eieiei, im Maschinenraum ist auch große Sweinerei."

Inzwischen war es schon weit nach 23 Uhr und ich sagte nur: „Nun mach mal alles dicht da unten, kannst Du auch morgen noch aufräumen und fahr nach Hause, daran kann ich jetzt auch nichts mehr ändern. Ich hätte schwören können, dass der rund geht, bin genauso erschrocken wie Du, als es plötzlich geknallt hat."

So schlich er in den Maschinenraum, um alles dicht zu machen. Ich schritt weiter zum Vorschiff, um die von Dung prognostizierte „Seiß"-Beule zu betrachten. „Fuck" dachte ich mir bei dem, was ich im Schein der Taschenlampe erkennen konnte. „So ein verdammter Dreck." „Gott, sieht das Scheiße aus", formte ich mir eine Meinung zu all dem Mist. So eine verdammte Punktlandung im Bug, mitten in der Verschanzung, wo doch das Schanzkleid eines Schiffes Schanz-„Kleid" heißt, weil es als Gesicht des Schiffes auch etwas Schönes sein sollte. Doch genau dieses Schöne hab ich im Bruchteil einer Sekunde platt gedroschen und alle werden es sehen, man kann es einfach nicht verstecken.

Dung schlich vom Achterschiff heran und stellte erneut fest: „Was sagst Du, Seißeee oder? Uhhhhh, das ist nicht schön, was kann man machen, Weerneee? So eine Seiße."

Dass ich das jetzt nicht beurteilen kann, sagte ich ihm und, „das sehen wir morgen bei Tageslicht, ist natürlich blöd, ausgerechnet da vorne, mitten im Gesicht praktisch. Fahr nach Hause, schauen wir morgen."

Und so trennten wir uns dann doch mit: „Gute Nacht, bis morgen."

Dieser folgende Morgen ließ mich dann recht zügig wach werden, doch hatte ich mich über Nacht mit dem im Taschenlampenlicht Erkannten ganz gut abgefunden. Zu ändern war an der Tatsache nichts mehr, nun aber galt es, das hässliche Gesicht des Schiffes wieder in neuer Schönheit erstrahlen zu lassen.

Der wahrhafte Anblick bei Tageslicht machte mich dann doch etwas nachdenklich. Dieser offensichtliche und nicht verdeckbare Anblick störte mich gewaltig, zumal der nächste Werftaufenthalt erst im Mai 2005, wenn wir „Klasse hatten", was nichts anderes bedeutet als „TÜV machen", noch gute 2 Jahre weit entfernt war.

So eine Beule im Gesicht würde jedem sofort auffallen und Fragen über Fragen werden über uns hereinprasseln, „Was habt Ihr denn da gemacht", und ähnliches. Schande wird über mich kommen, Witze werden womöglich gerissen und von dem einen oder anderen meine Kompetenz in Frage gestellt werden. Wobei

die Antwort immer die gleiche sein würde, was sollte ich anderes erzählen als: „Beim Wendemanöver nicht aufgepasst und Hafenmauer geküsst."

Als Dung dann, als er an Bord kam, auch noch seinen vorwurfsvollen Senf dazugab mit schlichten, sachlichen Worten wie „Seißee, musst Du besser aufpassen" und „Uhhhh" und „Ahhhh", war mir längst klar, das darf auf keinen Fall so bleiben, so, werde ich nicht zwei Jahre lang herumfahren. Klar war aber auch, wenn ich einen Havariebericht an die Castrol sende, damit die an dieser hässlichen Tatsache etwas ändern lassen, so würden sie es nicht tun, weil diese Hässlichkeit den normalen Geschäftsablauf in keiner Weise stören würde. Solch eine Investition wird demnach das Geschäftsdenken der Castrol in keiner Form bereichern.

Und wer in drei Gottes Namen sollte diese Arbeit machen? Es gibt hier keinen Werftbetrieb mehr und womöglich würde eine in Regensburg ansässige Schlosserei eine ordentliche Rechnung schreiben und es würde obendrein ewig dauern, bis sich jemand findet, der uns wieder hübsch macht. Mein Entschluss stand also fest, wir werden da selber Hand anlegen, und wir werden sehen, was so alles durch unser schweißiges Angesicht gebastelt werden kann. So begannen wir schon am nächsten Tag während dem normalen Tagesgeschäft mit einem Facelifting am Vorschiff des CASTROL 18. Zuerst wurde der Schandfleck auf der Verschanzung herausgeschnitten mit einer Flex und Trennscheiben, da wir keinen Schneidbrenner hatten. Dabei fiel mir auf, dass der „alte Zossen" gerade hier, ganz vorne am Bug, diesem Schanzkleid, der Verschanzung, sehr stabil mit relativ dicken Eisenplatten gebaut wurde, was unsere angesetzte Operation auf keinen Fall einfacher werden ließe. Kreischend und mit fester Hand drückten wir abwechselnd diese schnell drehende Trennscheibe in dieses vorher angezeichnet Material, das entfernt werden sollte. Krach, Qualm und Gestank störte die sonst allgegenwärtige Ruhe an Donaustromkilometer 2.377 und die Funken flogen mehrere Minuten bis der erste Sieg errungen und das erste Stück der bitteren Torte herausgeschnitten war.

Das darunter aufgetauchte verbogene Schanzkleid und dieses der Stabilität dienende dicke Halbrundeisen selber, erkannten wir, konnte womöglich herausgeschnitten werden. Aber wie sollte man das neu einzusetzende Stück entsprechend biegen, damit es wieder diese schöne rundlich gebogene Form erhält? So schmiedete man Pläne, was zu tun ist. Hitze war dann des Rätsels Lösung, viel Hitze, sehr viel Hitze, verdammt viel Hitze wird nun benötigt, um dieses verbogene Schanzkleid zu erhitzen, um es dann mir einem schweren Hammer und „gib ihm Saures" wieder zu einer annehmbaren Rundung zu formen, die der vorigen auch annähernd gleichen sollte. Nun hatten wir, wie gesagt, weder einen Schneid- noch einen anderen Brenner und auch nicht das dazu notwendige Gas, um so viel Hitze zu erzeugen, wie wir benötigen würden. Im Baumarkt erwarb ich, optimistisch wie ich war, einen Hand- oder Anwärmbrenner für normales Propangas, welches wir im Verkaufssortiment hatten, um zum Beispiel Dachpappe zu verschweißen oder Unkraut zu

verbrennen. Es sollte ein Experiment sein, war mir klar, und wenn es nicht funktioniert, so hab ich wenigstens endlich einen eigenen Handbrenner. Ein wenig zweifelten wir im Chor, dass diese relativ große Eisenfläche mit nur dieser Art Flamme ausreichend erhitzt werden kann. Rotglühend sollte es werden, bevor der schwere Hammer es trifft, sonst haben wir keine Chance.

Also standen wir abwechselnd mit einem normalen Propanbrenner und einer heißen Flamme der anderen Art vor diesen mittlerweile zerschnittenen Unschönheiten und hielten ordentlich drauf, damit das richtig heiß, am besten rotglühend wird. Nun sind die Flammen aus diesen Brennern nicht konzentriert genug und die Fläche, die erhitzt werden musste, war einfach zu groß. Es dauerte sehr lange, bis wir den ersten Versuch wagten mit einem fetten 10-Kilogramm-Vorschlaghammer, den wir noch aus der hier einst ansässigen Hitzler Werft abgestaubt hatten. Und wir begannen nun mit ordentlich Schwung und Anlauf von innen gegen dieses heiße Material zu dreschen. Na ja, da lachte er nur, der CASTROL 18, gab mächtig laut klingende Geräusche von sich, die uns eher Spott und Hohn empfinden ließen. Diese Aktion war zwar laut und anstrengend, aber nicht sehr hilfreich. Wir erkannten schließlich, dass diese Rundung, die all das noch stabiler machte und eine Materialstärke von 6 Millimetern aufwies, mit dieser geringen Hitze nicht zu verbiegen sein wird.

Die neue Idee war daher, diese stabile Rundung irgendwie schwächer zu machen. So schnitten wir mit einem kleinen Einhand-Winkelschleifer mit einer Trennscheibe auf der Innenseite von oben in der nun offenen Stelle ein paar, 10 oder 12 nebeneinanderliegende ca. 3 Millimeter tiefe Schlitze in diese Beule. Nebeneinander ca. alle 2 Zentimeter eine, die so lang wie diese Beule groß waren. Das war mächtig viel Arbeit und da auch das stahlhart war, sollten wir glauben, der CASTROL 18 wollte das irgendwie nicht, er ließ sich nur sehr schwer in die Knie zwingen.

Das Grundmaterial dieser Verschanzung war in ihrer Verbundenheit ordentlich geschwächt. Jetzt also erneut erhitzen was das Zeug hält und abermals dauerte es ewig, bis diese Blechfläche von ungefähr 70 × 70 Zentimeter durchweg einigermaßen Temperatur hatte. Letztendlich wieder mit dem „dicken Bello", dem schweren Vorschlaghammer, „gib ihm Saures", immer feste drauf, bäng, bäng, bäng, auf diese wieder nach außen zu biegende heiße Fläche. Und siehe da, zum einen klang jeder Treffer schon mal anders als vorher, irgendwie weicher und schwächer und – „jippieeijeeee" – es bewegte sich endlich dorthin, wo es gestern Nacht noch gewesen war. Mit jedem Schlag mehr auch ein wenig mehr nach außen. Trotzdem mussten wir diese gefächerte Fläche mit dem Handbrenner aus dem Baumarkt immer wieder neu erhitzen, was unseren Armen recht gut tat, denn dieser 10-Kilo-Hammer forderte uns schon recht gewaltig, auch wenn wir dieses Monster der Erleichterung wegen ab und zu durch einen 1-Kilo-Fäustling ersetzten. Die geschnittenen Schlitze verschlossen sich auch wieder ein wenig durch das Klopfen in die entgegengesetzte Richtung. Ein ganz besonderer, doch erfolgreicher Aufwand beendete dann doch recht zufriedenstellend den Tag. Mal abgesehen von der Tatsache, dass wir richtig schön fertig waren und aussahen wie Säue nach all der staubenden Schneiderei und Schleiferei, waren wir sehr zufrieden.

Am folgenden Tag schnitten wir aus einem Blech, von dem noch einiges aus der Umbauzeit unseres Anlegers übrig geblieben war, eine neue Platte abermals mit der Flex und einer

Trennscheibe heraus, wobei der dadurch verursachte Staub uns schon am frühen Morgen wieder zu Säuen werden ließ. Doch wir taten das alles, um das vorher entstandene Loch wieder schließen zu können. Das wurde dann ordentlich angepasst und der Rest war dann nur noch Verschweißen und sehr viel Schönschleifen.

Dafür, dass wir nur Binnenschiffer sind, weder Schlosser noch Schiffbauer, haben wir das ganz gut hingebracht, stellten wir nach getaner Arbeit fest und hielten es all die Jahre später auch nicht für notwendig, unseren nun nur noch vermindert wahrnehmbaren Schandfleck an den folgenden Werftliegezeiten nochmal ändern zu lassen.

Suppe eingebrockt, aber selber ausgelöffelt – was leider nicht immer möglich ist. Aber es heißt ja in allen Lebenslagen und Ereignissen, 1.000 Mal geht alles gut, das 1.001 Mal dann eben nicht. Und wenn ich auch keine Strichliste geführt habe, hoffte ich schon damals, dass dies mein 1.001 Mal gewesen ist.

Das hat jetzt nicht wirklich was mit das Schleusenmeister zu tun, auf alle Fälle aber ein wenig was mit dem Drumherum.

Schleusendesaster Berlin. Berlin, wir fahren nach Berlin ...

Entladung der Brücke in Berlin Mitte, Europacity
(Bild: Dr. Marlis Arlt)

Sehr interessiert an dieser Tatsache, suchte ich nach Ideen, dieses außergewöhnliche irgendwie fixieren zu können. Wann kommt sowas schon mal vor oder ist es überhaupt schon einmal vorgekommen? Ich wusste es nicht, konnte es mir auch nicht vorstellen, denn bis 2001 war die Befahrung des Mittellandkanals mit einer 110-Meter-Schiffslänge gar nicht möglich.

Die Schleusen Rothensee und Niegripp, die dazu dienen sollen, am Wasserstraßenkreuz bei Magdeburg hinunter zu schleusen auf die Elbe, dann über diesen Fluss hinüber zum anderen Ufer zu fahren, um dann wieder hinauf zu schleusen, um dem Elbe-Havel-Kanal zu folgen, hatten bis vor kurzem noch nicht die erforderlichen Abmessungen, um einen solchen Sondertransport zu bewältigen.

Auch die Schleuse Hohenwarthe, die für den Höhenausgleich der beiden Wasserstraßen Mittellandkanal und Elbe-Havel-Kanal verantwortlich ist, wurde erst 2003 in Betrieb genommen, gleichzeitig mit dieser Trogbrücke, diesem 916 Meter langen und über 40 Meter breiten Stahlkoloß, auf dem die Schiffe über die Elbe hinwegfahren können.

Wie auch immer – klar war, es ist etwas Besonderes, was die Schifffahrt mal wieder zu leisten hat, und das durfte nicht wieder so klanglos in der Geschichte der Menschheit verschwinden wie all das andere, was vielen Menschen schon im alltäglichen Leben nicht mehr auffällt. Somit schnell reagiert und meine Idee, das Schiff etappenweise von Land aus zu begleiten, ging sofort in die Tat über. Alles andere muss jetzt warten.

So schwang ich mich schon zwei Tage später in mein Auto und fing das Motorschiff BANDOLINO, welches mit diesem Objekt, welches in Berlin mit Begierde erwartet wurde, unterwegs war, immer mal wieder irgendwo ein. Erstmal mit der Videokamera aufnehmen, was man so aufnehmen kann, um dann eventuell eine schöne Dokumentation von der ganzen Reise zu machen, war mein Ziel.

Erfreulicherweise fand ich Unterstützung vom Kapitän Frank Mittenzwei nebst Frau Heike und Besatzung als auch durch den Disponenten der Main Schifffahrtsgenossenschaft, der MSG, die diesen Auftrag auszuführen vermochte. Die MSG hatte ich schon in diversen meiner Bücher erwähnt, aber nur kurz zur Erinnerung: Die MSG ist ein Schifffahrtsbetrieb, der schon seit 1916 sehr aktiv vor allem in der Frachtschifffahrt agiert, als Genossenschaft, Reederei und Reparaturbetrieb grundsätzlich überall, vor allem in der Binnenschifffahrt, bekannt ist. Gut 70 Schiffe der MSG findet man auf fast allen Wasserstraßen. Logistisch ein Meister der Kunst und es gibt fast nichts, was auf einem Frachtschiff transportiert werden kann, was nicht durch die MSG zu bewältigen wäre. Diese neue Brücke für Berlin mit dem Namen Golda-Meir-Steg ist also definitiv in den allerbesten Händen.

Golda Meir war übrigens von 1956 bis 1965 Außenministerin und vom 17. März 1969 bis 3. Juni 1974 Ministerpräsidentin Israels.

Soviel in ganz groben Zügen zu Vorgeschichte.

Damit war ich dann ein paar Tage unterwegs. Und ich war entsetzt, wie schnell so ein Schiff tatsächlich ist. Ich nutzte den Vorsprung mit dem Auto, der zwei, maximal nur drei Stunden betrug und positionierte mich dann rechtzeitig vor Ort. Allerdings, bis eine geeignete Stelle gefunden war, verging oft schon allein eine ganze Stunde. Den Weg durch Städte mit dem Auto zurückzulegen, ist ja was anderes, als einfach nur mit dem Schiff hindurchzufahren. Alles musste passen, vor allem das Licht, denn die Sonne, die es zu überlisten galt, war, so schön wie sie auch ist, die größte Herausforderung. Dann schnell drei Kameras platzieren und da kam er dann auch schon angepfiffen. Das muss ich in diesem Zusammenhang so sagen, auch wenn BANDOLINO nur zwischen 18 und 20 Kilometer schnell war, war er in wenigen Minuten an meiner Position vorbeigeschwommen. Da war nichts mit „und das Ganze bitte nochmal". Dieses Privileg hatte ich leider nicht. Nur das, was ich in diesem Moment filmen konnte, werde ich auch „im Kasten haben", wie es so schön heißt. Aber es klappte dann doch ganz gut. Mein Vorhaben wuchs von Stunde zu Stunde.

Auch die Ufersituationen der Gewässer als Binnenschiffer zu kennen, zahlte sich unerwartet in diesem Zusammenhang doch aus.

Unbedingt wollte ich, auch der Neugierde wegen, da auch mir als Rheinschiffer diese Binnenwasserstraße unbekannt war, den letzten Tag vor Berlin über die Havel und die vielen durchfließenden Seen an Bord verbringen und vom Schiff aus filmen.

Zuletzt trieb ich mich hier rum, als das Land noch geteilt war, als junger Mann. Ich war sogar noch Schiffsjunge und es war mir damals noch relativ Wurst, wo der Alte den damaligen 85-Meter-Dampfer rumschipperte. Es war also nach sicherlich 40 Jahren an der Zeit, all das neu Gewachsene zu begutachten.

Mit Frank hatte ich telefonisch beschlossen, dass ich an der Schleuse Brandenburg, der vorletzten Schleuse vor dem Ziel Berlin, an Bord gehen wolle, gute 8 Stunden vor Ankunft. Ich stieg vorsichtshalber schon um 05:30 Uhr in mein Auto, um rechtzeitig an Bord zu sein. Frank hatte geplant, den Tag ab 08:00 Uhr ab der Schleuse Wusterwitz, eine Schleuse vor Brandenburg, beginnen zu lassen, um vernünftigerweise mit Beginn der Helligkeit dieses ihm unbekannte Gewässer zu befahren.

Erstaunlich schnell war ich in Brandenburg und hatte noch ausreichend Zeit, weiter nach Wusterwitz zu fahren. Ich würde auf alle Fälle dort ankommen, noch bevor es ausreichend hell ist. Somit tat ich dies auch.

Vor der Schleuse Wusterwitz, die mit dem Pkw nur 8 Kilometer von Brandenburg entfernt liegt, überquerte ich eine Brücke über den Kanal und sah den BANDOLINO im Oberwasser der Schleuse liegen. Das Schiff zeichnete sich im schwachen Tageslicht noch undeutlich ab und ich musste nun eine Zufahrt zum Schiff finden.

An den Straßenrändern angebrachte Schilder, die den Weg zur Schleuse weisen, waren ein erster Anhaltspunkt, um die ungefähre Richtung einzuhalten. Ich fand den Weg durch Wald und Dschungel und unbefestigte Wege nur im schemenhaften Licht meiner Scheinwerfer tatsächlich bis zur Schleuse. Doch keinerlei Wege führten zum Liegeplatz, dorthin, wo sich das Schiff befand. Aus dem Auto gestiegen und in die Ferne blickend konnte ich in mehreren Hundert Metern Entfernung das Schiff erkennen und mit einem Sprung in den Kanal könnte ich es eventuell schwimmend erreichen, wenn ich es so wollen würde.

Da öffnete sich plötzlich ein Fenster an der Schleuse und eine laute Stimme rief: „Was suchen Sie denn da?"

Das Schleusenmeister hat mich, geschuldet meiner Lichter vom Auto, entdeckt.

„Ich will auf den BANDOLINO", rief ich zurück, „Wie komm ich denn da hin?"

„Hier kommen Sie nicht durch, hier ist alles abgeschlossen", dominierte er die Situation.

„Das war gar nicht das, was ich beantwortet haben wollte", musste ich daraufhin einfach sagen, da ich schon etwas genervt war, von der Suche nach einem Weg zum Schiff.

„Moment, ich komm mal runter", und tat dies dann auch.

„Guten Morgen", hin, „guten Morgen", her, stand er mir leibhaftig gegenüber.

„Aber", so verkündete er, „es gibt keinen Weg zum Schiff. Also nur einen, der ist aber nicht hier, da müssen Sie den ganzen Weg dorthin zurückfahren, wo Sie hergekommen sind, über den nicht befestigten, nicht beleuchteten Wald- und Wiesenweg, bis fast vor die Zubringerstraße, dort geht rechts ein kleiner Weg zu Schrebergärten hinein, da können Sie aber nicht parken und eine verschlossene Schranke würde den Weg direkt zum Schiff verschleißen. Den Schlüssel zur Schranke müssten die Leute vom Bautrupp vielleicht haben."

„Also, nur die eine Möglichkeit?", fragte ich nochmal.

„Ja, leider", sagte er.

So etwas angepisst war ich also am frühen Morgen schon und musste einfach sagen: „Sagen Sie mal, was machen Sie eigentlich, wenn es mal einen Notfall auf einem Schiff gibt, Feuer, ein Unfall, Verletzte oder Kranke und Rettungskräfte müssen an das Schiff ran. Bis da jemand das Schiff gefunden und wenn überhaupt erreicht hat, ist das Schiff ausgebrannt, gesunken und alle Besatzungsmitglieder tot. Das darf doch nicht wahr sein! Ich dachte immer, sowas gibt es nur an unseren Wasserstraßen in Ex-Westdeutschland."

Ich war aber sachlich „leise" und objektiv.

„Jaaa, ich weiß, das ist ein Problem", erklärte er sich, „aber das entscheide ich nicht, dafür bin ich nicht zuständig."

„Naja, so ein wenig schon, das ist doch Ihr Revier", musste ich leider erklären, „leiten Sie das doch mal bitte weiter, dass sich da ein besorgter Schiffer um sein Leben und dem Recht seiner demokratische Rettung sorgt. Das darf doch alles nicht wahr sein."

Ich stieg in mein Auto und mit einem, „Schönen Tag noch", ließ ich den verdutzten Schleusenmeister da stehen, so früh am Morgen schon Palaver der ungewöhnlichen Art missfiel ihm sicherlich.

Nun also wieder durch Wald und Dschungel zurück in die Richtung, aus der ich kam. Ich fand diesen Weg an den Schrebergärten vorbei bis hin zu dieser Schranke, die eine Weiterfahrt zum Schiff verhinderte. Ich stellte meinen Wagen in eine angrenzende Wiese, positionierte meine Visitenkarte in der Windschutzscheibe, mit der Hoffnung, dass man mich anruft, wenn was sein sollte.

Ich werde wohl die Schranke umgehen und laufen müssen, stellte ich, mit Stativ, Kameraausrüstung und Laptoptasche umhangen, fest. Das Gras schön satt vom nächtlichen Tau durchtränkt, womit sich meine Schuhe schon nach den ersten 50 von 300 Metern solidarisch zeigten, erreichte ich endlich das Schiff. Nasse Füße noch vor Sonnenaufgang, na wenn das kein Erlebnis ist. Schon etwas Tumult nahm ich auf dem BANDOLINO wahr.

Es sollte auch gleich losgehen, als Frank mir begrüßend entgegenkam und mich sofort aufklärte: „Werner, klopf Dich mal richtig ab, hier sind Millionen Zecken auf diesem Grün da an Land. Wir waren nur ganz kurz mit den Hunden draußen, die sind voll von Zecken."

Damit war mein Bedarf, freudig die Hunde zu begrüßen, auch gedeckt und tatsächlich stellten sich mir beim Abklopfen und der körperlichen Zeckenkontrolle die Nackenhaare zu Berge, mit dem Gedanken, dass mich diese unnütze Brut an Zecken befallen haben könnte.

Großartig dachte ich: „Man kann hier also verbrennen, ersaufen, irgendwie sterben, weil keine Rettung ans Schiff herankommt, oder man kann durch die Zeckenplage, die einen den Landgang, der sowieso fast nirgendwo für Schiffsleute möglich ist, eine fette Borreliose und andere Erkrankungen einfangen."

Also Abfahrt, die Hunde wären sicher gerne nochmal an Land, aber bisher war nicht einmal das vorhandene Zeckenproblem an Bord endgültig gelöst. Während der Fahrt durch die recht schöne und sehr interessante Gegend, den Weg Richtung Schleuse Brandenburg und den weiteren guten 70 Kilometer nach Berlin war man also beschäftigt, Zecken zu jagen. Die Zahl der gezählten und erlegten Zecken stieg ständig: 10, 20, 25, 30 usw. Die armen Tiere zu kämmen, fühlte man sich verpflichtet. Und eher nicht heiter davon angeekelt, immer wieder an sich entlang zu sehen, ob da nicht doch irgendwo etwas krabbelt, was einem Schleusenbereich entlang des Elbe-Havel-Kanals entsprungen ist, na Bravo.

Die Fahrt verlief ansonsten interessant, wir alle nutzten ein wenig die Sonne und ich filmte hier und dort, was sich für meine Dokumentation als verwendbar erweisen könnte. Immer mit prüfendem Blick, wenn sich ein Hund flehend für ein nur kurzes Kraulen näherte. Am Abend, kurz vor 17 Uhr, erreichten wir so langsam die Schleuse Charlottenburg, die letzte von 69 Schleusen, die der BANDOLINO entlang dieser 1.600 Kilometer Wasserstraßen zu passieren hatte.

AbbSchleuseCharlottenburg300
Unterwasser der Schleuse Charlottenburg.

Klar war, wir waren, wie von der MSG versprochen, am Montag, den 19. Oktober 2020, in Berlin angekommen und die Entladung der Brücke sollte wie geplant erst am Donnerstag, den 22. Oktober, stattfinden.

Die Stelle, an der dies stattfinden soll, bedurfte, bedingt durch die 110 Meter Schiffslänge, einer Sondergenehmigung und durfte noch nicht angefahren werden, was bedeutet, der BANDOLINO braucht irgendwo einen Liegeplatz, an dem er warten kann, bis jemand den Startschuss für die letzten Kilometer in den Spandauer-Schifffahrtkanal gibt. Mal hören, was die Schleuse dazu sagt, war der Weisheit letzter Schluss. Auf Kanal 82 meldete sich Frank an der Schleuse. Eine Frau Schleusenmeisterin meldete sich und erfragte die ganzen technischen

Daten inklusive Ladung und deren Gewicht, die Frank geduldig weitergab.

Die Frage, „können wir im Oberwasser der Schleuse so lange liegen bleiben, bis wir abberufen werden?", rief ein zögerliches unzufriedenes Unbehagen bei Frau Schleusenmeister hervor.

„Hmmmmm, nein, das geht nicht", war die klare Ansage, der Platz wäre dort zu kurz.

„Wie sieht es dann im Unterwasser der Schleuse aus?", fragte Frank.

Immerhin waren da an der Backbordseite sicherlich 350 Meter Anlegemöglichkeiten und auf der Steuerbordseite nochmal 110 Meter und kein einziger davon war belegt.

„Nein, das geht nicht", sprach es, „Sie könnten in den Westhafenkanal fahren, da sind Liegeplätze."

So musste ich mich dazwischenschalten. Die Liegeplätze am Westhafenkanal waren mir als wohnhafter Berliner seit 2013 sehr gut bekannt. An diesen Liegeplätzen führt im Abstand von keinen 10 Metern die Stadtautobahn vorbei, eine Frechheit, diesen Platz als Übernachtungsstelle für Schiffe auszuweisen. Was hat man solchen Menschen, die dies entscheiden, eigentlich angetan, damit man sich so menschenunwürdig verhält, schwellte sich mein Kamm so langsam.

„Was Du nicht willst, was man Dir tut, das füg' auch keinem anderen zu", lehrte man einst Kindern im Kindergarten.

Die Frau Schleusenmeister verlangte einen Anruf im Wachturm des Schleusenpersonals. Schnell stellte sich heraus, dass es ein paar Worte gab, die sie gerne aussprechen wollte, aber eine Diskussion über das Funkgerät nicht erwünscht war, damit das kein anderer hören kann. So zeterte sie, dass Frank nicht unaufgefordert seine technischen Daten und das Ladungsgewicht angegeben hat und sie ihm „alles aus der Nase ziehen musste".

Was Frank gekonnt nur erwiderte: „Wenn Ihr der modernen Schifffahrt einen Zugang gewähren würdet, wüsstet Ihr das schon, als ich die erste Schleuse in Friedrichsfeld vor 3 Tagen befahren habe. Woher soll ich das wissen, dass Ihr da nicht dazugehört."

In diesem Augenblick hat uns ein entgegenkommendes Schiff über Kanal 10 informiert, dass die Liegeplätze am Westhafenkanal überwiegend mit unbemannten Fahrzeugen, denen der Straßenlärm nichts ausmacht, belegt sind, was Frank auch gleich der Frau Schleusenmeister erzählte.

„Und jetzt?", endete die Information.

Sie schlug noch den Westhafen vor, dort könne man auch liegen. Frank erklärte, dass dies Hafengebiet sei und eine Genehmigung des Hafenbetreibers dafür erforderlich wäre, dieser aber um diese Uhrzeit nicht mehr erreichbar ist.

Nun bot sie doch an, Frank könne an der letzten Länge ihres 350 Meter langen Liegeplatzes anlegen, muss aber am Folgetag gleich um sechs Uhr mit der ersten Schleusung diesen Platz wieder verlassen, was überhaupt keinen Sinn macht, da morgen erst der 20. Oktober ist und die Zeit bis zum 21. am späten Abend überbrückt werden muss. Es würde eine erneute Suche am nächsten Tag erforderlich sein.

Da war ich dann raus, das war mir zu stupide, sowas blödes. Ich wollte noch bis Fahrzeitende irgendwo nähe Löschstelle an Bord bleiben und lieber die tatsächliche Ankunft der BANDOLINO in Berlin filmen. Aber das war mir dann doch zu viel an Boshaftigkeit, mangelndem Verständnis von Amtswegen, Machtspielchen und Inkompetenz. Ich musste von Bord, hatte keinen Bock auf eine Hafenrundfahrt ins Ungewisse auf der Suche nach einem angemessenen Liegeplatz für diese außergewöhnliche Schiffsgröße.

Frank entschied sich, dieses schwachsinnige Angebot abzulehnen und teilte mit, er würde dann doch besser schleusen und sich irgendwo in diesem ihm unbekannten Gefilde einen Liegeplatz suchen.

Niederträchtigerweise beendete Frau Schleusenmeister dieses Gespräch mit, „übrigens, BANDOLINO, herzlich Willkommen in Berlin."

Ich hätte kotzen können.

Nun könnte man eine Fehleranalyse betreiben. Fakt ist, diese außergewöhnliche Reise der BANDOLINO mit einer neuen Brücke für Berlin hat von A–Z hervorragend geklappt. Angefangen von der Logistik, den im Vorfeld wichtigen Anforderungen der MSG, bis hin zu einem herausragenden Kapitän, der all das Geplante sehr gekonnt in die Tat umgesetzt hat. Der Warenempfänger nahm sich dieser Empfangsstation nicht ausreichend an. Er hätte schon bei Reiseantritt in Deggendorf einen menschenwürdigen Liegeplatz für das Schiff, in diesem Fall für den Spandauer-Schifffahrtskanal, in Berlin planen und vor allem für das Schiff bereit halten müssen. Das Schleusenpersonal hat sich mal wieder als desinteressiert, inkompetent und ignorant bewiesen. Es schützte sein Reich auf lächerliche und erbärmliche Weise, wird wohl keinen Orden dafür erhalten, außer, dass es in der Schifffahrtsgeschichte „verwerfliches Verhalten von Schleusenpersonal auch in unserer Bundeshauptstadt Berlin" einen Platz in der Literaturgeschichte gefunden hat. – Herzlichen Glückwunsch.

Eine versuchte Analyse, warum so vieles ist, wie es ist …

Ich wäre nicht ganz fair, wenn ich all das Negative nicht wenigstens erwähnen würde, was dieser sehr kleine Kreis an Auserwählten der, die oder das Schleusenmeister in ihren vielen Jahren auf solch einer Schleuse alles zu ertragen und erleiden hatten und haben.

Da gibt es den bösen Schiffer, der ihnen keinen Respekt zollt. Auch den, der egal was kommt, immer und überall böse ist, nicht nur zu ihnen. Abgesehen davon, dass es viele Schleusenmeister gibt, die sich uns gegenüber auch nicht fair verhalten.

Aber: „Wie man in den Wald hinein ruft, hallt es auch wieder heraus." Es wird demnach einen Grund geben, warum sich das so über die vielen Jahre entwickelt hat. Allein bei der einen Seite das Übel zu suchen, wäre unanständig. Pauschal zu sagen, alles ist schlecht oder alle sind gleich schlecht, wäre diese Berufssparte betreffend auch falsch.

Dennoch bleibt es ein seltener und angesehener Beruf, den der Schleusenmeister ausübt, wie man diesen dann tatsächlich regelkonform nennen muss.

Er lebt mit dem annähernd gleichen Problem wie die Binnenschifffahrt, hat weder Lobby noch Menschen, die ernsthaft an
ihnen und ihren Arbeiten und Leistungen interessiert sind. Die
wichtige Funktion, die beide, Binnenschifffahrt und Schleusenbetrieb, ausführen und auch miteinander verbindet, damit
alles im Einklang im Betrieb bleibt, ist insgesamt aber so unauffällig und wenig bekannt, dass sie kein normal Sterblicher
bemerkt oder gar würdigt. Schade nur, dass sogar dieser Einklang zwischen Schifffahrt und Schleuse in einigen Tonlagen
am Hinken ist. Die meisten Menschen erfuhren und erlernten
etwas über den Sinn und die Funktion einer Schleuse eventuell
bei „Der Sendung mit der Maus". Man kann schon von Glück
sagen, wenn sie dann all das verstanden haben und das war es
auch schon. Für uns Schiffsleute wird er, egal wie sich dieser
Beruf in Zukunft noch verändern und entwickeln wird, erstmal
wahrscheinlich weiterhin ein Schleusenmeister bleiben. Noch
gibt es Binnenschiffer, die so fest in all das involviert sind,
dass sie auch weiter altes Gebräuchliches und Traditionelles
verwenden und dies auch weiterhin tun werden. All diese seit
Jahrhunderten gewachsenen Werte an die neue Generation zu
vermitteln, wird leider weiterhin ins Stocken geraten und irgendwann ein Ende finden. Auch der Respekt gegenüber dem
Beruf des Schleusenmeisters wird weiterhin wie bisher auch
weniger und weniger. Es ist eine Frage der Zeit, da gibt es
ausschließlich Funkzentralen, die all diese Gerätschaften steuern werden. Und diese daraufhin folgende Zusammenarbeit
in der Berufssparte Binnenschifffahrt mit all dem Neuen wird
einzig und allein der neuen Generation an Schleusenmeistern
und Binnenschiffern zu Teil werden, wobei der Verzicht auf das
Schleusenmeister sehr viel eher eintreten wird. Gibt es doch
schon jetzt genug Schleusen, die spüren Leben und Pulsschlag
nur noch durch das Getier, das sich womöglich darauf tummelt.
  Schnell entwickelte sich dieser Fortschritt und langsam entwickelt er sich weiter und weiter. Neu geschaffene Schleusen
werden entsprechend anders geplant und konzipiert, neu und
modern gebaut und eine Technik platziert, die einen selbst
in der Vorstellung auf Funktionalität zweifeln lässt. Es wird
möglich sein, nein, es ist möglich, eine Schleuse im obersten

Maintal von China aus zu betreuen. Ob sich dieser Chinese in Huanggang dann Schleusenmeister nennt, wäre lustig in Erfahrung zu bringen.

Nun besteht das Problem darin, dass dieses Land sich mit mehr als 7.300 Kilometern schiffbaren Binnenwasserstraßen rühmt, es über 350 Schleusen verfügt und dass aber zum Beispiel von den paar Hebewerken nur 2 funktionieren. O. k., es sind etwas mehr als zwei, aber nicht wirklich viele davon funktionieren reibungslos. Auch rühmen sie sich damit, dass der Rhein die wichtigste Binnenwasserstraße Europas ist und dass das, was sich darauf bewegt, weltweit so einiges in den Schatten stellt. Im EU-Weißbuch heißt es, „Die europäische Verkehrspolitik bis 2010: Weichenstellungen für die Zukunft" wird die Binnenschifffahrt als der „umweltfreundlichste und sicherste Verkehrsträger mit einer besonders günstigen Energieeffizienz und erheblichem Wachstumspotential" bezeichnet (Auszug Wikipedia). Achtung, man formte diese Worte, diese Laudatio, in Bezug auf die Binnenschifffahrt, aber nicht in Bezug auf deren Infrastrukturen. Menschen vom Fach, wir, die Binnenschiffer, erkennen tagtäglich erneut, dass sie nicht in der Lage sind, all den alten Krempel aufrecht und funktionierend zu halten und sich dafür natürlich gewaltig schämen sollten. Die Wasserstraßen und deren Infrastrukturen sind nicht gerade kompatibel mit dieser modernen Technik und man ist oft nur eher theoretisch gewillt, sich dieser anzunähern.

Man hat dieses „Zeug", diese marode Technik, auch nicht ausreichend immer mal wieder angepasst, um es langsam dieser neuen Technik näher zu bringen. Da sind so einige alte Schleusen, die sich von einer zur nächsten Stunde dahinhinkend in Betrieb halten. Die sind so alt, dass es keine oder nur wenige Ersatzteile gibt, vieles muss speziell angefertigt werden, es gibt keine Reserven und man wartet einfach, bis sich ein Teil nach dem anderen verabschiedet, um es dann für sehr viel Geld neu anfertigen zu lassen, abgesehen davon, dass auch die Fachkräfte, die solche Reparaturen durchführen, immer weniger werden.

Der arme Schleusenmeister kann für all das genauso wenig wie der arme Binnenschiffer und muss mit all dem Müll genauso funktionieren. Ganz vorne an der Front ständig der Unzufriedenheit der Schiffsleute ausgesetzt, macht er seinen Job mit dem, was ihm zur Verfügung steht, und ein wenig muss einfach bezweifelt werden, dass er immer damit zufrieden ist.

Schleuse Datteln, sie sieht nicht nur aus, als wäre sie von 1928.
Einfahrt mit dem alten TMS RÜTI-ZH, gebaut 1963.
Das Bild stammt von 2013.

Ob da noch irgendwo und irgendwann ein Herz schlagen wird, wenn diese ganze neue Technik stabil und ohne größere Ausfälle in Aktion tritt, darf daher ganz real bezweifelt werden. Doch werden sie sich alle daran gewöhnen, an diesen modernen Kram, sich weiterhin davon abhängig machen und es wird alltäglich und normal sein. Gegenseitiger Respekt, Rücksichtnahme, Fühlen, Denken und tausende andere Eigenschaften des Menschen sind der Technik gegenüber nicht notwendig. Gerätschaften sind emotionslos, haben oder sollen und dürfen vor allem keine Empathie empfinden, wo Empathie genau das ist, was so vieles erschwert, ja sogar unmöglich macht. Eigenschaften, die womöglich nicht nur den Menschen, sondern auch anderen Lebewesen im positiven aber auch im negativen Sinne dienlich waren, werden verschwinden. Der Bordratte oder der Ufer- und Schleusenratte und anderen primitiven Lebewesen wird all das weiterhin am Arsch vorbeigehen. Der ganze menschliche Mist stört fast alle sehr wichtig gewordenen Abläufe immer mehr. Eine Erkenntnis, die bei diversen Erfindungen in der Technik garantiert einbezogen werden, dieser störende Mensch mit all seinem Denken und seinen Emotionen. Zu glauben, sie, die Investoren, Denker und Erfinder, täten all das Großartige allein aus dem Grund, den Menschen zu entlasten, ist schon eine sehr naive Denkweise. Man möchte auf ihn, auf all seine schlechten menschlichen Eigenschaften und Forderungen, hervorgehoben durch nichts als Leistung, unbedingt verzichten. Man wäre grundsätzlich in der Lage zu erkennen, dass sich etwas entwickelt, was eigentlich Angst machen sollte. Daher wird es weiterhin auch in der Binnenschifffahrt und deren Wasserstraßen kälter und kälter.

Doch noch ist es nicht so weit. Die letzten Jahre meiner aktiven Zeit wird es nicht gelingen, all das umzusetzen. Es wird sie, die Schleusenmeister, noch einige Zeit lang und uns, die Binnenschiffer, noch sehr viel länger geben. Ich darf also daran erinnern, dass diese Darstellung meiner Wahrnehmung der Geschehnisse als „Standing Ovations", die für meine geliebte Innung gedacht sind, auch dem Schleusenmeister gelten, womit für all das Gute gedankt werden soll, was sie zusammen taten, ungeachtet all der vielen Dinge, die es ihnen schwer machten. Womöglich bin ich der einzige Mensch auf Gottes Erdboden, der sich die Mühe machte, diese Tatsache in den Annalen der Literaturgeschichte zu verewigen. Schön, dass es so ist.

Dieser gigantische Sprung in die Zukunft, den die Binnenschifffahrt in den letzten Jahren getätigt hat, ist durch die Trägheit des Staates fast nicht aufzuholen oder gleich zu stellen.

Ein Fahrzeug oder schwimmendes Gerät, immer ohne festen Boden unter dem Rumpf, auf einem vor allem fließenden, schmalen, mit Schleusen versehenen und umweltbeeinflussten Gewässer, welches ebenfalls anderen Fahrzeugen begegnet, die ebenfalls nie in einer gleichen Spur gehalten werden können, kann man so sagen, reibungslos autonom zu bewegen, fordert noch immer sehr viele Denker heraus, eine Lösung zu finden. Viele natürliche zur Binnenschifffahrt gehörende Dinge sind es, die es ihnen verdammt schwer machen, was sich eigentlich als einziges Hindernis einer perfekten Zukunft in der Binnenschifffahrt darstellt. Alles andere Technische, was die Welt am Leben hält, hat längst seinen Höhepunkt erreicht. Die Schubladen vieler sind voll von noch mehr sehr viel besseren Erfindungen und man möchte und kann nur nicht gleich alles umsetzen. Was sollte man sonst Morgen der Welt präsentieren, wenn man heute schon alles vorzeigt. Es handelt sich daher bei allem, was noch kommt, nur noch um allumgreifende Feineinstellungen, die ein paar Dinge noch einfacher machen.

Das gilt für jeden und alles, was es gibt, auf unserem Erdball. Und für die Binnenschifffahrt, das Schleusenmeister und sein Drumherum, werden auch noch sehr viele Noten geschrieben werden müssen, bis diese Harmonie Binnenschiff und Infrastruktur, was die Schleusen natürlich beinhaltet, für alle Parteien ein wohlklingendes Lied singbar machen wird.

Ganz vervollständigen kann ich diese Schleusenmeistergeschichten natürlich nicht und auch die kommenden mit diesen vielen zu erwartenden Veränderungen wird ganz bestimmt ein anderer schreiben müssen. Viel zu viel Zeit, weit über hundert Jahre, gingen ins Land und es hat sich wohl bisher keiner die Mühe gemacht, etwas von den unsagbar vielen Geschehnissen rund um die Schleusen niederzuschreiben. Das ist sehr schade. Niemand war darum bemüht, dieses immer notwendige, gewachsene, verwendete und nunmehr unverzichtbare, womit ich die Schleusen und das Drumherum meine, zu verewigen. Eine Feststellung bleibt, sie werden bleiben, die Schleusen, das

Schleusenmeister, wie schon erkannt, eher nicht. Somit sollen nicht nur die schlechten und guten Charaktere der Schleusenmeister Platz in diesem Werk finden, sondern auch das Unangenehme und Unschöne, was ihnen in ihren Jahren ihrer Dienstzeiten widerfuhr, ein stillgeschwiegenes doch allgegenwärtiges Thema, nämlich der Unfall und der Tod.

Man könnte natürlich sagen, na und, damit wird jeder Berufszweig auf irgendeine Weise konfrontiert. Aber ich erzähle nicht vom Bäcker, der in die Knetmaschine gefallen oder dem ein Sack Mehl auf den Kopf gefallen ist, auch nicht vom Metzger, der in den Fleischwolf stolperte, dem Maurer, der vom Gerüst stürzt, dem Zugführer, bei dem sich einer vor den Zug gestellt hat. Hier geht es um das Schleusenmeister und das Drumherum. Von anderen schrecklichen berufsbezogenen Geschehnissen könnte dann ein Bäcker, Metzger, Maurer, Zugführer und andere Berufsgruppen berichten, sofern sich einer findet, der gewillt ist, das zu tun.

Die verzwickte, allgegenwärtige Todesursache ...

Besonders intensiv erinnere ich mich immer wieder daran, dass ein Freund, einer meiner Schulkollegen, 1980 in Breisach über Bord ging und ertrunken ist. Auch er war noch keine 20 Jahre alt, ein sportlicher, lustiger, immer positiv denkender Typ, der nie den Anschein machte, dass ihn irgendetwas runterziehen konnte – außer der Vater Rhein, der holte ihn sich eines Tages, als er im Hochsommer von einem leeren Schiff ins Wasser fiel und wahrscheinlich durch einen Hitzschlag seiner Schwimmfähigkeit beraubt wurde und ertrank. An der Schleuse Marckolsheim, fast 10 Kilometer von der Unglückstelle entfernt, hat man seinen leblosen Körper erst nach vielen Tagen und Wochen bergen können. Diese Zeit zwischen seinem Ertrinken und diesem Auffinden hat mich damals an Bord sehr beschäftigt. In vielen Augenblicken, wenn ich mal nicht beschäftigt war, musste ich daran denken, dass dem armen Kerl jetzt irgendwo in diesem großen Gewässer etwas widerfährt, was keinem Menschen widerfahren solle. Und wenn er verstirbt, kann er den Kreis seines Lebens nicht schließen, sei es nur aus dem Grund, dass man, so lange er nicht aufgefunden wird, immer nur glauben kann, dass er nicht mehr am Leben ist. Es ist nicht richtig, einen Menschen oder dessen Körper einfach so der Natur zu überlassen, ohne einen würdigen Abschied und vor allem einer Bestätigung, dass es tatsächlich doch so ist, wie es einem vermittelt wird. Denn bis zu diesem Auffinden heißt es immer nur: „Wir gehen davon aus, dass ..." Seine Lieben klammern sich an jeden Strohhalm, hoffen so sehr, dass alles nur ein böser Traum ist, der einen wieder erwachen lässt und alles wieder gut wird. Genau aus diesem Grunde sind sehr viele Menschen darum bemüht, einen vermissten, verschollenen Menschen, letztendlich auch verstorben zu suchen, zu finden und ihn würdig zu bestatten. Auf einem fließenden Gewässer oder gar dem offenen Meer stellt sich dies vorstellbar natürlich als sehr schwierig und manchmal als unmöglich dar. Das fließende Gewässer nimmt diesen Menschen dann mit, immer stromabwärts und dann kommen eben diese vielen Schleusen ins Spiel. Es war nicht nur Kurtis „Glück" damals, dass er an der Schleuse in Marckolsheim gefunden, geborgen und seinen trauernden Eltern, die unsagbares Leid ertragen mussten, für eine ordentliche Beisetzung zugeführt werden konnte.

Sehr viele Menschen sind es, die nach einem Ertrinkungstod an irgendwelchen Schleusen an all diesen vielen Wasserstraßen auf der ganzen Welt angetrieben werden und dank dem Schleusenpersonal irgendwann ihre letzte und ordentliche Ruhe finden. Wahrscheinlich ist es kein Bestandteil ihrer Berufsbeschreibung, einen Ertrunkenen zu bergen oder bergen zu lassen, oder wie der eine oder andere zu sagen pflegt, „das gehört nicht zu meinem Aufgabenbereich", als ich darum bat, einen Brief in einen Briefkasten zu werfen.

Aber es ist relativ wahrscheinlich, dass dieses Geschehnis ihn eines Tages ereilen wird, womöglich mehrmals und er wird damit klar kommen müssen für womöglich eine lange Zeit, je nachdem, wie schwerwiegend dieses Erlebnis war. Doch sind es nicht nur Schiffsbesatzungen, die ertrinken, auch wenn man meinen sollte, dass es sie am allerersten treffen müsste, so nah dran an diesem Element, welches in der Lage ist, einem das Leben zu nehmen, obwohl es so freundlich und uns wohlgesonnen anmutet. Es tut es, das Wasser, auf alle Fälle eher, bevor man von einem Sack Mehl erschlagen wird.

Auch für den Rest einer Schiffsbesatzung bleibt so ein Geschehen Zeit seines Lebens allgegenwärtig.

Und ja, ein jedes Mitglied einer Schiffsbesatzung hat sich in seinen vielen Jahren an Bord schon einmal die Frage gestellt: „Der wird doch nicht ertrunken sein?" Oder er hat auf der Suche nach einem Kollegen, der von seinem Landgang am nächsten Morgen noch nicht an Bord war, mal heimlich links und rechts neben das Schiff geschaut, ob er da nicht eventuell doch, mit dem Gesicht nach unten, treiben könnte. Keiner tat dies, weil es sein Anstand gebietet, er tat es, weil dies einfach schon viel zu oft vorgekommen ist. Dem Rest der Besatzung bleibt sowas zeitlebens erhalten. Gelegentlich der Schrecken wird erträglicher, der Augenblick des Geschehens wird zu einer Geschichte, aber sie bleibt eine schreckliche Geschichte. Somit also weit gefehlt, wenn man glaubt, nur Schiffsbesatzungen ertrinken, sie werden eher ein kleiner Teil der Ertrunkenen sein. So gesehen ist niemand davor gefeit. Es ertrinkt ein Schiffsjunge genauso jämmerlich wie ein Schiffsführer und beide kann es treffen, wenn sie nicht vorsichtig sind. Selbst Schleusenpersonal ist schon ertrunken, wenn sie ihre Runde über ihr Gelände machten und unachtsam in eine leere Schleuse fielen. Obwohl allein ich mindestens 10 Menschen nennen könnte, die während der 42 Jahre meiner Tätigkeit ertrunken sind und an deren Namen ich mich noch gut erinnern kann bzw. an die Namen der Schiffe, auf denen sie gearbeitet haben oder in der einen oder anderen Funktion mit der Schifffahrt verbunden waren.

Sicherlich können sich andere Kollegen da anschließen und diese Schreckensliste noch verlängern.

Doch erstaunlich, wie viele andere Menschen dieses Schicksal teilten, Alte, Junge, Selbstmörder, Ermordete, Verschwundene, wie das zweijährige Mädchen, das am Flussufer, dem Badestrand, eine Sandburg bauen wollte und auf einmal nicht mehr da war.

Der betrunkene Mann, der beim Nachhauseweg zu nah am Ufer seinen Heimweg antrat. Oder dieses 6er Ruderboot, dessen Besatzung auf der Donau bei Regensburg nichts Besseres zu tun hatte, als bei Hochwasser Ruderboot zu fahren, und das schließlich kenterte. Drei dieser Abenteurer ertranken dabei.

Oder der Bauarbeiter aus Rumänien, der mit vielen anderen an einem Containerdorf an der Donau lebte und sich nur mal kurz abkühlen wollte. Keiner spricht darüber und man liest es eventuell in einer Zeitung oder hört es in den Nachrichten, erwähnt es mal kurz bei einem „Hallo wie geht's"-Gespräch mit, „Hast Du schon gehört, da haben sie heute wieder einen an der Schleuse rausgefischt", oder man verwendet gebräuchlich steril den Spruch, „Der wird schon irgendwann an irgendeiner Schleuse wieder auftauchen", wenn man erfährt, dass einer ertrunken sein soll, vielleicht eine Rettungsaktion, Boote der Wasserwacht und DLRG oder gar Hubschrauber bei einer Suche beobachtet hat. In der Tat sind es viele, wenn jeder einzelne zu viel ist. Und das fast an jedem Tag, an einer anderen Stelle, einer anderen Schleuse, einer anderen Wasserstraße, in einem anderen Land.

Zwei Beispiele aus der Binnenschifffahrt, wo man solche Unglücke am ehesten vermutet, sollen hier angeführt werden.

Schleuse Strullendorf, Main-Donau-Kanal
(INFranken, Juni 2012)
Kapitän ertrinkt in Strullendorfer Schleuse

Arbeitsunfall Schleuse Gundelsheim
(Stimme.de, 08.03.2016)
Neckar Matrose stirbt nach Unfall an Neckarschleuse. Ein 21 Jahre alter Mann ist am frühen Morgen an der Neckarschleuse in Gundelsheim von einem Schiff ins Wasser gefallen. Im Krankenhaus erlag er kurze Zeit darauf seinen Verlet**zungen.**

Erstaunlich oft sind es Angler, die ertrinken. Viele Hobbyfischer gehen allein zum Angeln der lieben Ruhe wegen. Gehen morgens um 4 aus dem Haus, setzte sich an einen Gewässerrand, um einen großen Fisch zu fangen, und kommen nicht wieder.

Schleuse Zepelin, Bützow-Güstrow-Kanal
Angler fällt in Schleuse und ertrinkt
(TAG24, August 2018)

Ein Angler ist in Zepelin bei Bützow (Landkreis Rostock) in ein Schleusenbecken gestürzt und ertrunken. Plötzlich verschwand er vom Schleusenrand und stürzte vier Meter in die Tiefe. Es ist bereits der zweite Tote an der Stelle.

Das passiert an jeder Stadt und jedem Dorf entlang aller Wasserstraßen wieder und wieder. Alkohol, auch manch einem Besatzungsmitglied wurde dieser zum Verhängnis.

Schleuse Erlabrunn, Main
Vermisster Student ist ertrunken
(BR24, 07.04.2016)

Ein seit dem Besuch des Würzburger Frühlingsvolksfests am 21. März vermisster Student ist im Main ertrunken. Die Obduktion einer in der Schleuse Erlabrunn gefundenen Leiche bestätigte, dass es sich um den 18-Jährigen handelt.

Unerklärliches geschieht aus manchmal unerklärlichen Gründen.

Schleuse Pleidelsheim, Neckar
Ein Leichenfund beschäftigt die Polizei in Benningen.
(Stuttgarter Zeitung, 23.06.2016)

Ein 39-Jähriger ist dort in eine Schleuse gestürzt und gestorben. Wie die Polizei mitteilt, wurde die Leiche gegen 7 Uhr tot in einer trocken gelegten Schleusenkammer des Neckars in Benningen entdeckt. Bei dem Toten handelt es sich um einen 39-jährigen Mann. Den bisherigen Ermittlungen zufolge liegen keine Hinweise auf ein Fremdverschulden vor. Aktuell geht die Polizei von einem Unglücksfall aus. Der Mann hatte sich vermutlich am Abend zuvor auf das Sperrtor der Schleuse begeben, mit dem die Schleuse trockengelegt wird. Was der Mann dort zu suchen hatte, blieb zunächst unklar.

Leichtsinn, eine immer und überall gegenwärtige doch vollkommen überflüssige Eigenschaft, die kein Lebewesen dieser Erde so bewusst und so dumm in die Tat umsetzt, wie der Mensch.

Schleuse Rockenau, Neckar
Vermisste Leiche an der Schleuse Rockenau entdeckt

(Rhein-Neckar-Zeitung 20.04.2020)

Am 10. April kenterten zwei Männer mit einem selbstgebauten Angelboot auf dem Neckar - Ein 36-Jähriger galt seitdem als vermisst.

Suizid durch Ertrinken, der immer mal wieder eher ältere Spruch, „Ich geh ins Wasser", wird noch immer umgesetzt. Menschen stürzen sich von Brücken in irgendwelche Gewässer, um den Freitod zu wählen.

Schleuse Kochendorf, Neckar
Frau im Neckar ertrunken

gemeinsame Pressemitteilung der Staatsanwaltschaft Heilbronn und des Polizeipräsidiums Heilbronn
(24.02.2015)

Kurzbeschreibung: Am Sonntagvormittag wurde eine Frau kurz vor der Schleuse Kochendorf tot aus dem Neckar geborgen.

Manchmal werden Wasserleichen geborgen, die nichts mit vorher als vermisst gemeldeten Menschen zu tun haben.

Schleuse Geisling, Donau
An der Geislinger Schleuse ist am Mittwoch eine Wasserleiche aufgetaucht.

(Donau-Post, 13.09.2017)

Ein Kraftwerksmitarbeiter entdeckte den leblosen Frauenkörper am späten Nachmittag. Die Freiwilligen Feuerwehren Geisling, Wiesent und Mintraching bargen die Leiche, Beamte der Kriminalpolizei Regensburg übernahmen vor Ort die Ermittlungen. Ob es sich bei der Toten um die vermisste 19-Jährige aus Bach handelt, die seit dem Wochenende vermisst wird, stand laut Polizei noch nicht fest.

Schockierende Geschehnisse, die solch ein Erlebnis durch die erschreckende Hintergrundgeschichte noch unerträglicher machen.

Schleuse Untertürkheim, Neckar
Mädchen ist im Neckar ertrunken

(Frankfurter Allgemeine 15.12.2008)

Ein Schleusenwärter hatte die Leiche am Freitag gegen 17.50 Uhr im Stadtteil Untertürkheim an einer Schleuse entdeckt. Wenige Stunden nach der Bergung einer Mädchenleiche aus dem Neckar bei Stuttgart hat sich die 33-jährige Mutter des Kindes der Polizei gestellt. Sie erklärte, ihre vier Jahre alte Tochter in den Tod gestürzt zu haben, weil sie mit ihrer Erziehung überfordert war. Die Familie lebte laut Polizei in geregelten Verhältnissen.

Unfall, Mord, Selbstmord, nicht immer kann das geklärt werden.

Schleuse Himmelstadt, Main
Vermisster tot in Schleuse gefunden

(TY Main-Franken, 12.01.2015)

ROTTENDORF u. HIMMELSTADT, LKR. WÜRZBURG.

In der vergangenen Woche wurde an der Schleuse Himmelstadt eine Leiche geländet, bei der es sich nach jetzt gesicherten Erkenntnissen um einen Mann handelt, der seit Anfang Dezember vermisst war. Mittlerweile wurde eine Obduktion durchgeführt. Hinweise dafür, dass ein Fall von Fremdverschulden vorliegen könnte, haben sich nicht ergeben. Der 58-Jährige war seit der ersten Dezemberwoche spurlos verschwunden. Die daraufhin von der Polizei durchgeführten Suchmaßnahmen ergaben keine

Erkenntnisse auf den Aufenthaltsort des Mannes. Am Donnerstag wurde an der Schleuse Himmelstadt bei Reinigungsarbeiten eine Leiche entdeckt. Die weiteren Ermittlungen übernahm in der Folge die Kriminalpolizei Würzburg. Anhand von persönlichen Gegenständen, die bei dem Toten aufgefunden wurden, ergaben sich erste Hinweise auf den vermissten Mann. Nach einer Obduktion, die auf Antrag der Staatsanwaltschaft Würzburg am Montag durchgeführt wurde, ist nun die Identität des 58-Jährigen mit letzter Sicherheit geklärt. Die Obduktion hat weiterhin ergeben, dass der Mann mit hoher Wahrscheinlichkeit ertrunken ist. Genauere Todesumstände stehen nicht mit Sicherheit fest. Eine Straftat im Zusammenhang mit dem Tod des 58-Jährigen ist allerdings nach den vorliegenden Erkenntnissen auszuschließen.

Ob sich dahinter Mafiastrukturen befanden, darf durchaus in Anbetracht gezogen werden. Nicht alles ist ein 20:15-Uhr-Tatort am Sonntagabend.

Schleuse Duisburg-Meidrich, Rhein-Herne-Kanal
Binnenschiffer findet Wasserleiche vor der Schleuse Meidrich
WAZ (25.11.2014)
Die vor einer Woche im Duisburger Rhein-Herne-Kanal gefundene Männerleiche ist identifiziert. Nach Angaben der Polizei handelt es sich um einen 36-jährigen Drogendealer aus Nijmegen, der im grenzüberschreitenden Drogengeschäft tätig gewesen ist. Auch im Rotlichtmilieu sei er sehr umtriebig gewesen, so ein Polizeisprecher.

Ein erschreckendes Erlebnis bei einem Betriebsausflug.

Schleuse Jochenstein, Donau
Die Leiche des Mannes wurde am Sonntagvormittag an der Jochensteiner Schleuse entdeckt.
(IDOWA, 12.10.2014)

Es sollte ein entspannter Betriebsausflug werden, den eine Gruppe Österreicher am Samstag, 4. Oktober, in Passau verbrachte. Doch dann nahm das Schicksal eine tragische Wendung. Seit heute herrscht traurige Gewissheit: ein 59-jähriger Mann aus der Gruppe kam bei dem Ausflug ums Leben. Es war wohl ein tragischer Unfall, der dem Mann aus Steyr letztlich das Leben kostete. Zeugen berichten, er sei bei einem Spaziergang über ein Festmacherseil eines stillliegenden Schiffes gestolpert, verlor das Gleichgewicht und stürzte von der nicht gesicherten Kaimauer der Hafenanlage in Passau auf das Gangbord des stillliegenden Fahrgastschiffs „Donau". Von da sei er in den Fluss gerutscht und von der Strömung unter das Schiff gedrückt worden. Ein 31-jähriger Arbeitskollege des Mannes hatte noch alles versucht und war ihm sofort hinterhergesprungen. Doch ohne Erfolg. Bei dem Rettungsversuch verletzte sich der 31-Jährige selbst noch am Bein und musste im Krankenhaus behandelt werden. Auch sofort eingeleitete Suchmaßnahmen der Wasserschutzpolizei Passau blieben erfolglos. Der 59-Jährige blieb spurlos verschwunden. Erst eine Woche später dann die traurige Gewissheit, als bei der Polizei die Meldung über eine im Wasser treibende Leiche an der Schleuse Jochenstein einging.

Eine ganze Stadt erlebte diese Katastrophe.

Schleuse Offenbach, Main
Sieben Ertrunkene – Es weinte eine ganze Stadt
(Offenbacher Post, 1909)

Es war am Nachmittag des 19. August 1909. Wie das sprichwörtliche Lauffeuer eilte die Nachricht durch die Stadt, die von der Offenbacher Zeitung am nächsten Tag so beschrieben wurde: „Eine Katastrophe, wie sie gleich furchtbar in ihrem Verlauf, gleich erschütternd in ihrer Wirkung in Offenbach seit langen Jahren nicht zu verzeichnen war, hat sich gestern Nachmittag in nächster Nähe der Stadt, bei der Schleuse, ereignet und Trauer und Betrübnis in viele Familien getragen. Sechs hoffnungsvolle Menschen haben dort in den Fluten des

Mains ein jähes Ende gefunden, und mit ihnen wurde ein wackerer Arbeiter, der unter Hintansetzung des eigenen Lebens versuchte, dem Tod seine Beute zu entreißen, hinabgezogen in das feuchte Grab". Zu Hunderten drängten sich vor dem Zeitungsgebäude am Aliceplatz die Menschen, die sich ein Extrablatt mit den Einzelheiten sichern wollten. Es berichtete von sechs ertrunkenen Mädchen aus der Klasse 4a der Mathildenschule und dem Bauarbeiter Wilhelm Göbig aus der Gegend von Aschaffenburg, der ums Leben kam, als er retten wollte. Es war ein sonniger, warmer Tag, an dem die Lehrerin Marie Stein im Heimatkunde-Unterricht ihre Schülerinnen über die Mainbrücke aufs Frankfurter Ufer führte und dann flussabwärts. An der Schleuse durften sie Rast halten. Und dort sahen sie Buben aus Bornheim, die im nur fußhohen Wasser der Floßrinne direkt am Ufer planschten. Die Lehrerin erlaubte den Mädchen, es den Buben gleichzutun. Es wäre ein fröhlicher Spaß geblieben, hätte nicht einige der Buben die Lust zum Schabernack gepackt. Sie erklommen den Schleusenturm und lösten den frei zugänglichen Hebel der Trommelwehrklappe. Unversehens stürze eine tosende Flut auf die spielenden Kinder. Der Lärm des stürzenden Wasser übertönte die Panikschreie der Kinder, von denen nur einige sich zur Treppe retten konnten. Zehn zufällig nahe Arbeiter der Baufirma Holzmann eilten zu Hilfe. Einem von ihnen, dem Wilhelm Göbig, gelang es, gleich zwei Mädchen zu packen und zu halten. Ihm wollte die Besatzung eines Segelboots beistehen. Doch die Strudel schleuderten das Boot genau auf den Retter mit den beiden Kindern in den Armen. Alle Drei versanken. Zwei Kinder konnte der Fährmann Heinrich Schrecker retten. Ein weiteres, schon ohnmächtiges Kind brachten Ruderer ans jenseitige Ufer zur Gerbermühle. Dem Gerbermühlen-Wirt gelang es, das Kind wiederzubeleben. Von den Bornheimer Buben aber wurde keiner mehr gesehen. Ertrunken waren die Kinder einfacher Leute. Die Zeitung nennt als Väter einen Tagelöhner, einen Eisenhobler, einen Schuhmacher, einen Portefeuiller. Mit einem Spendenaufruf appellierte die Zeitung an ihre Leser, den meist mittellosen Familien finanziell beizustehen, und das blieb nicht ohne Erfolg. Es schien als weine die ganze Stadt. Tausende von Offenbachern sollen denn auch am 23. August zur Trauerfeier auf dem Alten Friedhof geeilt sein. Zwei Geistliche bemühten sich dort um Trost. Oberbürgermeister Dr. Dullo und der Hauptlehrer Göckel hielten Ansprachen und legten Kränze nieder. Und bis auf den heutigen Tag erinnert auf dem Alten Friedhof ein Gedenkstein an die toten Kinder der Mathildenschule und den Bauarbeiter Wilhelm Göbig.

Wer sich die Mühe macht, mehr davon lesen und erfahren möchte, kann dies grundsätzlich tun. Die heutige Zeit macht es möglich und das Internet ist voll von solchen Tragödien.

Doch manchmal werden erfolgreiche Rettungsaktionen der Schleusenbelegschaft in die Wege geleitet und es folgen große und umfangreiche Aktionen. Auch wenn es sich dabei meist um Tiere handelt, handelt es sich dabei um Lebewesen, die es zu retten lohnt. Schwäne und anderes Federvieh ist es meist, die immer mal wieder statt über die Schleuse hinweg zu fliegen den Weg der Binnenschiffe wählen, sich einfach vor einem her in die Schleuse drängen und geschleust werden wollen. Eher lästig ist solch ein Unterfangen, wenn man das große Schiff wegen solch einem Getier entsprechend vorsichtig jonglieren und warten muss, bis es vor einem die Schleuse hinein und nach dem Auf- oder Abschleusen wieder hinaus, „paddelpaddel", geschwommen ist. Leider geht das, trotz aller Bemühungen, auch nicht immer gut und das Tier bezahlt seine Fahrlässigkeit mit seinem Leben. Aber das dumme Tier darf das und oftmals werden viele Dinge in Bewegung gesetzt, um zu helfen.

Schleuse Neckargemünd, Neckar
Schwan aus Schleuse bei Neckargemünd gerettet
(SWR, 05.11.2019)

Das passiert auch nicht alle Tage: Ein Schwan war am Montag in der Schleuse bei Neckargemünd gelandet, konnte aber nicht mehr wegfliegen. Doch dann rückte die Feuerwehr an. Nach Angaben der Feuerwehr war das Tier zwischen der Schleusenwand und einer Spundwand eingeklemmt, die dort wegen Bauarbeiten installiert ist. Weil es zu eng war, hatte der Jungschwan nicht genug Platz, um wegzufliegen. Die Feuerwehr versuchte vergeblich, das Tier mit Stangen und Netzen zu fangen. Schließlich wurden zwei Rettungskräfte mit Hilfe eines Schiffs-Krans in einem Aluboot in den Zwischenraum gehievt. Dort konnten sie den Schwan mit einem Netz einfangen und wieder in den Neckar entlassen. Die Rettungsaktion dauerte laut Feuerwehr rund drei Stunden.

Nachts und in der Morgendämmerung ist es nun mal am aktivsten, das Wild, auch auf dem Drumherum eines Schleusengeländes.

Schleuse Lengfurt, Main
Rehbock vor dem Ertrinken gerettet

(Main-Post, 22.04.2020)

Ein junger Rehbock wurde am Mittwochmorgen in der Schleuse Lengfurt (Lkr. Main-Spessart) vor dem Ertrinken gerettet. Gegen 8.40 Uhr war die Polizei von der Schleuse informiert worden, dass das etwa ein Jahr alte Tier in der Schleusenkammer schwimme. Bis die Polizei vor Ort eintraf, war es dem Schleusenwärter schon gelungen, den Rehbock an den Hörnern aus dem Wasser zu ziehen. Der „bedankte" sich mit einem Tritt gegen dessen Beine. Der Rehbock lag nach der Befreiungsaktion völlig entkräftet in der Sonne. Als er sich nach 20 Minuten ein wenig erholt hatte, hielt ein Polizeibeamter den Verkehr auf der Staatsstraße auf, während sein Kollege und der Jagdpächter das Tier vom Schleusengelände über die Straße in Richtung Wald trieben.

Schleuse Sülfeld, Mittellandkanal
Reh aus Schleuse gerettet

(Wolfsburger Allgemeine, 29.04.2011)

Tier-Drama mit Happy End: Ein Rehbock sorgte gestern für helle Aufregung an der Sülfelder Schleuse. Das Tier war in den unteren Wasserlauf gestürzt und drohte zu ertrinken. Die Berufsfeuerwehr rückte mit dem Wasserrettungszug aus.

Schleuse Harrbach, Main
Hund aus Schleuse gerettet

(Main-Post, 27.09.2005)

Gemünden/Harrbach (HN). Zu einer nicht alltäglichen Rettungsaktion sind die Feuerwehren Harrbach und Gemünden am Sonntagmittag ausgerückt. Ein Schäferhund, der unter starker Sehschwäche leidet, war in die Schleusenkammer der Mainschleuse in Harrbach geraten. Völlig erschöpft und verängstigt konnte sich der Vierbeiner auf eine Querstrebe in rund sechs Metern Tiefe am Ausfahrttor in Richtung Karlstadt retten. Mit Unterstützung eines Schiffsführers und dem Halter des Hundes versuchten die Feuerwehrmänner, das Tier zu retten. Sie kamen jedoch nicht nahe genug an das Tor heran. Erst von einem in die Schleusenkammer herabgelassenen Schlauchboot aus gelang es, den Hund zunächst auf das Motorschiff zu holen und nach dem Schleusenvorgang an das sichere Ufer zu bringen.

Womöglich war auch hier der Schleusenmeister die rettende Kraft.

Schleuse Krummesse, Elbe-Lübeck-Kanal
Person stürzte in den Elbe-Lübeck-Kanal

(HL-LIVE.de 24.04.2019)

Am Dienstag gegen 12.15 Uhr stürzte in der Schleuse Krummesse ein Mann beim Schleusungsvorgang von einem Boot ins Wasser. Der Schleusenwärter reagierte sofort. Er alarmierte die Feuerwehr und versuchte, die Person aus dem Wasser zu retten. Beim Eintreffen der Freiwilligen Feuerwehr Krummesse und der Berufsfeuerwehr Lübeck hatte der Schleusenwärter zusammen mit einer anderen Bootbesatzung den Mann bereits erfolgreich gerettet. Nach der Untersuchung durch den Notarzt konnte der Mann zurück an Bord. Er blieb unverletzt.

Oder andere Vorkommnisse beschäftigen den Schleusenmeister. Schiffsbesatzungen, die sich in die Haare bekommen, und ihren lästigen Kontrahenten einfach über Bord werfen. Nichts Alltägliches, aber durchaus möglich. Die meisten Bedürfnisse, den einen, der an Bord so viele Schwierigkeiten macht, los zu werden, finden meist eine andere Lösung.

Schleuse Würzburg, Main
Mann über Bord bei Streit vor Schleuse

(ONetz, 02.09.2019)

Würzburg (dpa/lby) - Bei einem Streit zwischen Besatzungsmitgliedern eines Güterschiffes auf dem Main bei Würzburg ist ein Schiffsführer über Bord geworfen worden. Anlass soll eine Meinungsverschiedenheit über den Zeitvertreib am weiteren Abend gewesen sein, teilte die Polizei am Montag mit. Das Schiff hatte demnach in der Nacht auf Samstag vor der Schleuse Würzburg festgemacht, als ein Handgemenge entstand und ein 39-jähriger Schiffsführer einen anderen 44-jährigen Schiffsführer über Bord warf. Das Opfer konnte sich laut Polizei unverletzt ans Ufer retten. Gegen den 39-Jährigen werde wegen versuchter gefährlicher Körperverletzung ermittelt. Das Schiff, das mit Stahl auf dem Weg in die Slowakei war, konnte erst am Sonntag weiterfahren, nachdem Ersatzpersonal eingetroffen war.

Nachwort:

Sehr umfangreich und erlebnisreich ist und bleibt die Binnenschifffahrt, heute genauso wie in den letzten Jahrzehnten. Die Formen, die Schiffe, das Umfeld, die Materialien, die Frachten und unfassbar Vieles hat sich verändert. Auch die Menschen sind andere geworden, haben sich verändert, um nicht unbedingt „modernisiert" verwenden zu müssen, denn das ist sicherlich sekundär. Es tut sich heute eben was anderes auf den Wasserstraßen, so anders, dass es denjenigen, die das Alte erlebt haben, eher schwer fällt, mit dem Neuen zu funktionieren.

Oder sie würden es nicht benötigen und nutzen es aber, nur weil es nun mal vorhanden ist, letztendlich auch als „na ja, ganz gut das ganze" deklarieren. Das heißt daher nicht, dass sie dem nicht gewachsen sind oder deren Arbeit recht viel erschwert. Sie können daher beurteilen, dass sie anders ist, ganz anders die heutige Binnenschifffahrt. Wohlgemerkt die Binnenschifffahrt, die Infrastrukturen sind ja noch die alten, Schleusen und Hafeneinfahrten wie zum Beispiel Karlsruhe Ölhafen, Wallersheim, Speyer, Straßburg und viele andere, die sich beschissen schimpften, sind heute noch genauso beschissen wie vor 40 Jahren. Der „alte Hase weiß schon immer, damit umzugehen" – der „junge Hase wird es auf seine Weise erlernen".

Nun endet mein Band III mit diesem Corona Problem, den Drumherum-Geschichten und Erlebnissen. Vielleicht schreib ich mal ein wenig mehr aus der heutigen Zeit, all das viele Schlechte, was sich entwickelt hat im Umgang mit den Mitarbeitern, oder den Binnenschiffern im Allgemeinen, die weiterhin vernachlässigten Infrastrukturen und die nicht endende aber fortschreitende Vertreibung der Binnenschiffe an so vielen Städten entlang unserer Wasserstraßen. Ich denke, dass sehr viele dieser Themen ebenfalls einer schriftlichen Fixierung bedürfen. Man soll sich doch in einstiger Zukunft daran erinnern, wie das alles mal war, damals.

Vorschau auf Band IV ...

Band IV wird etwas anderes werden, so entschied sich mein Verlangen, es zu befriedigen: ein Kriminalroman. Eine nur in den Erlebnissen spannende, frei erfundene Geschichte einer Schiffsbesatzung mit den unterschiedlichsten Charakteren, die einem kriminellen Milieu verfallen ist. Durchweg begleitet mit menschlichen, emotionalen, gefährlichen, sogar tödlichen aber auch lustigen und unterhaltsamen Szenen.

Nautisch alltägliches und die Geschehnisse um die Binnenschifffahrt und alles, was dazu benötigt und getan werden muss, werden durchweg autobiografisch sein.

All das schlechte und das wenige Gute, was die Binnenschifffahrt auch durch Unterstützung der öffentlichen Hand voran treibt und die Schiffsbesatzungen wie Dreck behandelt, bleibt daher ganz objektiv, ehrlich und der Wahrheit entsprechend erhalten.

Iatros-Verlag & Services e.K.
Kronacher Straße 39
96242 Sonnefeld

Tel.: (0 92 66) 79 29 002
Email: info@iatros-verlag.de
Internet: www.iatros-verlag.de